How to Count Animals, More or Less

动物有多重要

Shelly Kagan

[美] 谢利·卡根 ——著　王球　惠丽云 ——译

上海人民出版社

致谢

2016年11月，我在牛津大学作了一系列讲座，本书是在这些讲座的基础上完成的。我要感谢乌希罗伦理与教育基金会（Uehiro Foundation on Ethics and Education）的慷慨支持，感谢乌希罗实践伦理中心对我的热忱欢迎，感谢在讲座过程中以及在牛津的其他场合那些激动人心的讨论。如果没有这次讲座邀请，我确信我肯定不会写出这本书，所以我特别感谢朱利安·萨乌列斯库（Julian Savulescu）邀请我来，也感谢杰夫·麦克马汉（Jeff McMahan）说服我接受这次邀请。

为什么我需要被人说服呢？因为“乌西罗实践伦理学系列讲座”要讲有关**实践**伦理学的内容。我认为这意味着起码要切合实际，讨论人们可能面临的真实选择，试着把道德哲学家经常争论的抽象概念真正应用到讨论当中。我自己在道德哲学领域所做的工作，坚定地偏向于抽象的理论研究，我当然也钦佩那些从事应用伦理学或实践伦理学研究的人，但我从不认为自己属于他们当中的一员。

结果表明我的判断可能是对的。本书确实是在讨论动物伦理学，按照当前的惯例，这的确可以算作实践伦理学**范围内**的主题，但我担心本书的讨论对这个话题的处理会很抽象。有些人希望在一些紧迫的问题上得到指导，比如在什么情况下用动物作实验是被允许的，是否可以把动物作为宠物或伴侣来饲养，或者我们捕杀野鹿以防整个鹿群死于饥饿在道德上是否被允许，这些问题在本书当中都找不到明确的答案，甚至全书都不会直接讨论这类问题。我确实认为，我提出的主张会与直接解决这些真正实际的问题有关，我也很希望本书可以对实践伦理学有所贡献，从而兑现我对乌希罗中心的承诺，但是我对后者的信心远不如前者。

在此，我也要表达一番不同寻常的致谢。我在形成自己的动物伦理学观点的过程中，想法上不断受到其他道德哲学家著作的启发，其中一些人已经在这个问题上作出了重要贡献。由于涉及的作者太多，我无法一一列举，但我特别喜欢阅读和思考彼得·辛格（Peter Singer）、汤姆·里根（Tom Regan）、大卫·德格拉齐亚（David DeGrazia），尤其是杰夫·麦克马汉的作品。

尽管如此，我在本书中几乎从不直接参与讨论这些哲学家或其他哲学家的观点。我的目标不是为其他理论家提出的具体论点或论证提供详细的批判性评估，而是试图勾勒出一种动物伦理学的替代进路，这条进路即使不完全是原创性的，在我看来确实也迥异于其他人通常会给出的观点。当然，有时候我发现与其他观点对比来表明自己的立场很有帮助，我有时甚至也会引用别人的原文。然而即使当我这样做时，我也不是试图重构或者回应某位学者特定的立场。所以当我引用时，只是因为所引用的词句段落让我觉得富有启发或者对我自己的目标有所裨益。于是我刻意避免在正文中提及我所引用的作者的名字，或者以其他方式所能想到的人的名字，因为我并不是在为他们作注释。别人的观点启发了我，但我在这里并不是要去讨论哪个特定学者的观点。

目录

导 论

在过去的半个世纪里，道德哲学当中最引人注目的发展之一，就是动物伦理学的讨论有了爆炸式的发展；动物伦理学是道德哲学的一部分，它探讨我们对（非人类）动物的道德责任。如果说五十年前，哲学几乎从不讨论应该如何对待动物，这当然有点夸大其辞，但并非完全不属实。因为这个话题几乎彻底被人忽视。道德哲学家在少数罕见的情况下会谈论动物，但那些讨论也大都承认——尽管只是顺带提及——残酷对待动物是错误的，无缘无故施加痛苦在道德上是成问题的。然后，在大多数情况下，讨论止步于此。

五十年后，钟摆倒向了另一边。如今动物伦理学在道德哲学里成了一个稳固的分支学科。相关文章和书籍不断新增，期刊和会议也源源不断。更重要的是，在我看来，动物伦理学中出现了一种独特的哲学立场。

我不敢说这是**主流**观点。我怀疑在关于动物伦理学的哲学文献中是否有足够的共识，以至于没有什么实质性的东西可以被称得上是主流观点。但在我看来，许多理论家都被我心目中的某种观点所吸引。

这个观点的基本想法是这样的。从道德上看，受到相似的伤害或得到相似的利益，对于人和动物来说同等重要。正如人们有时会说“痛苦就是痛苦”[①]。从这个意义上讲，动物和人可以说拥有相同的道德地位。诚然，人与其他动物之间有很多重要的差异，包括在任何特定的情形下，哪些是有益之物（goods），哪些是有害之物（bads），都存在着差异。反过来，这些差异使得区别对待人和动物在道德上变得恰当了。但这不是因为从道德的角度来看动物**不如**人重要。恰恰相反，不管涉及的是谁的利益，**相似**的有益之物（或相似的有害之物）都受到了同等的对待。这就是说，区分我们是在讨论人的利益还是动物的利益，本质上并不重要。无论我们面对的是人还是动物，在道德考量中，相似的利益都应受到同等的重视。严格说来，每个个体都拥有**同样**的道德地位。

出于明显的理由，我们很自然地把这种立场称为平等主义（egalitarianism）。它平等地重视动物和人的利益。任何一方都没有高于或低于另一方，平等主义赋予二者相同的道德地位。

然而出于同样明显的其他理由，把这种立场称为平等主义可能会有误导性，因为这个标签已被用来命名一种观点，该观点认为平等本身就有道德意义（例如福利的平等分配是有价值的）。考虑到后面我会讨论这类平等主义原则，将“平等主义”一词也用于前一种观点会引起不必要的混淆，所以我们需要为我试图描述的这种立场取一个新的名字。

有鉴于此，我建议将这种观点称为**一体论**（unitarianism），它主张只有一种道德地位——一种人和动物共有的道德地位。我认为这

① Singer, *Animals Liberation*, p. 20; DeGrazia, *Taking Animals Seriously*, p. 234.

个名称远非完美，但我想不出更好的了。不过“一体论”这个叫法至少有个好处，它尚不是道德哲学中哪个主流立场的名称。

不出所料，一体论者在很多地方也有分歧。说我们（也就是人和动物）拥有同样的道德地位是一回事；阐明这种地位所涉及的具体内容，以及在道德上我们应该如何对待彼此，则是另一回事。因此可以有很多种类的一体论，例如一体论的**功利主义者**要求我们在快乐和痛苦之间取得最大的平衡。作为一体论者，这些功利主义者只是提醒我们，要将动物的快乐和痛苦跟人的快乐和痛苦一视同仁。也存在着一体论的**义务论者**，他们要求我们避免伤害无辜者（即使伤害他们会得到总体上更好的结果）。作为一体论者，这类义务论者提醒我们避免伤害无辜的**动物**，正如我们要避免伤害无辜的人一样。总之，即使我们接受一体论，规范伦理学中几乎所有的争论依然还在，依然有待解决。一体论本身并没有告诉我们应该怎样对待人或动物；它只是告诉我们，同样的基本权利可以从人延伸到动物身上。

我们将会看到，支持一体论的理由很多。不过它有一个优势，从一开始就很明显。如果我们接受一体论，那么就很容易看到如何将道德理论**扩展延伸**，使其应用范围不仅涵盖人，也把动物包括在内。

当然，事实上几乎所有我们以往的道德理论，都仅限于思考人。并且就像我刚才所讲的，规范伦理学当中的争论远未得到解决。不过似乎可以说，很大程度上我们通过这些争论希望得到的，是一种能够准确地告诉我们**人与人**之间有着怎样的义务的规范性理论。可是即使你有了这样一种让你感到满意的规范性理论，严格说来，你仍然需要考虑如何将其扩展或者类推，使之也可以回答与动物相关的问题。一体论为这个问题提供了简单直接的答案：我们与动物之间的互动，跟人与人之间的互动，是由同一套原则所支配的（正如你所偏好的规范性理论所阐述的那样）。若一个规范性理论足以应对人，也就无需再做其他工作了。

在我看来，不同于动物伦理的一体论进路，常识所接受的是一种**等级论**（hierarchical）的进路，它认为动物也重要，但是没有人重要。[①] 这种观点认为，人的道德地位比动物高。它对我们应该如何对待动物也会加以限制，不过这些限制与对待人的限制不一样。人拥有动物所缺乏的权利，或者人有更强的权利，或者也许可以说，人的利益比动物的利益更重要（抑或人的利益与动物利益的衡量方式不同）。

我承认，我们也许不应该急着对这一领域的常识作出自信的断言。有些人显然会认为，动物根本没有任何形式的道德身份；动物只不过是另一种在我们认为合适的时候可以利用的资源。

从某种意义上讲，我认为类似这样的看法——动物完全没有道德身份——仍然可被视为一种等级论，因为这种观点认为，人显然比动物拥有更高的地位。但同样，在某种意义上，这种观点也可以被算作是一体论，因为它的确认为只有一种**单一的**道德地位（仅适用于人的道德地位）。但就我想要使用的这个术语的含义来说，无论如何，这两个标签**都不**适用于那些干脆否认动物有道德身份的人。在我意指的这个术语的意义上，一体论和等级论都同意，动物在伦理上是重要的，动物是有道德身份的。一体论与等级论的分歧在于，动物的道德地位与人的道德地位是一样的呢，还是说动物的道德地位会更低？所以如果有足够多的人认为，动物在道德上根本无足轻重，声称我们的常识接受等级论便是错的。

我猜大多数人都会反对这种号称只有人类才是重要的极端说法。

---

① 虽然等级论的观点更接近常识，但在哲学文献中很少有明确的捍卫者。《动物王国》（*Animalkind*）中的卡泽（Kazez）是一个明显的例外（尤其是第 5 章和第 6 章）。

我认为常见的观点应该是，动物的确在道德上是重要的，但动物的重要性与人的重要性在方式上并不完全相同。动物的重要性要**低一些**。

当然，这里也可能会有很大的分歧。规范伦理学中有许多我们熟悉的争论，探讨我们对于人的义务有哪些。除此之外，怎样将规范伦理学**拓展**到动物身上，这个问题现在变得迫在眉睫而且困难重重。毕竟，说动物重要但是没有人重要是一回事，而准确地说清楚动物有多重要，又如何没有人那么重要，这是另一回事。如果衡量动物的利益与衡量人类的利益方式不同，那么这应该怎样**真正**去衡量呢？尽管在我看来，常识的确接受了一种等级论进路（或者说，事实上至少很多人接受了**类似于**等级论的想法），但我觉得，何谓动物的道德地位比人低，我们远远没有形成清晰的理解。

在这本书中，我将为动物伦理学的等级论进路展开辩护。考虑到刚刚所说的这些因素，我充其量只能部分地说是继承了常识的衣钵。我知道很多读者会发现我的核心论点——动物伦理学的正确进路乃是等级论——是显而易见的，甚至几乎不值得为之辩护。不过与此同时，如果人们对于何谓动物拥有较低的道德地位尚未达成共识，可以想象随之而来的各种具体问题仍将饱含争议。

然而，我最好一开始就承认，事实上我并没有发展出一套细节丰富的等级理论。我最多只能为这种理论提供一幅草图。坦白讲，在很多地方——其实是在大多数地方，我要做的只是试图指出，对于应该如何对待动物这个问题，一个充分的道德理论是多么遥不可及。不同于一体论者，他们认为很容易把道德理论拓展到动物身上，我对于我们应该如何充分做到这一点仍然感到茫然。我只能去说明，我们如何把动物的重要性，衡量为**更加**重要或者**不**那么重要。

在继续展开讨论之前，我还想强调一点。尽管我将为动物伦理学的等级论提供辩护，但我在这样做的时候疑虑重重。因为我担心有人会认为，我的目标是要捍卫这样一种进路，以便让人们当前对待动物的绝大多数做法变得合理。毕竟，似乎可以合理地认为，人们普遍接受的观点是，我们对待动物的方式大体上（即使不是在所有细节上）在道德上是可以接受的；而且我已经指出，这种普遍观点是一种等级论的观念。因此在为等级论辩护的同时，我难道不是在为我们目前对待动物的方式（即使不是在所有具体细节上）辩护吗?

事实绝非如此。我们对待动物的方式，在道德上可怕到让人不寒而栗，简直难以想象。我在这里所说的一切，绝对不是要为人类以各种骇人听闻、完全不可接受的方式来虐待、凌辱、折磨动物提供任何借口。

在这方面，一体论者要更轻松。根本不会有人认为，在道德上我们对待动物的方式，已如我们对待人类那样。因此一体论者完全可以谴责当前人们对待动物的方式，指责这些做法在道德上丑陋至极。

不过，这样说并不等于一体论就是对的。恰恰相反，在我看来，动物的重要性比人要**低**，虽说动物仍然**足够**重要，以至于没有任何理由以近乎当前这种方式来对待动物。也许一旦接受了等级论的观点，谴责我们当前虐待动物的行为就不那么直接了，但这样的谴责仍然很重要。

不过，话虽如此，我还是要提醒读者，接下来我不会去论证，我们对待动物是多么的不合理。因为这样一种严谨的论证，首先需要拿出一个翔实且恰当的等级论的规范性理论；但我已经指出，我们距离那样的理论还很遥远。本书旨在为努力提供这样一种等级论作出贡献。但事实上，本书提出的问题比它回答的问题要多得多。

第1章　身份

1. 身份与地位

关于主导我们与动物互动的道德准则，我的核心主张是，等级论是恰当的理论，它承认人的道德地位比动物要高。

当然，这个主张需要以各种方式加以限定和澄清。比方说，刚刚提出的这个短句就有可能被人误解，让人觉得我们可以准确地识别出道德地位有两个层级，一个针对人，另一个针对动物。然而事实上，我认为一个恰当的理论实际上会承认，道德地位有多个层级，因为不是所有的动物都拥有同样的地位。正因如此，我认为也不是所有的**人类**（human）都拥有同样的地位。我只是主张说，**人格拥有者**（people）有着比动物更高的道德地位；事实很简单，不是所有的人类都拥有人格。

我之所以这么讲，其实是在沿袭一种标准的哲学惯例，把人类和人区分开来。我们在生物学的物种上属于**智人**，人类是智人的成员。但当我说到人的时候，我想到的是这样一种生物——不管那是什么生物（或者甚至是非生物！）他们具有某些心理能力和思想，拥有理性和自我意识，觉察到自己在时间中持续存在。[①] 几乎所有的成年人都是这种意义上的人，但**新生**婴儿显然不具有人格。可悲的是，并非所有的成年人都具有人格。一些成年人的认知能力严重受损，以至于不具备我所说的**人**的复杂的认知能力。

另一方面，有一点也值得强调，没有理由假定拥有人格的集合只限定于人类的某个子集。与我们共同生活在这个星球上的其他某些动物，他们其实有可能也是**人**（我用 people 这个词作为 person 的复数），虽说长期以来我们从来没有承认过他们是人。如果是这样的话，他们也拥有比“低等”动物更高的道德地位。既然已经承认了这一点很重要，就没有必要再去反复申明了。所以，除非上下文另有说明，当我说到“动物”时——比如说动物有较低的道德地位可以理解为我想到的只是那些缺乏人格的非人类动物。

后面我们还会谈及这方面的内容。现在还是让我们从试着厘清道德地位这个概念开始吧。我主张，拥有人格的人比动物有着更高的道德地位。然而当我们谈论道德地位的时候，我们究竟是在谈论什么？

要回答这个问题，不妨从一个更基本的概念入手，那就是**道德身份**（moral standing）。说某个事物有身份，就是说该事物本身在道德上就是重要的。存在着一些道德原则，限制了我们如何对待有关对象。超出了这些限制——这是关键的一点，如果我们违背了这些原则，我们就对那个对象**做了不义之事**。也就是说，我们至少部分

① 进一步讨论这一对比，参见：Singer, *Practical Ethics*, pp. 73–5。

地对那个对象本身负有责任。在理想的情形下，我们的行动应该顾及对象自身。

准确地分析我刚才提到的各种概念——行不义之事、对其负有责任、为了某物自身的缘故而行动——实际上是件困难重重的事。[①]我不会在这里尝试提供这种分析。幸好我觉得我们当中的大部分人，早已对相关的想法有了足够的把握；并且无论如何，在这里给出一些例子，应该比提出一些有争议的哲学解释更有帮助。所以我们可以从最明显的例子开始。我们都相信人有道德身份：无缘无故卸掉某个人的胳膊在道德上是不可接受的，如果我们这样做，不仅是不道德的，也是对我们所伤害的人做了不义之事。相比之下，大部分人会欣然同意，从一朵花上撕下一片花瓣没有问题。我们这样做，没有对任何人或任何事物施行不义，尤其是我们没有对这株植物行不义之事。

当然，在某些情况下，从一朵花上撕下一片花瓣在道德上也**是**错误的。如果这一株兰花是你的奖品，那么我毁坏这株兰花在道德上可能是不对的。不过即使在这种情况下，我也没有对这朵**花**行不义之事。相反，我是在对你行不义之事。或许我有不去毁坏兰花的责任，但这不是我对这株植物本身负有的责任，我只是对你负有责任。所以即使在这里，这株植物也没有道德身份。

这就是为什么关键的要点不在于就某个给定的对象而言，我们对待它的方式有没有什么道德上的限制。只要我们足够聪明，总能设想出某种有着道德约束的场景。真正的问题在于，这些对象是否就其本身而言在道德上是重要的。很显然，大部分人认为在这个意

① 很显然，这些术语的意思并不完全相同。但是，由于我只是用这一系列的措辞来帮助定位道德地位的直观概念，专注于其中的某个概念都将引起不必要的争议。

义上植物并不重要，这就够了。人有道德身份，但是植物似乎缺乏这种身份。

当然了，有人不同意这个常识性的判断，他们认为植物的确有道德身份。但现在的问题不在于植物缺乏道德身份这个常识判断是对是错，关键是要理解这一主张会有什么影响。

那么在动物那里，情况如何呢？在这个地方，我们看到大家会有意见上的分歧。我在导言中指出，有些人认为动物根本不重要，不具有任何形式的道德身份。不过至少大部分人都不这样认为。比如说，如果有人无缘无故扯掉**老鼠**的一条腿，我想几乎所有人都会觉得这在道德上是不可接受的。关键是，大部分人都认为，这样做便是对老鼠本身行不义之事，不管会不会有其他人受到伤害。所以从直觉上讲，老鼠**就其本身而言**是重要的。也就是说，大多数人都会承认，老鼠拥有道德身份。

如此使用“道德身份”这个术语是很狭义的。说某个事物有道德身份就是说它重要，但这个说法还没有涉及我们在对待该事物时，会有哪些相关的限制。此处就需要**地位**这个概念参与进来发挥作用了。我们可以用地位这个概念来指称那些引导我们如何对待有道德身份的事物的一组规范性特征。

因此，比方说，如果我们在道德上要求以特定的方式去衡量某个个体的利益，那么这就是该个体的道德地位的一部分。如果我们必须避免伤害他，或者避免对他撒谎，那么这也是该个体道德地位的一部分。如果我们必须帮助他，或者在需要的时候去援救他，这也是他道德地位的一部分。如果他是不可侵犯的，无论在什么情况下都不能受到伤害，这也是他道德地位的一部分。相反，如果他受到了伤害，或者在某些特定情况下可以牺牲他的利益，那么这也是他（不同的）道德地位的一部分。我们可以设想每个生物都有一个规范性轮廓（normative profile），它由一系列引导他应该如何被对待的特征所组成。谈论某个特定存在者的道德地位，就是参考这个轮廓的内容。

至少从原则上讲，一种存在者的道德地位似乎可以不同于另一种存在者。两种生物可能有某种相似的道德身份，但是其中一种生物可能拥有更全面，或者更严苛，或者更广泛的规范性轮廓。在这个意义上，我们自然会认为这种生物拥有更高的或更强的道德地位。比方说，如果让某个人为了某事而被献祭是错误的（即使这样做会带来好的结果），而用牛作祭品（为了得到同样的结果）却在道德上是被允许的，这可能会证明我们所说的人比牛拥有更高的道德地位。

我说的是这**可能**会证明人的道德地位更高，因为刚才所描绘的特定的道德特征，只是引导我们与牛或与人打交道的众多特征之一。当然，这个特征——如果有的话——让人很自然地认为，人在这方面有着比牛更高或更强的道德诉求。不过即使人在某些方面有着更高的道德诉求，从原则上讲也有可能牛的道德诉求在其他方面比人还高。倘若情况如此，那么考虑总体上的道德地位是人更高还是牛更高就起不到什么作用。另一方面，如果其中一者在**广泛的**规范性特征方面有着更强的道德诉求，那么谈论拥有更高的道德地位，很可能就是有用的也是恰当的。当然，即使牛的道德地位真的比人低，但它依然会比蛇或苍蝇的道德地位要更高。

我建议用“地位”这个词，来识别出引导我们对待特定的存在者的各种规范性特征。然而严格说来，使用这个词对于我们的目标而言可能过于宽泛了。毕竟，适用于我们对待某个特定个体的道德限制可能会有所不同，这取决于我们碰巧所处的具体情形。然而我们通常不会把这种高度依赖情境的特征，视为事物的道德地位本身的一部分。

举个例子，一般来说杀猫是不对的，即使在杀戮过程中猫感受不到痛苦。于是把这个特征视为猫的道德地位的一部分似乎没什么不妥。然而与此相反的是，假设无痛杀猫通常而言没什么不对，而我又碰巧向你保证过我不会杀死你的猫，那么即使我现在对待你的猫的方式，受到这个进一步特征的制约——我不能杀你的猫，要说这个限制构成了这只猫的道德地位的一部分，却是不恰当的。同样，如果我允许你借用我的车，现在你的规范性轮廓里多了一个此前不存在的要素，但这个特征似乎不属于我们通常意义上所想的道德地位的一部分。

直觉上看，某个存在者的道德地位，似乎限定在其规范性轮廓中更为普遍并且相对稳定的特征上，这些特征并不依赖于某些特定情境中非常具体的意外情形。诚然，我刚才所作的区分可能不是很明显（当然可以把这些区分作得更精准些），但我希望这对我们当前的目标来说是够用的。这样我们就可以说，某个事物的道德地位，应体现在规范性轮廓中高度普遍且相对稳定的部分，而不是那些特定的和基于特定情境的要素。当我谈论某个个体的道德地位时，我所想到的是更为普遍且更为基本的规范性特征。

还有一点，我建议用“地位”这个词，来识别出某个个体总体（overall）规范性轮廓当中的相关基本特征。但通常人们会以一种与之相关却稍有不同的方式来使用这个词，也就是用这个概念抽象地指称规范性特征当中作为根基或基础性的东西。因此根据这种用法，我们不说某个个体的道德地位是一套基本的规范性特征，这些特征规定了存在者如何被对待；而是说，这些规范性特征正是**由于**这个生物所拥有的道德地位而得以确立。

在我看来，我们采纳哪种用法并没有什么实质性的不同。无论怎样，还有一个哲学问题迫在眉睫，那就是，究竟是什么东西，能为生物所拥有的特定的道德地位提供根本性的解释？生物拥有什么样的特征，解释了为什么他可能拥有某种地位而不是另一种地位？无论我们使用这个词的第一种用法还是第二种用法，都会面临这个重要的哲学问题。

不过，我的确发现，有时候以其中一种方式使用这个词会更方便，其他时候以另一种方式来使用会更方便，这取决于当时的语境。正因为我相信不同的用法不会改变这个问题在哲学上的重要性，所以我在不同情形中使用“地位”这个词的不同用法，就看哪种用法更加方便。

2．感知能力

最终，我们想要去考察的观点是，一些动物的道德地位比其他动物要更高。在我看来，为了回答这个问题，首先有必要去问，哪些动物拥有任何某种意义上的道德身份？

这里有一个我们熟悉的例子（至少是在哲学文献中）来帮助我们开始这番讨论。想象一下，我把汽油浇到一只猫身上，然后点燃汽油。这只猫濒死长嚎，痛苦万分，最终死去。

我相信差不多所有读这本书的人，都会觉得我的行为是错误的。无缘无故地制造如此极度难忍的痛苦是不道德的。更重要的是，很显然，做了这件恐怖的事，我便是对这只猫行不义之事。这只猫可能是别人的，也可能不是；如果它是别人的，我可能也是对猫的主人行不义之事。但这一点不重要，因为即使它是一只流浪猫，我也有义务不以这种方式给这只猫**本身**制造痛苦。从道德上讲，这只猫因其自身的权利而重要。猫有道德身份。

我们知道，历史上有人不同意以这种方式描述这个例子。有些人会声称，猫实际上并不会感觉到痛苦。尽管猫会尖声嘶吼，尽管猫的其他身体行为似乎强烈地表明它有痛苦，有些人认为猫——更概括地讲，其他非人类动物——根本不会感受到痛苦。它们并没有感知能力。相反，它们只是自动机，是一种能冒充模仿人的声音和身体行为的精致的布谷钟[①]。倘若这些行为由人做出，那确实意味着痛苦。但在动物那里，这些声音和行为并不能揭示它们处于痛苦之中。据他们所说，实际上猫的“内心”毫无感觉。

我不会浪费时间反驳这个观点，这项工作其他人已经做过了。[②]如果依然有人否认猫以及其他动物有感知的话，我在这说什么都不能动摇他们的看法。我只关心几乎所有人在任何情形下都会同意的观点——猫能感知痛苦。

同样，我也不会浪费时间去反驳那些承认放火烧猫会给猫带来痛苦，却仍然坚持认为这样做是没有错的人——或者说——认为他们觉得这样做是错的，但并不是因为猫自身对我们提出了任何道德要求。有些人坚持认为，如果放火烧猫是不道德的，这只能是因为这种行为会对其他人造成影响。也许看到虐猫行为会让有同情心的路人感到难受，或者也许会让我们自己的性格变得暴戾，从而最终可能会恶意去伤害他人。诸如此类以及别的一些理由，有人会认为，

① 一种源自德国的机械钟表。每到半点和整点，钟表上方的小木门就会自动打开，出现一个会报时的布谷鸟，发出悦耳的叫声。——译者注

② 比如：DeGrazia, *Taking Animals Seriously*。

虐猫是不对的，尽管严格来说，猫本身没有道德身份。

我也不会试图反驳这种观点。几乎所有人都同意，如此给猫制造痛苦是错误的，错误的原因恰恰在于猫本身就是重要的。放火烧猫是在虐待猫，而猫对我们提出了道德上的要求，这种要求使我们不许以这种方式虐待它。猫有道德**身份**——它本身就是重要的。当然，更确切地说，它的道德**地位**排除了我们这种无缘无故对其造成痛苦的行为的合法性。无论怎样，这里的目标不是去说服那些持有反对意见的人。恰恰相反，我要提出的问题是对于我们这些很容易意识到猫本身在道德上是有价值的人来说的：猫**是**凭借什么事实而重要的？是什么让猫的道德身份有了依据？

一个显而易见的答案当然会说，这只猫之所以重要，正是因为事实上猫可以（正如这个例子所揭示的）感知痛苦。要让猫有道德身份——几乎我们所有人都承认这个观点——只需要猫能够感到痛苦，除此之外没有别的要求。这个事实本身就足够赋予猫以道德身份：它们能感知痛苦。

一旦我们有了这个想法，就能马上将其推而广之。正是因为这个事实，任何能够感知痛苦的生物都具有道德身份。

请注意，这种说法是相对温和的。我们现在无需站队确认，所有能够感知痛苦的生物，它们的痛苦在道德上是否具有同样的价值。这个问题后面会讨论。就目前而言，只要认识到这个更简单的观点有着难以抗拒的合理性就够了：若某物能够感知痛苦，那么其自身在道德上就是重要的。

我们可以说得再概括一点。猫不仅能够感知痛苦，也能感知快乐。尽管这当然需要其他一些具体的例子来说明，但是猫能感知快乐似乎多多少少也与道德身份有关。无论怎样，可以说这种能够感知痛苦和快乐的基本能力，足以作为猫和其他动物具备道德身份的基础：它们**由于**具有感知快乐和痛苦的能力，从而是重要的。或者用略有不同的术语来说，**感知能力**——能够感受或体验的能力——就足以成为道德身份的基础。

认为有感知能力就有道德身份，这是动物伦理学文献中极为普遍的想法。的确，认为道德身份与感知能力是重叠的想法很常见[①]，感知快乐和痛苦的能力不仅是道德身份的充分条件，也是必要条件。牛、猫和骆驼都有感知能力，它们都有道德身份；石头、街道和剪刀缺乏感知——它们都无法体验快乐或痛苦——所以都没有道德身份。这种观点就是这样认为的。

当然，有些人不太确信感知能力是不是道德身份的必要条件，也不太确信仅凭感知能力是否足以赋予道德身份。有些人认为，植物终归是有道德身份的，或者至少生态系统以及动物物种（而非动物个体）会有道德身份。这些都是有意思的想法，但我不会过多地去考虑这类说法。与此同时，我想大多数人还是会坚持认为，即使我们在某些情况下违背了相关原则，但我们也没有对植物、生态系统或物种**做了不义之事**。比如说，即使道德原则限制了我们应该如何对待生态系统，我们也不会因此而对生态系统有所亏欠。这里我只是想说，我们并不倾向于认为生态系统、物种或植物（等等）具有我们所说的那种意义上的道德身份。

所以，我们发现有这么多的理论家说，感知能力既是道德身份的必要条件也是充分条件，这也就不足为奇了。

事实上，虽然这个观点频频被人提出，我不确定他们是否真的

---

① 例如：Singer, *Animals Liberation*, pp. 7–8; Nussbaum, “Beyond ‘Compassion and Humanity’ ”, p. 309; DeGrazia, *Taking Animals Seriously*, pp. 50 and 226–31。

是这样认为的。对此我有一点小小的疑虑，也许还有点吹毛求疵。但另一个疑虑我觉得就重要得多了。

较小的疑虑是这样的。常见的说法是，感知能力对于道德身份而言，既是必要的也是充分的。但问题是，当人们这样说的时候，他们想到的是感知能力本身，还是某些更为狭义的东西呢？毕竟在哲学文献中，感知通常指的是所有的主观经验和感受能力。用我们接下来的哲学术语来说，我认为感知意味着拥有意识的能力，包括各种感受性体验，而不仅仅是快乐和痛苦的体验。比方说，任何生物，若能体验到蓝色、菠萝的香甜，或者咖啡特有的浓香馥郁，等等，都会被认为具有感知能力，无论这类生物能否感受到快乐和痛苦。快乐和痛苦，是那些感知者可以拥有的感官体验之一，是那些拥有内心生活的生物所拥有的感受性的一个方面——我们可以有意义地去问，作为这样的生物“感觉起来是什么样的”①——然而有感知能力并不仅仅只有快乐和痛苦的体验。

所以按照这种通俗的说法，道德身份的真正基础是什么？真的是感知能力本身吗？或者狭义地说，是那种体验快乐和痛苦的能力吗（或者倘若有的生物只能体验快乐或痛苦两者当中的一种，其道德身份的基础就是体验快乐**或**痛苦的能力吗）？

解决这个问题的一个办法是，想象某个拥有感受性的心理状态的生物，但他无法体验到快乐或痛苦。（举个不太确切的类比，考虑这样一个情形，一个盲人无法体验到颜色，却能体验其他感知模态。）我们假设这种生物很可能具有复杂的视觉、听觉或嗅觉体验，却无法拥有任何有关快乐或痛苦的体验。例如看到日落时，它可能

① Nagel, “What is it like to be a Bat?”

会有独特的感受性体验，但不会把这种感知状态体验为**愉悦感**。当它身体的不同部位遭受损毁或创伤时，会有各种不同的感受性体验——比如当它的脚被踩到了——却不会将这种内部状态体验为**痛苦**（或愉悦）。对于其他感受性的心理状态来说也是如此。

当然，像我们这样的生物，快乐和痛苦与我们心理生活中的其他感受性方面深深地交织在一起，以至于我们很难完全想象成为这样一种生物感觉起来会是什么样的。但依我之见，原则上讲，有的人应该有可能在完全无法体验快乐或痛苦的情况下具有感知能力。

所以，我们假定这种生物是存在的。其实为了让我们的例子变得更加鲜活，可以想象一个偶尔能够体验到蓝色，却完全没有其他感受性状态的生物。它在道德上是**重要**的吗？它会有道德身份吗？我们对这种生物**施行不义**是可能的吗？

思考这个例子促使我们去追问，拥有任何一种感知能力，是否真的都能成为拥有道德身份的充分条件。也许经过反思，我们可能会觉得真正需要的是能够感受到快乐和痛苦的能力，仅此而已。如果缺乏感受快乐或痛苦的能力，单纯的感知能力实际上可能并不充分。

面对这种只有简单感知能力的动物，人们会如何判断他们的道德身份（或没有道德身份），关于这个问题我没有确切的答案，虽说我猜测起码有很多人不会否认他们有道德身份。但我确实想切断一种可能的思路。有些人可能会担心，人们不确定这种情况下是否有道德身份，仅仅是因为所设想的这种生物拥有的感受性体验的范围被限制得太过离谱了。也许问题不在于它缺乏感知快乐和痛苦的能力本身，而在于事实上这种生物只能体验到蓝色，它的感知能力仅此而已。也许是因为感知能力的范围太小了，以至于我们觉得它的重要性受到了限制。

这个建议很吸引人，但我怀疑它没抓住重点。想象另一种不同的生物，它的感知能力范围同样受到了严重限制，与之前的那种生物一样简单。只不过在这个新的例子里，这种生物唯一拥有的感知能力就是它偶尔可以感觉到轻微的疼痛。我认为在这种情况下，我们会更容易赋予它们道德身份，虽说只是很有限的那种道德身份。我们的行为没法对这种生物带来较大的伤害或较多的收益。然而如果我们无故地（在没有任何特殊理由的情况下）让它感受到它所能感受到的那种轻微的痛苦，我们还是会觉得对它做了不义之事。这样看来，只要某物的感知能力形式牵涉感知快乐或痛苦的能力，即使那种感知能力形式非常有限，它也与道德身份相符合。

因此，可以认为，虽然很多人经常说有感知能力足以获得道德身份，但至少他们当中的很多人真正的意思可能是说，这里的充分条件在于能够感受快乐和痛苦的能力。单纯的感知能力本身可能还不够。

此外，我们也容易看到，这种加以限定的解释有其吸引力。如果这种“头脑简单”的生物体验到了痛苦，很难让人不认为这对它而言是**坏事**。同样，如果另一种“头脑简单”的生物——只能体验某些轻微的快乐的生物——体验到了它所拥有的那种快乐，也很难让人不认为这对它而言是**好事**。这样一来，能够体验快乐和痛苦的能力，构成了对它而言有益或有害的基础。而且这种有益或有害的可能性，与它是否拥有道德身份相关，这听起来似乎很合理。能够体验到快乐和痛苦的动物具有道德身份，恰恰是因为我们能够影响它们的福利。这种想法，或者说与之相近的想法，会让许多人觉得有吸引力。

相反，当我们考虑只能体验到蓝色的那种生物时，这种体验与福利之间的关联就切断了。事实上，在缺乏更多细节的情况下，我们不是很清楚这种生物是否拥有福利。但无论如何，肯定不会有人觉得体验蓝色本身对它而言究竟是好是坏。这一事实很大程度上解释了为什么有人对赋予某种生物以道德身份这件事感到犹豫不决——即使那只是一种根据假设被规定为有意识或有感知的生物——而我们对它的了解仅仅是它能体验到蓝色。

另一方面，倘若我们知道这种生物对其意识体验有**偏好**，那么我们关于它的道德地位的迟疑很可能会消失——尤其是如果我们发现它有时候想要拥有蓝色的体验，而且它的行为方式都在力图达到这个目标。仅凭感知能力也许不足以使之具备道德身份，但感知能力受到这种偏好和行为模式的支撑或许就可以具备道德身份了。但是这就把我们带到了第二个更重要的问题上，我会质疑那种常见的说法，认为感知能力对于道德身份而言既是必要的也是充分的。

3．能动性

为了切入这一点，我要构想另外一个思想实验。想象你被来自另一个星球的外星人绑架了，假设他们准备把你关进星际动物园里，或者拿你做实验，也可能拿你做一些更可怕的事情。假定你能够与他们交流（也许你已经学会了他们的语言），你要试图说服他们囚禁你是不对的，他们应该放你回到地球。你会怎么说呢？我打算大段地引用最早提出这个假想情境的动物伦理学家的话，她建议你：

> 表达你不想被囚禁的意愿，跟他们说，违背你的意志把你抓起来是错误的，因为这样不仅迫使你无法去做你在地球上想要做的事情，也阻止了你去做你需要做的那些事。这些外星人挫败了你的愿望，阻止了你去履行对他人的义务。你可以解释说，你是一个理性又敏感的人，你有着当下的欲求和长期的计划，你希望能够将之实现。你认为你不应该被当作实现外星人目的的手段。你会试着跟他们讨价还价，说如果他们愿意放了你，作为回报你也会为他们做些什么。你与他人有着愿意继续维系下去的社会关系，如果他们尊重你，你也希望与他们建立友谊。你珍视你的自由以及作出选择的能力。你需要你的朋友、家人以及志同道合的其他人。如果你被迫继续和这群外星人待在一起，你会变得无聊、沮丧、孤独、愤怒、郁郁寡欢，甚至因此而死去。所以违背你的意愿把你囚禁起来，会在很多很多方面伤害到你。①

此刻我必须承认，我觉得这个回答很有说服力。在我看来，这样一些考虑确实会打动试图说服的对象。我们不妨想象这群外星人是道德主体，原则上能够发现其他人是否拥有道德身份，也会被他们的道德地位所衍生出来的各种道德诉求所打动。如果是这样的话，我觉得至少在原则上，外星人应该会觉得这种回答是有说服力的。

这位作者继续说，许多类似这样的言辞，也可以站在**动物**的立场上为动物发声。我认为这种说法合情合理。她认为，如果这番想象出来的对外星人提出的请求让人信服，那么代表动物想出一个类

① Gruen, *Ethics and Animals*, p. 26.

似的请求应该有助于我们认识到，我们目前对待动物的很多做法也是不可接受的。我觉得沿着这种思路提出的一些论证很可能是对的。

但是我特别想提醒大家，这番想象出来的面对外星人的演讲，与你拥有**感知**这一事实，是极其不相关的——这里我们继续用感知这个词来指称有感受性的意识经验的能力。与之相反，上文中给出的答案主要考虑到的事项是，你有着自己的偏好和计划，有着应该如何过上美好生活的愿望，有着反抗眼下如此对待你的意志。依我之见，感知能力本身在这些方面所起的作用很小。（事实上，“感知”这个词甚至没在引文中出现。）

当然了，上文那番恳请说辞，并非完全没有提及意识经验。开头提到了你是一个“敏感”的人，这可能暗示了你有感知能力。后半部分还提到了你可能会变得无聊、沮丧、孤独、愤怒、郁郁寡欢——这些状态当然通常也会涉及各种不愉快的意识经验。因此，感知能力在这段文字当中肯定也是提到了。

不过依我看，这似乎不是争论的焦点。你所抱怨的主要不是说如果违背你的意愿囚禁你，你就会感知痛苦，而恰恰是你**拥有**意志这个事实。你有想做什么、希望实现什么的欲望，你有想实施的计划和目标，一旦有机会你就会去做——而你这样被他们绑架，则会挫败你的计划，违背你的意志，阻碍你按照自己的选择去行事的能力。是你的这些事实而不是感知能力本身，构成了你应该有底线地被人对待，以及外星人绑架你意味着没把你视为有道德身份的生物的核心理由。

给这组有着相互关联的事实起个名字是有用的。一方面，你有欲望和计划，有关于你的生活如何发展的偏好，以及你想用这些偏好做什么的打算；除此之外，还有一个事实是，这些偏好通常不是空洞无效的评价体系，而是你可以付诸行动的东西，可以去选择并且为之努力的目标。我建议用**能动性**（agency）这个词来概括这组事实。

有了这样一个设想，我们可以总结一下刚才所说的观点：要试图说服外星人他们这样对待你是错误的，你具有感知能力这个事实最多只是起了微小的作用，更关键的是还需要诉诸你有能动性这个事实。

必须承认，以这种方式使用“能动性”一词不是很理想。有时候哲学家们使用这个术语在范围上要比我在这里的用法更加狭窄，某人或某物具有（狭义上的）能动性，还需要满足某些进一步的条件，这已超出了我说的那种拥有偏好以及对偏好实施行动的最低限度条件。根据这种更狭窄的界定，要想拥有能动性——成为一个行动者（agent）——就必须要有自由意志，或者必须能够自主地思考做事的理由，或者必须具备回应道德理由的能力，或者必须把自己打算要做的事在某种程度上视为是好的。这些不同的提议（当然还有别的提议）彼此之间显然不完全一样，根据他们如何阐释这些提议的细节，哪些个体具有能动性，其范围可宽可窄。这些不同的提议都有个共同点，那就是如果我们采用其中一种或另一种用法，那么在相关的意义上，行动者的数量，就会比以我所设想的非常宽泛的方式来使用这个词所涉及的数量要少得多。所以如果用我所设想的那种广义的用法来使用这个词，至少会遇到一个危险，我们会不经意间滑向以某种更为“精巧”的理解来思考能动性。不过注意到这种危险之后，我们有望避免犯这种错误。

请注意，无论如何，如果我们确实发现自己被这样的想法所打动，即类似上文我所引用的那段话可以替很多动物发声——而且如果我们也同意那段话的核心不在于指出感知能力而在于强调能动性——那么我们就需要以一种扩张性而不是限制性的方式来思考能动性这个概念。虽说动物可以表现出我所讲的那种广义上的能动性，这一点似乎没有争议；但动物当中有多少物种拥有自由意志（如果动物有自由意志的话），或能自觉地权衡不同的理由，或者能够按照善的原则来行动，等等，这些都很不清楚。因此如果类似于这样的站在动物的立场上为其发声的说辞是可行的，最好是在一个比较宽泛的意义上使用动物的能动性这个词。[①]

诚然，在那段说辞中，也出现了更为狭义的能动性概念。比如，那里提到了你应该向外星人抱怨说，如果你被绑架了，你就无法履行对他人的义务。提出这种考虑显然涉及你自觉回应道德理由的能力，而仅从广义上讨论能动性就不需要这种能力。不过在我看来，这充其量只是**强化**了你的恳请；狭义的能动性要求在这里并不是重点。我觉得关键的一点还是这样一个简单的想法：你对于自己想做什么和如何生活有着各种各样的欲望，你被绑架会全方面地扰乱你按照这些欲望采取行动的能力。因此，即使我们想象你只是通过强调这一点来向外星人求情的（也许再加上诉诸你的感知能力），你的说辞也会很有说服力。仅凭拥有广义上的能动性这个事实——有欲望并且想要根据欲望行事——对于确立你的道德身份来说就有相当大的分量。

① 我们可能会使用的其他术语，比如“理性”或“智能”，也存在着类似的局限性。以“理性”这个词为例。有时候这个词被广泛使用，指的是我们与动物共有的深思熟虑和作出智识性的选择的一般能力。这可能符合我们的目的。但是，哲学家们常常把它用得更加狭义，以至于在他们看来，一种恰当地谈论理性的方式是，只有当我们以一种高度深思熟虑的方式反思我们应该按照哪些欲望来采取行动时（或如何最好地实现我们的目标），我们才会使用这种对理由进行自觉思考的特殊能力。可以说，在这种狭义的用法中，几乎没有哪种动物是理性的。但是，如果我们要从最初的说辞转向代表动物的说辞的话，那么我们要诉诸的重点必须是更普遍的共同的能力。

接受这一点，不会与先前说的感知能力是道德身份的必要条件不相容。这可能是因为，比方说，有能动性**预设**了要有感知能力（这一点接下来会考虑），这种情况下强调某个个体有能动性，其实就是让人注意到该个体具有感知能力的一种有效方式而已——后者才是使其拥有道德身份的真正基础。或者这也可能是因为，严格来说，如果某个个体要有任何形式的道德身份，确实需要有感知能力，但关于能动性的事实仍然与其特定的道德地位有关——因此，别人究竟应该如何对待你，部分地，也许是很大部分地取决于你的偏好、计划、意图等等这些本质的细节。毕竟，你向外星人求情的目的，是要说服他们绑架你是错误的，所以仅仅确定你有道德身份并不足以实现你的目的，你还需要说服他们，你的特定的道德地位**排除了**你被如此对待。因此即便是那些坚持认为感知能力是道德身份必要条件的人，也会承认能动性的重要性。

认识到能动性在你对外星人的说辞中所起到的核心作用，最起码表明，如果坚持认为感知能力的确是拥有道德身份的一个**要求**，那我们可能搞错了。也许有能动性也就足够了。这就是说，也许道德身份有两个潜在的不同的基础，拥有感知能力，以及拥有能动性，二者当中的任何一个，都足以构成某种道德身份的基础。这至少是一种值得探讨的可能性，而且我必须说，我很惊讶动物伦理学家似乎经常忽视这一点。或者我应该更谨慎地说，让我感到惊讶的是，动物伦理学家经常声称他们相信有感知能力才有道德身份，即使他们实际上关心的很多事情——在我看来——更直接地归属于不同于感知能力的能动性范畴。

当然，如同我所指出的那样，仅当缺乏感知能力的能动性确实是可能的，标准而熟悉的主张（道德身份需要感知能力）与更“自由”的主张（感知能力或能动性有一个就够了）之间才会有显著的区别。真是这样的吗?

我认为，这是心灵哲学当中一个有争议的问题。我已将能动性描述为拥有各种偏好和欲望，并且按照这些偏好和欲望去行动（或者我应该补充说，想要按照这些偏好和欲望去行动，如果你的行动能力受阻的话)。所以至少能动性需要欲望，需要拥有如何满足这些欲望的信念，以及——粗略地说——需要按照能够满足自身欲望的信念来行动。相比之下，我已说过，感知能力关系到有意识的体验，是一种“感觉起来像是什么样的”主观状态。所以我们需要知道的是：如果没有后者（有意识的体验)，主体可以拥有前者（偏好、信念、行为）吗?某个主体可以在缺乏感知的情况下拥有能动性吗?

再明确一下，这个问题不是说，在我们**自己的**心理生活中，感知能力通常是否会作为能动性的构成要素。我认为至少在很多情况下，我们的欲望确实拥有感受性的方面。比如说，当你有欲望时，会有某种感觉（“在内心里头”)。类似的情况也适用于信念。也就是说，相信某样事物也会有某种感觉。但我们的问题不是说，拥有类似于人类心智的生物，是否总是或者常常会以感受性的方式体验到我们的信念和欲望，而是说拥有信念和欲望，与拥有感知之间，是否存在概念关联，以至于缺乏感知能力的生物，根本就不可能具有能动性。

我在思考这个问题的时候，发现自己强烈地倾向于认为，能动性其实**不**需要以感知能力作为前提。我倾向于用行为功能主义的术语来解释信念和欲望这些概念，其中信念和欲望以熟悉的方式相互作用而产生行为。(大致说来，信念是关于世界的表征；欲望是根据信念来行动的倾向性，从而产生特定的事态。这样讲确实很粗略，但如果把细节都讲清楚，就会毫无必要地跑题了。）据我所知，能动性要素甚至可以存在于完全缺乏有意识的心理状态的心灵当中——在这个意义上，要拥有信念或欲望，或者要让二者结合起来引发行动，无需任何感受性的体验，也无需任何“感觉起来像是什么样的”状态。

而且，我认为这种想法——能动性可以在没有感知能力的前提下存在——在流行文化当中会频频出现，那些想象中的未来主义场景，就有机器人和超级先进的计算机。

以电影《2001：太空漫游》中的反派计算机 HAL 为例，他先是成功地干掉了飞船上的其他宇航员，之后还试图杀掉戴夫。我认为可以直接说 HAL 表现出了能动性：他（或它）想消灭人类，因为他相信这项任务很重要，也相信人类可能会打乱他的计划；他对于怎样干脆利落地消灭人类拥有各种信念，他坚定地按照这些信念行事(在戴夫的事例中没有成功)。在我看来，HAL 拥有能动性是显而易见的。

相比之下，我完全不知道 HAL 是否有感知，能否体验到（不仅仅是能够辨别）比如说颜色或声音。我对 HAL 是否有任何感受性的体验一无所知。事实上，掌握了无数其他类似的例子之后，我怀疑单纯的机器人和计算机，不太可能在拥有感受性体验的意义上拥有意识。我发现自己通常会把 HAL 想象为根本没有感知的东西。他是一个行动者，但不是一个有感知的行动者。

当然，有时候像“有感知的”和“有意识的”这类术语的使用范围，会比我这里的用法更加宽泛，这会让任何心理状态都可以被算作有感知的，任何对于周围环境的感受都被当作有意识的。这种广义的用法显然蕴含了任何有能动性的生物，都可被视为有感知的，因而 HAL 也被算作有意识的。然而我是在更狭窄的意义上使用这些术语的，有感知和有意识，要求心理状态具有感受性的面向。一般来说，至少我觉得我自己对 HAL 的看法是，他缺乏这个意义上的主观体验。HAL 没有那种感觉起来像是什么样的东西——尽管他有信念和欲望，并且能够据此行动。

至少在我看来事实如此。不过我当然承认，并非每个人都会像我这样来看待这个问题。我常常看到我的一些学生不情愿用类似的术语来描述这个例子。他们只是不愿意把真正的信念或欲望归赋给 HAL。我问他们为什么不愿意，最常见的回答恰恰是说，HAL 没有意识或没有感知，所以他不可能真正拥有信念或欲望。他们固然也会补充说，他的“行为”表现得好像有信念和欲望，这很容易将他“人格化”(虽说或许在这种情况下，用“感知化”来谈论会更加准确)，所有这些都会引诱和误导我们把能动性归赋给他。但他们又主张说，在严格的字面意义上，HAL 没有能动性，即便在我所说的广义用法上也缺乏能动性。由于他缺乏那种字面意义上的信念和欲望，所以显然他也从未真的按照信念和欲望来行动。

如果这种更保守的观点是正确的，那么能动性的确预设了感知能力，这样一来就算我们说仅凭能动性就足以具备道德身份也无济于事。因为他们认为事实上能动性本身就需要感知能力。另一方面，在这一点上，我们需要考虑能动性——严格意义上的——是否真的是我们应该关注的概念。也许我们可以寻找一种更加宽泛的概念，使之可以很方便地用于 HAL 事例。在这里（我认为）很显然，他拥有类似于信念、欲望和行动的**东西**。如果你愿意，不妨称之为**能动性** * 而非能动性。于是真正的问题就在于，能动性 * 对于道德身份而言是不是充分的？

我倾向于认为**会是**充分的。也就是说，如果具备信念和欲望（或类似的状态）确实需要感知能力，我相信事实上信念和欲望就足以使得该主体成为**行动者** *。相反，成为一个完备的**行动者**，所要求的就不只是信念和欲望了。当然，由于我自己比较赞同能动性实际上无需感知能力，我个人无需接受行动者 * 这个概念。不过即使我被人说服，认为我的观点是错的，从而感知能力确实是能动性的必要条件，我仍然会对这个观点感兴趣：感知能力实际上并不是道德**身份**的必要条件。我接下来会使用能动性 * 这个用法，并建议我们认真对待感知能力或者**能动性** * 各自都足以确立道德身份的可能性。

有鉴于此，我们不必在此尝试解决能动性是否需要感知能力这个问题。就我们的目标而言，真正的问题是，道德**身份**到底需要什么。当然，考虑到我的想法是能动性有可能无需感知能力，我想提的问题可以这样来表达：仅凭能动性就足以确立道德身份吗？不过，据我所知，那些不同意我的观点的人，仍然可以提出同样的基本问题，他们会这样问：仅凭能动性 * 就足以确立道德身份吗？

这样的话，也许我们应该针对能动性 * 而非能动性来展开接下来的讨论。不过，既然现在已经看到了采纳这个特殊术语的可能性，在下文中我建议忽略它。我感觉，如果我继续简单去讲“能动性”而不是“能动性 *”，读者看着应该会更顺眼（如果没有其他原因的话）。以我之见，任何觉得我在这个问题上出错的人——就是说任何反对能动性无需感知能力的人——可以在他们觉得有必要的时候，设想添加一个星号。

4．能动性无需感知能力

所以我们的问题是，能动性是否足以确立道德身份，或者是否还需要感知能力才行。在我看来，人们常常忽视这个问题，即便有时候他们自己提及的其他一些要点很容易让人想到这一点。

这里有个例子反映了这种情况。一位学者要为道德身份需要感知能力这个观点进行辩护，她论证道：

> 道德权利是这样一种保障，它旨在保护权利拥有者免受伤害，或者向他们提供对**他们**而言是重要的利益。只有能够拥有感知的存在者，才会遭受伤害或者获得对他们而言是重要的利益，因为只有这样的存在者，才能喜欢或者不喜欢发生在他们身上的事情，或者偏好某些情形而非其他情形。①

可以认为，这段话将感知能力和能动性混为一谈，这正是我一直提醒大家要去避免的。这位作者告诉我们，重要的是感知能力，但她真正特别关心的似乎是能动性，例如你对发生在你身上的事情有所偏好。当然，谈论某个主体**喜欢**或**不喜欢**，说的究竟是对各种事态有所偏好有所反对，还是说将各种事态体验为愉悦的或不愉悦的，这有点含混不清。尽管如此，此处的关键点似乎是说，有些东西对你而言是重要的，你偏好某个结果而不是另一个结果。这就意

① Warren, "Difficulties with the Strong Animal Rights Position", p. 171；强调之处为原文所加。

味着关键要点绝非真的是感知能力，而是能动性。

诚然，刚刚引用的这段话并没有夸大感知能力，而且有可能作者在使用这个词的时候，意思并不像我们在这里所理解的那样——也就是拥有感受性体验的主体。不过我们可以把这种解释上的担忧放在一边。关键的哲学要点还没变，也就是被这种观点所打动，认同对发生的事情有所偏好才是道德身份的关键的人，都应该想一想（**我们**所说的意义上的）感知能力对道德身份来说是否真的是必要的。

这里还有一个例子。回想一下向外星人求情的那段说辞。提供这段说辞的哲学家认为，这段话确认了感知能力对于道德身份的重要性，可是在我看来，她或许也没有以我建议的方式来区分感知能力和能动性。例如她说，一切“拥有兴趣、愿望和欲望的存在者都有感知能力，也就是说，他们能够体验到快乐和痛苦”①。但我已经论证过，至少原则上讲，事实未必如此。因此，强调有感知能力而不是能动性大概是有问题的。同样，回顾先前那段话，她说道，当你与外星人争辩时，

> 你表达了拥有感知能力的价值，那些遭到阻挠的兴趣和欲望所拥有的价值，以及遭受身体上的和情感上有家不能回的痛苦的价值。这些价值是我们与其他拥有感知的存在者所共有的。②

当然，我认为在那段说辞中，对感知能力的强调，远不及这段

① Gruen, *Ethics and Animals*, p. 32.
② Gruen, *Ethics and Animals*, p. 33.

总结所提示的那么多。那段话强调的是能动性（你的“兴趣和欲望”遭到阻挠），而无论如何，我们不应该把感知能力的重要性这个问题，与能动性的重要性这一或许是不同的问题混淆在一起。

我还可以轻而易举地提供其他一些例子，但我希望在这一点上说得已经足够多了，至少已经表明了为什么这个问题是值得追问的：感知能力是否真的是道德身份的一个实质性要求，或者相反，能动性本身是否就已经足够了。就我个人而言，当我以这种方式直接思考这个问题时，我发现自己倾向于赞同有能动性确实就够了，根本不需要感知能力。只要主体对于自己的生活如何发展下去抱有欲望，对于世界上发生的事情有所偏好，而且只要有机会，他就会按照这些欲望和偏好来行动——简言之，只要具有广义上的能动性——那么在我看来他在道德上就是重要的。你的偏好和欲望需要被考虑在内。你拥有道德身份。

我知道很多人会发现这个想法有点古怪。缺乏感知能力的事物，其自身在道德上而言并不重要，这不是很明显的吗？随便拿两个没有感知能力的东西为例，石头或书本肯定不具有道德身份！正如一位学者所言：

> 感知能力对于基本正义而言并不是唯一重要的东西，但是将感知能力视为一个阈值条件，有了这个条件便能授权成为建立在正义基础之上的共同体成员，这似乎是合理的。因此，杀死一块海绵似乎与基本正义毫不相干。①

我自己完全同意海绵没有道德身份；我们就算杀了它也不是对

① Nussbaum, “Beyond ‘Compassion and Humanity’ ”, p. 309.

它做了什么不义之事。相比之下，假如我们杀了一只松鼠，我们就是对它做了不义之事，因为松鼠自身就有道德价值。所以松鼠和海绵之间有本质上的区别。我们应该都会同意，松鼠有感知，而海绵没有。然而这些都没有表明道德身份需要感知，因为从松鼠到海绵，我们不仅排除了感知能力，也排除了能动性。没错，海绵无法感受快乐或痛苦；但是它也没有信念、欲望或行动。因此，认为海绵缺乏道德身份，并不能确立感知能力对于道德身份而言是必要的。(这里很容易出错。除非我们思考没有感知的事物时特别谨慎，否则我们可能会一并排除掉心灵的所有方面。)

如果我们同意，能动性对于道德身份来说是充分的，道德身份并不需要感知能力，这会带来哪些现实意义呢?

首先，这会扩大我们认定具有道德身份的存在者的范围。倘若传统观点确实是对的，道德身份需要感知能力，那么我们马上面临一个令人担忧的事实，对于那些与我们差别太大的生物，我们不太确信它们是否有感知。像你一样，我不怀疑我在日常生活中遇到的其他人有感知（即他们有着“感觉起来像什么样的”体验）。(我设想）像你一样，我相信其他哺乳动物也有感知：牛、狗，鲸、老鼠等，都能感受到快乐或痛苦。一旦我们的讨论超出哺乳动物的范围，我对这件事就不太确信了，而且一下子就不知道该怎样去判定了。(不止一位重要的动物伦理学家几乎只关注哺乳动物，我认为这不是巧合。[①])

越是沿着动物界的进化树往下走，我就越是不知道怎么讲。我可以想象爬行动物是有意识的，我猜鸟类、两栖类和鱼类也是如此。

① 例如，里根在《动物权利研究》(*The Case for Animal Rights*）中这样说过。

但我对此不是很确定。可是当我们谈到昆虫或甲壳类动物时，我真的不知道该怎么说。[①]

毫无疑问，即使在动物界内部，感知能力最终也会随着物种的不同，往下越走越少直至没有。我或许不知道如何谈论果蝇和蟑螂，但我确信海绵无法体验快乐和痛苦。但是，意识在进化树上可以延伸多远？我想大多数人都认为这事很难说清楚。虽然我们在这个问题上可以增添一些科学依据，但意识有着彻底的内在性，这让我们担心这个问题永远得不到满意的解答。

不过，如果能动性是道德身份的充分条件，那我们就要问一些不同的（或额外的）问题，至少其中一些问题可能更容易得到有把握的回答。我不确定青蛙或鱼能否感到疼痛，但我不怀疑它们有能动性，当然，对于鸟类和爬行动物来说也是如此。在所有这些例子中，似乎都可以直截了当地说，上述这些生物都有信念和欲望，并且可以据此行动。例如一只鸟可能会想要食物，它有如何找到食物的信念，进而根据这些信念去寻找食物。一条鱼可能会感到危险，接着据此采取适当的行动躲避危险。

当然，这不是说，我们永远不能确定将能动性归赋给某个生物是否合适。就我个人而言，我觉得把例如信念和欲望这种很初级的能动性归赋给昆虫是很自然的。但我知道其他人可能不这么认为，而且我当然认为针对这个问题可以展开有理有据的论辩。显然，我们也可以在这里拿出各种证据来讨论，虽说目前我们大概还远远不能解决相关问题。尽管如此，我认为关于能动性的问题，从根本上说要比关于感知能力的问题更容易解决。正因为关于感知的问题事

① 有关一些相关证据的调查，请参阅：DeGrazia, *Taking Animals Seriously*。关于昆虫意识的最新（技术性的）讨论可以在这篇文章中找到：Barron and Klein, “What Insects Can Tell Us about the Origins of Consciousness”。

关“内部”情况是什么样的——是否具有“感觉起来像是什么样的”体验——似乎难以捉摸。相比之下，有关能动性的问题，却事关某个生物是否会以它对世界的表征相符的方式去行动，在我看来，这些问题所涉及的事实明显更容易“向外展露”出来，因此更容易得到解决。

以上讲的这些只是想说，在有些情况下，我们可以同意——或近乎于同意——动物拥有能动性，即使我们仍然不确定他们是否拥有感知。于是，承认能动性足以成为确立道德身份的基础，将会扩大我们承认对其负有某种道德义务的动物的范围。

这并不是说，**存在着**表现出能动性却不具备感知能力的动物。也许进化过程选择了其中的一个，同时也就选择了另一个。正如一位学者所说：

> 从进化论上讲，有充足的理由认为，运动、知觉和感知能力是同步进化的……这意味着即使是昆虫也能感觉到疼痛。（如果你怀疑这一点，考虑一下你看到小孩把苍蝇翅膀扯下来时你自己的反应。）①

目前看来，这似乎是一个足够合理的猜想。虽说如此，但它有可能是错的。也许确实在某些情况下，能动性和感知能力是可以分开的。也许看到有人扯掉苍蝇的翅膀时，人们有所反感，无非是因为人们自然地倾向于**预设了**但凡看到能动性的地方就有感知——即使该对象没有感知！但事实也有可能完全不是这样的。也许当苍蝇

① Anderson, “Animal Rights and the Values of Nonhuman Life,” pp. 288–9.

的翅膀被扯掉时，人们有所反感，这是因为人们很大程度上没有认识到，能动性本身就足以作为道德身份的基础——无论该对象是否也有感知能力。

无论动物界是否存在着有能动性却没有感知能力的例子，这种可能性在科幻文学和电影当中似乎是老生常谈了。在那些场景中，智能体、机器人和计算机常常被想象为表现出与我们差不多程度的能动性。当然了，在其中一些例子里，也设定了机器人在我们说的意义上是有感知的——拥有感受性方面的主观体验。但在其他很多例子中，根本就没有提到感知，也没有从任何角度提及机器人或计算机是否有任何形式的“内心”生活。我认为在其他这些例子中，我们同样应将机器人视为**缺乏**我们所说的那种意义上的感知。有时候，一部分关键要点在于，**作为**机器即使什么感觉也没有，但是你得看到机器是如何展示出**能动性**的。

设想有这样一个机器，比方说，一个没有感知但能表现出高度能动性的机器人。虽然现在还没有哪种东西与之非常相似，但我认为这样的发明没有理由不会出现在不远的将来。若果真如此，能动性对于道德身份来说当然就足够了，从道德的角度来看，这样的机器就是**重要**的。它们会有相关的权利，如果我们违反了与之相处的原则，我们便是对这些机器人本身做了不义之事。这类机器拥有道德身份。一种显见的可能性就是，若让这种机器停止运行，给它彻底关机，便是不道德的——在道德上等同于谋杀。

有个简单的虚构场景可以阐述这个观点。想象一下在遥远的未来，我们在另外某个星球上发现了一个完全由机器（就叫他们机器人好了）组成的文明，他们随着时间的推移而自然进化着。他们虽说完全由金属构成，但是能够（通过某些恰当的机械过程）繁殖后代，所以他们也有家庭。他们还是更大的社会组织当中的成员——有朋友、社群和国家。他们有自己的文化（文学、艺术和音乐），也产生了工业和政治。然而有趣的是，我们所拥有的最好的科学，正确地揭示出了他们没有**感知**。尽管他们清楚地展示出与我们自己水平相当的能动性，但他们缺乏感受性的体验：这些机器无法感觉到任何（“内在的”）作为机器人感觉起来是怎样的经验。当然，尽管如此，他们拥有目标和偏好，有复杂的精细目的，会制定计划并付诸行动。

想象一下，你是来自地球的科学家，你渴望更多地去了解这些机器人的构造。因此你不顾他们的抵抗，抓到了一只小机器人。你打算把他解剖然后检查其内部构造，这时候另一个机器人，这只小机器人的母亲向你跑来，拼命地恳求你放开他，祈求你不要杀害他，怒气冲冲地宣称你没有权利将她的孩子当成一件物品来对待，并且动之以情乞求你不要动手，赶紧放过他。

那么解剖这个机器人孩子有错吗？

我知道不同的人对这个故事会有不同的反应，就我个人而言，我发现我毫不怀疑在类似这样的例子中，杀死（或者说摧毁）这个孩子是错误的。对我来说，孩子和他的母亲“仅仅是”缺乏感知的机器人并不重要。重要的是，他们是完备的**行动者**，对自己的生活抱有计划和希望，对自己的未来拥有欲望和抱负。你去摧毁这样一台机器，在道德上是极其可怕的，就像你决定将一个人类的孩子无痛地杀死之后再切开一样可怕。

如果这个判断看似不合理，那就有必要注意到，类似于这个机器人的例子非常契合一些极为流行的关于道德基础的理论。例如根据某些版本的契约论，道德规则是支配我们彼此之间相处的原则，这些原则是由理性的商谈者商议得出的。然而，如果真的有机器人具备与我们水平相当的能动性，那他们似乎也会在相关的商议中占有一席之地。而这样一个协商的结果，大概也会包含了保护机器人的道德原则，正如保护你我一样。大致而言，毕竟这样做才是理性的：正如我同意了一项禁止我谋杀你的原则，用以换取你同意一项禁止你谋杀我的原则那样，我们同意了一项禁止我们“谋杀”机器人的原则——违背他们的意愿将其彻底关停——用以换取机器人同意他们禁止谋杀**我们**。谈到契约论时，担心有没有感知似乎不怎么相关；重要的是该事物能否展示出恰当程度的能动性。

或者考虑一下某种康德主义进路的道德观，其中一个核心问题说的是主体能否为自己设定目标，理性地在各种可能性当中作出选择，继而采取相应的行动。任何具有这种自主设定目标能力（也许需要达到相当高的程度）的主体，都可以被当作是“目的本身”，这是一种独特的高级形式的道德地位。但在这里，我们也很难看出**感知能力**会被认为起到了特别重要的作用。依我看，重要的是能动性，或者至少是足够复杂的能动性。因此，即使机器人没有任何内在的主观体验，他们也被视为刚才所说的目标设定者，因此从康德主义的角度看，他们的道德身份是有保证的。是能动性，而非感知能力，在康德主义者那里是重要的。（我们会在第 8 章第 2 小节回头讨论这里的一些观点。）

可能有些人会得出结论说，如果契约论和康德主义都暗示了像机器人这样的缺乏感知能力的事物在道德上是重要的，那也只是暴露了这些观点的不足。不过我觉得，其他人可能会认为，这些理论本身具有充分的合理性——无论到最后，人们是否接受其中某个理论作为伦理学基础的最佳说明——所以，这些人似乎赞成将道德身份赋予缺乏感知能力的事物，这一事实有助于产生更有吸引力的想法：道德身份似乎有能动性就够了。

到了这里，一个反对意见随之而来。像契约论者或康德主义者主张的那样，说一种足够复杂的能动性对于道德身份而言是充分的是一回事，而正如我所说的那样，声称任何形式的能动性对道德身份而言都是充分的，却是另一回事。毕竟，能动性是有程度的。青蛙或蛇——更不用说昆虫了！——所展示出的那种最低限度的能动性，与我所讨论的设想在遥远的未来，机器人和计算机所具有的那种复杂版本的能动性，很显然相差甚远。

这一点很好理解。即使我们打算把道德身份归赋给特定类型的高智能计算机，我们也不必赞同无论什么类型的能动性都足以拥有道德身份。也许能动性要相当复杂，才可能具备道德身份。（恰好契约论者和康德主义者通常不会接受这种限制性的观点；但有些人可能会接受。）

尽管如此，在我看来，这里可以得出的正确结论并不是限制性的观点，而是更广泛的观点。所谓限制性的观点指的是：虽说没有感知能力但有高度复杂的能动性，就足以使之具备道德身份，但只有复杂性程度**很高**的那种能动性，才能发挥实质性的作用。所谓更广泛的观点说的是：**所有**类型的能动性，都足以确立**某种**特定形式的道德身份。当然，按理说，更复杂的能动性可能会比没那么复杂的能动性有着更高的道德地位。这是我们稍后会考虑的一种可能性。然而即使是最小形式的能动性，也应该具有最小形式的道德意义。

这种包容性的立场，与我们大多数人所相信的关于感知以及苦乐感受能力的观点相类似。大家熟悉的一点是，人们能够感受到高度复杂的快乐和痛苦，而且至少可以说，由此产生的那种道德地位，或许不同于那些只能感受到更为初级的快乐和痛苦的生物所具有的道德地位。尽管如此，主体只要能感受到任何形式的快乐和痛苦，似乎就足以具备道德身份了。道德地位可能会随着主体能够感受到的体验的确切性质而不同，但仅仅是感受到快乐或痛苦的能力，就足以奠定**某种**形式的道德身份。

我希望用类似的立场来支持能动性：道德地位可能会随着能动性的确切性质而不同，但是任何程度的能动性，都足以奠定**某种**形式的道德身份。

5．福利与身份

现在回到我之前提出的观点。感受到快乐和痛苦的能力与道德身份有关联，这种想法几乎是难以否认的。不仅如此，这种关联似乎与该生物的福利（welfare）或福祉（well-being）有关。也就是说，当我们增加或者减少有感知的存在者的快乐或痛苦时，这在道德上似乎是重要的，因为我们是在以一种关乎道德的方式影响着他们的**福利**。那么，在道德身份和福利之间是否存在着**必然**关联？为了拥有道德身份，他必须得是拥有福利（某种可以变得更好或更坏的事物）的主体吗？我们先假定存在这样的关联。而且如果我的观点没错，能动性对于道德身份而言是充分的，我们难道不应该同样期待**能动性**和福祉之间会有关联吗？如果确实如此，我们是否已经找到了这种关联呢？

这里有几点值得讨论。首先，如果我们确实在**身份**与福祉之间建立起了必要的关联，那么在我看来，我们应该仔细区分两种主张。

第一种主张较为宽泛：如果你有任何形式的福利，那么你在道德上就是重要的。第二种主张较为狭窄：只有当你拥有对你来说是**重要的**那种福利时，你在道德上才是重要的。

不难设想，这两个主张彼此可以分开来讲，可以说，由于福利的概念在日常用法中已经足够广泛，许多缺乏道德身份的事物也有福利。人们对这些事物施加影响，这些影响对事物本身而言可好可坏。比方说，我若把胶水倒进我的汽车油箱里，这对汽车来说是有害的；我若离家几天后回来给我的植物浇水，这对植物来说是有益的。给定了这种广义上的福利或福祉的概念，似乎差不多任何事物都具备可被改变的福利（至少原则上是这样的）。① 尽管如此，我们大多数人根本不会倾向于将道德身份赋予汽车或植物。

为什么不会呢？这要讲起来并不容易，但是至少有一个说得通的观点认为，对于汽车和植物（以及很多很多其他事物）而言，这种福利的改变对于它们来说根本**不重要**。汽车和植物（以及石头和书籍），并不**在乎**那些伤害它们或使它们受益的事物。

与之相反，有感知能力的生物，当然的确会在乎自己是否正在遭受痛苦或者正在体验快乐。痛苦和快乐对于这些生物的重要性，是直接而不可拒绝的。（所以有人声称**完全**不介意某种特定的痛苦，我们对此会感到困惑，不禁要问：他们是真的处于痛苦当中吗？）

如果一件事情对你来说是重要的，你就会在乎它是否会发生。这就牵涉各种各样的信念和偏好。这就意味着，在道德上是重要的那种福利，很可能必然涉及能动性，至少是最低限度的那种能动性。例如当你处于痛苦之中，你想要**结束**痛苦，这就是发生在你身上的

① Cf. Belshaw, “Death, Pain, and Animal Life,” pp. 32–5.

事情在道德上是重要的部分原因。即使一个处于痛苦之中的新生儿缺乏**结束**痛苦的概念，但说他**在乎**痛苦似乎也是恰当的（而汽车并不在乎它发动机里的胶水）。

那么，这就可以说，对于道德身份而言，能动性甚至比感知能力更基础！如果道德身份的关键在于是否有着对你来说至关重要的福利，那么任何一种道德身份都可能至少需要最低限度的能动性。

当然，许多人都会认为，以更狭义的方式使用“福利”或“福祉”这些词更自然。因此，首先只有在你或你的生活的改变，对你而言是**重要**的那些情形下，谈论福利或福祉才是合适的。但这并不影响关键的一点，那就是，只要某个事物对你而言是重要的就得需要某种最低程度的能动性，而拥有道德身份确实需要主体具有这种狭义上的福利，那么道德身份就需要能动性。

在我看来，这种关于“福利”和“福祉”的狭义用法，在道德哲学家当中更加常见（与之类似，像“伤害”和“利益”之类的语词也是如此）。也许我们不应该对此感到惊讶。毕竟，道德哲学很大程度上就是要弄清楚，我们对于那些有道德身份的主体，应当担负起哪些具体的道德义务。这当然是我们的目标，也是这本书的一个目标。因此我们很容易理解，为什么做伦理学的人总是认为，直接聚焦于蕴涵道德身份的福利概念会更方便。

事实上，我也将采用这种常见的用法。从现在开始，当我说到某个事物的福利时，我指的是足以满足道德身份的那种福利。我不会考虑这个词的更宽泛的意义，在那种宽泛的意义上，甚至连汽车和电视机也堪称具有某种福利。虽然我是这么做的，然而仍然值得指出这个词有更广义的用法，因为这有助于我们认识到那些容易被忽视的东西——即使道德身份建立在（狭义上的）福利基础之上，这可能反过来也预设了能动性。

其次是：如果我们确实接受道德身份和（狭义的）福利之间有关联，这将迫使我们当中的大多数人停下来反思一下标准观点，也就是感受快乐或痛苦的能力是道德身份的必要条件。其实，我在琢磨这种常见的假设是否（至少部分地）无意中预设了**享乐主义**——根据这种观点，福祉仅由快乐的出现和痛苦的消除所构成。很显然，如果道德身份要求主体有（狭义上的）福利，如果某个主体的福祉，仅仅事关他所体验的快乐与痛苦之间的比例，那么只有能够体验快乐或痛苦的存在者才有道德身份。但事实上，大多数人根本就不是享乐主义者。仔细考虑一下，大多数人会认为享乐主义关于幸福的解释过于局限。快乐和痛苦很可能与主体的福利有关，但这显然没有穷尽福利的所有内容。

至少意识到了这一点，会让我们不再盲目赞同道德身份需要感受快乐和痛苦的能力。毕竟，除了快乐和痛苦，如果还有其他什么东西能够影响某个主体的福利，那么即使拥有福利是道德身份的前提要求，在这种情况下哪怕缺乏感受快乐和痛苦的能力，也很有可能拥有福利（从而拥有道德身份）。

要深入探讨这一点，需要详细考察关于福祉的主流理论。我在这里并不打算开展这项工作，但我可以简单介绍大家比较熟悉的替代享乐主义的两个方案。根据福祉的**偏好**理论，构成你的福利的，是你在多大程度上拥有或未能拥有你的各种欲望和偏好所指向的那些事物。显然，由于我们这些能够体验快乐和痛苦的人，会在乎自己获得快乐避免痛苦，这样一来，快乐和痛苦自然（在琐碎的意义上）与我们的福祉相关。但同样正确的是，我们大多数人对于除了快乐和痛苦之外的事物也有欲望和偏好，所以除了快乐和痛苦之外，这些事物也与我们的福祉有关。由于似乎存在着这样一种可能性——至少原则上如此——即使一个无法体验到快乐和痛苦的生物，也可能有着其中一些其他的欲望，因此根据偏好理论，这样的生物似乎也会拥有福利。

享乐主义的另一个重要的替代方案是**客观清单**理论（the object list theory），该理论认为，存在着某些具有客观价值的有益之物（goods），主体享有这些有益之物，生活就会变得更好。[与之类似，存在着某些客观上的有害之物（bads），主体沾上这些有害之物，生活就会变得糟糕。] 当然，清单因主体而异，但几乎每个人都会把快乐列入有益之物的清单，把痛苦列入有害之物的清单。但关键之处在于，还有一些事物通常也会出现在这些清单上。比如有益之物的清单里也可能包括知识、成就、有意义的人际关系，以及别的事项。因此在这里，一个无法体验快乐或痛苦的生物，原则上似乎也可能拥有其中一些别的有益之物（或者与之对应的有害之物）。这里我们再次看到，根据客观清单理论，这类生物似乎也会拥有福利。

当然，这些理论都有各自的变种，而且也会有更加奇特的替代选项。但是我敢说，对于大多数合理替代享乐主义的方案而言，在确定某个事物是否拥有（相关的、狭义上的）福利的问题上，涉及能动性的那些事实，至少与有能力感受快乐或痛苦的事实一样占据着核心位置。所以最起码，任何赞同这个想法的人，都会认为拥有道德身份与作为拥有福利的生物之间有着深刻的关联，都会把享乐主义视为对福祉提出过于狭窄的解释而拒绝接受它，当他们听说有能力感受快乐和痛苦对于道德身份而言是唯一的必要条件时，也都会犹豫一下。事实上，进一步讲，我认为对于大部分非享乐主义的福祉理论而言，这个想法是合理的，如果认为某个主体有**能动性**，那么他就拥有足以确立道德身份的那种福利。

还有——这是第三点——福利与感受快乐和痛苦的能力有关联，这点似乎没什么争议。痛苦本身对你来说是糟糕的，而快乐对于你来说是好的，很少有人会否认这一点。能动性和福祉之间，是否也有类似的直接关联？我们真的可以说，你没有得到你所欲求的事物，仅凭这个事实本身对你而言就是糟糕的吗？当外星人阻碍你满足自己欲望的能力时，这个事实本身是否就构成了一种伤害？

我认为，问题的答案取决于一个人所接受的那种福祉理论的相关细节。对于那些支持福祉的偏好理论的人而言，他们的回答是肯定的（抛开这个理论当中某些我们无需关心的复杂因素不谈）。如果福祉包括得到我所欲求的事物，当外星人阻止我达成自己的各种目标时，这一事实就会降低我的福祉。与之类似，对于支持客观清单理论的人来说，若将诸如成就和有意义的社会关系纳入客观的有益之物（拥有这些东西构成了我的福祉）的范围内，当外星人阻止我达成我的目标或切断我与家人朋友的关联时，他们就剥夺了我的一些最重要的有益之物，直接减损了我的福祉。这些观点似乎表明，阻碍我按照自己的欲望行事的能力就是对我造成伤害，就这么简单。

然而与此同时，我认为应当承认，不是所有的福祉理论都会设定能动性与福利之间有着直接关联。此外我们必须承认，至少在某些情况下，主体得到了他想要的，严格来说并不会在任何意义上提升他的福祉。毕竟从狭义上讲，我们经常对一些**超出**我们自身利益范围之外的东西感兴趣。正因如此，在某些情况下，如果有人阻碍了你实现自己的偏好和欲望的能力，这只是他们没有向你展示你理应得到的那种**尊重**，这未必是伤害了你或降低了你的福祉水平。宽泛地讲，也许阻挠某个生物追求自身目标的能力，很大程度上只是没有尊重他，这件事本身倒没有对他造成伤害。

据此有人会认为，从尊重而不是福利的角度来解释能动性和道德身份之间的关联更为合理。当然，这仍然符合能动性（以及感知能力）足以构成道德身份的想法：也许一旦某个主体的福利受到威胁，或者只要某个主体没有得到尊重，道德身份就会从中产生。

当然，有些观点认为，将这两个基础当中的某一个纳入另一个名下，这样就会更加自然。例如那些喜欢强调尊重的人可能会说，如果我们没有考虑到那些享有福祉的生物的幸福，我们就没有向这些生物展示出它们理应得到的尊重。于是可以想象，对这种观点有共鸣的人就会争辩说，只有尊重，才能为道德身份提供真正的基础。另一方面，那些喜欢强调福祉的人（至少强调某种关于福祉的解释）会认为，如果别人没有向某人展示他们应有的尊重，这就会直接减损了他们的福利。于是这里也可以说，道德身份有一个单一、独特的基础。只是那些对这一观点有共鸣的人会争辩说，是福利而非尊重，才能为道德身份提供决定性的基础。

尽管如此，还有一些观点认为，尊重和福利之间的鸿沟是真实的。因此，最好的办法是认定道德身份的确有两个潜在的基础，其中一个基础无法延伸覆盖至另一个。

对于我们的目标而言，我个人觉得没有必要去解决道德身份到底是有两个不同的基础——福利和尊重——还是说只有一个基础的问题。然而，此后的大部分内容会从福利的角度，而且仅从福利的角度来讨论，因为这会更加方便。毕竟，当我们进一步讨论我们对彼此的道德义务时，如果总是将实际上相同的观点既从福利的角度，又从尊重的角度说上两遍，会很容易让人厌烦。因此，当说到有人阻碍了你满足欲望的能力时，我会简单地说这**伤害**到了你，尽管其他人可能更愿意说——至少在某些情况下——这实际上涉及的是没有向你展示出你有权得到的尊重。同样，我也会经常谈论某个特定的行为在多大程度上挫败了你的**兴趣**，我也会把这种情况看作是一种伤害，尽管其他人可能更愿意说——至少在某些情况下——它所涉及的道德上的冒犯更多的是你没有得到尊重，它本身并不牵涉对你造成**伤害**。虽然在每一种情况下都可以给出两种说法（“这个行为要么是伤害，要么是没有表现出尊重”），但我不认为用这种更啰嗦的方式来论述有任何好处。接下来的要点我只会使用福利的语汇来表述。在我看来，这应该不会对后面的论证产生实质性的影响。①

① 在整个讨论过程中，我一直在从感官的角度来解释快乐和痛苦，也就是说，快乐和痛苦是作为某种相关的感觉而言的。但从另一个角度来看，它们应该被理解为具有相关的命题**态度**（例如，对某事是这样的而感到高兴）。在这一选择中，将感知视为地位的基础与将能动性视为基础之间的差异会变得越来越小，尽管这样一来，能动性构成了地位核心的主张，可能会变得越来越强。（参见 Feldman, *Pleasure and the Good Life*，特别是第 55—90 页，解释了快乐和痛苦是命题态度。）

第 2 章　一体论

1. 一体论

设想我们关于道德身份的最终基础，已经达成了共识。不过即便如此，还有一个问题没有解决：所有具备道德身份的个体都拥有相同的道德**地位**，还是说他们的道德地位彼此之间会有不同？

我自己的观点——这将是我在本书当中要论证的立场——是一种等级论。也就是说，我相信道德地位可以是不同的，有些个体的道德地位会比其他个体要更高。不过也有一种更简单的竞争方案值得我们仔细考察。根据这种观点，所有具有道德身份的生物都有着**相同**的道德地位，因此谈论更高或者更低的道德地位是令人困惑的、不恰当的或者无意义的。相反，只存在单一类型的道德地位，所有具有道德身份的存在者都同样享有这种道德地位。

这里表达了第二种更简单的观点。就像一位学者所言：

> 道德地位不是一个程度问题，而是开启 / 关闭的问题：存在者要么有道德地位，要么没有。①

这意味着：一方面，如果你有道德身份你就有了某种道德地位，而且**所有**具有道德身份的存在者都拥有同样的道德地位；道德地位没有层级或程度区分。另一方面——非常明显——如果你没有道德身份，那么你就完全没有道德地位。因此，要么你拥有等量齐观的道德地位，要么完全缺乏道德地位。正如这位作者所指出的那样，道德地位或者开启或者关闭。你要么有，要么没有。

在当代许多动物伦理学的著作中，这种竞争性的观点举足轻重，但据我所知，它甚至还没有一个标准的名称。我建议称其为**一体论**。一体论者的核心主张认为，只有一种单一的道德地位，它由所有具备道德身份的存在者所共有。（当然，我在导论里说过，这种观点也可以称为“平等主义”——因为它认为任何有道德身份的存在者，其道德地位是完全平等的。不管这个叫法是否更好，我们都不再使用平等主义这个标签了，因为这个名称已经用在了道德哲学的其他地方。）

在目前研究动物伦理学的学者当中，我猜这是一种相当普遍的立场，尽管如此，很难说有多少人可被算作是一体论者。然而，明确承认这一点的人相对来说比较少。可以肯定，部分原因是因为，那些接受一体论的人发现，**地位**这个概念从一开始就没什么用！毕竟，在某个领域范围内谈论地位，往往与更高或更低、更多或更少、更高级或不那么高级这些说法联系在一起。因此，那些认为在涉及

① Harman, “The Potentiality Problem,” p. 183.

动物道德身份时不适合用高低之分来看待的人，根本不会去谈论道德地位。他们可能会跳过这个话题，直接进行到以完全相同的方式计算相似的利益，无论是人的利益，还是狗或者老鼠的利益。在很多这样的情况下，一体论最多只是隐含的，或者必须要从所说的其他事情中推导出来。

当然，这不是说一体论通常都是隐藏起来的，或是位于远离表面的深处。只是一体论或许不会用“地位”的语言去明确主张。例如，许多一体论者诉诸**利益的平等考量原则**①，其目的恰恰是要主张“相似的”利益应该获得同等的权重，或者道德上应以同样的方式来计算。当然，这种想法——有时候会明说，有时候不是——意思是说，无论这些利益由某个人所拥有，还是说由一头牛所拥有，在道德上都不会有明显的区别。很显然，接受这样的观点就是接受一体论，因为当我们说每个个体的道德地位都是等同的时，我们考虑这些利益属于谁的，其实没有任何差别。（或者更准确地说，**只要**他们有任何形式的道德身份，他们的道德地位就完全一样。）没有必要区分较高或较低的道德地位：如果某个个体在道德上是重要的，那么他就拥有所有具备道德身份的存在者所具有的那种单一的、共同的道德地位。因此，尽管类似这样的立场可能不会用地位的语言来**描述**，但它还是一体论立场。

如我所言，在绝大多数关于我们应当如何对待动物的当代论著中，一体论是常见的趋势。如果我们有时候看不到这一点，部分原因或许是一体论并不必然地浮出表面；它可能不会明确地表述出来。不过还有一种进一步的解释似乎也与之相关。一体论与规范伦

① 参见 Singer, *Animal Liberation*, pp. 5–6，以及 DeGrazia, *Taking Animals Seriously*, pp. 44–53。

理学中的很多其他立场是一致的。正因如此，两个人可以都赞同一体论——这会是他们都赞同的看法当中的一部分——但仍然在其他规范性问题上保留很多分歧。而当那些不同的**分歧**点摆到了台面上，就像动物伦理学的许多讨论所呈现的那样，任何一点共识或共同立场——包括一体论——都很少会去讨论或者完全没有讨论。这样一来，对一体论的预设是呈现出来的，只是我们不太容易注意到它。

无论如何，我觉得一体论是一种足够普遍的立场，对我们而言，决定是否接受一体论非常重要。我认为，一体论是错误的，一种可被接受的规范性理论要包含等级论，赋予人的道德地位，要比赋予动物的道德地位要更高，并且某些动物的道德地位，要比其他一些动物的道德地位要更高。最终，我会提供各种论证来支持这个观点，我也会试图指出，如果我们想要得到一个完整的等级理论，会有哪些问题是我们需要去解决的。但在做这些工作之前，我们有必要花点时间仔细考察一体论这个竞争方案，因为我觉得必须承认，这种方案有许多值得一说的优势。

最后这一点，也就是一体论有许多优势，可能会让一些读者感到意外。我能想象很多人会觉得这是一个简单的常识：人在道德地位上的重要性，是单纯的动物所不具备的，而只有等级论的观点才能抓住一些相当自明的（或者至少是被广泛接受的）道德判断。我想我最终还是会同意这种评价。尽管如此，常识性的观点往往是错误的，不应该不经审察就贸然接受。伦理学中的真理，就像任何其他领域当中的真理一样，可能会与我们最初所认定的相当不同。除此之外，一个简单的事实是，一体论者比我们最初意识到的更能容纳我们诸多的直觉判断。因此，只有在我们更全面地阐述了一体论的立场之后，我们才有资格在一体论和等级论之间作出恰当的选择，这样我们才能看到接受等级论可以收获一系列的哲学上的推进。

然而，有一点也许从一开始就应当承认。我如此重视的这个对比——一体论与等级论之间的比较——并不像最初看起来的那样清晰。这是因为，人们并不总是很清楚，什么时候可以将某个观点描述为认定某个个体的道德地位高于另一个个体。事实上，正如我们将要看到的，可能在某些情况下，将某一观点描述为一体论是恰当的，尽管根据同样的观点，认为某些存在者比另一些存在者拥有更高的道德地位似乎也是恰当的！很明显，受制于我们目前使用的术语，这种不一致只是语词上的。因此，当时机成熟时，进一步完善和澄清这些术语是必要的。我想此时此刻承认这个事实。

但是承认这个事实，并不否认我们看到的这个粗略而有效的区分——道德地位只有一个还是有很多个？——是有用的。因为下述两种观点的确看起来差别很大：一种观点认为，所有相似的利益都应被赋予同样的权重——以同样的方式来计算；另一种（与之相反的）观点认为，即便是相似的利益，也得恰当地考虑到这些利益是属于**谁的**，利益的归属者不同，情况也会不同。无论如何，从直觉上讲，对于相似的利益而言，声称每个个体的利益都同样重要是一回事，认定某些个体的利益比其他个体更重要则是另一回事。我们在推进的过程中，需要完善关于这个问题的理解，但类似这样的区分，应该足以让我们开始进入讨论了。

然而，当我们开始更仔细地考虑一体论的立场时，我们似乎必须马上认识到它的不足。因为初看起来，一体论的立场似乎背负了人们很难接受的推论。如果这些表面现象经得起推敲，那么几乎所有人都将找到拒绝一体论的理由。

这里有个例子，从中可以看到我的这种担忧。（这些例子很容易成批量地提出来。）设想一只老鼠和一个人同时掉进水里，所幸的是，你可以救起其中的一个，不幸的是，你不能同时救起二者。当你成功救起其中一个，另一个就会淹死。那么你应该选择去救谁？是老鼠？还是人？

一体论者似乎应该承诺这样一种论证思路：通常——就像我们几乎都相信的那样——会有某种道德责任要求我们救起溺水的人。因此，当有人溺水时（抛开特殊情况不谈），有很强的道德理由要求我们去救他们。当然，有时候这个理由会被一个同样强的理由所抵消。例如，设想有**两个**人不幸溺水，而我们只能救起其中的一个。于是就有很强的道德理由要求我们去救其中一个人，也有同样强的道德理由要求我们去救另一个人。所以如果我们真的无法同时救起这两个人，就会出现道德上的僵局。有鉴于此，也许我们应该抛硬币来决定去救谁。

当然，我们这里考虑的例子不是两个**人**溺水；而是一个人和一只老鼠同时溺水。但考虑到一体论的原理，人的道德地位似乎不比老鼠高，救那只老鼠的理由一定会和救那个人的理由一样强。或者用稍微不同的术语来说，那只老鼠获救的诉求，与那个人获救的诉求一样强。所以这里我们又面临着道德上的僵局。但这就意味着在这里我们也得通过抛硬币决定去救谁。如果抛硬币的结果是老鼠被选中，那么去救老鼠而不是去救人，在道德上便是正确的。至少，如果我们选择去救那个人——似乎有更强的道德理由支持这个选择——那么这只不过是在表达一种偏见，而这种偏见正是一体论试图引导我们去避开的。尽管我们一开始可能不是这么想的，但是救人的理由不会比救老鼠的理由更多。

我认为，这是一体论者显然必定要声称的。然而这是一个几乎没有人愿意接受的结论。几乎所有的人都认为，在这种情况下应该救人而不是救老鼠，我们不仅可以这样去做，而且我们确实在道德上有义务这样去做（同样，抛开特殊情况不谈）。（如果你不这样认为，可以试试用其他在进化树上更远的动物来代替——可以是鱼，或者是昆虫——只需保证你认为该动物确实拥有道德身份。然后再来考虑一下这里的选择。）

我说“几乎没有人”会接受这个结论。加了这个限定条件，是因为我觉得可以设想，有些人可能确实**是**要始终如一地坚持这个思路，直至得出令人惊讶的结论。不过我想他们大概不会毫无顾虑地这样去做。这些人——如果有的话——可能会承认这个结论不同于他们关于这个例子的直接直觉。只是经过反思之后，他们看不到有什么办法可以融贯地**避免**这个结果。而且，由于伦理学中的真理很可能与我们最初所想的有相当大的距离，他们可能会声称——尽管与直觉相反——救人的理由确实不比救老鼠的理由更多。

如果真有人受到这种想法的诱导，我倒不想直接不予考虑他们的想法。我当然同意道德反思可以适当地引导我们得出一些相当令人惊讶的结论。尽管如此，我们不应该在尚未确定不存在融贯的（和更可取的）替代方案之前，就去接受这种疯狂且反直观的结论。比方说，也许与其跟着一体论走向死胡同，我们应该干脆**拒绝**一体论，转而接受某种恰当形式的等级论。当然这是我自己的选择。

不过还有另一种值得考虑的替代方案，因为即使是一体论者也无需接受我刚刚勾勒的那个论证。虽然表面上看起来相反，但事实上，主张救人的道德理由远远要比救老鼠的道德理由大得多，这与一体论是完全相容的。如果这种说法是正确的，那么一体论者就可以坚持认为，在上述例子中，我们确实在道德上有**义务**去救人而不是救老鼠。他们可以坚持说，这里根本没有僵局，而且抛硬币在道德上是不合理的。总之，即使是一体论者也会坚持说，如果没有特殊情况，你必须去救那个溺水的人，仅此而已。

事实上，这可能是大多数一体论者愿意接受的进路。所以对我们来说，重要的是要理解一体论者是如何融贯地坚持这种立场的。因为如果真的有一种方法让一体论者融贯地做到这一点，那么这个例子对于一体论来说根本就不会构成反驳。人们可以继续持有直观的看法，认为正确的做法是救人（而不是救老鼠），因而不会感到有相应的压力从而放弃一体论。

2. 更大的伤害

这里有一个基本的洞见，能让一体论者避免得出救人的理由并不比救老鼠的理由更多这个让人难以接受的结论：在几乎所有的现实情况下，人溺水而亡所失去的东西，要比老鼠溺水而亡所失去的更多。①

当然，人和老鼠都面临溺水的威胁。从这个角度来看，二者的处境好像是相似的。但是这种表面上的相似性掩盖了一处重要的不同。一个简单的事实是，人被淹死所导致的损失，远远大于老鼠被淹死所导致的损失。虽说二者各自都失去了其本可以享有的未来的福祉——而事实几乎总是，若溺亡的是人，他所失去的未来的福祉，远比老鼠溺亡所失去的福祉要多得多。

① 例如，参见 Harman, “The Potentiality Problem”, pp. 179–82，或者 DeGrazia, *Taking Animals Seriously*, pp. 251–4。尽管里根不是一个彻底的一体论者，但他在《动物权利的理由》第 29 页和第 324 页也提出了同样的观点。

你很可能会认为，最后这个论断是显而易见的。不过以防事实万一并非如此，这里有一个简短的论证。首先，由于老鼠最多只能活两三年，而人类可以活八十年甚至更久，那么如果一个人溺水，他失去的生命很可能比老鼠溺水所失去的生命要更长。其次，一个人一生当中的每一年，几乎肯定比老鼠一生当中的每一年都包含了更多的福祉（因为与老鼠相比，人的生活通常包含了一系列更多且更有价值的有益之物）。这里的要旨是：溺水的人所拥有的福祉，几乎不可避免地要比溺水的老鼠所拥有的福祉多得**多**。[①]

正因如此，如果人淹死了，他所遭受的伤害（未来福祉的损失）要比**老鼠**淹死所受的伤害大很多。仅凭这个事实就足以证明，救人而非救老鼠是正当的。完全没有必要诉诸所谓人比老鼠有“更高”的道德地位这个概念。我们只需认清一个简单的事实，那就是人（如果我们不救他）会比老鼠（如果我们不救它）受到更大的伤害。救人而不是救老鼠之所以是正当的，只是道德上要求我们避免产生更大的伤害。

所以，关键的要点是，决定帮助某个个体而非另一个个体，根本无需诉诸二者有不同的道德地位这个主张。他们可以直接去问二者当中谁的利益更加攸关，谁会受到更大的伤害。

不难发现，这种想法并不限定于我们必须在人与动物之间作出选择的例子当中。它也可以用来应对人和人之间作出选择的例子——当然，正是因为这个事实，一体论者在面对我们一开始所展示的人与动物之间发生道德冲突的例子时，他们可以淡定地诉诸这一想法。

---

① 从现实的角度讲，唯一的例外是在一种不寻常的情况下，这个人的生活是如此（无可挽回的）糟糕，以至于他没被救起反倒更好。

比如说，设想你必须选择去帮助乔纳森或者瑞贝卡——他们都在遭受某种痛苦的体验——再设想你只能帮助他们当中的一个。(也许你有一种不能分成两半的强效止痛药。) 最后设想一下，乔纳森患有严重的偏头痛，而瑞贝卡只是被纸片划伤了。类似这样的情况，你必须把它当作是某种道德困境，认为两个人道德诉求的强度完全相同，需要抛硬币才能作出选择吗？

当然不是！很明显，在这种情况下 (再强调一遍，除非存在特殊情况)，正确的做法是帮助乔纳森，因为他所遭受的痛苦远比瑞贝卡大得多。你帮助乔纳森所能阻断的伤害，远远大于你帮助瑞贝卡所能阻断的伤害。仅凭这个事实本身，就足以证明帮助乔纳森的决定是对的。很明显，在这种情况下，帮助瑞贝卡而不是乔纳森是**错误**的。

但是要注意，我们这样讲当然不是说乔纳森的道德地位比瑞贝卡高！相反，他们的道德地位完全相同。这跟道德地位没有关系。或者如果你愿意用道德地位的讲法，我们可以说，**尽管**这两个人有着完全相同的道德地位，但帮助乔纳森而非瑞贝卡更加合适，因为他所面临的伤害比起瑞贝卡所面临的伤害要更大。

同样的说法可以用于选择去救人还是救老鼠。很明显应该去救人而不是救老鼠，但这与所谓的道德地位不同没有关系。或者如果你愿意用道德地位的讲法，我们可以说，虽然人和老鼠有着完全**相同**的道德地位，但救人而不是救老鼠更加合适，因为人所面临的伤害比起老鼠所面临的伤害要更大。

不管怎样，这是一体论者可以采用的立场。我认为必须承认，这种立场有很强的说服力与合理性。此外，这样的讲法显然可以广泛地用于很多其他例子当中，在一些情况下我们需要在人和动物之间作出类似的选择。正因为人的生命通常比动物的生命更有价值——在很多情况下人的寿命更长，而且几乎总是包含更多的好处——人的利益几乎总是比动物的利益更加重要。因此在类似这样的冲突中，我们直觉上会更倾向于选择人而不是动物，而且我们可以在一体论的框架下很轻松地做到这一点。事实表明，一体论的立场不像起初看起来那样很容易被否定。

另外，一旦我们看到一体论是如何辩解应该选择人而不是动物，当我们必须在不同**种类**的动物之间作出选择时，类似的进路也可以提供指导。

比方说，有位一体论者在这里提出了一个说法，本质上与我刚才说的是一样的，只是在这个例子里涉及了杀戮（而非拯救），而且是要在两种不同种类的动物之间作出选择。她首先指出，几乎所有人都同意，**某种**意义上讲，很明显一些动物比另一些动物更重要：

> 几乎所有关于动物权利的伦理观都认为，各种生命形式之间存在着道德上的相关区别。杀一只蚊子与杀一只黑猩猩不是一回事。①

（我在这里假定——为了保证这个选择是在两种动物之间作出的——黑猩猩没有人格。如果你认为这不对，那就用另一种动物来代替，例如狗或者牛。这不会影响接下来的结论。）

对于类似这样的说法，心急的读者会认为这是要承认某种等级论的观点。否则应该如何解释杀一只黑猩猩要比杀一只蚊子更糟糕

① Nussbaum, “Beyond ‘Compassion and Humanity,’ ” p. 308.

呢？但这种想法是错误的。要辩护这种常识性的判断无需诉诸等级论，而是要认识到，如果黑猩猩和蚊子都被杀死，黑猩猩所遭受的伤害程度比起蚊子会极其不同。正如我们刚刚引用的这位学者所说的那样：

> 生命形式越复杂，可能遭受的损害就越多，因此它们会经历更严重、更多样的伤害。生命的复杂程度之所以重要，并不是因为它赋予了不同的物种以不同的价值本身，而是因为生物可能遭受的伤害类型和程度，会随着生命形式的不同而不同。①

总之，一体论者可以在很大程度上接纳我们的常识判断，也就是人比动物更重要，有些动物比其他动物更重要。如果一体论有问题，那得花更大的工夫去辨识出来。

3．对生命进行比较

我们刚才所考察的为一体论所作的辩护，充分利用了这一主张：人的生命通常比动物的生命更有价值，某些种类的动物生命，比其他种类的动物生命更有价值。那么这里所比较的是哪种价值呢？答案是：福利或者福祉。也就是说，人的处境通常要比动物的处境**更好**（黑猩猩要比蚊子更好）；他们的生命质量更高，为他们这种生命形式的个体带来了更大的利益。同样的观点用稍微不同的说法来讲

① Nussbaum, “Beyond ‘Compassion and Humanity,’ ” p. 309.

就是，由于增进福利和繁荣方面的能力有着巨大的差异，人通常比狗或者牛拥有更高的福祉水平；反过来，狗的福祉水平明显要高于蛇或者鱼。因为这样的原因，所以同样是失去生命，但失去生命对人造成的伤害，要大于对老鼠的伤害。人的处境通常要比老鼠好太多，因此，人将**失去**的福祉也会比老鼠多得多。

我已说过，可以想象大多数人会认为这种说法毫无争议：人的生命优于老鼠的生命。但我也知道，有些人不愿去作这样的比较。我们有什么资格去说老鼠的生命是什么样子的呢？我们如此自信地断言我们的生命优于其他动物，这难道不就是一种偏见吗？毕竟，所有正在阅读这本书的都是人。因此，我们最终如此自信地断言人的生命（对于我们而言）比老鼠、蛇和牛的生命（对于它们而言）更有价值，这难道不是一个值得注意的“巧合”吗？当我们只是询问其他人的看法时，我们还能指望得到什么答案呢？如果我们可以询问（比方说）狗或者松鼠，问问**它们**会怎样进行相关的比较，我们无疑会得到一组不同的答案。

要回应这个问题，也许首先要说的事情是，如果狗或者松鼠能理解这个问题，那么它们也就是人格拥有者了。所以它们未必能够提供一个不一样的视角。（这个视角只会说**人格拥有者**的生命比动物的生命更丰富——也就是说，动物本身不具有人格——而不是说只有**人类**的生命比动物更丰富。）这个说法看似愚蠢，但它提出了一个重要的观点：只有人格拥有者能够理解我们在这里提出的这类问题，只有人格拥有者能够去追问一种生命是否比另一种生命更有价值。因此，指出能够提出和回答这个问题的都是人格拥有者，算不上是个有说服力的批评！（我们是否应该以同样的方式驳斥活着比死了更好这个判断，因为这个问题只有活着的人才能回答？）当然，重要的是在思考这些问题时，我们要尽可能避免偏见或狭隘。但是，仅凭能够作出判断就必定拥有人格这个事实本身，并没有提供充分的理由来反驳我们得出的答案。

可以肯定的是，我们这里得出的很多判断只是尝试性的。我们对于动物内心世界的了解，确实还处于初步探索阶段。正因如此，我们关于动物社会生活方面的了解也相对较少。所以我们关于动物的本性和生活质量的一些观点很可能是错的。也许松鼠、鲑鱼或者蜘蛛的生活，比我们现在所能想象的要丰富得多。① 的确，随着我们关于这些问题的经验知识不断增进，我们目前所作的一些比较性的判断不可避免地有待改进或修正。在一些极端的事例中，有些判断可能需要彻底推翻。

尽管如此，我们似乎不太可能从中获得什么启发让我们去质疑这样一个判断：人的生命通常要比松鼠的生命更有价值，更不用说比苍蝇更有价值了。就像一位作者所说的，“即使在最好的情况下，苍蝇的生命也没有多少价值”②。诚然，我们的判断是有条件的：考虑到动物的生命或多或少是从我们的角度去**理解**的，这构成了二者之间相互比较的方式。然而，根据我们最可靠的经验证据，我们所作的这种比较不太可能是偏见。当我们试着去作这样的比较时，就会得出一些无法否认的判断。正如另一位哲学家所言：

> 目前的科学似乎表明，即使老鼠过上了最完美的生活，也无法与人类完整的生活相媲美；能力上的差异，以及通过人类

---

① 巴尔科姆的《鱼会知道什么》(*What a Fish Knows*)，很好地从鱼的角度尝试表明动物有丰富的生活。

② Kitcher, “Experimental Animals,” p. 208. 他接着说：“也许苍蝇会在外面四处乱飞，寻求交配……”

存在的更深维度可能会带来的那些进一步的能力，使得二者的差距变得太大。①

设想人的生命比动物更有价值，一些动物的生命比其他动物更有价值，这个说法是否为真，取决于这些生命的内容是什么样子的，以及这些生命的内容能够成为什么样子。说得简单点，大致而言，某些有益之物是人所能享有的——而且在较为完整的生活中，人的确享有了这些有益之物——而动物要么无法享有，要么所享有的数量会更少，要么以不那么有价值的方式来享有它们。当我们去比较那些生命形式差异巨大的动物时，也会存在类似的情况。如果我们认为，比方说，狗的生命比鱼的生命更有价值，那是因为我们认为狗所能获得的有益之物，总体上（在数量和质量上）比鳟鱼或三文鱼所能获得的有益之物要更好。

这些不同的有益之物是什么？要充分讨论这个问题，就有必要试着仔细把它说清楚。不过在这里，我满足于粗略地给出一些很明显的讲法，不求全面，也不求精确。

第一，人比动物拥有更深厚、更有意义的关系，拥有更重要、更有价值的友谊、爱和家庭关系。这些关系不仅基于关怀和共同的情感，还基于洞察力和相互理解。第二，人有能力拥有更多、更有价值的知识，不仅包括关于自我以及关于家人朋友的知识，还包括将种种现象加以系统化理解的经验知识，最终形成优雅而丰富的科学理论。第三，当人们追求包括兴趣爱好、文化消遣、商业活动和政治事业这些广泛的奋斗目标时，能够取得更大范围的成就，展现

① Frey, "Response: Autonomy, Animals, and Conceptions of the Good," p. 13.

出创造力和聪明才智。第四，人有高度发达的审美感知，对音乐、舞蹈、绘画、文学艺术作品拥有丰富的体验和理解。对自然之美和自然界的审美维度，包括自然规律和数学规律都有着更深刻的领悟。第五，人有更强的规范性的反思能力，有更高的能力来评估哪些事物是重要的，有惊人的能力来追求有意义、最值得过的生活，并且拥有非凡的动力去发现道德对我们提出的要求。与之相关，第六，人会表现出更强大、更复杂的美德和有德性的行为，出于道德信念而有意识地、自觉地行动，即使这涉及帮助那些我们从未见过也永远不会见面的人。最后（也许这点会有争议），人能够体验到神圣性和圣洁性，努力追求灵性的领悟，然后——独自或与其他人一道——努力使之在我们的生活中占据重要位置。①

也许你不赞同我在这里列出的所有条目。或者毫无疑问你想把其他一些条目也列入这份清单当中。不过我们在这里没有必要拿出一个单一而固定的清单。重点在于，几乎所有人都承认，由于享有了这些有益之物，我们的生活才会变得更加丰富、更加有价值。倘若我们所享有的有益之物没那么多——或者所享有的有益之物价值不大——那种生活就不太理想，那是一种福祉水平较低的生活。

当然，不同的福祉理论，会以稍显差异的方式来接纳这个观点。例如在一些福祉理论中，我刚才列举的那些条目就被视为福祉的直接**构成**部分，享有这些条目就直接构成了美好生活。相反，在其他福祉理论中，它们只是福祉的必要**组成**部分，人们要过上美好生活，就必须以恰当的方式将这些有益之物契入自己的生活当中。而在另

① 我在以下文献当中找到了相似的条目，并大量借鉴了他们的说法：McMahan, *The Ethics of Killing*, pp. 195–8; Frey, "Moral Standing, the Value of Lives, and Speciesism," pp. 287–90; Bramble, "The Case Against Meat," p. 148; Regan, The *Case for Animal Rights*, pp. xxxv–xxxvi。

一些福祉理论当中，它们只是实现福祉的基本**工具**，是拥有美好生活的手段，其自身却没有价值。这些理论分歧在哲学上饶有趣味，但不会妨碍我们当前的讨论。重要的是要认识到，我们的生活因为可以在很大程度上享有这些以及其他类似的有益之物，才会比动物的生活更有价值——我们才比鸟、青蛙和牛生活得更好。

但这也不是说动物完全缺乏这些有益之物。也许我在清单里提到的某几项可能是动物所缺乏的，但更准确的说法是，动物能够享有诸如这类清单上的绝大多数的有益之物，但只是在某种较低的程度上享有它们。例如，我肯定不会说狗无法成为朋友（它们成为彼此的或者是人类的朋友），但似乎很明显，狗所能获得的友谊，其深度、质量和丰富性，肯定不如人与人之间的友谊那么显著。同样，我也不愿宣称只有人才可以在生活中克服困难、取得成就。譬如河狸筑坝，或者蜘蛛结网，在我看来都是了不起的创举。尽管如此，我还是想说，人类的成就，其范围、难度和意义通常（即使并不总是如此）超过了动物的成就。虽说动物显然有能力获得经验知识（尤其是那种地方性的经验知识），但我认为同样明显的是，比起我们最好的经验科学所提供的关于普遍规律的系统性知识，那种知识仍然与之相差甚远。

综合以上所述，以及更多类似的主张，人的生命比动物的生命更有价值。诚然，有不少关于福祉的有益之物是我们和动物共同享有的，但我们有理由认为，总体上讲，我们享有的有益之物比动物更多，质量也更高。

出于类似的理由，认为一些动物的生命比其他动物更有价值也是合理的。狗也许无法享有我们所享有的那种丰富且情感深厚的友谊，但我觉得很明显，它们所能享有的友谊，比起松鼠或蛇所享有的友谊要更深厚、更有价值。同样，松鼠记住坚果存放在哪里的成就，可能比不上你写诗方面的成就，但我认为这种成就还是要比一只苍蝇所能达成的任何成就都要大。成为人要比成为狐狸更好；尽管如此，成为狐狸还是要比成为金鱼更好。①

有一点需要再次强调，我们在作出诸如此类的判断时，必须尽量避免思想狭隘。我们不能轻率地认为，我们碰巧享有的某种特定形式的有益之物是唯一具有真正价值的形式。我们必须仔细辨别不同形式的价值，尤其是当那样的价值形式与我们自己生活中的价值形式差异很大的时候。的确，我们应该接受这样一种可能性，某些动物可能享有与我们很不一样的有益之物，或者他们所享有的有益之物，会以不同的形式优于我们人类所享有的。

这里有个例子可以说明这一点。我说过，与动物相比，我们拥有更深刻、更高级的审美感知。但是考虑到狗的嗅觉比人类要灵敏很多，那么可以想象狗在嗅觉感知方面所拥有的丰富的审美鉴赏能力，要远远超出人类能够达到的水平。我们对外界环境的视觉审美有着高度发达的鉴赏力，也许狗在嗅觉方面也有类似的能力。我当然不清楚类似这样的情况是否可能，但我对这种可能性保持开放的态度。倘若事实确实如此，狗的嗅觉审美达到那种程度，我们就应该把犬类生命价值的整体评估往上调高。

这里还有另外一种例子。我说过，在那些让我们的生命变得特别有价值的有益之物当中，其中一项是人与人之间拥有深厚的关系，这是蛇、松鼠和蜘蛛无法比拟的。正因如此，任何缺乏友谊和爱的人类个体，当然就会没那么幸福。然而会不会有可能是，只是由于我们是社会性的动物，友谊对我们而言才是善的？我们真的应当坚

① 参考密尔在《功利主义》中的著名论断："与其成为一只满足的猪，不如成为一个不满足的人。"关于这类比较的进一步讨论——它依赖于经验和想象——参见 Singer, *Practical Ethics*, pp. 90–3。

持认为，天性喜欢独处的物种，会因为缺乏友谊而过得比我们更差吗？①

我确实倾向于这么认为的。友谊是一种巨大的善，如果一些动物无法拥有友谊，那么这再次显示出成为人要比成为那样的动物要更好。然而，作出这个判断或许忽视了一种相应的善，这种善是那些已经进化到能几乎可以独自生活的动物所享有的（以一种独特的或更有价值的方式所享有）。也许这种善接近于一种高贵的自给自足，而鼹鼠、树懒或狼獾，在很大程度上享有这种善。如我所说，我认为这是不可能的；不过这个判断或许只是反映出来我缺乏想象力和洞察力。

所以我愿意接受这样一种可能性，一些动物可能会享有我们所缺乏的有益之物，或者享有一些我们可能会忽视或者无法恰当领会的有益之物。但是以这种开放的方式去修正和完善我们的判断，与去怀疑人的生命比动物更有价值，或者不同种类的动物因其生命形式的不同而具有不同的价值，完全是两码事。

说了这么多，我知道有些人还是会按照这种思路来怀疑我们的说法。他们坚持认为，所有这些判断无非是在表达偏见。

面对这种怀疑，我不知道还能说些什么。但是，也许还可以再说一点。想象某个人的认知能力严重受损，他的内心世界大概相当于猫的水平。几乎所有人都认为这是一场悲剧，如果有可能的话，都想避免或者改变他的这种处境。但是**为什么**说这是一场悲剧呢？当然，部分答案在于，我们认为如果这个人的大脑正常的话，就能拥有我们其他人通常会有的那种认知能力和情感能力，那么他的生

① 关于这个问题，见：DeGrazia, *Taking Animals Seriously*, pp. 244–5.。

活就会比现在好很多。处于这种水准降低了的生活当中，他所拥有的福祉水平就会比我们其他人所能享受到的低很多。

有位学者说了这样一段话，背后的想法是一样的：

> 有些人的生命质量非常低，我们不希望那样的生活降临到任何人的头上，也会不惜一切代价避免我们自己以及所爱之人陷入那样的生活当中。我看不出那种假装认为我们竭尽全力要去避免的生活，与我们目前正常（成年）人所过的生活有着同等价值的说法，究竟有什么意义。①

现在看来，处于那种生活当中的人福祉水平之所以低，正因为他们的生活不可避免地缺乏我们其他人所享有的有益之物。也就是说，缺乏这些有益之物的生活（或者数量较少，或者价值较低），是一种价值较低的生活，而有益之物越匮乏越贫瘠，该个体的生活就越糟糕。如果在比较不同的人类个体的生活时可以得出这样的结论——这一点似乎是不可否认的——那就很难理解为何在比较我们的生活与动物的生活，或者比较不同种类的动物的生活时，不会得出类似的结论。

你不会拿你自己的生活，去换取认知上严重受损的人的生活。你也不会拿自己的生活，去换取一只鹿或者一只麻雀的生活。但是你拒绝这样的交换是令人困惑的——除非在某种程度上你已经承认了一个显而易见的事实：那些其他个体的生活，不如你自己的生活更有价值。

---

① Frey, "Moral Standing, the Value of Lives, and Speciesism," pp. 293–4.

4. 等级论

前面我一直在论证，有一种恰当的方法可以让一体论者避免认为，救溺水者的理由不会比救溺水老鼠的理由更多。这就需要声称人的生命比老鼠的生命通常会享有更多的有益之物——说得宽泛点，动物的福祉水平通常比人要低。但这些都是一体论者愿意接受的主张。同样，考虑到我们几乎所有人都认为，救某些动物比救其他动物更重要，一体论者也会认为，我们同样可以给那些有代表性的动物的生命作出排序，承认其中一些动物的生命比另一些动物的生命更有价值。

诚然，有些人会抵制或者拒绝将我们自己的生命与动物的生命比较，或者将一种动物的生命形式与另一种动物的生命形式作比较。但在上一节里，我论证指出，相关的比较实际上是较为合理的。我自己的想法是，不管怎样，我们都应该接受这样的判断，无论我们是不是一体论者。

如果关于这个问题我说的没错，那么一体论似乎就能很好地回应我们一开始提出的那个反驳。不管我们最初的想法如何，一体论者好像可以接纳大家广泛接受的关于应该帮助谁或伤害谁的种种判断，同时还能坚持认为，没有哪个具有道德身份的个体，比其他具有道德身份的个体拥有更高的道德地位。

然而，在这一点上，有一种复杂的情况需要考虑。回到前面介绍过的例子，我们必须要在帮助乔纳森（患有偏头痛）和帮助瑞贝卡（被纸片划伤）之间作出选择。我想没有人会说，由于我们应该帮助乔纳森而不是瑞贝卡，于是某种程度上这表明了乔纳森的道德**地位**比瑞贝卡高。恰恰相反，他们的道德地位是一样的，只需考虑乔纳森比瑞贝卡所受的伤害更大这个简单的事实，就解释了应该选择帮助前者而非后者。

但是想象一下，他们之间的这种不对等是有规律的、系统性的。设想每当我们需要决定该帮助乔纳森还是瑞贝卡时，乔纳森的利害关系总是更大，乔纳森可能遭受的伤害会更大，乔纳森需要帮助的诉求会更大，因为他有更大或更有价值的利益。假设无论在什么情况下，乔纳森的生命都更加丰富、更有价值，以至于我们（如果帮助他）给乔纳森带来的收益，总是比我们给（通过帮助她）瑞贝卡带来的收益要更多。

如果任何接近于这样的情形是真的，那么貌似一体论者已经诉诸了同样的要求——谁的利害更攸关就该帮助谁——这会导致我们永远偏向乔纳森而不是瑞贝卡。考虑到需要在两者之间作出选择，人们（至少）会形成一个偏袒乔纳森的身份设定。在这一点上，说乔纳森比瑞贝卡拥有更高的道德地位，可能不会显得过于勉强。

我们可以继续推进这个例子。假设这种系统性的不对等不仅存在于乔纳森和瑞贝卡之间，而且普遍存在于男性和女性之间。比方说，设想男性的心理能力与女性相比（由于基因差异）有非常大的差异，以至于他们的生活在福祉水平方面，总是不可思议地更加丰富。假设每当你要面临选择帮助一名女性还是帮助一名男性时，男性的福祉总是更加要紧。如果你选择帮助女性，男性就会受到更大的伤害（比起你帮助男性，女性所受的伤害没那么大）。根据同样的要求，帮助有更多利害关系的人，就会让我们总是偏袒男性，而不是女性。

又或者——把这个例子推往一个稍微不同的方向——假设乔纳森是白人，而瑞贝卡是黑人，而且白人**总是**要比黑人有更多的福祉（由于遗传差异）。在这里，相关原则也会引导我们产生应当偏袒白人而不是黑人的身份设定（如果没有别的设定的话）。

很显然，这样的事情根本不会发生。在获得福利的先天能力上，不会有什么系统性的差异，使得男性总是（或通常）比女性或者白人比黑人拥有更多的福利。但我们先来**假设**事实就是如此。这样一来情况会是怎样的呢？

一个自然的建议是，这表明要求给利害更为攸关的个体提供帮助的原则可能需要修正或补充，以便照顾到某些个体或群体是否常常系统性地在我们的各种选择中处于劣势的一方。这是一种重要的可能性，我们后面会继续讨论。然而此刻我特别想要指出，如果道德确实引导我们系统性地偏袒某个群体而不是另一个群体（男性而非女性，白人而非黑人），那么，把这种情形描述为受偏袒的群体比另一个群体有着**更高的道德地位**是很自然的。毕竟，为了回应这些群体成员系统性的更强的道德诉求，道德要求我们系统性地偏袒该群体的成员而非另一个群体的成员，并把这种系统性的差异描述为道德地位上的差异，这似乎是很自然的。

如我所说，在男性和女性或者黑人和白人之间，实际上并不存在这种普遍的差异。尽管如此，一体论者会认为，这种普遍的差异确实存在于人和动物之间。（根据我们现在讨论的结果，这是一个极其合理的主张。）由于人和动物的福祉水平有着系统性的差异，因此在我们刚刚所考虑的那种情况下，人几乎总是比动物有着更强的道德诉求。于是，根据一体论者的立场，在这种情况下，我们应该几乎总是偏袒人而非动物。但正如我们刚才看到的，如果这是正确的，把这种理论描述为人比动物有着更高的道德地位，似乎是很自然的。

这似乎就把一体论者置于某种不太舒服的境地。一体论认为道德地位没有高低之分，所有具备道德身份的个体，都共享着同样一种道德地位。初看起来，这似乎蕴含了一个难以置信的结果，你若不得不在救溺水的人还是救溺水的老鼠之间只选一个，结果可能会陷入僵局，你得通过抛硬币来决定怎么选。为了避免这种结果，一体论者强调了一种系统性的方法，该方法认为，（若其他条件相同）人几乎总是比动物拥有更多的福利。这就避免了这个难堪的潜在结果。但是现在看来，避免得出这个结果是有代价的，需要重新引入道德地位之间的差异，而这种差异正是一体论者承诺要拒绝的！简言之，针对我们一开始反对一体论所给出的这个有前景的回应，实际上与**一体论**的理论承诺是不相容的。①

不过，一体论者至少可以对此给出两种可能的回应。我能想到的最显而易见的回应是，不是每个人都会有这样的直觉：如果一个群体系统性地比另一个群体拥有更多利害攸关的福利——在其他条件相同的情况下，人们应该总是偏袒前一类群体的成员——那么这种情况可以被恰当地描述为前一个群体确实比另一个群体有更高的道德**地位**。毕竟，不见得前者所拥有的所有的利益，都比后者所拥有的那些**与之对等**的利益更重要。有些人可能会觉得，只有在这种情况下，才能真正合理地谈论道德地位的高低。

举例来说，一体论者并不认为，在我们的道德计算中，由于一种**痛苦**是人在遭受，另一种痛苦是动物在遭受，所以两种在其他方

① 德格拉齐亚强调，尽管如此，承诺对相似的利益给予同等的权重，与承认道德地位有差异是相容的（而且实际上前者蕴涵了后者，参见“The Distinction Between Equality in Moral Status and Deserving Equal Consideration”）。哈曼也提出了类似的观点（“The Potentiality Problem”, pp. 197–8, note 17）。关于鳟鱼的道德地位并不比正常人低的可能性，德格拉齐亚——在我这里他是一体论者——写道，他“简直无法相信这一点”（参见“Response”, p. 80）。

面都相似的痛苦应该被赋予不同的权重。任何类似**那样**的观点，肯定会被认为涉及了关于道德地位的等级论。但我们手头的例子不是这样的。恰恰相反，在其他方面都相似的利益被赋予了完全相同的权重。实际上与动物相比，人的利益往往更重要（因为他们拥有更多利害攸关的有益之物）。这是一个明显的事实——也许有人会这么认为——但认识到这一事实，与声称一个群体比另一个群体有着更高的道德地位完全是两码事。只有当我们赋予某个特定个体的利益以更大的权重，而不是赋予其他个体所拥有的在其他方面都**相似的**利益以更大的权重时，关于更高地位的主张才是合法的。或者这么去讲也是可以的。

就我个人而言，对于我们设想的那种情况是否确实可以恰当地描述为，一个群体（比方说，人）的成员比另一个群体（动物）的成员有着更高的道德地位，我自己有两种看法。我能感觉到来自两边的张力。一方面，如果一种理论总是以完全相同的方式计算在其他方面都相似的利益，那么称之为等级论似乎确实有点奇怪。但与此同时，当一种理论告诉我们要系统性地偏袒一个群体而非另一个群体时，说它不属于等级论，似乎也很奇怪。

我怀疑我在这里感到矛盾是因为，对于到底什么才算赋予一个群体比另一个群体更高的道德地位，有着很大的模糊性。事实上，人们并不总是很清楚什么时候才能恰当地把一个既定的观点，描述为某些个体比其他个体拥有更高的道德地位。

不过这就指向了一体论者的第二种回应。与其争论一体论者的立场是否可以合法地被描述为涉及**某种**等级论，一体论者可以直接说，**这种**等级论——如果它是等级论的话——绝不是一体论者一开始就要拒绝的。（他们会合理地声称）关键问题从头到尾只是在于，相似的利益是否更有价值，只取决于它事实上是不是属于人类的（而非动物的）利益。只有**这种**意义上的等级论，一体论者才会拒绝。当然，关键一点是，即使人通常要比动物拥有更多的利害关系，因此有系统性的理由去偏袒人而不是动物（其他条件都相同的情况下），但这还是不足以赋予人所拥有的**相似的**利益以更大的权重。因此，考虑到等级论的**相关**含义，一体论者可以有理由声称，他们的立场仍然不属于等级论。

当然，所有这些都表明，我们不应该过分关注某个特定的观点能否合理地被描述为赋予更高或更低的道德地位。而真正有趣的问题在于一体论者在这一点上是否正确：对于某个**特定的**利益而言，它是由人还是由动物（或者这种动物是哪一种动物）所拥有的，绝没有任何区别。我个人的观点是，与一体论者的看法相反，这里通常**确实**会有区别。也就是说，我相信等级论，包括我们刚刚介绍过的那种更严格意义上的等级论，根据这种等级论的说法，一个特定的利益有多大的价值，取决于这利益属于**谁**的。

鉴于以上所说，我们可能会想，彻底放弃继续谈论道德地位是否会更好。例如，或许我们就应该避免去评论说，某个特定的理论是否赋予某些群体有着比其他群体更高的道德地位。但我认为，接受这个建议将会毫无必要地让后面的讨论变得复杂。但事实是，当我们描述我接下来要讨论的那种等级理论时，地位高低的那套用语，会让我们的讨论变得非常方便。

不过令人欣慰的是，我们没必要放弃使用诸如“地位”和“等级”这样的措辞。相反，我直接规定一下，接下来所有关于等级论的讨论——或是关于地位高低的讨论——都应当被理解为我们刚刚所确认的那种明晰的等级论，那种即使是一体论者也必须如此理解的等级论。与之类似，当我们说一体论者承诺要拒绝关于道德地位的等级论时，之后我们就将那种主张理解为同样是在这种更严格的意义上的等级论。

这样的话，尤其是当我继续去捍卫动物伦理学中的等级论时，要明白我确实是在主张，重要的是我们谈论的利益是属于**谁**的。我的观点是，人的地位比动物高（某些动物的地位比其他动物高），我们对于某个特定的利益应当赋予的权重——我们在道德考量中计算它的方式——确实部分地取决于该利益所属的个体的地位。总之，我打算捍卫的那种等级论，正是一体论者坚决反对的。

当然，就像我们现在看到的那样，一体论是一种比它起初看来更为合理的理论。我还没有为我刚才描述的那种直截了当的等级论观点提供任何论证。接下来我要开始给出论证了。

第3章　来自分配的论证

1．分配原则

差不多所有人都认为，一个结果有多大的价值，很大程度上取决于拥有这个结果的不同个体的福祉如何。在其他条件相同的情况下，如果某个个体的福祉比另一个个体要更好，那么前者拥有这个结果的价值，会比同样的结果给予后者所产生的价值要更大。[①] 简单来说——太过简单了，但对于我们当下的目标而言是可接受的——福祉越大，结果的价值就越大。

当然，其他条件并不总是相同的。尽管有时候一个结果实际上包含了比其他结果更多的福祉，从道德的角度来看，我们发现这种

① 在这里以及接下来的讨论中，我暂不考虑这个麻烦的问题：当我们对结果进行比较时，存在着**不同的**个体，也就是说，某个个体在一个相关结果中是存在的，但在另一个结果中却不存在了。（对这个问题的开创性的处理，参见 Parfit, *Reasons and Persons*, Part IV。）关于人口伦理问题的讨论——正如这个题目所言——通常只关注人类，但类似的问题也出现在动物身上。参见 Singer, *Practical Ethics*, pp. 85–90 and 104–19，以及我的《辛格论动物杀戮》(“Singer on Killing Animals”)，其中有一些相关问题的介绍。

情况会更糟糕。出现这种情况的理由有很多，其中一组重要的理由与**分配**有关：大多数人都乐意赞同，不仅要看福祉的总量，福祉的分配也很重要。也就是说，当某个结果包含了更多的福祉总量时，通常它要比另一个结果更好，但是如果福祉分配出了问题，我们可能会觉得情况有所不同。

让我们回到之前设想的例子来说明这一点，在那个例子中，男性总是要比女性拥有更多利害攸关的福祉。因此如果我们帮助男性而非女性，那我们便是总在提供更大的利益或者避免更多的伤害。正如我们指出的，如果我们总是为那些有更多利害攸关的福祉的人提供利益，那么在这样的情况下，我们发现自己总是更偏袒男性而非女性。虽说最终结果可能会比其他分配方式得到更大的幸福总量，但是男性的处境会非常好，而女性的处境则会非常**糟糕**。这种福祉水平的不对称显然非常令人不安。倘若事实上每一次我们都选择让男性比女性受益更多，那么这样一种“永远帮助受益最多的个体”的道德要求，很可能会把我们引向这个令人不安的结果。

考虑了这类例子之后，大多数人会认为，带来最大总量的福祉并不是唯一重要的。我们也需要对福祉的**分配**保持敏感。在其他条件相同的情况下，我们通常应该帮助损失（或受益）最大的人，这是一回事。但是如果有人通过这样的分配总是处于不利的处境，而且他们自身也没有过错，那就需要将分配方式也考虑进来。从另一个稍微不同的角度来讲，在评估一个结果的好坏时，我们需要考虑到福利在这个结果中的分配方式。如果分配方式过多地偏向于某一方，我们很可能会把某个替代方案视为在道德上是更好的，哪怕那个方案产生的福祉总量会更低——只要那个替代方案的福祉分配会更加平等或公平。

简言之，一个充分的道德理论需要包含一个相关的分配原则。道德会（以相关的方式）要求我们避免出现在分配上有问题的结果。它会告诉我们，如果可能的话，就要采取措施消除或减少不合理的分配差异。

不出所料，道德理论家对于什么是合理的分配原则有不同的看法。当然，很多哲学家支持**平等主义**原则，根据该原则，如果一个群体的人比另一个群体的处境明显得差很多，这个结果在道德上就是令人反感的。于是，其他条件相同的情况下，平等主义原则告诉我们，分配的结果应当让不同的个体福祉水平保持**相同**——或者，如果做不到这点，就要尽可能去降低不平等的程度。在一个男性拥有一切而女性几乎一无所有的世界，显然是个极度（却是可降低的）不平等的世界，承诺了平等主义原则，就会要求我们不能永远偏袒男性，哪怕这种偏袒会带来更大总量的福祉。①

平等主义（在刚刚刻画的意义上）大概是我们最熟悉的一种分配观念，但还是有其他方案的。例如，一些人争辩说，问题不在于不平等本身——就好像某个人“只有”一亿美元，而其他人有两三亿美元时，就会出现问题！——而在于当某人处于一个**低到不可接受的**福祉水平时，任何客观的评估都会认定这是一种不足的、受限的生活水平。根据这个解释，我们真正要做的是去刻画一个堪称**足够好的**最低水平的福祉。我们需要确认福祉的“基准线”水平，任何处于或者超过这个基准线的人，其生活质量都是足够体面的。因此这里的想法是，道德上真正需要优先考虑的，是把人们的生活水平**提升**到这个基准线之上。然而一旦他们达到了这个基准线，我们其他人就不会有迫

① 参见 Temkin, *Inequality*。

切的道德使命再去进一步努力提升他们的生活了。①

由于这类观点转而以这种方式确认一种充足的生活，这类立场有时候会被叫作**充足主义**（sufficientarianism）。当然，这也是我们所关心的分配原则的一种表述，由于男性拥有一切而女性几乎一无所有的世界远远低于“足够好”的基准线水平，所以我们需要避免总是通过牺牲女性来偏袒男性。尽管如此，严格说来，充足主义是一种明显不同于平等主义的分配观念。（平等主义是一种**比较性**的观点，关注的问题永远是一些人是否比其他人生活得更糟；而充足主义是一种非比较的观点，关注的问题仅仅是某个特定个体的福祉水平是否低于基准线。）

还有一些分配原则的理论家以其他方式与严格的平等主义分道扬镳。**优先主义者**（prioritarians）认为，真正重要的事情，就是去帮助那些处于最低福祉水平的人。如果我们有机会将某个人的福祉水平提升到某个固定的量，那么我们选择去帮助的人处境越糟糕，所实现的**收益**（从道德的角度来看）也就越多。所以根据优先主义，把福祉提升到某个固定的水平，对于某个特定的结果而言，并不总是增加了同等的价值。如果福祉的提升惠泽于那些处境糟糕的人（他们的福祉的绝对水平很低），这会让这个结果所带来的好处变得非常大。但是，如果同等量的福祉的提升，惠泽于一个已经处于较高福祉水平的人，我们这样做所带来的收益就没那么多，这种福祉的提升所带来的额外的善就比较小了。如果同等量的福祉提升，惠泽于一个甚至是处于更高福祉水平的人，这种锦上添花的结果所带来的额外价值就更小了。因此，增加特定数量的福祉会带来多大

① 参见 Frankfurt, “Equality as a Moral Ideal”, pp. 146–56，或“The Moral Irrelevance of Equality”, pp. 87–96。

的好处，取决于受惠者所处的福祉水平。他们的初始福祉水平越低，结果价值的增加程度就越大。根据这种非常强的优先主义观点，对于那些处于福祉底层的人增加较少的福祉，要比给那些处于福祉顶层的人增加更多的福祉，往往会带来更多的**收益**。

有鉴于此，我们认为，优先主义也是这样一种分配观点，它告诉我们要避免得到的结果是男性拥有一切而女性一无所有。因为即便我们能让男性得到的利益量（提升他们的福祉），比我们能让女性得到的利益量更多，根据优先主义观点，如果我们帮助女性而非男性，我们的做法还是会带来更多的好处——这种做法的结果在道德上会更好。福祉的总量不是最重要的，福祉的去向也同样重要。①

因此，优先主义也是一种我们所说的意义上的分配观。但它与平等主义和充足主义都不一样。一方面，不同于充足主义，优先主义会继续对那些在"足够好"的水平线之上的人给予优先权（尽管优先权降低了）。但是另一方面，类似于充足主义但不同于严格的平等主义，在相关的意义上，优先主义是非比较性的。优先主义者并不真正直接关注某个特定的人是否比其他人过得更好或更差这种问题。重要的是某个特定个体的绝对福利水平是怎样的。正是这个绝对水平——而不是比别人更好或更差的相对事实——决定了一个人在福祉水平得到提升后，这个结果的**价值**增量的大小。

所以我们至少拥有三种经常被认为是很有吸引力的分配原则。当然其他一些分配原则也是有的。有些人会说，真正重要的不是平等本身，而是人们是否得到或者没能得到他们**应得**的利益。当然，在很多情况下，人们其实在道德上应该得到同样的利益，在这种情

① 参见 Parfit, "Equality or Priority?"

况下，他们有着同样好的生活确实是重要的。但在其他情况下，可以设想不平等也是应得的：比方说，那些生活较差的人也许在某些方面因为有过错，所以他们理应比其他人过得不那么好。在这种情况下，不平等可能根本就不是问题。因此，应得敏感理论（desert sensitive theory）与我们提到过的其他几个分配原则又不一样，尽管它也会发现，一个女性几乎一无所有的世界是一个道德上令人反感的世界，如果——这是肯定的——女性在道德上应该得到与男性完全一样的利益。①

虽说在规范伦理学中，这些分配原则是否正确（如果有的话）是一个重要的问题，但这不是我们在这里需要关注的。就我们的目标而言，关键一点是，很多人，也许是大多数人，都被这些思路当中的**某种**分配原则所吸引，要么是我们刚刚考虑过的某种原则，要么是某种至少是以类似的方式起作用的其他原则。我想辩解的是，任何接受这种分配原则的人，都有令人信服的理由抛弃一体论。

2. 来自分配的论证

要看清楚一体论者的问题，不妨重新思考本章一开始我说过的那个主张。几乎所有人都同意，在其他条件相同的情况下，福祉越多，结果就越好。当然，讨论分配问题时我们会想到，其他条件并不总是相同的。但此刻我们先抛开这点不谈，只是来思考一下福祉的重要性。

当你这样做时，倘若你一不留心，就会发现自己步人后尘，只

① 参见我的“Equality and Desert”。

会考虑**人**的（或者也许是一切人类的）福祉。当然，一个贯穿本书的预设是，从道德上讲，认为只有我们自己的幸福（人或人类的幸福）才重要是错误的。但是人们若不努力牢记在心，就会很容易忘记这点。不过，这个错误很容易纠正。一旦我们回想起动物的道德身份，就很容易将关于福祉的思考**延伸**过来把动物囊括在内。我们真正相信的是（或者至少我们应该相信的是），在其他条件相同的情况下，**所有的**福祉都是重要的，因此福祉越多——包括动物的福祉，结果也就越好。

说到分配原则，我们也很容易犯一个类似的错误。正如我们即将看到的那样，我们提到的每种分配原则都会出现这个问题，不过为了把问题具体化，让我们先来看看平等主义原则。如果我们告诉自己平等很重要，然后我们会发现，一旦稍有不慎，就会陷入只考虑**人**与人之间（或者，也许是人类之间）的平等和不平等。

但是当我们再次回想动物的道德身份时，那会怎么样呢？应该把我们对平等的承诺延伸到动物身上吗？例如，我们相信——或者**应该**相信——不仅人与人之间的不平等是重要的，人与动物（以及动物与动物）之间的不平等也很重要吗？

很显然，一体论者似乎确实不得不接受这种主张。或者更确切地说，相信平等原则的一体论者，都会认定这个结论。因为一体论者相信，所有拥有道德身份的不同种类的个体，都有着完全相同的道德地位；而平等主义者相信，**人**的道德地位的一个重要部分，就是人们彼此之间要有平等的诉求，如果福祉的分配不平等，（在其他条件相同的情况下）其结果就会更糟糕。把这两种观点结合起来，似乎意味着说，作为平等主义者的一体论者应该相信，动物也有平等的道德诉求。毕竟，如果一个人的处境要比另一个人差很多，那么平等主义者就会说，从道德的角度看，这个事实作为世界当中的一个特征，削弱了结果的价值，所以我们的确会有迫切的道德义务去尽可能地消除或者至少改善这一情形。这样一来，一旦我们想起动物也有道德身份，一体论者似乎也必须得出结论认为，如果某个动物的处境要比另一个动物差很多，或者**动物**的处境要比人差很多，那么我们对于这种情形也有义务努力加以纠正。

不过现在看来，这确实是我们身处其中的情形。也就是说，人的福祉水平确实通常要比动物要高出太多。这恰恰是上一章倒数第二节的要点。我在那里论证过，一个几乎无法否认的事实是，差不多在所有正常情况下，人的处境要比动物好很多，一些动物的处境比另一些动物要更好。我们人在生活中可以拥有、通常也确实拥有各种广泛的有益之物，而动物则缺乏或者最多只能拥有相对少量的（或者其形式价值不高的）有益之物。即使在动物当中，它们所拥有的有益之物，其种类和价值程度（以及形式）也存在着巨大的差异。所以，人的生命比动物更有价值，一些动物的生命比其他动物更有价值。

当然，一体论者无论如何不想否认这个主张。正因人的生命比动物的生命有价值得多，这个主张才让一体论者避开了那个难以置信的建议：如果我们必须要在救人和救老鼠之间作出选择，我们只能用抛硬币的方式二选一。相反，一体论者可以给出一个合理的回复，既然人的生命比老鼠的生命有价值得多，人就拥有更多利害攸关的利益；这个事实——他们声称——为我们决定救人而不是救老鼠提供了理由。不用说，这意味着一体论者此时不能否认他们之前坚持认定的比较性的判断。即使他们有否认的倾向也无关紧要。因为就像我论证的那样，这个想法本身几乎不可否认：相比老鼠，人拥有更好的生活——是老鼠望尘莫及的更好的生活。

如果人的生活真比老鼠好太多（就此而言，也比其他动物好得多），如果我们是一体论者，现在还坚持认为老鼠（以及其他动物）确实有着与人完全相同的平等的诉求，那么从平等主义的视角看，一个像我们所处的人的处境要比老鼠以及其他动物好得多的世界，则是一个让人难以接受的世界。如果我们对此能够做些什么——看样子一体论者肯定会说——那么我们就要背负起重大的道德义务，去尝试纠正或至少要去改善这种状况。

当然，至于说平等主义原则在我们整个道德理论中应该占有多大的**分量**，我并没有提出任何具体的主张。我设想那些对平等主义所关心的问题有共鸣的人会认为，尝试纠正或减少道德上令人不可接受的不平等是比较重要的。但我还没有表明这一点有**多么**重要，也没有表明我们应该准备付出多大的代价，以便在有能力做到的情况下削减不平等。所以我也无法准确地说出一体论者大概要准备付出哪种类型的代价。我只能更加谨慎地建议，如果人们认为平等是一种重要的道德理想，是我们在各种可能性之间作出选择时应当密切关注的东西，那么一体论者就会发现，人与动物之间（以及不同类型的动物之间）存在着的巨大不平等，是一个令人不安的、道德上成问题的情况，是我们应该努力纠正的情形。

这似乎意味着，比方说，在选择哪种公共政策时，我们不应赞成将资源从不太需要的人那里，转移到那些更需要的人身上，而应该赞成将资源从广义上的人那里，转移到老鼠——还有蛇、鸟类、青蛙，以及或许还有苍蝇那里——以便（在平等主义要求的范围内）尽我们所能，减少目前人与动物之间存在的巨大的不平等。

诚然，要提升老鼠的福祉，我们可能无能为力，但这不意味着我们好像什么都做不了。比如说，我们可以把昂贵的奶酪留给老鼠吃。同样，我们可以把种子留给鸟吃，或者给兔子喂食胡萝卜。我们有无数种方式可以改善动物的福利，哪怕只是通过适度的方式去改善。而且从一体论的立场来看，这似乎就是我们实际上需要去做的。①

但我认为，这个结论是荒谬的。我当然同意，我们的生命比老鼠（还有鸟和兔子）的生命有价值得多。我不会否认，这里的结论表明存在着某种不平等。但我发现，我们不可能严肃地对待这种不平等本身在道德上是令人反感的说法——仅凭老鼠的处境比我们要糟糕这个事实在道德上有问题，我们就有迫切的道德义务来纠正这种不平等。然而，如果我们同时接受了平等主义和一体论，这似乎确实是我们不得不得出的结论。因此，除非我们打算放弃平等主义的分配原则，否则我们必须要拒绝一体论。

当然，一些一体论者可能会得出结论说，在这点上，我们真正应该放弃的是对平等主义的承诺，而不是对一体论的承诺。毕竟我们还可以接受别的分配原则，一体论者希望我们可以通过接受另外某种分配原则来避免得出荒谬的结论，同时继续保留对一体论和分配公平的承诺。然而，对于一体论者而言不幸的是，如果我们真的试着将一体论与除了平等主义之外的任何某个分配原则相结合，仍然会得出让人难以接受的结论。

比如说，假设我们支持优先主义。优先主义认为，道德告诉我们要优先为那些绝对福祉水平最低的人提供福利。严格来说，相互

① 我在这里搁置了一个复杂的问题，那就是在某些情况下，帮助一些处境更糟的人而不是其他人实际上可能会使不平等的总体水平变得更糟。（有关这一点的讨论，请参阅 Temkin, *Inequality*。）但我认为，对动物福利的一些改进——经过适当选择后——确实会减少总体上的不平等。

比较谁的福利更多则与道德无关。你的处境是否比别人更差并不重要，虽说平等主义原则认为这很重要；相反，重要的是你的生活处境有多好或者有多差。相比之下，只有给那些绝对福利水平最低的个体增加福祉才会带来更多的好处。

然而一旦我们同意一体论者的观点，认为动物的道德地位与人的道德地位完全相同，若事实表明动物的绝对福祉水平最低，那么接下来我们必须要以类似的方式优先提升动物的福祉。当然，事实也确实如此。猫的福祉水平比人低，因此必须优先提升猫的福利，而不是为人的福祉提供这样的福利提升。老鼠的福祉水平甚至更低，因此为老鼠多增加一个单位的福祉，比为人增加一个单位的福祉，能够产生**更多**的收益。如果苍蝇在道德上也有一席之地，那么苍蝇的绝对福祉水平更低，所以更要优先提升苍蝇的福利。

事实上，这就是问题所在。优先主义者声称，生活处境差的人，其福祉比生活处境好的人更重要，因为从道德上讲，增加生活处境差的人的福祉，比增加生活处境好的人的福祉有**更多的收益**（而且一个人的处境**越差**，提升他们的福祉所带来的额外的收益就越大）。如果这种权重方案足够强，其结果是，对合理分配的关注使得我们倾向于帮助那些处境糟糕的人，即使我们为他们所能提供的福祉总量，比我们为处境已经很好的人所能提供的福祉总量要少——甚至少很多。然而如果我们把这种观点与一体论结合起来，那么我们就得被迫将同样的权重方案也应用到动物身上。因此，考虑到动物的处境总体上比人差——事实上是差得太多了——由此得出的结论是，哪怕为老鼠和苍蝇提供微小的福利提升，而不是为**人**（即使是那些处境比别人差很多的人）提供大幅度的福利提升，也能带来更多的**收益**。

简言之，如果我们接受优先主义，并把它与一体论结合起来，我们就会得出结论，考虑到分配问题会影响我们对事情的处理，于是我们这里的关注重点，将不得不几乎完全集中在帮助那些福祉水平最低的动物身上。我觉得这也是一个几乎没有人愿意接受的结论，所以那些接受优先主义的人需要拒绝一体论。

如果我们试着把一体论和充足主义结合起来，也会得到类似的结果。回想一下，充足主义者强调把人的福祉提升到一个特定水平的重要性，这个水平标志着一个人的生活尽管可能只是小康，但仍然足够体面。为了阐述这个想法，想象一下我们可以用精确的数值来表示不同层次的福祉水平。设想一个人的生活水平相当好，他的福祉水平比方说是 100，那么“足够好”的生活水平可能在 80 左右。于是根据充足主义的观点，需要优先考虑让人们达到 80 的福祉水平——或者如果做不到这一点，那就尽可能让他们接近这个基准线。

不过现在我们来设想一下，把这种观点与一体论的承诺结合起来会怎么样。这意味着我们尽自己所能让人们达到这个最低水平（在我们的例子中是 80）也是不够的。如果动物和人有着同样的道德地位，那么福祉的基准线水平——我们需要把个体的福祉提升到这个水平——也适用于动物。更重要的是，这也是最关键的一点，如果动物像人那样拥有**完全相同**的道德地位，那么无论我们面对的是人还是动物，需要提供的福祉基准线水平也得是完全相同的。我们不仅要尽我们所能把人的福祉水平提升至 80，我们也必须为动物做同样的事——或者就算做不到，也必须让动物尽可能接近这个水平。

因此，如果事实上动物的福祉水平通常（或总是!）低于指定的基准线，那么我们就必须尽我们所能优先让动物尽可能接近这个水准。当然，这正是我们身处其中的情形。倘若数值 100 表示了人过上了美好生活，而数值 80 是人可以接受的生活水平—— 80 是生活相对体面的基准线——那么很明显，动物的生活远远低于这个水平。我知道这里所赋的数值多少有点随意，但我还是认为，人们很难认同狗的生活可以超过 40（如果 80 是可接受的**人类**生活水平的最低限度）；而且大多数其他动物的福祉水平会明显更低，老鼠的生活水平最多只能达到 2 到 3 个福祉值（可这大概已经很慷慨了），而昆虫的生活水平可能只有零点几。

具体的数值并不重要。重要的是我们要认识到，动物远未达到充足主义者为人的生活所设置的任何基准线。因此，如果一体论者坚持认为动物和人有着完全相同的道德地位，那么显然动物也有把福祉基准线提升到人类水平的道德诉求。如果我们事实上无法努力把动物的福祉提升到与人相媲美的水准（这似乎是不可避免的），那么，一体论者至少将会声称，我们必须尽可能使动物的生活接近于这个水平。

但我认为，保持这种立场也是不合理的。虽说道德告诉我们让人达到某种最低的福祉水平是合理的，但对我来说，没有人真的会去建议我们必须努力把老鼠的福祉提升到同样的水平（或者尽可能接近这个水平）。我认为，这也是一个几乎没人愿意接受的观点。所以那些坚持充足主义的人，似乎也需要拒绝一体论。

（一体论者可以声称充足主义要求的只是将个体的福祉水平提升到**他们那个物种**所应有的体面生活即可吗？我们会在下一节考虑这个想法。）

最后，还有一种分配原则强调，人们应该获得他们的应得利益，持有这种立场的人会接受一体论吗？如果我们顺着一体论者的观点，认为动物和人有着同样的道德地位，然后将这一点与应得利益是重要的这个想法结合起来，我们又该如何理解人与动物之间（以及某些动物与其他动物之间）存在的巨大不平等呢？事情在这里就没那么简单了，因为只要那些处境更好的人比那些处境较差的人更**值得**拥有这一切，从应得的角度来看，不平等就是合理的。然而，尽管我们似乎可以认为，比方说，某个人仅仅基于他是**人**这个事实，就的确应该获得（譬如说比老鼠）更高水平的福祉，但要这么讲的话，便引入了道德地位存在着等级差异的观点，这恰恰是一体论者力图避免的。实际上我们会说，赋予某些特定个体的利益的权重，取决于他们有多值得，而他们有多值得（如果不是完全如此，那么至少在相当程度上）取决于他们是什么样的存在者——人、狗、老鼠或者是鱼。

但是如果我们坚持一体论的观点，认为所有具备道德身份的个体有着完全相同的道德地位，那么这类主张——比如断言牛所应得的，相比于人所应得的，二者是绝对不同的——就应该被拒斥。因此，如果对于牛和人在其他方面都相似的利益，要赋予**相同**的权重，那么对于人的处境比牛（以及其他动物）的处境好很多这个事实，就无法给出正当的理由了。这里我们再次看到，任何试图把一体论与承诺应得利益的价值结合起来的人，都会得出结论说，我们有强烈的道德理由尽我们所能，把动物的福祉水平尽量提升至接近人的水平（在某种程度上，不应得的不平等是令人反感的）。这仍然是一个几乎没什么人（如果竟然有的话）愿意接受的观点。因此，即使是那些承诺应得利益很重要的人，也有理由拒斥一体论。

我们现在已经考虑了四种不同的分配原则，虽然细节不同，但每当我们将其与一体论结合起来时，每一种原则都会产生出相似的、不可接受的推论。根本问题在于：一旦我们想到要把动物的福利考虑在内，福利分配就会变成犹如在**人与人**之间进行分配的模式，而我们几乎所有人都觉得这在道德上是不可接受的。因此，如果一体论坚持认为，动物的道德地位的确与人完全相同，那么我们所看到的那种福利分配——当我们同时需要考虑人和动物时——在道德上确实是**不可接受**的。因此，纠正这种分配上的不正义成了道德上的义务，于是我们就有强烈的道德理由去努力消除或者改善这种情形，比方说去改善老鼠的生活。但这也是一个几乎没人愿意接受的结论。所以如果你支持我们在这里提到的某个分配原则，你就需要拒绝一体论。

当然，还有其他一些分配原则，我们没必要假装每一种分配原则都会给一体论带来类似的问题。但关键的一点还是在于，当我们把动物和人都考虑在内时，如果那样一种福利分配模式是我们仅在人与人之间所用的分配模式，那么几乎每个人都会对此深表反感。而任何某种倾向于指责这种（人与人之间的）分配模式的分配原则，肯定同样也会倾向于指责将这种模式应用于人与动物之间（或动物与动物之间）——当然，**前提**是动物确实拥有与人相同的道德地位。因此，除非你准备指责人与动物之间的整体福利分配模式，否则，如果你接受的分配原则会去谴责人与人之间的这种分配模式，你就有理由拒绝一体论。①

3．回应

我已论证表明，如果我们接受了这几种合理的分配原则当中的

① 据我所知，我在本节讨论中给出的这类论证，其最早版本在麦克马汉的《认知残障、不幸与正义》（“Cognitive Disability, Misfortune, and Justice”）的第 8 页开始可以找到。对这个一般性的问题最全面的讨论，参见 Vallentyne, “Of Mice and Men”。

任何一种，并试图把它与一体论结合起来，那么我们就会得出几乎没有人愿意接受的结论。

为什么要加个限定条件呢？为什么不干脆直接断言这个结论是不可接受的呢？就我个人而言，我**确实**认为这个结论是不可接受的，但是我得承认其他人可能不会同意这一点。受一体论的影响，一些人——我想，这种人很少，但还是有的——可能打算沿着一体论一条道走到黑，直到得出令人惊讶的结论，认为我们确实有重大的道德义务来纠正存在于人与动物之间（以及动物与动物之间）的各种不平等。① 他们会坚持认为（或者也许只是勉强承认），我们必须尽我们所能来改善松鼠、蛇、苍蝇等动物的生活质量。正如我指出的那样，我觉得这一点很难让人相信。但是如果有人准备接受坚持这一立场的代价，那就没什么好多说的了。尽管如此，我相信几乎所有人都会觉得这个结论是无法接受的，大家倒是反过来坚持认为，说我们有义务去消除动物福利问题上所看到的各种不对等，这是不对的。

其他那些对一体论感兴趣的人，也许会试着提醒我们说，分配问题只是我们整个道德理论里涉及的几种价值当中的一种（或一组）价值而已，从而弱化了我这个论证的强度。正如我们引入分配原则，是为了纠正如果我们所关心的只是最大的福利总量（或是帮助利害关系最大的个体）而导致不合理的结论一样，我们现在必须认识到，如果我们忽视了我们的行为如何影响到整体情形也是重要的，那么这些分配原则本身也会导致荒谬的结论。而且，由于旨在消除动物福利中令人反感的分配特征的任何努力都会让我们付出巨大的代价，

① 在注意到如果相同的福利基准线一并用于人和动物，充足主义会产生极其苛刻的推论之后，克里斯普评论说，尽管如此，他“打算认真接受这种观点”。（“Equality, Priority, and Compassion,” p. 761.）

从分配正义的角度来看，这将极大地降低我们自己以及其他人的福利，最多只能获得微小的收益。因此，结果可能是，我们实际上并不需要做那么多——如果去做的话——去改善动物的整体福利。

于是，根据这里的第二种观点，就像一体论者的立场所暗示的那样，分配原则的确应该扩展到包含所有动物；如此扩展之后，那些分配原则所确认的（人与动物之间，以及动物与动物之间）福利分配模式的各种特征确实在道德上是令人反感的。因此，如果这些各种分配不当能够以某种方式得到纠正，却**不会**让我们自己或整体福利付出的不合理的代价，那么这样的改变确实是我们应该去做的。但事实上，这样做的代价太高，需要付出的牺牲也太大，因此**只要**我们记得把其他道德价值也考虑进来，实际的义务（整体来看）就会很微小。简而言之，只要在整个道德理论的背景下，把一体论与我们的分配原则结合起来，得到的结果事实上是适度的和可接受的。因此，根本就没有必要拒绝一体论。①

用一种略有争议的方式来说，这里的观点是，我们的分配原则是相对**较弱**的，当把所有情况都考虑在内时，就会弱到足以避免不合理的繁重义务，而这些弱化了的义务也是一体论者在应用这些分配原则时似乎会得出的。

现在，当然必须要承认，如果我们的分配原则的道德力量足够薄弱，那么分配原则与一体论相结合所产生的道德义务也会薄弱。然而在我看来，很多人并不打算为他们所青睐的分配原则赋予这种最低限度的强度。因为正如我说的那样，一旦我们把动物的福利考虑进来，我们发现福利分配的总体模式仅仅适用于**人和人**之

① 在《(物种间）平等的基础》中，佩尔森赞同这样的观点，认为这种观点避免了如果孤立应用（合法的）平等主义原则将会出现的“明显荒谬的后果”（第 192 页）。

间，我们这些对分配原则感兴趣的人就会觉得这种情形是不可接受的。我们会把自己置于一种紧迫的道德责任之中，尽我们所能改善这种状况。因此，整体来看，我们的分配原则并不是相对薄弱的。然而如果我们去处理动物福利问题时，这些分配原则看起来会相对薄弱，那只能是因为把相关的分配原则应用到**动物**福利问题时，动物没有那么重要，不像我们对待人那样重要。也就是说，人的分配诉求在某种程度上要比动物的分配诉求（如果有的话）更强。因此，当一体论者坚持认为动物的道德地位与人完全相同时，他们是错误的。

这并不是说动物无论如何都不会有任何分配上的诉求。我到目前为止所论证的，都暗示了很可能在某些情形下，就某个特定动物群体的生活处境而言（无论是绝对的，还是与其他动物相比较），谈论分配的不正义或不公平确实是合适的。我在这里只是想说，那些在涉及人且只涉及人的情况下（例如，在男人拥有一切而女人几乎一无所有的世界里）独立地要求承担分配义务的人，不能突然假装认为，如果这些同样的分配原则以一体论者所声称的方式延伸到动物身上，那么相应的义务就会变得温和、不成问题。

当然，对于那些共鸣一体论的人来说，他们还有一种选择，就是完全拒斥各种分配原则。这显然会解决我们这里讨论的问题，因为只有当一体论与某个分配原则相结合时，才会产生我们这里所考虑的特定的义务。因此，对于那些打算拒斥分配原则的一体论者来说，他们就不容易受到之前讨论过的那些反驳的影响。

我们也不应该认为，以这种思路给出的回答一定是出于绝望，好像只有采取这样的立场才能免于被驳倒。相反，尽管大多数人确实会对我们所考虑的分配问题产生共鸣，但事实上不是每个人都会这么认为的。有些人从一开始就直接否认分配的内在意义——也就是说，甚至在关于动物分配的问题提出之前就已经否认了。因此，我认为必须承认，保留一体论仍然（至少在目前看来）是一种融贯的可能性——当然，前提是他们真的打算彻底抛弃各种分配原则。

就我个人而言，我自己并不喜欢这种解决方案，因为我发现有些分配原则的确有说服力（但我不会在这里为这些分配原则给出进一步的辩护）。无论如何，假设有人确实接受了这些分配原则当中的某个强有力的版本，还有哪些立场可供选择呢？

有人可能会想，正确理解了分配原则的**内容**，是否可以让人在接受分配理论的重要性的同时，还可以避免这个不合理的主张——动物的福利水平总体来说在道德上是令人反感的。当然，像这样的提议，可能是针对某个特定的分配原则而言的。但在我看来，确实没有哪个提议，既单独就其自身而言是合理的，同时又能与一体论相结合。接下来我们可以通过几个例子来阐明这个想法。

首先，支持平等主义原则的人可能会争辩说，只有当一个人实际上有能力拥有（获取、欣赏、从中受益）某种特定的有益之物时，他才有平等主义的诉求。因此，与其坚持强调总体福祉上的平等，不如为个体所拥有的不同类型的有益之物划分“范围”。在特定的范围内，只有当那些拥有较少的有益之物的个体，事实上能够从拥有更多的这种有益之物当中受益时，平等才有意义。这样一来，比方说，老鼠无法欣赏视觉艺术，所以老鼠因为生活中缺乏艺术而呈现出较低的总体福祉水平也就没那么重要了。同样，即使狗能拥有友谊，狗也不能像人一样拥有那么深厚的友谊，所以它们的生活因为这一点而变得不那么有价值，这个事实也不能产生任何平等主义的诉求。概括来讲，既然缺乏类似这样的有益之物（或者充其量只是不可避免地以价值较低的方式拥有这些有益之物）是动物的生命不如人的生命有价值的主要原因，因此，一旦正确理解了平等主义原则，由此产生的不平等在道德上其实并不会令人反感。

这样的建议避免了我们必须努力去纠正人与动物（或动物与动物）之间的不平等这一不合理的主张，但它好像是以与一体论的观点保持一致的方式做到了这一点。因为照此理解的平等原则，应用在人和动物那里都是一样的：比如说，如果一个人对艺术**感兴趣**——如果他的生活能从艺术当中受益——那么他就有了对艺术的平等主义诉求；如果不感兴趣，那就没有这种诉求。对于其他有益之物来说也一样。如果公平地应用这个原则将会导致动物的处境比人的处境差，那就让它这样吧。我们的平等主义原则不会进一步地提出分配诉求来纠正这种情形；这种不平等是真实存在的，但在道德上却是无可指责的。然而这并不是因为人和动物的道德地位不同。相反，这样的结果只是因为动物与人在天性上（涉及可以享有哪些有益之物）有着无可争议的差异才出现的。

对于一体论者来说，很遗憾，上述这种对平等主义的解释不太可能是一体论者实际上会接受的。为了理解这一点，考虑一下这个例子比较有用，因为它适用于**人**与人之间的不平等。比方说，假设一个盲人的福祉水平比其他人低，只是因为他的失明使他无法享受视觉艺术。我觉得我们对这类例子的反应是——一体论者也会有同样的反应——不会认为盲人由此导致的较低的福祉水平与平等主义无关。相反，我们可能会认为，在其他条件相同的情况下，盲人有权要求获得更多**其他**类型的有益之物，以此抵消他在这方面的不幸。

所以，与我们在这里所考虑的提议相反，平等主义的主张事实上并不局限于特定“范围”的有益之物。如果某个人无法拥有（或受益于）某种特定类型的有益之物，那么他们完全可以要求得到更多不同类型的、他们确实可以享有的有益之物。一旦我们承认了这一点，就会削弱站在一体论者的立场上所提出的建议，这个建议认为，老鼠（以及狗，还有蓝鸟等）没有权利要求得到更多可以享有的有益之物。

这里有一个不同的提议，这个提议涉及充足主义。充足主义者相信，人们有一种特殊的权利诉求，要让自己的福利提升到指定的基准线之上。如果我们接受一体论的立场，这似乎意味着动物也有将其福利水平提升到与人类持平的权利诉求。但有人可能会认为，对充足主义的正确理解可以避免这种结果。也许每个人有权利享有的不是某个特定的绝对福祉水平（例如，在适当的范围内达到 80 个单位的福祉水平），而是一种最低限度的**体面**生活。而且，由于人的体面生活所涉及的福利水平要比狗的体面生活高得多，更不用说比老鼠高了，从充足主义的角度来看，我们看到的那种不平等（动物的福祉水平远低于人们可接受的水平）也许根本就不会令人困扰。

遗憾的是，对于一体论者来说，以这种方式解释充足主义，就引入了一体论者无法接受的那种等级论。因为以这种方式将充足主义的基准线相对化，我们会说，人仅仅因为是人就可以对福利有更高的道德诉求，而老鼠仅仅因为是老鼠，所以老鼠对福利的道德诉求很弱（或者只要求很低水平的福利）。这样一来，如果某个快乐的经验属于人而非老鼠，那么这份快乐可能会更有价值（例如，如果某只老鼠已经位于老鼠的基准线上，而人——虽说比那只老鼠的处境好很多——但还没有达到属于人的基准线水平）。任何这样的看法都会涉及等级论，也就是人的道德地位高于动物，而一些动物的道德地位高于其他动物。所以将充足主义的基准线相对化，也不是一体论者所能采纳的提议。

这里的情形与我们在讨论应得利益时的情形类似。我前面提到过，从应得敏感分配原则的视角来看，认为动物应当得到的福祉不能比人多（或者说应该只配享有较低水平的福祉）的观点，足以让我们发现人与动物之间（以及动物与动物之间）不平等的福利模式是可接受的。但这样做的代价则是赋予人比动物更高的道德地位。因此，无论这种分配原则多么合理，一体论者都不会接受这种观点。同样，充足主义原则提出应该为不同种类的动物设置不同的福祉基准线的建议也是如此。那种建议很可能是合理的，但对于一体论者来说是不可接受的。

这里还有一个例子，该例子再次涉及平等主义。可能有人会说，平等不是跨物种的问题，而是物种**内部**的问题。所以人的处境比蜗牛、松鼠、老鹰要好，这在道德上不会让人反感；唯一让人反感的不平等形式是松鼠与松鼠之间，蜗牛与蜗牛之间，或老鹰与老鹰之间（诸如此类）的不平等。

我认为必须承认，如果以这种方式来解释平等主义原则确实会避免得出让人无法接受的结论，即人的处境比动物更好在道德上是非常让人反感的。但是这一点不会让这个说法变得有吸引力。毕竟，很难看出松鼠与松鼠之间为什么会有平等的诉求，同样从平等主义的角度来看，比较松鼠与老鹰谁的处境更好根本就不重要。尽管如此，无论这个提议是否有吸引力，以这样的方式来解释平等主义原则也是一体论者无法接受的。因为，如果松鼠只有在与其他松鼠进行福利比较时才会有平等主义诉求，而老鹰只有在与其他老鹰进行福利比较时才会有平等主义诉求，那么显然松鼠的地位与老鹰的地位是不同的——因为不同种类的动物有不同的平等主义诉求——这与一体论者的主张相反，他们认为所有具备道德身份的动物都有相同的道德地位。

（从刚才那个观点当中可以衍生出一个有趣的变体，这种说法认为，不平等只在个体与个体之间的福祉原则上能够达到**可比较**的水平才有意义。这种说法避免了诉诸物种本身，尽管实际效果大致是一样的。[①] 但在这里，这个提议跟一体论也是不相容的，因为那些能够拥有更高水平福祉的个体，与那些只能拥有较低水平福祉的个体，有着不同的平等主义诉求；因此并非所有具备道德身份的生物都有相同的道德地位。）

我们还可以继续提及其他的一些提议，但也许这些讨论就足以让人相信，对分配原则的任何解释，都不可能就其自身而言是合理的同时，既能被一体论者所接受，并且还能避免得出认为我们必须尝试去纠正关于人和动物的福利模式这一不合理的主张。当然，不同的主张细节上会有不同，但我们已经注意到，这些主张背后的理由本质上是一样的：人和动物之间实际上所具有的福利模式若仅仅应用在人与人之间，会在道德上让人感到不适，所以对相关分配原则的任何解释如果不按照这个思路来讲都是不合理的。然而，如果同样的分配模式涉及动物（而不仅仅只有人）时，不会被认为在道德上是令人不适的，那么动物的分配诉求一定不同于人的分配诉求。这是一体论者无法接受的结论，因为这意味着动物的道德地位与人不同（以及某些动物的道德地位与其他动物不同）。

事实上，这正是一体论者的问题。从道德上讲，任何与一体论相容的分配原则，都必须以同样的方式对待任何特定的分配模式，

① 麦克马汉提到了这样的观点，参见 *The Ethics of Killing*, p. 161。

不管所涉及的个体是人还是动物。然而，当我们面对实际上所拥有的分配模式（把人和动物都考虑在内）时，我们发现自己会作出截然不同的判断，这取决于我们是把人和动物都“填入”这个模式当中，还是说只将人填入其中。在现实情况中，动物的处境相对较差(无论是绝对福祉，还是相对于人的福祉而言)，但如果这种分配模式只涉及人，那么它似乎让人完全无法接受。因此，这两种方式的填入，终究不能被合理地视作是相同的。然而，任何可以接纳这些不同判断的分配原则——我认为，如果人们想要有一个直觉上可接受的立场，就必须这样做——都要通过赋予动物和人不同的道德地位来实现。当然，这意味着它无法与一体论结合在一起。

如果关于这点我说的没错，接下来会怎样呢?最明显的是，我们需要拒斥一体论，正如我刚刚论证的那样，可接受的分配原则会赋予人和动物不同的分配诉求。但具体应该怎么做呢?我们还有哪些其他选择呢?

最简单的方法，大概就是彻底否认动物有分配诉求。根据这一进路，无论我们喜欢的分配原则是哪种，它们都只适用于人的福利分配。动物福利与相关的分配原则根本无关。很明显，如果我们接受这种观点，那么动物的福祉水平很低（无论是相对意义上的还是绝对意义上的）这一事实在道德上就没有问题，因为动物福利的分配一开始就不受任何有效分配原则的支配。问题并不在于现有的动物福利模式碰巧符合（某种分配原则)，而是它根本无关紧要。在这种观点中可以看到，要问某个特定的福利分配是否具有合法性，这个问题只与人的福利有关。

有必要明确指出，接受这种观点的人当然不必否认动物有道德身份。这种观点不是说动物不重要，也不是说动物的福祉从道德的角度来看没有意义，只是说动物福祉（无论是相对的还是绝对的）的分配模式不是一个道德问题。因此，接受这个观点与下述看法完全可以相容，这个看法认为，动物的痛苦确实**是**一个重要的道德问题，在其他条件相同的情况下，人们在选择不同的结果时应该考虑动物的福利，或者甚至应该尽可能避免伤害动物。简而言之，接受这个观点仍然会为赋予动物重要的道德地位留有可能性。我们只能说动物有着特殊的道德地位，这让我们刚刚讨论的那种分配诉求无法出现在动物身上。只有人——而不是动物——才拥有那种要求合理或公正分配的道德地位。

尽管这是一种逻辑上完全融贯的可能性，但它不是那种我认为最有吸引力的观点。我反对这种说法的部分原因是，我找不到好的理由认为，当涉及动物福利时，分配问题根本就不会出现。如果说涉及人类福利时，分配是一个合法且重要的道德问题——我相信确实如此——那就很难理解为什么在涉及动物福利时，分配问题竟会突然变得完全不相关。可以肯定的是，动物可能不会享有与人完全**相同**的分配诉求。正如我所相信的那样，如果动物的道德地位比人低，那么我们有理由认为他们的分配诉求也会比较弱。但这并不等于动物没有任何分配诉求。由于缺乏一些专门的论证，我们不应该指望分配诉求在涉及动物时就会完全消失。相反，我们应该指望动物在分配诉求上的力度或范围会适当**降低**——打了折扣，以便将它较低的道德地位考虑进来。

可以肯定的是，对第一种进路产生共鸣的人很可能会坚持认为，事实上有一种专门的论证可以解释为什么涉及动物时就与分配问题没什么关系。似乎可以说，不合法的分配是一种**不正义**，也许只有特定种类的生物才属于道德的特定范围，在这个范围内才会出现正义与不正义的问题。尤其是可能有人会说，某个个体必须是人，然后才能合法地要求得到正义的对待或者抱怨受到了不正义的对待。相比之下，动物完全不在正义的讨论范围当中。因此，动物福利的分配不能仅凭**分配**特征而被否定，因为这种分配甚至不能被合法地说成是不正义的。①

当然，这类论证并不比它的核心主张——动物完全不在正义的讨论范围当中——更强。我认为没有理由相信这种说法，尽管我对这一点的讨论会放在后面我称之为“有限义务论”的观点当中（见第 8 章第 1 节）。我们也有理由怀疑，是否真的只有把分配问题理解为放在对**正义**的诉求当中，而不是放在道德的其他角落里，有关动物福利的分配问题才是合法的。但我同样还是先跳过这一点。现在让我简单表明我的想法：处理动物福利分配问题的正确方法，确实是让动物也服从我们所讨论的分配原则——无论我们是否认为这些原则属于对正义的充分解释的一部分——这样的话，动物也可以根据给定结果的相关分配特征提出诉求（或者代表它们提出诉求）。

因此，我认为最合理的立场是，相关的分配原则也统领着动物福利的分配，而不只是与人的福利相关。尽管如此，动物的分配诉求比起人的相应的诉求要更弱，虽说在何种意义上要更弱还有待去规定。更具体地讲，某一特定动物的分配诉求的强弱，部分地取决于该个体拥有的道德地位，道德地位较低的动物，分配上的诉求要更弱。

沿着这个思路，一个恰当的进路会让我们认识到，动物也可以（至少原则上）对不合理或不公平的分配模式提出诉求，同时也让我

① Cf. McMahan, “Cognitive Disability, Misfortune, and Justice”, pp. 29–31.

们避免了这样一种不合理的立场，即**当下的**分配模式——比如老鼠的处境比人差很多——本身必然是不合理或不公平的。总之，通过在道德地位中引入一种适当形式的等级论，我们可以认识到分配原则的重要性，认识到动物也受到这些原则的支配，同时还可以避免得出一些不合理的推论，从而引导我们拒绝接受一体论。

第 4 章　等级论与结果的价值

1. 分配中的等级论

我刚才论证指出，如果我们要保留一种合理的分配观，同时要将道德理论扩展到动物身上，我们所需要的理论就得包含等级论。这种理论背后的基本想法非常清楚：个体的分配诉求对其道德地位是敏感的，所以地位较低的个体，其分配诉求会以某种适当的方式而降低或者弱化（相对于地位较高的个体的分配诉求而言）。随之而来的想法当然就是，在这个总体框架当中，动物的道德地位比人低，而一些动物的道德地位又比其他动物低。

我之前说过，这里的基本想法已经很清楚了，但牵涉具体的细节还有很多工作要做，而且做好这类工作并不总是无关紧要的。当然，其中一项主要的任务就是发展出一套相关的等级论。但除此之外，要准确地看清楚如何调整各种分配原则，并不总是一件简单直接的事情。不出所料，这些细节取决于所讨论的具体的分配原则。

让我们先来考虑充足主义原则。充足主义提出的一个合理建议是，某个个体相关的福利基准线，取决于构成该个体的**体面**生活（或者换个说法，一种**最低限度**的体面生活）是什么。比如说，一只狗要过上体面生活，需要的总体福祉水平显然比人类低得多。按照这种方式理解充足主义，狗所享有的分配诉求比人要“弱”，也就是说，当我们优先考虑让不同个体达到各自的基准线时，狗有权获得的福祉水平会明显低于人应该获得的水平。与之类似，由于鸟或鱼的体面生活处于更低的水平，鸟和鱼的充足主义分配诉求当然要比狗更弱。

诚然，这个提议里所说的“体面生活”或“最低限度的体面生活”这些概念到底是什么意思，目前还不太确定。但这里的不确定并不是因为引入等级论和相对化的基准线而造成的；它甚至也出现在那些将充足主义的分配诉求只限定于人的观点当中。因为即使在这些限制性的版本中，基准线也与某个人的生活是“足够好”或“充裕”的观念联系在一起——也就是人的体面生活——而且很难以精准的方式指出“足够好”的生活究竟意味着什么。大概它远远低于一个人想象中的**最好的**生活，但仍然还是远远高于**最糟糕的**生活。然而，即使我们精准地确定了人（或者，也许是有人格的人类）可以拥有的生活的区间范围，我们也不太可能认为，**体面**生活的概念可以通过任何简单的数字上的权宜之计来确定，比如说从区间的底层往上提升到四分之三的位置，或者从区间的顶层下降到中间点或零点的三分之一位置（零点是一种既不比不存在更好，也不比不存在更糟的福祉水平）。同时我们也不能简单地把基准线规定为只是现实生活的**平均**水平（因为很容易想象这样一个世界，其中每个人的生活都过得比体面的生活要好，或者都没有过上体面的生活)。相反，如果我们试着用定性的方式来理解这个概念或许会更好，我们可以说，足够好的生活是一个人的基本需求得到了合理地满足的生活。但是即使这样去理解还是不够精确，因为我们仍然难以确定“需求”(更不用说“合理地满足”)这些相关概念究竟是什么。(毕竟，勉强维持生计的生活似乎算不上是足够好的生活。)

因此，(最低限度的)体面生活的概念仍然难以精确界定。尽管如此，我们似乎确实有能力判断一些人的生活是足够好的，另一些人的生活更好，还有一些人的生活尚未达到能够被合理地认为对人而言算是充裕的水平。似乎很明显，我们也可以对动物作出类似的比较性的判断。例如，我们对于狗的体面生活是怎样的，有着相当不错的感觉——我们也知道狗的生活质量远远低于对于人而言堪称体面的生活。比方说一头牛的体面生活，可能要比狗的体面生活的福祉水平更低；对于蛇和鱼来说更是如此。当然，就我个人而言，我对大多数动物的生活类型——包括牛、蛇和鱼——了解得太少了，从而无法信心十足地给出准确的判断。但是，许多其他人知道的比我多很多，至少在原则上为不同种类的动物找到合适的福祉基准线好像是有可能的。

在确定这些基准线时，是什么使得一种动物(比如兔子或鱼)的基准线水平低于另一种动物(比如狗或大象)?为什么一种动物的充裕生活与另一种动物的充裕生活不相同呢?为什么人的体面生活，其质量要比动物的体面生活高很多?很明显，答案与不同类型个体的心理能力有关。就各自的心理精巧程度和复杂性而言，动物与动物不同，人与动物也不同；他们在可能具有的认知加工方式的种类上，以及所能拥有的情感反应类型和深度方面，都存在着巨大差异。

这些差异构成了动物和人截然不同的生活类型，这些差异也有助于说清楚一种类型的生物，他们的体面生活或足够好的生活，与另一种完全不同的生物所具有的体面生活或足够好的生活，为何如此不同（以及这些生活的价值形式为何也是不同的）。

有了我所说的那种相对化的基准线，充足主义者就避免了对鱼的生活处境远不如人这一分配事实的全盘指责。是的，鱼的生活不如人的生活有价值，尽管如此，鱼的那种生活仍然可以构成对**鱼**而言的体面生活。若是这样，那么尽管鱼的生活不如人——尽管鱼的生活甚至绝无可能达到人类最低限度的充裕生活的水平，但是依然不会出现我们必须优先改善鱼类生活的分配诉求。对于其他动物来说当然也是如此。这样一来，接受等级论的充足主义者就可以避免得出困扰着一体论者的那些不合理的推论。

但与此同时，应该指出的是，这种观点并不排除动物可以提出各种形式的分配诉求。尽管这种笼统的概括（“鱼的生活远不如人!”）在道德上不会令人不适，但事实上仍有一些特定的动物个体，生活水平达不到它们各自的基准线。例如，如果某只老鼠过着甚至算不上是最低限度的体面生活——即便对老鼠来说也不是体面的生活——那么也许我们确实应该优先考虑去做些什么来提升这只老鼠的福祉水平。

毫无疑问，有人会觉得即使这个更为温和的结论也不合理。如果这样的话，他们可能更倾向于上一章（第3节）提到的更激进的等级观，根据那种看法，动物根本没有任何分配诉求。然而就我个人而言，这种更温和的立场更合我意。因为如果动物是重要的（它们当然是重要的），并且如果分配是重要的（我认为这是肯定的），那就很难理解为什么不能设想动物处在一个能够提出分配诉求的地位当中。

然而应当注意的是，出于各种理由，这种诉求的累积效力可能会相对较小。首先，也是最重要的一点，从充足主义的角度来看，只有生活水平远低于与之对应的基准线的那些动物，才会在福利诉求上提出抱怨。因此即使所有老鼠的处境都远比人差，这也毫不相关；因为只有那些对于**某只老鼠**来说无法接受的生活，才是充足主义者主张要提供援助的。其次，即使对于那些从充足主义的角度看可以合法地提出抱怨的老鼠来说，它们也只能要求把自己的福祉水平提升到**老鼠**的基准线水平之上——而不是提升到对人而言算得上是体面生活的水准！因此对于动物来说，即使它们可以享有分配诉求，其数量也远远小于人。(如果充足主义原则说的是**最低限度**的体面生活——而不仅仅就是体面的生活——那么相关的基准线还要大大降低，只有更少的分配诉求，以及更少的福利量。) 最后，重要的是记住，合理版本的充足主义会告诉我们，最需要优先考虑的是那些离达到他们各自的基准线水平最远的个体。因为当人们还没有达到属于人的基准线时，他们所缺少的福祉的量，似乎往往比老鼠达不到基准线时所缺少的量要更多，等级论的充足主义，很可能会指导我们优先帮助达不到基准线的人，而不是优先帮助达不到基准线的老鼠（或其他动物)。

总之，在等级论的充足主义分配原则下，动物可以要求获得合理的福祉分配，但从这种要求中产生的义务最终可能相当有限。也许除了一些非同寻常的情况外，动物的分配诉求通常不会特别紧迫。

接下来谈谈基于应得的分配原则，回想一下，根据这种观点，如果不平等是应得的，那么这种不平等就是可以接受的。因此，如果可以证明人比（比方说）狼更加应得，狼比鱼更加应得，那么实际上存在于动物与动物之间、动物与人之间的各种不平等，在道德上或许都不会令人不适。

那么这种主张可以得到辩护吗？初看起来，要成功辩护这个论证似乎不是很有希望，因为我们不清楚是否能够根据动物道德和不道德行为，或者善良和邪恶的动机，来对它们作出恰当的道德评估（就像我们评估人那样，看看他们应该得到什么）。但是对此进一步的思考表明，类似这样的进路可能比我们最初所想的更加合理。

这个问题很复杂，我在这里只能简单说说基本的想法，不过考虑到对于人来说什么是应得的通常可以理解为是这样的一个函数，它不仅取决于此人有哪些特定的思想和行为，还取决于——隐藏在这些思想和行为背后的——他的确是人（person）这个事实。也就是说，一种关于应得的普遍观点认为，人所应得的福祉有一个初始的或基准线的水平，只要他是人，这个事实要求他就应该达到这个水平。诚然，一个人的道德记录可能会改变他总体上应该得到什么，比如说可以提升或者降低他应得的福祉水平；但是要对这种基准线作出修正，需要建立在他是人这个事实的基础之上。

现在的事实是，一个人应得的利益有几个方面可能会受到他是人这一事实的影响。正如我刚才所说的，由于你是人，你可能一开始就会对某种特定水平的福祉有要求（即便你的行为和动机可能会提升或降低你应得的总体水平）。但除此之外，由于你是人，也可能会为你的应得水平设定一个下限，以防止有人过得比这个下限还要糟糕。事实上，正因为你是人，于是还有一些别的因素可能会影响你——至少是部分地影响——整体上的应得水平。（同样可以设想的是，由于你是人，当你得到你应得的利益时，同样会影响你得到的好处的**量**。）但是，把所有这些都讲清楚将是一项复杂的工作，而且还会使我们的讨论越走越远。所以为了简单起见，我把我们的讨论限定在这样一个观点当中：由于你是人，一开始就应该得到某种特定水平的福祉。[①]

但是，如果一个人可以因为自己是**人**，而要求应该获得某种初始（或基准线）水平的福祉，那么一只狗也可以因为自己是**狗**，而要求应该获得某种初始的或基准线水平的福祉，一只兔子也可以因为自己是兔子，而要求应该获得某种基准线水平的福祉，这样的说法似乎并没有什么不合理的。与此同时，这样的说法大概也是合理的：某个人作为人，他的（初始）绝对福祉水平高于作为一只狗所应得的福祉水平，而狗所应得的福祉水平又会高于作为一只兔子所应得的福祉水平。其他各种动物的情况也以此类推。

某个动物或者人应得的初始福祉水平精确来说是多少？在这一点上，一个很自然的提议是，这会与我们讨论过的充足主义所设定的基准线水平相同（或者至少与之紧密相关）。也就是说，一只兔子应该得到对兔子而言应有的体面生活，而狗应该得到更多一点，拥有对狗而言应有的体面生活，人相比于狗应该得到更高水平的福祉，拥有对人而言应有的体面生活。诚然，人们不需要只是以这种方式来确定应得的初始福祉水平，但我估计，许多人会发现，沿着这个思路提出的一些建议在直觉上是有吸引力的。

当然，即使我们接受这个建议，还有一个有待进一步思考的问题：从应得的初始基准线水平来**全盘考虑**，单个动物是否可以改变其应得的福祉水准。人大体上可以做到这点，但动物是否也能做到

① 在《应得的几何学》(*The Geometry of Desert*) 中，我考察了某个人应得的利益是如何发生变化的几种方式。但是这种讨论只聚焦于人类的应得，完全没有涉及动物与应得的问题。事实上，我知道后面这个问题并没有得到持续的讨论。

这一点还存在着争议。我倾向于认为是这样的（因为在我看来，至少有些动物可以像人一样，有善良或邪恶的动机），但我不会在此继续讨论这个问题。就我们的目标而言，只要注意到，无论动物是否可以改变他们的应得——变得与“初始”基准线不一样——似乎的确可以坚持认为，动物（总体上）比人应得的要少，而更高等的动物比更低等的动物应得的就更多。因此，我们在这里同样可以看到，恰当的等级论观点会承认动物拥有分配的诉求，而且不会无故指责存在于动物与动物或动物与人之间的分配差异。

这里还有一条进路跟**优先性**的观念有关却稍有不同。回顾一下，这里的想法是，通过给个体增加特定量的福祉水平所带来的收益的量，取决于该个体的处境实际上有多好或多差。在这一点上，似乎可以认为，类似的情况也应该适用于动物。也就是说，一只老鼠（或者一只松鼠，一只鸡）所处的处境越差，那么提高同样单位的福利所带来的收益就越多。但与此同时，如果我们要避免那种不合理的说法，即赋予帮助老鼠、松鼠和鸡而不是人以绝对的优先性——考虑到动物的处境比人类差很多——我们需要通过某种方式将这些优先主义的主张给相对化。也就是说，在评估某一特定动物的生活处境“有多糟糕”时，我们不能以该动物所处的绝对福祉水平来衡量。相反，我们的评判必须考虑到这样一个事实——对动物而言，它们处于较低的福利水平是可以接受的。从道德上讲，对动物而言，它们的生活处境比人差是合法的；而只有当动物的生活处境比起人来差到**不成比例**时，才会产生出优先主义的主张。

简而言之，在评估某个个体的生活处境有多糟糕，以便决定施以援助的相对优先性时，我们需要适当地考虑该个体地位的高低，据此“重新计算”其福利水平。只有这种**根据地位调整后的福祉水**

平（status adjusted level of well-being），才应该在决定某个个体的优先性的诉求上发挥作用。

有一些不同的方式来接纳这个想法，但也许最简单的方式是这样的。我们先对不同种类生物的道德地位进行比较性的排序，随后任意将一个方便的数值赋予这些道德地位当中的某一个，再为其他生物的地位定下合适的数值，用以反映其相对的身份。比如说，如果我们给人的地位赋值为100，那么一只狗的地位也许是30或40，老鼠的地位可能是2或3。与之类似，如果我们给人的地位赋值为1，那么一只狗的地位就是0.3或0.4，一只老鼠的地位就是0.02或0.03。（在后续的例子里，我将采用第二种计数系统。）

当然，我提供这些数字只是为了阐明问题；我并不想在这里为狗或老鼠与人相比有着怎样的相对地位的任何确切观点进行辩护。这需要的知识要比我对狗和老鼠（以及其他动物）所了解的多很多。但在确定相关的数值时，我们无疑会受到这样的指引——犹如此前我们的分配原则所受的指引一样——我们会对各种动物不同的心理能力进行评估，并对动物的生活可能拥有的不同价值进行比较。因此，心理能力越简单的动物地位就越低，我们可以用接近于零的值来表示。

那么现在，要评估某个动物的处境有多糟糕（出于以优先主义的方式来计算的目的），我们得将动物的道德地位考虑在内，从而对某个地位较低的物种而言，比起道德地位较高的物种，同样的绝对福祉水平会被认为“不那么糟糕”。用刚刚引入的术语来说，我们想要找到一种合适的方法来计算动物“根据地位调整后的福祉”，在其他条件相同的情况下，从优先主义原则的角度看，你的道德地位越低，你的生活处境就越好。

要做到这点，最直接的建议会说，调整后的福祉水平应该这样来计算：只需将**绝对**福祉水平除以表示个体**地位**的数值即可。这就产生了想要的结果，对于任何给定水平的福祉来说，个体的地位越低，其**根据地位调整后的**福祉就越**高**。我们把这种计算根据地位调整后的福祉的方法称为**简易除法**（simple division）。

为了阐明如何使用这种方法，我们假设某个人的福祉水平是 80（依据某种衡量福利的适当尺度），而一只狗的福祉水平是 36。想象一下，这时候我们既可以给这只狗的福祉提升一个单位，也可以给这个人的福祉提升一个单位，但我们不能同时提升两者的福祉。初看起来，由于狗的处境比人差，优先主义似乎会引导我们去帮助狗——从道德上讲，一个额外单位的福祉，应该会为狗带来更多的善。但是这个初始判断没有将地位考虑进来，而这是我们在决定谁的优先性诉求更强之前必须要做的。因此，假设我们使用简易除法来找出每个个体相关的调整后的福祉水平。将每个个体的绝对福祉水平除以他们各自的地位，我们会发现实际上**人**应该有更多的优先权，而不是狗。（80/1 得出人调整后的福祉水平是 80；而 36/0.4 得出狗调整后的福祉水平是 90。）简言之，引入等级论会让优先主义者得出结论认为，帮助人（在这个具体的例子中）会比帮助狗产生更多的收益，尽管狗的绝对福利水平要更低。

当然，如果没有进一步的详细信息去说明优先原则是如何给较低水平的（根据地位调整后的）福祉增加额外的权重，我们就不能说增加人的福祉比增加狗的福祉会带来**多少**更多的收益。不出所料，优先主义者内部对于加权函数具体应该是怎样的会有分歧。这里的重点只是要指出，优先主义的观点可以延伸到动物上，而不是简单地认为由于动物拥有较低的绝对福祉水平，于是就应该有更强的优先权。因此，就这一点而言，分配诉求也可以赋予动物，并且不会自动得出结论说，我们应该致力于提升动物的福利而不是人的福利——尽管动物和人在实际获得的福利上存在着巨大的差异。

同样的方法似乎也适用于平等主义原则。当然，这里的想法不是非比较性的优先主义（noncomparative prioritarian），即接受福利的个体的处境越差，其福祉的增加所带来的收益就越多；这里的想法是比较性的优先主义，也就是说，如果某些个体的福祉水平比其他个体要更差，那么这在道德上是令人不适的。如果把这一观点延伸到动物身上，而不考虑道德地位的差异，就会得出这个不合理的结论：动物的处境比人差很多，这在道德上是令人不适的，因而我们有重大的义务尽我们所能去纠正这种情形。不过，我们还可以用另一种方法既承认动物有平等诉求，又避免这个结论——只要找到合适的方法，根据动物地位的高低来调整标准。比如地位较低的动物，必须处境格外糟糕时，才算产生了平等诉求。要达成这一点，一个显而易见的提议就是，我们需要平衡的不是福祉的**绝对**水平，而是根据**地位调整后的**福祉水平，而根据地位调整后的福利也是通过简易除法这一方式计算出来的。①

让我们再次假设，人的福祉水平是80，但这次我们想象狗的水平是32。由于人的福祉明显比狗要好，初看起来，平等主义者似乎必须要把这种情形认定为在道德上是无法接受的、我们应该努力去纠正的情形（也许可以通过将资源从人转移到狗那里，使二者的福祉水平更为接近）。但这里同样也没有把道德地位考虑进来，而这是我们在决定特定的分配额度是否会构成道德上某种形式的不平等之

① 瓦伦汀在《事关人鼠》的第426页中，采纳了一个类似的提议，将其当作一种“工作假设”。

前必须要考虑的事情。所以我们需要用简易除法来重新计算。当我们这么做时，我们用每个个体的绝对福祉水平，除以其道德地位，我们发现调整后的福祉水平实际上是相同的。(这个人根据地位调整后的福祉水平仍然是 80/1，也就是 80。狗的福祉水平是 32/0.4，同样也是 80。) 所以在这里，这只狗事实并没有平等主义的诉求。的确，如果我们回到刚才那个例子，也就是狗的绝对福祉水平更高一点，在 36 的时候，我们发现那时候实际上是人而不是狗（因为狗根据地位调整后的福祉水平此时是 36/0.4 = 90，这当然大于人根据地位调整后的福祉水平 80)，才有平等主义的诉求。当然，这些都意味着说，通过适当地将道德地位的差异考虑进来，我们可以再次将分配权利延伸到动物身上，而不是想当然地认为，我们有义务去减少目前存在于人和动物（或动物与动物）之间的福利差距。

2．优先主义的问题

说了这么多，我希望已经得出了这个合理的论断：经过适当修改（或者说重新阐释）后的各种分配原则可以扩展到动物身上，与此同时还能避免这些原则在一体论的框架下会产生出的不合理的推论。当然，关键是要认识到道德地位有不同的等级，并且要把这些不同的地位考虑进来再去理解分配原则。当我们很好地做到了这一点之后，会发现我们已经认识到，动物与动物之间以及动物与人之间存在着巨大的福利差异，这在道德上未必是有问题的或是令人不适的。一旦考虑到了相关的道德地位存在着差异，动物的分配诉求——尽管一开始看起来非常普遍和紧迫——也许实际上会变得微乎其微或者不复存在了。

上一节简单介绍了几种有前景的方法，这些方法将等级论引入一些常见的分配原则当中。但是我不想说详细讨论这些提议的细节是无关紧要的。而且至少在某些情况下，我认为可以公允地说，棘手的问题仍然没有得到解决。结果有可能是，任何一个特定原则的恰当版本，都会发展为与我们刚刚考虑过的情形大相径庭。虽然我相信一个恰当的道德理论将是等级论的，同时我也相信扩展我们的各种道德原则——不仅是分配原则，还有一些其他原则——以便将等级论考虑在内的方法最终会变成一项艰难而复杂的任务。毕竟，对于任何一个特定的道德原则而言，弄清楚其中的细节几乎总是令人困惑而且难以捉摸；我当然没有理由认为，当这些细节碰巧是与动物及其道德地位相关时，问题的难度就会变得有所下降。

由于我确实认为，认识到将伦理学扩展到动物身上这项任务，要比我们起初预估的更复杂是很重要的，我想在这里简单提及我在上一节里讲到的一个提议所引发的几个问题。不过，回想一下，本书的目的绝不是要为动物伦理给出一套完整的解释，我们只是要去说明等级论的重要性。因此在提及这些问题之后，我就不打算尝试去解决这些问题了。这些是其他场合的工作。我也不会止步于指出其他原则所对应的困难。一个简单的举例说明就足够了。①

现在我们来仔细看看优先原则。我注意到了这种说法有其合理性：想要知道增加一个单位的福利之后谁的福祉会更重要，我们要关注的不是福祉的绝对水平，而是根据受益者的道德地位调整后的

① 瓦伦汀在《事关人鼠》中，对根据地位调整分配原则的几种不同的提议作出了批判性的考察。

水平；同时我也建议，我们可以通过简易除法——用某个个体的绝对福祉水平（用合适的数字来表示）除以其道德地位——来得出一个恰当的、根据地位调整后的福祉水平。

这种方法为许多事案提供了合理的答案。说得更具体点，只要相关的福祉水平都是正的，并且不要太趋近于零，那就会给出合理的答案。遗憾的是，如果这些条件当中的某一个或另一个无法得到满足，那么简易除法很快就会导致令人不安或完全不可接受的结果。

例如，考虑一个涉及福祉水平为负的例子（在这种情况下，他的生活处境甚至还不如从未活在世上）。跟之前一样，设想人的地位是 1，狗的地位是 0.4，并且设想两者都处于福祉水平同样为负的情形，比如 −10。将这个绝对福祉水平分别除以他们各自的地位，我们发现狗根据地位调整后的福祉水平是 −10/0.4，也就是 −25；而人根据地位调整后的福祉水平是 −10/1，也就是 −10。因此按照我们讨论过的方法，根据地位调整后的福祉水平是用简易除法来计算的，狗根据地位调整后的福祉水平会变得更低。这意味着如果我们可以为两者当中的任何一个（但只能是其中一个）提供几个单位的福祉时，那么狗应该有优先权。然而从直觉上看，这个答案是错误的。考虑到人和狗相比，人的地位要更高，而且两者都处于相同的绝对福祉水平，从优先主义的角度看，人而不是狗应该有更强的分配诉求。

更糟糕的是，假设狗的绝对福祉水平是 −10，而人的水平是 −15。这种情况下更加凸显出恰当版本的优先主义认为我们应当优先去帮助人的观点，但这个判断同样也与目前正在讨论的那个提议不一致。（狗根据地位调整后的福祉水平依然是 −25，而人是 −15/1，也就是 −15；所以调整后人的福祉水平还是高于狗）。

所以很明显，我们有必要去修改计算调整后的福利水平的方法，以便处理这类涉及福祉水平为负值的例子。简易除法不能被视为在所有情况下都是正确的方法。

对于这种情况，我们可以提出一个合理的建议。直观地讲，当个体的道德地位很低时，其值为负的福祉水平就变得不那么重要。在这种情况下，用这个为负的福祉水平来除以地位就会得到完全相反的结果——个体的地位越低，调整后的福祉水平也就越低。也许这种情况我们应该乘以而不是除以道德地位。① 这会让道德地位较低的个体其值为负的福祉成比例地降低，并为我们所讨论的两个例子给出符合直觉的答案。[比如说，当狗和人的绝对福利水平都是 −10 时，狗调整后的福祉水平是 −10 × 0.4=−4，人调整后的福祉水平是 −10 × 1=−10。由于人的调整后的福祉水平要比狗低，因此他会拥有更强的优先主义诉求。如果这个人的绝对福祉水平是 −15，调整后的福祉水平是 −15（因为 −15 × 1=−15），这当然会让他比狗拥有更强的优先主义诉求。]

遗憾的是，虽然这个修改后的方案有助于解决这两个例子，但它并不能处理一切有问题的事例。比如我们假设狗和人的绝对福祉水平都是零（也就是说，二者的福利水平处于一种既不值得活下去，但也比死了要好的状态）。直觉告诉我们，人应该有更强的优先主义诉求，因为他的地位比狗要高。但是简易除法并不会得出这个答案，因为如果我们将福利的绝对水平除以道德地位，我们会发现狗和人调整后的福利水平是一样的（因为 0/1 和 0/0.4 都等于 0）。如果使用修改后的方案（用乘法而不是除法）来尝试解决这个问题，同样也

① 瓦伦汀注意到对为负的福利水平采纳简易除法的问题，并建议作出这种修正（“Of Mice and Men”, p. 426, note 14）。

行不通，因为这样也会得出人和狗调整后的福利水平是相同的结论（因为绝对水平为 0 同样也会得出调整后的水平为 0，无论我们是用 0 乘以 1 还是乘以 0.4）。

很显然，如果我们的优先主义原则能够恰当地处理这类例子，那么我们就需要再次修改这里的计算方法。但是怎样修改才合适，这一点却很不明显。

考虑到有的动物可能会经常处于福利为零的状态，如何处理福利水平为零的问题就变得尤为紧迫。（毕竟，最高福利水平很低的动物很可能经常徘徊在零福利的水平上，因为它们甚至不需要多少坏运气就会被置于福利为零甚至更低的福利水平。）但是，即使我们把人的福利水平限定在正值的情况下，当我们与那些生活水平下限非常低的动物联系在一起时，问题依然会出现。

想象有个动物的福祉水平，只相当于人类福祉水平的很小一部分——可能是人类福祉水平的万分之一甚至更少。如果像我们假定的那样，在合适的福利尺度上，一个过着美好生活的人福利水平是 100，那么我们现在想象的是一个福利水平只有 0.01 甚至更少的动物。这会是哪种动物呢？也许是苍蝇。我们假定一只苍蝇的福祉水平达到了 0.01，但也不会比这更高。事实上，与人类相比，我怀疑这过于慷慨地预估了苍蝇所能达到的生活质量①，但是为了具体起见，让我们假设一只苍蝇确实可以达到 0.01 的水平。（如果你觉得昆虫完全不具备道德身份，那么你可以用其他你认为拥有道德身份并且最高福祉水平是 0.01 的动物来替代苍蝇。如果你同意我的观点，认为有些动物——可能是苍蝇，也可能是其他动物——的最大福祉

① 人类的平均寿命约为 79 岁，即 28000 多天。除以 1 万之后依然超过 2.8 天。如果你像我一样，不愿放弃作为人的哪怕是一天的生命而去做一只苍蝇，那么你就会同意一只苍蝇在一生中所得到的福利，还不到人一生中所能得到的福利的万分之一。

水平会比 0.01 更低，那么请注意使用更低的福祉水平只会强化我接下来的论证。)

接下来，我们问问自己，像这样的生物可能会有什么样的地位。任何一个生物若所能获得的福祉极其有限，其心理能力在精巧程度和复杂性上大概也会受到相应的限制。因此，如果像我所说的那样，个体的地位在很大程度上与其心理能力水平成正比，那么我们这里谈论的生物相应地也只有较低的地位。因此，如果我们继续将人的道德地位设置为 1，那么相比之下苍蝇的地位将会变成 0.0001。

最后，假设苍蝇与其所能达到的最大福祉水平相比只差了**很少**一点点。它并没有达到福祉的上限，也许只比上限少了千分之五个福祉单位——一个几乎可以忽略不计的差别。然后现在我们把这只苍蝇的优先主义诉求与一个**人**的诉求相比较，假设这个人比他所能达到的人类可以拥有的美好生活 100 要差 50 个单位。

给定所有这一切，谁拥有更强的优先主义诉求呢？苍蝇比它所能达到的最大值 0.01 相差 0.005，也就是说，它的绝对福祉水平为 0.005。我们假设苍蝇的道德地位是 0.0001。所以如果我们用简易除法来计算根据地位调整后的福利水平，那么苍蝇调整后福祉是 0.005/0.0001，也就是 50。假设一个人的福祉水平是 51，根据简易除法就会得到根据地位调整后的福祉水平是 51/1，也就是 51。简言之，苍蝇调整后的福祉水平要比人低。

但是想一想这会意味着什么。尽管苍蝇与其所能拥有的最好生活之间的差距可以忽略不计，而仍要远远低于**人类**美好生活的水平，尽管如此，苍蝇却有更大的寻求援助的优先主义诉求！在我看来，这似乎是以简易除法来计算根据地位调整后的福利水平所遇到的又一个让人无法接受的结论。然而在这种情况下，所有的福利水平却都是正的。①

当然，问题出在苍蝇的绝对福祉水平实在是太低了。因此即便我们用苍蝇极低的绝对福祉水平除以苍蝇极低的地位后，所得到的数值（在计算根据地位调整后的福利时）也会变得非常高，尽管如此，我们最终得到的调整后的福利水平依然非常低。因此，如果我们用简易除法来计算根据地位调整后的福利水平的话，与人相比，苍蝇依然拥有巨大的优先主义诉求。但是认为只有当一个人的福祉水平必须低于 50 才能拥有比苍蝇更强的优先主义主张，完全是不合理的想法。所以在这里，简易除法再一次得出令人无法接受的结果。

我几乎不需要指出，我们最初将道德地位敏感性概念引入优先主义原则的原因，正是为了阻断动物因其处于明显很低的福祉水平而拥有更多的优先主义诉求这个想法。但是，现在我们似乎尚未找到以恰当的方式将道德地位考虑进来的方法。可以认为，简易除法为我们提供了一种恰当的方法来计算那些福祉水平相当高的动物根据地位调整后的福利。但正如我们现在看到的那样，它肯定不能为福利水平很低的动物提供合适的计算方法。因此，若要自信地宣称我们找到了一种合适的方法来扩展优先原则，使其适用范围既包括人也包括动物，还有大量的工作要做。

（也许我应该顺便指出，如果道德地位可以为负或为零，那么通过简易除法来计算根据地位调整后的福利的提议，将会引发进一步的困难。但是，由于任何具备道德身份的生物都可以恰当地用一个**正数**来表示其道德地位，我就不再继续解释这里的细节了。）

一种适合用来计算根据地位调整后的福利的方法，将会保留使

① 我把这个论证看作是瓦伦汀在《事关人鼠》第 414—415 页给出的那个论证的一个变体。

用简易除法作为其核心，这当然是可能的。替代方案会认为，我们可能还是需要一种完全不同的方法。如果只是为了清楚地表明找到这种方法的恰当版本也是一项艰巨的任务，那么在此让我简单地提及这样一种替代方案。

有些人会认为，计算谁拥有更强的优先主义诉求的更可取的方法，就是诉诸特定个体可获得的福祉的**范围**。与其考虑某个个体的福祉在绝对意义上是多少，也许我们更应该问一问，原则上他可以获得的福祉水平的可能范围是多少。考虑到地位越高的个体，很可能拥有更高的福祉水平（也可能是更低的下限），通过观察个体的实际福祉水平**相对于**他可能的福祉水平范围的位置，我们实际上产生了一种地位关系相对化的福祉衡量标准。然后我们可以使用这种方法来决定谁拥有更大的优先主义诉求；相对于各自的福祉范围而言，更差的一方所拥有的优先主义诉求就越大。

这里提出的基本观点——用一种范围相对化的方法来计算根据地位调整后的福利——似乎是一种有前景的方法。但在这里我们也必须要承认具体的细节还很模糊，而且很多初始尝试也证明了并不可行。由于我当前的目标只是为了确立这一点，没有别的，因此让我先指出一些初看起来很有吸引力但最终却是不成功的提议。

首先，设想有人建议说，计算某个个体根据地位调整后的福利的正确方法，是看看其距离其福祉水平上限差了多少个单位。可以说，离自己的福祉水平最大值最远的个体，应该享有最大的优先权。

遗憾的是，任何这样简单直接的方法都会产生无法接受的影响。为了说明这一点，让我们假设人类的生活水平范围从最高的 +200 到最低的 −200。（如果像我们假设的那样，人类的美好生活设定为 100，那么这个说法足够合理。）相比之下，我们也可以假设，老鼠的生活水平可能只有 +4 到 −4。接下来想象一下，某个人有着不可思议的好生活，达到了 +192。这与人类可能拥有的最好的生活只差 8 个单位（也许这是比迄今为止任何一个人过得都要好的生活）。再让我们把他与某只老鼠相比，那只老鼠的生活水平是 −3，接近老鼠生活水平的最低值。

直观地说，在这种情况下，根据优先主义的看法，老鼠的情况应该是更差的。事实上，如果动物不被完全排除在优先原则之外的话，那么想必像刚才描述的那种情况——动物不仅在绝对意义上更糟糕，而且在其可获得的范围内接近最底端，过着不值得过的生活，而人却在他的范围内接近最**顶端**——应该是动物有着更强的优先主义诉求。但是，如果我们接受当前的建议，以某一特定个体低于可获得的范围内最高的福祉单位来衡量调整后的福利的话，我们就无法得到上面所说的结果。因为在这个例子中，老鼠的福祉是 −3，仅比最高值（+4）低了 7 个单位，而正如我们注意到的，人的福祉水平比其最高值低 8 个单位。所以在我们称之为"自上而下"的方法中，是人而不是老鼠，拥有更强的优先权。这种说法似乎让人难以置信。①

令人欣慰的是，如果我们不采用"自上而下"的方法，而是采用"自下而上"的方法来计算根据地位调整的福利，就能得出更可靠的立场。根据这种方法，我们看的不是某个个体从他的福利范围顶端往下走了多远，而是要衡量从他的福利范围**底端往上**走了多远。上升幅度较小的个体拥有更大的优先权。把这种方法用在这个例子，可以得出符合直觉的正确的答案——是老鼠而不是人有着更强的优

① 参见 Vallentyne, "Of Mice and Men", p. 416。

先主义诉求，因为老鼠仅从它福利范围的底端（−4）往上走了 1 个单位，而人却从**他的**福利范围底端（−200）不可思议地往上走了 392 个单位。

遗憾的是，自下而上的方法与另一个例子会有冲突。这回让我们设想老鼠的福利水平接近其福利范围的最顶端，比方说达到了 +3.9，而人的福利水平非常接近他福利范围的最底端，是 −190！在这里，我认为合理的优先原则显然会说，现在是人更有优先权，因为老鼠的处境不仅要比那个人的处境更好，而且几乎处于其福利范围的顶端，而人却接近了底端。然而，自下而上的方法无法接纳这个判断，因为此人事实上高出他的福利底端整整 10 个单位，而老鼠只高出**它的**底线 7.9 个单位。如果我们用这种自下而上的方法衡量根据地位调整后的福利水平，就会得出错误的答案，因此我们仍然没有一个可以接受的方案来为某个给定的个体的福利范围作出相对化的衡量。

当然，也许有人会说，我们所发现的问题并不源自对个体福利范围进行相对化这个基本想法，而是源于进一步决定以单位而不是百分比来衡量相对化的距离（无论是往上走还是往下走）。也就是说，也许我们应该去问，哪个个体从其福利范围的最底端往上走所占的**百分比**更小，于是就可以说，那个个体就会有更大的优先主义诉求。

这种方法可以避免我前面提到的两个问题。在第一个例子里，老鼠在 −3，而人在 +192，很明显，老鼠从底端上升的百分比较小：老鼠上升了 12.5%，而人上升了 98%。所以百分比的衡量方法恰如其分地认定老鼠有更大的优先权。在第二个例子里，老鼠在 +3.9，而人在 −190，人从底端上升的百分比较小：人上升了 2.5%，而老鼠上升了 98.75%。所以百分比的衡量方法正确地确认了此人有更大的优先权。就目前来看，百分比的衡量方法还是不错的。

然而，百分比的衡量方法本身也有问题。到目前为止，我们的例子所涉及的福利范围都是“对称的”，也就是说，福利范围的顶端远在零点以上，范围的底端远在零点之下。比如说，我们预设了老鼠的福利范围在 +4 到 −4，人的福利范围在 +200 到 −200。然而不是所有的动物都有这样对称的分布范围。我们很容易相信，有些动物处在零点以上的范围会比在零点以下的范围要大得多——譬如从 +20 到 −5 的范围——而有些动物处在零点**以下**的范围会比在零点以上的范围要大得多。(当然，对于其他一些动物来说，拥有对称的福利范围也是有可能的。) 然而遗憾的是，当百分比的衡量方法应用到这种不对称的范围时，很容易产生无法接受的结果。

假设有一类动物的福利范围是不对称的，处于 +20 到 −80 的区间，而另一类动物的福利范围是对称的，在 +20 到 −20 之间。设想第一个动物处于 −5，第二个动物处于 +8。如果我们用百分比来计算根据地位调整后的福利，我们就要被迫承认，尽管初看起来第二个动物实际上有着更大的优先权获得援助，因为第一个动物从其福利范围的底端上升了 75%，而第二个动物只上升了 70%，但是，从相对化的优先原则角度看，说第一个动物“处境更好”似乎是不可接受的。毕竟，第一种动物的绝对福祉更糟糕，也没有理由认为其道德地位比第二个动物低。事实上，它很可能比第二种动物拥有更高的道德地位(也许它有更复杂的心理能力，这让它更容易遭受严重的痛苦)。既然认为第一种动物而不是第二种动物拥有更大的优先权是合理的，那就证明了百分比的衡量方法也是有缺陷的。所以我们仍然没有一个合适的办法在特定个体的福利范围内把优先权给相对化。

我想明确这一点：在指出试图把优先主义的主张相对化会遇到各种困难时，我不是在说这种方法不可能成功。在对这类观点作出更多的构建和评估之前，任何这样的判断充其量是不成熟的，也是没有根据的。同样，我在论述基于简易除法所存在的问题时，也全然无意就这种基本方法能否成功提供任何建议。也许只要付出足够的努力和聪明才智，就能找出这两种方法中的一种或另一种的恰当版本。或者，在找到一种计算根据地位调整后的福利的合适方法之前，我们可能需要彻底转而寻求其他方向。只是我们尚不知道而已。

我自己主张一种更加有限的观点，即使我们决定将优先主义扩展到涵盖动物而不仅仅局限于人，即使我们同意这样做的唯一可行的方式是找到一个能将道德地位的差异考虑在内的版本，但是仍然有大量工作要去完成。为这个版本的优先主义原则刻画恰当的细节绝非易事。

更宽泛地讲，别的分配原则也是如此。在这一点上，我认为恰当版本的分配原则应该包括动物，而不仅仅是人——正确的方法将不可避免地要适当考虑到道德地位的差异。但是要认识到这一切，并不意味着我们在面对一个特定的分配原则时，就会对应该如何最好地将道德地位考虑在内有着详细的理解。至少就目前而言，正确地扩展我们的分配原则以便涵盖动物，仍然是一个复杂且开放的挑战。

3. 福祉

我已经论证过，为了适当地扩展分配原则，我们需要认识到并非所有具备道德身份的个体，都拥有完全相同的道德地位。然而正如我指出的那样，不是所有人都接受我们所讨论的那些分配原则。有些人认为，在评估一个结果的好处时，我们只需关注在该结果中可以找到的福祉（总）量，至于福祉的分配问题则与结果的价值没有什么直接关系。

对分配原则持怀疑态度的人可能会想，他们是否也有理由接受道德地位的等级论进路。所以，假设我们抛开有关分配的问题，只关注福祉本身的价值。几乎所有人都会同意，在其他条件相同的情况下，如果一个结果包含了更多的福祉，它就是更好的结果。如果地位和福祉的价值之间有关联，那么我们应该如何讨论它们的关联呢？地位在这里也会产生影响吗？或者至少，我们是否同意就福祉的价值自身而言，地位与之无关吗？

当然，那些相信分配重要性的人会认为，福祉的价值并不总是相等的，尽管有的个体拥有更少数量的福祉，但是结果有可能会更好，因为福祉是以一种更合理或更公平的方式分配的。但是我们这里要问的是福祉自身的价值，而不是关于分配的问题。我们想知道的是：道德地位对于福祉的价值本身会有影响吗？

想必无论人们对于地位和分配有什么样的看法，关于**福祉**的价值，人们可能会接受一体论立场。也就是说，人们可能会认为，在评估某一特定的个体的福祉增加能为结果带来多少收益时，我们所谈论的是**谁的**福祉并没有区别。根据这种观点，无论该个体的地位如何，额外增加一个单位的福祉所带来的道德意义都是一样的，它对结果的价值产生的影响是一样的。

但是，或许在这里我们还是应该拒绝一体论。也许福利的增加对结果带来的收益，部分地取决于个体拥有怎样的地位。说得具体点，当福利提供给道德地位较高而不是较低的个体时，也许福利的增加会对结果带来更大的收益。根据这种观点，地位对**福祉**的价值是有影响的。

当然，以这种方式来提出这个问题——追问地位对福祉的价值是否有影响——会稍有争议。那些否认分配原则的重要性，或者那些否认恰当的分配原则必须对地位的差异保持敏感的人，可能甚至一开始就不会承认地位之间有**任何**差异（从而会对福祉的价值产生影响）。因此，我们最好把问题限定于应该谨慎地去问，福祉的价值是否取决于它是**谁的**福祉。尽管如此，阐述了这点之后，我认为如果继续以刚才的方式提出我们的新问题，即地位是否会对福祉的价值产生影响，并不会出现真正的困难。现在读到这里的人都能很好地理解我想提出的问题了。(如果他们对我提出问题的方式感到不舒服，总还可以换成别的合适的提法。)

还有进一步的澄清可能也会有帮助。当我们去问地位是否会对福祉的价值产生影响时，我问的不是地位能否影响到福利为**个体**带来的收益。事实上，我根本不清楚问这样一个问题的意义在哪里。如果你的福利增加了三个单位，那么它就是增加了三个单位。对**你**来说，所增加的福利的内在价值早已确定好了，也就是这个福利数量的多少：福祉增加了三个单位，那么它所带来的收益无非就是**给你**带来了三个单位（的福祉）。因此，如果我们想问福祉的增加对于**那个个体**来说所带来的价值，就没有必要去问（通过增加福祉）所带来的收益的多少是否会随着地位的不同而有变化。

然而，我们要问的并不是给个体带来的利益有多少，而是关于通过任何特定的福祉增加，直接产生的特定**结果**的价值增加了多少。在这一点上，我认为可以去思索一下它是否是固定不变的。几乎所有人都会同意，如果某个个体的福利增加了，（在其他条件相同的情况下）结果就会变得更好——但还是很难说大家都会同意，结果变得更好的**程度**，是完全取决于个体福利增加的程度，还是部分地取决于福祉得到增加的那个个体的地位。换一种稍有不同说法就是，福祉增加了一个单位必然地会给该个体带来一个单位的收益，但是这并不能告诉我们，无论该个体有着怎样的地位，增加了一个单位的福利所产生的**结果**在道德价值上的差异是否总是相同的。至少可以想象，地位在这里会产生影响，个体的地位越高，给定的（福利）变化对结果的价值的影响也就越大。

真是这样的吗？地位会影响福利的价值吗？我自己倾向于是这样认为的。但必须承认，其他人可能没有被说服。

毫不意外，我之所以认为地位对于福利的价值是重要的，部分原因在于当我得出结论认为地位与分配有关联时，我发现地位在其他地方也是重要的。正如我们所看到的，合理地解释分配原则要求我们承认，动物的分配诉求在某些方面弱于人的分配诉求，否则就会形成相似的分配模式。动物的分配诉求是**真实的**，但是由于地位不同，动物的诉求要更弱。但是如果事实的确如此——我相信的确如此——那么我们就有理由认为，同样是作为这种在地位方面的差异，也应该削弱动物在其他方面向我们提出的道德诉求，至少相比人所提出的相应的诉求是应该受到削弱的。特别是，在我看来，认为地位在福利**分配**方面很重要，但在福利本身的道德价值方面却不重要，这种观点是不合理的。恰恰相反，正如动物的分配诉求必须要加以调整以便将其较低的地位考虑在内一样，动物对更多的福利的诉求也应该加以调整。于是在这里，动物的福利诉求也应该是真实的，但是要弱一些。也就是说，当相关个体的地位较低而不是较高时，特定的福利增加在道德上的意义就变小了——它给结果带来的整体收益会变得比较小。

我觉得这是一个相当抽象的论证，但我确实认为它相当有说服力。这可能同样会打动那些同意我的观点的人，他们认为合理的分配应该是分等级的。一旦我们承认了地位在分配问题上的重要性，那么在涉及福利本身的价值时，否认它的重要性不止是有点特设的（*ad hoc*）意味，而且似乎也是不合理的。

当然，对于那些还没有被说服需要在分配中遵循等级论的人来说，这个论证无论有多大的价值，都不会有什么说服力。可以肯定的是，这个论证可能让他们看到，一旦采用等级论的分配进路，将其推广开来也是可行的；但是他们可能仍然认为，从一开始就没有令人信服的理由采用等级论进路。无论怎样，我们仍然想知道，当我们直接思考地位和福利问题本身时会得出什么结论。也就是说，抛开一致性问题不谈，认为地位会影响福利的价值这个想法是合理的吗?

这里有一个例子可以检验你的直觉。假设两个个体都有牙疼，并且同样剧烈，我有足够的止痛药来消除其中某个个体的牙疼，但不能同时用于两个个体。再假设，除非我止住其中一个个体的疼痛，否则他们的疼痛持续时间是一样的。最后，想象两个个体当中的一个是正常的成年人类——也就是人——而另一个个体是一只老鼠。

当然，我在这里想要做的，是描述这样一种情形：两种牙痛的严重程度是一样的，也就是它们对老鼠和人的福祉的影响是一样的。因此，无论我决定帮助谁，所涉及的福祉数量都是一样的。

尽管如此，当我思考这个例子时，我发现自己强烈地倾向于认为，帮助人比帮助老鼠更重要。说得更具体些，在我看来，消除这个人的牙疼所带来的结果，似乎比消除老鼠的牙疼带来的结果要更好。[①] 如果我问自己为什么会是这样，为什么提高这个人而不是这只老鼠的福利会有更大的收益，我的回答是这样的：人是一种比老鼠拥有更高价值的存在者，他更重要，有更高的道德地位——而这种地位的体现方式之一，恰恰是有更强的道德理由去帮助人而不是老鼠。一个人的牙疼得到缓解的世界，比一只老鼠的牙疼得到缓解的世界要更好。

也许你跟我一样也有这样的直觉。这至少为道德地位也很重要这个观点提供了一些支持，也就是说，福利的价值部分地取决于享有福利的个体的地位。结合前面那个抽象的论证，我发现这两个想法结合在一起，能让地位会影响福利的价值这个说法变得相当有说服力。但是同时我也意识到，不是每个人都会被我说服。我承认"一致性"对于那些拒绝接受我关于地位和分配的结论的人来说不会有什么说服力，我现在也必须承认，无疑也会有很多人根本不会同意我关于牙疼的事例的直觉。

此外，即使人们同意我关于这个事例的直觉，也会有理由担心在我构造的这个事例中，两个潜在的福利的增加程度是真正相同的。毕竟，如果这个人的牙疼得不到治疗，他的福利所受到的损失会比老鼠（如果老鼠的牙疼也没有得到治疗）的福利所受到的损失更大，这一点是有争议的。其中一个原因是，人的记忆力要比老鼠的记忆力好很多。一旦老鼠的牙疼劲儿过了，它可能会马上忘记；但是这个人会一直记着他的牙疼——牙疼的时间越长，他对这件事的记忆就越痛苦。因此即使你直觉上认为去帮助人会更好，也可能只是表明，实际上你认为去帮助那个人而不是老鼠，会带来更大的福

① 卡泽在《动物王国》第 91—93 页思考了类似的例子，并且得出了类似的结论。

利提升。在解释为什么我们帮助这个人会带来更好的结果时，地位可能起不到任何作用。（同样，如果只是**预防**牙疼——而不是治疗牙疼——那么就会有这样一种相关的可能性：人会在不舒服的状态中预见到自己未来的疼痛，而老鼠则不会。）

我确实认为关于这个例子的这种担忧是合理的。可以肯定，我们不是特别确信这个牙疼的人比这只牙疼的老鼠有着更多利害攸关的福祉，但这似乎确实是有可能的。当然从另外的角度来看，也有可能老鼠的福利损失会更大。毕竟，人可以想到自己的牙疼总会结束，而老鼠可能只会完全沉浸在疼痛之中，无法通过想象“一切终将结束”来减轻自己的痛苦。[①] 但是无论如何，整体来看，人们可能会难以确定这两种牙疼是否真的涉及了相同数量的福利，或者如果福利的数量不同，人们也不确定哪种牙疼涉及的福利会更大。（事实上，我很难确信我自己真的可以想象这只老鼠的牙疼会和那个人的牙疼一样剧烈。）

因此，构造这个两种牙疼的事例，可能不像起初看起来的那么好。

当然，原则上我们可以通过提供一个不同的例子来解决这个问题，在这个例子中，我们对人和动物具有相同的福祉这一关键主张不会死守不放。但我发现在这一点上不可能有更好的例子。**规定**某些例子涉及相同数量的福祉是很容易的；但当我们实际尝试着把细节讲清楚时，却很难看出我是否真的达成了最初的目标。

因此，在结束本节内容时，我的态度比我所希望的更具试探性。在我看来，当我尽自己最大的努力去想象一个人和一个动物面临着

① 汤姆逊（Thomson）在《权利领域》（*The Realm of Rights*）第 292—293 页中提到了这点。

同样数量的福祉时，我确实发现自己倾向于判断帮助人比帮助动物更好——从道德角度来看，这样做会给结果带来更多的收益。在我看来，考虑到我在分配问题上已经辩护过的观点，这一结论似乎也会得到加强。综上所述，我觉得这些因素加在一起，似乎构成了一个相当有力的例子来证明地位影响福利的价值这个观点。稍后我们会看到在很多地方道德地位是重要的，这个例子因而也将变得更加有力。但是我承认，至少就目前而言，人们可以合理地拒绝接受这个结论。

4. 否定这个观点

我刚刚主张对福祉的价值采用一种等级论的、对地位保持敏感的进路。但有时候有人会认为，这种观点表面上一看就是完全不合理的。人们怎么可能会认为地位会影响**福利**的道德意义呢？毕竟，正如那些质疑的人会指出的那样，“痛苦就是痛苦”[①]。

当然，尽管这个口号朗朗上口，但在这里它并不能真的支持一体论的立场。因为虽然痛苦就是痛苦显然是对的，但是并非所有的痛苦都同样重要。从道德上讲，有些痛苦比其他痛苦更重要。比方说，有些痛苦比其他痛苦持续的时间更长，或者会更强烈。

现在所有人都同意，消除这种意义上（持续时间更长或者更强烈）更加严重的痛苦，会对结果的总体价值有更大的提升。没人会认为消除剧烈的痛苦比消除轻微的痛苦更重要的说法，会因为“疼痛就是疼痛”这一事实而变得不可接受。

① Singer, *Animal Liberation*, p. 20; DeGrazia, *Taking Animals Seriously*, p. 234.

但是很明显，同样正确的是，关于福祉价值的等级论进路，也不会因为“痛苦就是痛苦”这一事实而被认为是不可接受的。问题的关键恰恰在于，道德地位的不同是否会对某一特定疼痛（或快乐，或福祉的其他变化）的道德意义产生影响。如果是的话，那么当然不能简单地诉诸“痛苦就是痛苦”这一无可争议的讲法来说明问题。

实际上，在关于地位是否会影响福祉价值的争论中，坚持认为痛苦就是痛苦，只不过表明你自己碰巧认为地位在这里不会产生区别。这很有趣，但提供不了让我同意你的观点的理由。

当然，我们不应该忽视这样一个事实，即地位对道德意义的影响**方式**，以及它对痛苦的强度和持续时间的影响方式是不同的。比方说，如果痛苦更剧烈，或者持续时间更长，那么它对你的**福利**有更大的影响。正是由于这一事实，它也对特定的结果的价值产生了影响：痛苦的强烈程度影响了福利的**数量**，而福利的数量影响了结果的价值。相比之下，如果地位在这里产生的影响，不是通过改变你的福利而起作用的话；福利上出现一个单位的变化，仍然只是一个单位的福利变化，不管它是谁的福利。尽管如此，如果这里牵涉的是人的福利而不是动物的福利，那么福利上出现一个单位的变化，仍然可能对结果的总体价值产生**更大**的影响。

可以肯定的是，一体论者可能会坚持认为，福利合理地影响结果好坏的**唯一**方式就是**数量**的多寡。如果是这样的话，那么地位就与任何特定的福祉变化的价值无关了。

因为如果地位不会改变福祉的数量——一个福利单位的变化就是一个福利单位的变化，无论它是谁的福利——那么地位就不会影响福利变化的价值。

但是，认为福利影响结果价值的唯一合理的方式就是福利数量的增减，这种想法是不对的。至少任何认同分配原则的人都必须拒绝这种说法。例如，假设你接受了优先原则，根据该原则，某一特定福祉的增加对某一结果总体贡献的大小，取决于将要获得福祉的个体生活处境有多好（或者有多糟糕）。这很明显是在说，某个福祉水平增加所产生的影响，不仅取决于福祉的数量，还取决于福祉的去向。因此当一个结果的价值受到了福利增加的影响时，这可能是受到除了所涉及的福利数量之外的其他特征的影响。当然，与之类似，如果你接受平等主义原则，那么根据该原则，一个结果的价值可能会通过减少不平等而得到提升。如果一个人的生活处境比其他人更差，那么增加他的福利水平会让结果变得更好；而如果一个人的生活处境比其他人好很多，那么增加他的福利则可能会让结果变得更糟糕。因此在这里，福祉的增加所产生的影响同样不仅取决于数量，还取决于所增加的福祉的去向。

当我这样说的时候，我并没有忽略我们目前关注的是福祉本身的价值，而不是分配的重要性。但是，关于分配的思考提醒我们，除了数量之外，福祉还有其他特征，而这些特征可能会对福祉影响结果的好坏起到作用。因此任何认同分配原则的人都必须拒绝这样一种观点，那就是福利**唯一**能对结果的好坏产生影响的特征就是福祉的数量。除了数量之外，福利的分配特征也会产生影响。一旦认识到这一事实，我们同样可以发现，跟**地位**相关的问题也会对结果产生影响。

不可否认，那些拒绝接受分配原则的人，可能会觉得这种思路不像那些愿意接受分配原则的人想象的那么有说服力。但我认为即使在这里，这种思路也不算没有说服力。因为严格来说，问题并不在于某个理论家实际上是否真的相信分配特征会对福利的影响产生作用，而是他们原则上是否会对类似的**可能性**保持开放的态度——或者，反过来，他们认为从某种程度上讲，放弃分配原则是合适的，因为除了所涉及的福祉的数量之外，无法**设想**有什么其他东西会对福利的影响产生作用。只要他们至少愿意去考虑这样一种可能性，即分配特征可能会以这样的方式而变得重要（即使有一天他们最终还是不这样认为），那么他们应该同样愿意去考虑这样一种可能性：地位也会（或者不会）对福利的价值产生影响。

的确，我们很容易感受到这种想法的吸引力，即疼痛的重要性在于它有**多么疼**这一纯粹的事实。疼痛的强度和持续时间能改变疼痛的程度，但是很明显某个个体的地位不能改变疼痛的程度。因此地位——或者道德地位背后的心理能力——很显然对疼痛的严重程度不能产生任何影响。正如有位作者合乎情理地指责的那样：

> 一个人的智力、感知能力以及类似的因素，怎么可能会与**某个特定的疼痛或痛苦的量有多少**扯上关系呢？①

不可否认，这样的言辞有很强的说服力。但重要的是要看到，如果把类似的问题作为论据来反对（比方说）平等的重要性，那么它就不那么令人信服了。如果有人问："一个人的生活处境比另一个人更糟糕这个纯粹的事实，与某个特定的疼痛或痛苦的量是多少有什么关系？"我们完全有理由这样回答，虽然一个人的生活处境比另一个人更糟糕这一事实不会改变既定疼痛的**痛苦**程度，但是它的确会影响到消除或者减少这种痛苦所带来的价值。也就是说，消除

① DeGrazia, *Taking Animals Seriously*, p. 249，强调部分为原文标注。

一个人的痛苦可能会比消除另一个人的痛苦更重要，因为这个人生活得比另一个人**糟糕**得多。但是我们也可以合理地回应作者的指责，指出虽然地位可能不会影响特定疼痛的痛苦程度，但是它也可能影响到消除或者减轻这个疼痛所带来的价值。

实际上，真正的问题在于：某“一点”福利（积极的或消极的）对结果价值的影响，是否仅仅取决于影响到相关福利**量**的那部分福利的特征（例如强度和持续时间），还是说可以部分地取决于福利的其他特征（例如福利在总体分配模式中占据的**位置**，或者这个福利是属于**谁的**）？我想说的是，如果没有支持相反结论的特殊论据，就没有充分的理由假定所有这些进一步的特征——包括地位——一定是不相关的。

然而，也许有人会说，可以通过诉诸**利益的平等考量原则**（在第 2 章第 1 节中已有介绍）来提供这样一个论据。根据这一原则，相似的利益被赋予相同的权重，并以同样的方式来计算。

关于这个原则的典型表述如下：

> 受到行动影响的每个生命的利益都应该被考虑到，并且与任何其他生命的类似利益享有同等的权重。①

这里还有另一种表述：

> 平等的考量，无论是对人还是对动物，都意味着以某种方式对不同个体的相关类似利益给予同等的道德权重。②

---

① Singer, *Animal Liberation*, p. 5.
② DeGrazia, *Taking Animals Seriously*, p. 46.

从接受这一原则，到得出结论认为地位不会影响到福祉的价值，这一步的推理似乎是平常无奇的。事实上，我刚刚引用的两位作者中的第一位，差不多也是这样说的：

> 这个平等原则所蕴含的一个推论是，我们对他人的关切以及我们对他人利益的考量，不应该取决于他们是什么样的人或者可能拥有什么样的能力。①

我认为这意味着（至少部分地意味着），考虑到利益的平等考量原则，地位与福祉的重要性或多或少会自动变得不相关。如果相同的利益被赋予同样的权重，那么是**谁的**福利就不重要了，重要的是福利的**多少**。

当然，这个推论不可能如此平常无奇。因为平等的考量并不要求我们对所有的利益一视同仁——而是指要求我们对那些“相似”（用该原则的第一句话来说）或“在相关方面类似”（用该原则的第二句话来说）的利益一视同仁。

这一点至关重要。正如我们指出的那样，没有人会认为对更剧烈或持续时间更长的疼痛给予更大的权重是不合理的。但这显然不是反对该原则的理由，因为平等考量原则只要求我们对所有与道德相关的相似利益赋予同等的权重——而这些显然是与道德**相关**的差异。所以我们需要问的是：道德地位呢？地位的差异是否也被算作与道德相关的差异？

如果是这样，那么即使一种福祉的增加比另一种相同增幅的福

① Singer, *Animal Liberation*, p. 5.

祉更重要，也没有违反利益的平等考量原则——因为第一种福祉的增加是给了道德地位更高的个体。因为如果地位是重要的，那么这两个个体在增加他们的福祉时，其利益实际上**在与道德相关的方面**并不是类似的，尽管这与起初看起来的相反：例如，第一种利益可能会涉及人的福利，而第二种涉及的是动物的福利。

当然在有些人看来，似乎很显然，要决定两种利益在相关方面是否类似，地位其实并不是关键特征。就我个人而言，我其实不认为这**是**显而易见的。但现在的重点是，这确实是一个**进一步**的主张——而不是从平等考量原则本身得出的。当然你可能已经准备要提出这个进一步的主张——坚持认为地位与任何特定的利益的道德意义无关——但是这样做已经**预设**了（或者说构成了）对等级论的否定。诉诸平等的考量，并不能为拒绝地位的重要性提供**独立的**支持。

至少我们按照我对这个原则的解释，只要求我们对在所有道德相关特征方面相似的利益给予同等的权重，那么我们会发现自己处于上述情形。按照这种理解，这一原则在哪些特征可被视为与道德相关的问题上，没有为我们提供任何指导。因此，平等考量原则尤其不能用来论证地位与福利无关。

但是，该原则的另一种解释似乎更适合用来完成这项工作。也许该原则可以被理解为要求我们对任何两个相似的利益只是**作为利益**给予同等的权重——也就是说，相似的利益指的是，对个体福利产生影响的那些特征是相似的。用这第二种方式来解释，这个原则还是会告诉我们，如果两种利益在相关方面相似，它们必须被给予相同的权重，但它进一步指明了相关方面的相似性或不相似性，仅仅是指那些如果利益得到满足（或受到挫败）的情况下，对特定个体的福利会产生哪些影响。简言之，如果两个利益对福祉产生了相同的影响，那么它们应该被赋予同等的权重。

用第二种方式来理解，利益的平等考量原则确实足以否定地位影响福利的价值这个观点。在决定去提升谁的福祉时，我们只需要问在每种情况下有多少福利会受到影响；至于这个福利给了谁则无关紧要。正如一位作者在对该原则的第二个表述中所说的那样：

> 如果人类和蜥蜴因死亡而遭受的损失一样多，那么二者在道德相关性上就有相似的生命利益，因而理应有着同样的道德权重。①

当然，这绝不是说蜥蜴真的像（正常）人类一样，会因死亡而遭受同样的损失。这种情况大概永远不会发生。但这只是以夸张的手法表达了地位与福利无关。重要的只是福祉的**数量**多少，而不是福祉归谁所有；所谓人类（或者人）比蜥蜴具有更高的道德地位的说法，纯属无稽之谈。

毫无疑问，有些人想用第二种理解方式来解释平等考量原则，以此论证地位与福祉的价值是无关的。然而遗憾的是，如此解释该原则无非只是窃题论题。这与用**第一种**理解方式来解释该原则形成了鲜明的对比，因为似乎不可否认，如果两种利益在道德上相关的**所有**方面都是相同的，那么它们必须被赋予相同的权重。但是，如果我们在理解这一原则的基础上，进一步假设只有那些对福祉数量产生影响的利益才会产生道德上相关的差异——毕竟，这正是第二种解释所做的——那么，要接受这一原则，首先必须确定除了福利

① DeGrazia, *Taking Animals Seriously*, p. 233.

的数量会对福利产生影响之外，没有任何其他因素会影响到某个特定利益的道德意义。而这一点当然正是我们此时要争论的问题。任何赞同地位会影响福利价值这个观点的人，都不会愿意接受第二种理解方式的平等考量原则。如此理解这个原则意味着在提出这个原则时，与其说是在反驳地位与福利有相关性，不如说是赤裸裸地**断言**地位与福利不相关。因此在这里，这个原则也不能为拒绝等级论提供独立的支持。

的确，值得注意的是，任何赞同我们的分配原则的人都不能接受对该原则的第二种解释。因为，在我们的道德考量中，如果对福利产生同样影响的利益必须被给予同样的权重，那么去追问是否应当将特定的福利给予处境更差的个体，与这个设定肯定就不相关了。我们不能合理地认为，给处境较差的个体增加了福利，会比给处境较好的个体增加了福利带来更多的收益。然而，这正是任何接受平等主义的人，在评估特定的福祉增长在哪些方面会带来最大的收益时所要考虑的相关因素。因此，尽管名称相似，任何接受平等主义分配原则的人，都必须拒绝以第二种方式来理解利益的平等考量原则。

同样，任何接受道德与应得有着相关性的人，也必须拒绝以这样的方式来理解平等考量原则。因为有的时候，在选择增加谁的福利时，不仅要问增加的福利有多大，而且要问某个个体是否比另一个个体更**值得**增加福利——尽管应得问题可能与所涉及的福利**数量**无关。当然，对于那些接受优先主义的人来说，类似的情况也适用：在决定某项福利的增加分配到谁的头上会带来最大的收益时，重要的是要问获得这些福利的个体生活处境有多**糟糕**，而不只是看看有多少福利。因此，如果用第二种方式来理解利益的平等考量原则的话，那些对优先主义感兴趣的人也必须拒绝它。

总之，如果用第二种方式解释平等考量原则，那么它的适用范围就会狭窄到令人无法接受。当然，相比之下，在第一种解释中，像是某个个体的处境是否比其他个体更好或更差（或者他们是否值得增加福祉，或者他们绝对意义上的生活处境是否糟糕）这样的特征，可以算作某个特定的利益在道德上的相关的特征。这是我们倾向于**第一种**解释的一个很明显的理由：它以恰当的方式告诉我们要以相似的方式对待与道德相关的利益，不过它没有不合理地将相关特征的集合限定在那些影响福祉数量的特征当中。

但是正如我们已经指出的那样，如果我们确实以第一种更宽泛的方式来解释这个原则，我们就不再有任何独立的理由坚持认为地位不能成为与道德相关的特征之一。人们可以在接受利益的平等考量原则的同时，仍然坚持认为，当获得福利增加的个体地位更高时，所增加的福利会更重要。（我可以顺便补充一下，正是因为这种可能性，我在第 2 章第 1 节和第 4 节中才没有从接受利益的平等考量原则的角度来定义一体论。正如我们现在看到的，即使是那些反对一体论的人，也可以根据那种更为合理的解释接受这一原则。）

于是，基本的结论就是这样。地位很可能会影响到福利的价值。认为地位会影响福利价值的论证可能不是决定性的（尽管这些论证的确能说服我），但是至少不能立即否定这种可能性。

5．根据地位调整过的福祉价值

假设你同意我的观点，认为给予某个个体的福利对结果价值的影响，取决于该个体的道德地位。在评估结果的价值时，即使我们只关注福利本身产生的影响（也就是撇开分配特征不谈），我们也需要把道德地位考虑进来。这意味着仅仅衡量福祉的**数量**是不够的，因为数量的价值会随着福祉属于不同的个体而变化。因此，实际上我们需要的是另一种**根据道德地位调整过的**福利衡量标准。

这种衡量标准会是怎样的呢？我们需要对所涉及的福利数量适当地打折——折扣越大，该个体的道德地位就越低。毫无疑问，有很多方法可以实现这一点。但是我能想到的最简单的方法，就是将福利的数量乘以一个适当的分数，这个分数对于动物来说要比人低，对于某些动物来说要比其他动物更低。

由于这个乘数要与道德地位成比例，那么我们最好就用之前在讲把优先主义加以延伸时（见第 4 章第 1 节）同样的那些数字来表示地位。当时我们任意规定了（人类）人的地位值是 1，我们设想将这个值的适当比例分配给不同的动物。当然，我不打算计算出具体的相关数值，但是为了便于说明，我认为狗的地位大概可以设为 0.3 或 0.4，老鼠的地位大概是 0.02 或 0.03。（随后我把苍蝇的地位设为 0.0001。）这样一来，为了确定福利的价值，我想我们可以用福祉的绝对水平或福祉的量，乘以（用数值表示的）道德地位，我们将这种方法称为简易乘法（simple multiplication）。

比如说，我们设想两个动物的福祉水平绝对值都是 20。如果两者当中的一个——我们设想那是一只狗——地位值是 0.3，而另一个——也许是一只兔子——地位值是 0.1。那么虽然两者有着同样**数量**的福利，但从道德的角度看，它们所**拥有**的福利的价值是不同的。因为狗的地位是兔子的三倍（0.3 对比 0.1），狗的每个单位的福祉所具有的价值是兔子的三倍。同样，如果我们有机会让两者当中的任何一个动物的福利增加 5 个单位，那么选择帮助狗所带来的好处将是帮助兔子的三倍。

如果我们接受了简易乘法，那么有时候给地位较高的动物带来较小的福利增长，会比给地位较低的动物带来较大的福利增长能够带来更多的收益。因此，比如说给狗增加 2 个单位的福利，要比给兔子增加 5 个单位的福利更有价值（因为 0.3 × 2 = 0.6，大于 0.1 × 5 = 0.5）。另一方面，简易乘法当然不意味着福利的增加应该**总是**给予地位最高的个体。即使我们继续只关注福利本身的价值（也就是先不考虑分配问题），对于地位较低的动物来说，足够大的福利增长可能比给予地位较高的动物足够小的福利增长所带来的收益更大。因此，如果我们可以给狗 1 个单位的额外福祉，或者给兔子 5 个单位的额外福祉，那么帮助兔子将会产生更多的好处，哪怕狗的道德地位更高（因为 0.1 × 5 = 0.5，大于 0.3 × 1 = 0.3）。关键的想法仍然是这样的：在其他条件相同的情况下，某个特定个体的地位越高，该个体在特定单位的福利中所获得的价值就越大。简易乘法可以轻松地接纳这个想法。

然而，这个时候有个问题会随之而来。在寻找一种合适的方法来调整福利以确定优先主义原则下的优先权时，我建议使用简易除法。（当然，我也注意到了这个方法的困难，但这些问题与我即将提出的问题无关。）然而，在这里，在寻找调整福利的合适方法时，我建议改用为简易乘法。如何解释这个区别呢？为什么一种情况下要乘以地位，而另一种情况下要除以地位呢？

答案在于，这两种情况下，对于地位的恰当的考虑方式是不同的。用地位关系相对化的解释（status-relativized account）来理解福祉的价值，其背后的直觉是，某个个体的地位越低，他的福利价值就越低。因此为了计算福利的价值，我们必须调整福利的绝对水平

(或福利的数量)，将其适当地**降低**——个体的地位越低，降低的福利数量越大。当然，这正是通过乘法实现的（因为乘以 1 的分数会导致乘积的减少)。在寻找优先主义原则的地位关系相对化版本时，类似的直觉也在起作用：个体的地位越低，其福利产生的优先主义诉求就越小。但是，由于优先主义原则给予那些福利**较低**的个体以更大的权利诉求，该原则的恰当相对化的版本必须调整福利的绝对水平，从而让地位较低的个体**提升**而不是降低该个体的福利。当然，这正是除法所能实现的（因为除以 1 的分数就等于乘以这个分数的**倒数**——结果便是个体的地位越低，提升的福利数量就越大)。

因此在这两种情况下，基本思路是相同的：无论如何，地位较低的个体重要性就会比较小。只是，同样的想法在不同的情况下，需要采取不同的数学运算。

我们不妨暂停一下，指出简易乘法并不会与困扰着简易除法的特定问题相冲突（见第 4 章第 2 节)。例如，如果我们把福利水平从正值移到负值，仍然可以得到直观上可信的结果。打个比方，如果狗和兔子都是 −20，而不是 +20，通过简易乘法就能得出恰当的等级论结论，也就是狗的痛苦比兔子的痛苦更能降低结果的价值。[狗的根据地位调整后的福利为 0.3 × (−20) = −6，低于兔子的 0.1 × (−20) = −2。] 同样，如果二者都处于福祉的零点，那么似乎可以直观地表明，两个动物的中性福利水平，既不会增加结果的价值，也不会减少结果的价值（当然，这里不考虑任何可能出现的充足主义主张)，这种直观的结果在简易乘法中可以保留。(由于 0.3 × 0=0，0.1 × 0=0，狗的根据地位调整后的福利与兔子一样为 0。）最后，如果福利水平是正的，但是无限趋近于零，也不会出现特别的问题。(回想一下福祉值为 0.0005 的苍蝇。如果苍蝇的地位是 0.0001，那么用简易乘法得出的结果是，根据地位调整后的福利水平仅为0.0000005！客观地说，这对结果增加的价值微乎其微。）

当然，在指出这些相对优势时，我并不是说简易乘法就没有它自身的问题。在更仔细地考察这个提议之前，我认为我们还没有足够的自信说它没有问题。我甚至也无意宣称这是用来计算根据地位调整后的福利水平的**最佳**方法。也许存在着一些别的更好的方法；我们只是还不知道那是什么方法。我提出了这个方法，只是想展示用一种地位关系相对化的方法来衡量福利的价值可能会是怎样的。这很值得去做，即使进一步的思考可能最终会得出与一开始相当不同的方法。由于地位可能会影响福利价值是一个陌生的想法——通常会被从事动物伦理学工作的人所抛弃——而值得承认的一个事实是，虽然细节问题可能很难解决，但至少在原则上，我们无需把这个想法搞得特别复杂。

最后说一点。从广义上讲，在思考福祉的道德意义时，我们至少可以采用两种不同的方式。我们可以谈论福利的价值，以及福祉是如何增加**结果的价值**的（或者在福祉为负的情况下，是如何减少结果的价值的）。我认为这是一种思考这些问题的恰当方式。但是其他人可能更倾向于从**个体可以提出**增加或者维持其福利的**诉求**来思考这些问题。这些人的关注点不在于结果本身的价值，而在于个体及其对福利的诉求（以及我们因此必须增加或维持福利的理由）。大家应该注意到，我偶尔也会采用第二种方式的措辞，因为我认为这两种讨论方式之间的区别更多是表面上的而非真实的。（当讨论分配问题时，我更强调第二种而非第一种说法。）但其他人可能不会同意，有些人可能认为，我如此频繁地谈论福利的价值，或者福利对特定结果带来的收益，充其量只是无益之举。

因此，任何有此意愿的人，都可以用他们认为更合适的语言重新表达上述这些讨论。但我希望下面这点是明确的：无论我们选择以第一种方式还是第二种方式来讨论这些问题，关于地位与福利的问题都会出现。无论我们倾向于以何种方式讨论这个问题，我们必须对地位可能会影响福祉的道德意义保持开放的态度。

第 5 章　地位

1. 地位的基础

如果人比动物有着更高的道德地位，那么这大概是由于人具有动物所缺乏的或程度上较低的某些特征。同样，如果某些动物比其他动物有着更高的道德地位，那么前者也必须具有后者所缺乏的某些特征，或者后者只在较低的程度上拥有这些特征。

这类特征可能是什么呢？一个完整的道德地位理论，需要为这个问题提供一个完备而令人满意的解答。我不打算在这里开展这项工作。但是我认为有一点很清楚：并不是所有的特征都会对地位产生影响。比如说，直觉上我们会认为，身高、体形或体重很显然与个体的地位没有关系。同样，体力、速度或者声音也无关紧要，就像头发的颜色一样——或者就头发而言，有没有头发也与地位无关。

那么，什么样的特征才会对地位产生影响呢？想想人与熊，或者猪与鱼之间的区别。当我们发现自己直觉上倾向于赋予人有着比熊更高的道德地位，或者赋予猪有着比鱼更高的道德地位时，我们对此有何反应？正如我提到过的那样，这里的相关特征似乎是心理特征。更确切地说，我们似乎会对**心理能力**的差异作出响应。当然，经过更仔细的思考我们可能会发现，心理能力也不是地位差异的全部；可能还有其他特征也会对个体的道德地位产生影响。事实上，我认为的确是这样的。但是心理能力肯定是对道德地位产生影响的核心因素。人有各种各样的心理能力——包括认知能力和情感能力——这些能力要么是熊所缺乏的，要么是熊在较低的程度上所拥有的。同样的道理也适用于猪跟鱼之间，或者鱼跟蜜蜂之间的比较。很明显，这些能力上的差异，在很大程度上解释了为什么人比动物有着更高的道德地位，以及为什么动物之间也有类似的地位差异。

关于这种**能力**，可能需要作些简单的解释。至少从直觉上来讲，某个个体的地位似乎并不取决于他碰巧有什么样的想法或者怎样的情绪。相反，地位似乎更多地取决于个体一般性的思维和情感**能力**。个体的地位不会随着特定的思想和情绪的出现或消失而起伏不定；并不是说，一个处在无梦睡眠中的人的道德地位不会比一只熟睡的老鼠高。关键是人**能够**产生想法或者感受各种情感，而动物却做不到（或达不到类似的复杂程度）。同样，譬如对于狼而言，关键是狼的心理能力超过了鱼或虫的心理能力。

（请注意，某个个体仅仅可以拥有某种能力的事实，与他**已经拥有**这种能力是不同的。具备获得能力的**潜能**是否对道德地位产生影响，这个问题我们后面会去讨论。）

直观地说，我们的想法是这样的。心理能力奠定了个体的地位。而地位的不同，恰恰是因为这些能力在复杂性和精巧程度方面似乎各不相同。也就是说，某些种类的动物有着比其他动物更复杂的思维能力，或者能够体验更深厚和更精巧的情感反应。至少，大致说来，当动物拥有了一种类型的高级心理能力后，动物其他类型的心理能力也会更高级。如果这种说法是对的，那么我们就可以给动物划分等级，赋予那些能力上更高级的动物以更高的道德地位。(当然，更准确地说，我们在这里做的只是通过他们所拥有的更高级的能力，来**识别**出他们已经拥有的更高的地位。) 鉴于人拥有我们所熟悉的最高级最发达的那些心理能力，我们最终有了这样一个系统，在该系统中，一些动物的道德地位高于其他动物，而人的道德地位还要更高。因此，从这个等级系统当中挑选出几类成员，我们会看到，人的道德地位比猫要高，而猫的道德地位高于鲑鱼，鲑鱼的道德地位又高于蝴蝶。

当然，跟以往一样，我们关于一类动物与其他动物相比较得出的地位排序所作的任何特定的判断，都将根据实证科学的进一步发展而得以修正。我们很有可能会发现，我们或许高估或者低估了某类动物的心理能力。所以毫不意外，任何这样的排序都还只是试探性的（也许还有点粗糙)。但至少在原则上，我们可以得到一个有依据的排序，它会随着科学揭示出动物心理更多的细节而获得改进。

尽管如此，我没有打算在这里给出这样一个排序。由于我对动物的能力——包括已经得到科学证实的能力——知之甚少，所以如果要我尝试给出一个具体的排序是毫无价值的。这个任务必须留给其他人去做。所以在下文中，我将继续（就像我迄今为止所做的那样）将自己的讨论范围，限定于举出一些能力差异既鲜明又（我希望）无可争议的例子。我不会试着去判断马的地位是不是比斑马高；取而代之的是，我会把马或斑马，与昆虫或者鱼进行比较。

然而，即使缺乏翔实的排序，这里有个潜在的复杂因素需要留意。这本书写到这里，大家总觉得可以按照单一的维度来对地位进行排序——就像我一直说的那样——直接谈论“更高”或“更低”的地位是讲得通的。同样的想法在之前的提议中也是有的，我们会用数字来表示地位，比如人的地位是 1，而动物的地位是这个数字的几分之一。如果心理能力是一个整体，这种想法便是讲得通的，从而对于某种能力而言，具备该能力的高级形态的动物，往往在其他能力上也会有高级的形态。

不过可以想象实际情况要复杂得多。有些动物可能某方面能力更高，但其他方面的能力就没这么高了。当然，原则上讲，这不妨碍我们可以用某个数值来表示动物的地位。比方说，也许这种动物所具有的地位值反映了不同能力水平的平均值。但也有可能是，某些能力与一组特定的道德诉求有关，而其他方面的能力构成了其他诉求的基础。如果这样的话，那么在某方面能力较高但在其他方面能力较低的生物，将会在前一种诉求中有着相对较高的道德地位，而在第二种诉求中只具备较低的道德地位。

如果事实类似于这种情况，那么根据单一的维度对地位进行排序可能就不合适了（或者它充其量只能作为对事实的粗略估计）。例如，A 类动物和 B 类动物不能用单一的尺度来排序，就好像这两种动物中的一种必须比另一种具有更高的道德地位（或者具有完全相同的地位）。相反，我们可能只能这样说：就规范性特征 x、y、z 而言，A 类动物地位更高，就规范性特征 p、q、r 而言，B 类动物的地位更高。

如果相关的心理能力可以这样“分开来”讨论，从而导致道德地位的碎片化，那么我们可能需要用有序对或 n 元有序组，来代替用单个数字表示道德地位。我们不能说某种动物的地位，比方说是

0.4——这意味着其整体地位是0.4——也许我们能想到的最好的说法是，某种动物的地位，比方说是（0.2，0.4），这意味着其在第一组规范性特征方面的地位是0.2，而在第二组规范性特征方面的地位是0.4。

的确，根据相关的基本心理能力彼此独立变化的程度，以及因此而导致的相关的规范性特征变化的程度，我们可能需要用一种更复杂的方式来表示地位，有三个或者更多的位置，每个位置都表示了某个个体在某个狭窄的规范性特征范围内的地位。独立变量越多，n元组中用来充分表示道德地位所需的位置就越多。(在最极端的情况下，结果很可能是我们需要为每个规范性特征指派一个单独的计分，这些特征会随着个体地位的不同而不同。)

在我看来，这是一种让地位排序问题变得融贯的可能性。至少在原则上，认为地位可以用单一维度的数值来充分表示也许是错误的。尽管如此，在注意到了这种可能性之后，我打算将其搁置一旁暂且不谈。毕竟，在决定采用这种多维方法来处理道德地位的问题之前，我们首先需要弄清楚几个棘手的问题。我们需要知道哪些规范性特征会随着个体地位的不同而不同。我们需要确定哪些特定的心理能力（或一组能力），为个体对每一种规范性特征的诉求提供了依据。最后我们还需要确定，哪些相关的心理能力确实可以彼此独立地变化，而且变化的程度相当大。但我要明确指出，我们对上述任何一点的了解都还远远不够——更不用说对所有这三点都有了解——所以我们还无法证明确实需要用到这种更为复杂的方式来表示地位。因此，虽说总有一天我们可能会得出结论说，地位被理解为沿着某个单一维度来排序是一种过于简化的想法，但至少就目前而言，我认为我们有理由使用这种更简单的模型。

还有第二个潜在的问题也值得注意。我说过地位取决于心理能力，因此与那些完全缺乏相关能力或者只拥有比较简单或比较低级形式的能力的个体相比，拥有这些能力的更高级和更复杂的形式，可以提升某个个体的道德地位。根据这种图景，事实上相关能力的作用就是**提升**个体的地位，尽管提升的程度因能力水平和复杂程度而异。相对于更高水平的能力，较低水平的能力对道德地位的提升幅度要小一些，但从绝对意义上讲，某个个体的能力永远不会**降低**其地位。从这个意义说，产生地位的特征都是正向的。

然而原则上讲，某个个体的地位也可能部分地由其他一些特征所决定，这些特征实际上会降低该个体的地位（而不仅仅是没有或只是稍微提升了地位）。第二种特征是稳固**为负的**。可以想象，哪怕类似这样的特征也会出现不同程度的变化，负特征的“高级”版本会比“低级”版本更能降低某个个体的地位（而完全缺乏负特征则不会影响个体的地位）。如果这样的负特征是存在的，那么某个个体的整体道德地位，可能是他所拥有的正特征（如果有的话）和负特征（如果有的话）的共同作用。

这反过来又会增加这样一种可能性，有些个体的道德地位总体上是为负的，而不是为正的。这就会偏离我们所描绘的图景，因为到目前为止，我一直假定（尽管很大程度上是以隐含的方式）每个个体的地位都可以恰当地用一个正数来表示。这个想法大致是说，例如我们建议用 1 来表示人的地位，然后为地位较低的动物分配较小的数值，也就是这个数值的几分之一。道德地位最低的动物可以用接近于零的数值来表示其地位——回想一下苍蝇的地位是 0.0001——尽管原则上地位可以**接近于零**，我还是假定所有的地位都是正数。

但是，如果有一些特征可以降低个体的地位，而不仅仅是不能提升地位，那么情况很可能会是，一些动物有着足够多的可以产生地位为负的特征（在适当的“高级”形态中），其最终的地位，可能会用一个负数而非正数来恰当地表示。

如果真的有这样的动物，那么我们对于它们的责任，将是对我们通常对人和其他动物的责任的一个有趣的反转。例如，我们不再认为增加它们的福利会提升结果的价值，而是认为在其他条件相同的情况下，增加福利实际上降低了结果的价值。同样，我们也不能认为这种动物可以过上最低限度的体面生活，因此要确保这种动物的福利达到那个水平。相反，也许我们应该说，必须确保这种动物的福利永远不超过相关水平。我们的其他道德原则也同样需要反转和修改，以便适当地考虑到拥有这种负地位的影响。至少从理论的角度来看，负地位必须被当作一种有吸引力且耐人寻味的可能性。

但是这一点不意味着我们有任何充分的理由去相信，某个个体总体上的道德地位事实上会以这种方式变成负的了。事实上在我看来，没有任何充分的理由认为存在着让地位变成负值的特征。从直觉上讲，无论如何，当我想到那些似乎对道德地位产生影响的各种心理能力时，它们似乎在我们现已确认的意义上都是稳固**为正的**；心理能力可以提升个体的地位，而绝不可能降低个体的地位。我只是发现自己找不到任何心理能力——或者说任何其他特征——让我觉得在相关意义上会是为负的，我自己倾向于判断，只要个体完全缺乏与负地位相关的能力，就会直接产生更高的道德地位。因此，虽然我没有特别的论证来反对这种让地位变负的特征的可能性，但我还是倾向于将这种可能性搁置不谈，因为这种特征似乎根本不存在。

（诚然，地位为负的想法，与道德应得理论当中的某种报应主义观点有着惊人的相似之处，根据这种观点，一个足够恶毒的人遭受痛苦或受到惩罚可能是件好事。我倾向于认为，即使在这里，此人的**道德地位**仍然是为正的，尽管他眼下应该遭受痛苦。但我不会在这里花时间继续详细探讨这个问题。）

因此，下文中我将继续假定，个体的道德地位，无论多少，都可以用一个正数来恰当地表示。具备最低限度的心理能力的动物，其道德地位可能非常趋近于零——如果我们愿意的话甚至可以说，完全缺乏道德地位的动物，其道德地位为零——且让我们继续假定，任何种类的个体都不会拥有**为负**的道德地位，任何具有道德**身份**的个体，只拥有为正的道德地位。

2．个体主义

讨论到这里，至少在一个重要的方面可能会有误导性。我反复在讲狗或猪或鱼等等这些动物的地位，这显得好像地位是某个个体凭借其物种（或生物学上的其他分类）而拥有的东西。但严格来说，这样想是不对的。我认为，重要的是该个体自身所拥有的能力。也就是说，问题不在于猪这个物种有怎样的能力，无论是从平均水平来讲还是刻板印象告诉我们猪有什么能力，问题在于，这只猪或那只猪，碰巧拥有怎样的能力。某个个体的地位，取决于该个体是否拥有（或者缺乏）相关的特征——因此，就心理能力与地位相关这一点来说，重要的是这个特定的个体所拥有的心理能力。

当然，如果某种动物的所有成员或多或少都具有相同的心理能力（或者更准确地说，具有差不多水平的能力），那么只讨论鳟鱼这个物种的地位，而非某只特定的鳟鱼个体的地位就不成问题。同样，如果更大类别的群体成员拥有相似的相关心理能力水平，那么谈论猪、狼，甚至蛇、鱼或昆虫的地位也不成问题。我假定在大多数情况下，大类动物确实至少在这方面有着大致相同的能力，因此，当我无差别地谈论鱼的地位时，并没有试图区分不同种类的鱼[①]，更没有说要区分出不同的鱼类个体了。就我们的目标而言，我相信之前的讨论不会有任何问题。而且当我说譬如狗比鱼有着更高的道德地位时（因为前者有着更高级的心理能力），实际上已经指出了狗具有一些在道德上重要的能力。这些概述当中，某些地方当然有可能是错的，但由于我提出这个概述主要是为了说明某些一般性的哲学观点，所以如果某些特定的例子需要修改或者替换，大多数情况下都是不成问题的。

尽管如此，严格来说，重要的是特定的个体所具有的特定的能力。这意味着至少在某些情况下，这种笼统地参考动物物种（或更大的群体类别）的做法可能会有严重的误导性。因为我们很容易想象这样一种可能性：在同一个物种当中，某些个体的心理能力与其他同类成员相比有着**显著**的差异。在这种情况下，对特定物种典型成员的概述是无关紧要并且是误导性的；因为真正重要的是特定的个体所拥有的能力。

举个极端的例子，假设在服用了一种神奇的“超级维生素”之后，一只原本正常的金毛猎犬拥有了人格。这并不是说这只狗现在变成了**人**，它仍然是一只狗。但它现在是一只拥有正常成年人类所

① 存在着超过 30000 个不同种类的鱼！参见 Balcombe, What a Fish Knows, p. 11。

具有的全部心理能力和心理水平的狗。除此之外，它还具有理性和自我意识，能够进行抽象思维以及权衡利弊，它能意识到自己有未来，并在细节内容上对自己的未来有所偏好。总之，它具备了人格。在这一点上，如果继续认为这是一只“纯粹”的狗，待之以狗所拥有的道德地位——认为它的地位与普通的狗一样，那么这在道德上则是不恰当的。虽说狗的心理能力比起人而言非常有限，但这个事实与**这只**狗所拥有的地位没有直接关系。重要的是这只特定的狗是有人格的，所以它与其他人类有着相同的道德地位。

当然，任何像这样的例子都是极具空想性的。我们根本不可能研制出这种神奇的药物。从另一个角度来看，这个例子也是极端的，因为从一只普通狗的能力到人的能力是一个巨大的跳跃。但至少可以设想，有时候可能会自然地出现一些不那么极端的情况。也许在某些情况下，适当的基因变异会导致某个动物个体所具有的心理能力，大大超过该物种当中正常成员所具有的心理能力。如果是这样的话，若我们只根据它们各自所属的物种来评估，那么至少有可能这样的动物实际上所拥有的道德地位，比我们通常赋予它们所属的物种的道德地位要更高。这些动物的道德地位等同于其他“心理上的同类”(能力相当的其他动物)，而不是与该物种中的其他成员共享着较低的地位。

我不知道这种我们可以称之为“超级动物”的情况是否真的发生过。但在我看来至少是可以设想的。同样可以设想的是，有些动物可能会往另一个方向偏离其物种的典型特征，也就是说，它们的能力明显远**低于**同类物种通常所具有的能力（或完全缺乏其中某些能力)。事实上，我认为很明显，第二种情况不仅可以设想，而且是实际存在的，大概在相当广泛的物种当中都会出现。因为我们都知道，有各种方式可以导致大脑受损（无论是遗传的、发育的，还是后来的意外），从而出现严重的认知和情感障碍。很不幸，这种情况会发生在某些人身上（所以需要在作为人类的一员与作为有人格的人之间作出区分），我们可以推测它也会发生在其他动物身上。

我也认为，在这里采纳个体主义才是正确的立场。对于心理能力严重受损的动物来说，他们的道德地位比同类的正常成员要低。虽然我稍后会对我要说的这些话加以限定（见第 5 章第 5 节和第 6 章第 3 节），但至少我们大致可以说，当我们讨论严重受损的个体时，他们所拥有的地位不等于同物种的其他个体，而是等同于那些心理上的同类。

从这个角度来看，当我在谈论狗、老鼠、青蛙和鱼这些动物的地位时，我的说法有失精确。严格来说，我的想法应该是心理能力正常的（成年）狗、老鼠、青蛙和鱼。

如果在某些事例中，我在这一点上误导了你，或者你误解了我，那当然是令人遗憾的。尽管我的说法不是特别清楚，但我猜你大概从一开始就意识到了，我所设想的狗、老鼠和鱼，等等，在心理能力上都是正常的。现在澄清了这一点之后，我将继续按照之前的做法，不去提及这些限定条件。除非上下文另有说明，当我谈论某一类动物时，应该理解为我所指的是具有该类动物正常的或典型的心理能力的个体。

然而，严重的心理损伤还会产生一个更加棘手的问题。以一个心理严重受损的人为例。根据大脑损伤的程度，似乎可以想象此人的确只具备极其有限的动物水平的心理能力。诚然，这样的个体仍然是人，但他可能只是黑猩猩或狗的心理同类，甚至比这还要糟糕。因此，如果地位仅仅取决于个体的实际心理能力，那么严重受损的人的道德地位将大大低于我们其他人的地位。这个想法在直觉上令人不安，而且很多人会觉得这是不可接受的。但是，如果地位取决于一个人实际上的心理能力，而这样的人类没有人格（在我们所使用的术语意义上），那么一个遭受足够严重的损伤的人，他的道德地位似乎不可避免地会比你我的道德地位更低。

可以想象，人们可能会对遭受损伤的羊、蜥蜴或鸟类作出类似判断，产生类似的疑虑。也就是说，人们对于遭受损伤的动物的地位低于其物种正常成员这个说法，可能会感到不舒服。不过我觉得，只要有办法避免对严重受损的人作出类似的结论（且理由充分），大多数人经过认真思考后，都会愿意接受这个观点。不出所料，人类的心理受损才会真正给我们造成困扰。

我最终将会给出一个提议，那个提议或许能在一定程度上缓解这种担忧。我认为到目前为止我所描述的立场——根据这种立场，地位完全取决于某个个体的实际能力——只是一个初步的讨论。完整的情况要复杂得多。我自己的看法是，即使是受损的个体，也有一个与其地位相关的**进一步**的特征——所以其实际上所拥有的地位，至少比处于较低水平的心理上的同类要高一些。但我不得不将这一想法放到后面来讨论。关于严重受损的个体的问题，这里还得继续讨论下去。

3. 哪些能力

说到心理能力为地位提供了基础，这并不是说所有这些能力都能作为地位的基础。也许只有特定的一组心理能力才能起到为道德地位奠定基础的作用。如果是这样的话，哪些能力与地位相关呢?

我认为我们还没找到很好的答案来解决这个问题，而且我对于提供一个确切的提议也不是很有信心。尽管在我看来，我们对于哪些能力与地位相关有着相当不错的直观感受，然而对于是什么把这些特征结合在一起给出一个条理清楚的抽象解释，却仍然有些无从下手。

这里我提一个可能算是有希望的建议。我们已经指出，个体的地位与个体所能实现的生命价值之间似乎存在着关联。地位较高的动物比地位较低的动物更有可能拥有更有价值的生活。然而，让个体有可能实现更有价值的生活的一个重要部分，大概是拥有足够高级的相关的心理能力；否则个体就不会渴望、追求、获得和享受那些特定的有益之物（goods）。因此，如果生命因为拥有更多的有益之物，或因这些有益之物更有价值的形式而变得更加富有价值，那就需要更多的心理能力，或者至少是这些心理能力更高级的形态。因此，我们的想法是，正是这些与**福利**相关的能力差异，对于**地位**的确定也是相关的。更高级的能力使得更有价值的生命形式成为可能，能力越高级，基于这些能力而拥有的道德地位就越高。

事实上，沿着这一思路所作的解释，原本仅仅只有相关性的事项——地位越高的动物通常拥有更有价值的生命——通过表明地位和福利的基础是完全同样的一套心理能力，从而消除了巧合的表象。某个个体的地位建立在使其福利成为可能的那些心理能力之上。

在我看来，这样的建议对于确定与个体的地位有关的那些心理能力确实发挥了很好的作用。而且它在直觉上也有一定的吸引力。

不过，我猜想，对这个基本方法作出适当改进的版本，会鼓励我们避免只关注任何特定个体所能获得的生活范围的上限。事实上，尽管在第 4 章第 2 节中的一个括号里提到，某些心理能力事实上也可能使得个体容易受到特别**低的**福利水平的影响；而且至少可以想象，这种能力也会提升个体的地位，即使它们在获得更有价值的**有益之物**方面不会起作用（或没有起到类似的作用）。因此可以说，重要的不是某个个体有能力达到的福利的上限，更确切地说，重要的是某个个体所能获得的各种福利的**类型**，无论那些福利是积极的还是消极的。如果这种观点是对的，那么更准确的说法是，与确定地位相关的那些心理能力，由于它们对于个体福祉有着潜在的影响而具有相关性，无论这种影响是好的**还是**坏的。

另一个可能会对我们有所帮助的改进——或者说澄清——是这样的。在思考那些使得福利成为可能的心理能力时，我们必须避免采纳一种过于狭隘的方法。福利是渴望、追求、获得和享受可能的有益之物（以及避免可能的有害之物）的结果。直观地说，我认为在此过程中的**每个**阶段都起到作用的那些能力，在确定某个个体的道德地位时至少也都起到了某些作用。这是需要记住的重要的一点，我们可以考虑这样一种情况，某个个体缺乏获得或享受某种特定的有益之物所需要的那些心理能力，然而他能够认识到这种匮乏，而且非常渴望自己具备那种（或某些）必要的能力，从而让他自己可以尝试获取他所缺乏的有益之物。在这个例子中，我们可以说该个体"渴望"拥有这种有益之物（即使其意识到自己没有获得这种有益之物的现实机会），以及渴望拥有和享受这种有益之物所需要的各种心理能力。在我看来，拥有这种渴望的能力本身，也可能与确定个体的地位相关。重要的不仅仅是某个个体原则上能够获得那种福利（鉴于他的能力），而是他能够渴望获得那种福利。因此，即使某个个体缺乏获得或享受特定的有益之物所需要的某种或某些心理能力，只要他**渴望**获得他无法拥有的有益之物（或渴望获得和享受这种有益之物所需要的能力），这种渴望能力就在确定该个体的地位时起到了作用。

一个或多或少类似于这样的观点，能否真的可以识别出直觉上在确定个体的道德地位时起到作用的那些心理能力呢？对此我不敢肯定。可以考虑下述这个问题。似乎有理由认为，人比动物有着更高的道德地位的原因之一，就是我们关心且能够关注道德以及道德义务。然而，有些人可能坚持认为，这种能力与福利没有直接关系。诚然，遵守道德可以增进他人的福利；但有些人会声称，遵守道德与实现自己的福利并没有直接关联。如果是这样的话，那么把产生地位的能力与使个体的福利成为可能的能力等同起来的提议，就变得过于狭隘了。

当然，这个问题远非这么简单。回想一下，我的观点是（见第2章第3节），我们基于道德义务来反思并付诸行动的能力，确实是使人的生活总体上比动物的生活更有价值的一种有益之物。除了深厚的人际关系、更复杂和更先进的知识以及更有意义的成就之外，我们出于道德信念而行动的能力，也是一种为我们的生活赋予了特殊价值的有益之物。所以我的想法是，使某个个体具备道德能动性的心理能力，确实是直接促进该个体的福祉的能力之一。如果这一点是对的，那么那种想法——产生地位相关的能力便是那些使某个个体的福利成为可能的能力——最终仍然是合理的。

不过我已指出，并非每个人都接受这种在道德与福祉之间所具有的直接关联，所以有些人会选择寻求某种进一步的或替代性的方法，来识别和确定与道德地位相关的心理能力。因此我需要提及第二个很自然的建议，那就是与地位相关的心理能力是那些决定个体

能动性水平的能力。我已经论证过，许多动物都以某种形式表现出了能动性，但很明显动物之间以及动物与人之间在能动性的复杂程度上是不同的。有些动物只有非常原始的欲望，并且只能对如何根据这些欲望采取行动作出最低限度的选择。其他动物可以拥有更精细和更复杂的偏好，也能够相应地作出更复杂的计划。当然，人是最复杂的行动者，能够进行高度抽象的反思，对各种各样的选择作出详细的评估，并且谨慎地选择根据哪种偏好去行动。由此可见，正是这些能力——使个体特定的形式和水平的能动性得以可能的能力——在确定个体的道德地位方面起到了作用。

显然，第二种思路很大程度上会与第一种思路有重叠，因为更高级的能动性形式也使得更高级的福祉形式成为可能。所以在相当大的程度上，这两种说法很可能会就哪些能力与确定个体的道德地位有关达成一致。但这并不是说这两种思路完全一致。毕竟，虽然有些人否认道德能动性与**福祉**之间有着任何直接的关联，但我认为，很明显我们的道德能动性能力，是我们更为一般的能动性当中的一个核心且重要的方面，因为它调动了我们的规范性反思和自我管控的基本能力。因此，至少有些人可能会发现第二种提议当中的某些能力，在第一种提议中可能就不被考虑在内了。同样，至少有些人在第一种提议中可能会比在第二种提议中更愿意考虑某些能力。不管是哪种情况，一些人可能会发现自己更倾向于其中的一种而非另一种提议。

我的观点是，一个充分的解释将不可避免地会包含这两种想法（当然，人们可以尝试将这两种想法当中的一种纳入另一种的范畴当中）。在我看来，这似乎非常合理，因为这两种说法都是关于道德地位最有希望的说法。毕竟，如果一开始就让某个个体变得重要的相关考虑因素，事实上与确定该个体确切的**地位**有关，我们就不会对此感到惊讶。换言之，鉴于福利和能动性对于思考**谁**是重要的这个问题都很关键，我们有理由认为，两者在决定某个个体的重要性的**程度**时，都起到了——直接或间接的——作用。

尽管如此，我认为，对于确定哪些能力与地位有关，能动性是一个更基本的概念。将道德能动性与地位联系起来思考，其真正的好处在于，事实上它提醒了我们，我们有能力以自身福祉**之外**的其他事物作为追求的目标（尽管我认为，这也是构成我们福利的要素）。我们的地位之所以得以提升，正是因为我们具有这样一种能动性的形式，它使我们能够广泛地追求各种目标，自觉地评估支持和反对每一种根据这些目标来行动的理由，并在我们认识到令人信服的（道德上的或其他的）理由时，能够限制我们的行为，抑制我们最初的一些欲望。即使这些相同的能力，在让我们的生活拥有特定类型的福祉方面最终都发挥了作用，但是我还是会猜测，这些能力能够提升我们地位的最终原因，在于它们在构成我们所拥有的特定类型的能动性方面发挥了作用。

假设我们已经解决了这个问题。当然，我们最终想知道的，不仅是帮助确定个体的道德地位的各种能力有什么共同点（无论这些能力与能动性、福利或其他什么东西之间是否有关联），而是那些相关的能力究竟是什么。因此，一个关于地位基础的完整的理论，大概会列出各种不同的能力，然后指出某个个体会拥有哪些特定的能力，这些能力如何共同决定该个体的地位。遗憾的是，我认为我们尚且无法提供这样的解释；我当然也不打算做这项工作。

我能做的，就是通过对比这些相关的能力在人和动物身上的表现形式，对此稍作更多的说明。当然，我已经说过，人的生命比动物的生命更有价值：我们所拥有的有益之物，要么是动物完全缺乏的，要么在动物那里只是以价值更低的形式存在。我认为，人们之所以能够以这种方式拥有更丰富的生活，是因为我们拥有比动物更高级的能动性类型。因此，请允许我简略提及一些非常一般性的心理能力，这些能力使得我们的生活比动物的生活丰富得多。毫无疑问，更彻底的讨论会注意到其他能力并消除潜在的冗余（与我所列出的能力范围有重叠）。不过没关系，我这里提供的例子主要是为了说明问题，而不是试图做到系统化或者详尽无遗。无论如何，在我看来以下所有能力都在一定程度上解释了为什么我们拥有如此高的道德地位，而为什么动物在这方面的地位较低（虽说一个更系统的解释很可能会把其中的一些能力分解为更基本的要素）。

首先，人在抽象和复杂的思维能力与情感能力方面要发达得多。这几乎体现在我们生活中的方方面面，从自我反思和对外部世界的理解，再到深思熟虑和作出选择。第二，人有更发达的创造力和想象力。我们的想法和决定不仅来自我们的经验，也是来自我们的想象，而我们的想象范围确实非常宽广。第三，我们有更强的能力去思考更远的未来和遥远的过去。这种能力不仅包括**关于**未来或过去的思考和欲求，还包括更复杂的对事件作出明确的时间**定位**。比方说，我们不仅可以欲求一些明天才会**发生**的事情，我们还可以希望此事在明天、或者下周、明年或者一千年后**发生**。第四，我们有能力制定和执行更长期、更复杂的计划，其中许多计划涉及高度复杂的、技术性的和非本能的行动。第五，我们有更强的自我觉知和自我意识能力。我们能够更好地确认我们的选择和行动、我们的心理状态和身体状态以及我们的环境，等等，能把它们看作是**属于自己的**，能更好地明确把我们自己**作为**自己来看待。第六，我们有更强的规范性反思和动机能力（包括但不限于道德反思和动机）。我们能够不仅仅基于事实，而且是在理由概念下，对理由作出反应——评估理由、比较理由，以及将理由**作为**理由来行动，即使它们与我们强烈感受到的欲望和偏好不一致。第七，我们有更强的自我管控和自主选择能力。第八，我们有更强的能力作出独特性的和特殊的选择。当我们作选择时，很少有决定是仅仅出于本能的；在作选择时，我们会审慎地思虑一系列不同的重要选项。因此，无论是在不同人的生命中，还是在任何某个人的生命中，我们可作的选择都是极其多样化的。①

在所有这些方面以及更多的其他方面，支撑或构成我们能动性的能力要比动物更加发达，并且能力的形式也更加复杂。请注意，这里的关键在于这是一种**比较性**的主张。我并不是说动物完全不具备这些能力（尽管有些动物的确会缺乏其中某些能力），我只是说人类拥有这些能力更复杂、更高级的形式。这就是为什么人比动物有着更高的道德地位。由于不同种类的动物之间会有差异，就它们拥有这些能力的程度而言，或者就相关能力的水平或复杂程度而言，有些动物比其他动物拥有更高的道德地位。

有些人可能会抱怨说，我刚才列出的能力清单明显是人类中心主义的，而得出这些结论的过程也是如此。实际上，我一开始就在问，是什么让人类与动物不同，尤其是关于我们的能动性方面。我确认了一组相关的能力，然后得出结论说动物的道德地位比较低，因为动物缺乏这些能力或者只拥有这些能力的低级形式。但这应该不会让我们感到惊讶——反对的声音可能会指出——如果我们一

① 这一段的大部分内容都受到弗雷的《道德身份、生命价值和物种主义》（“Moral Standing, the Value of Lives, and Speciesism”）中类似讨论的启发，尽管他不同意我对所有细节的看法，并且将之用于不同的用途。

开始就假定人更高级，那么根据我们的道德理论，动物就会显得更低级！

这个指责显然有一定的道理。当然，这不是说我一开始就单独确定了一组能力，这些能力在直觉上似乎与奠定较高的道德地位有关，然后才发现——多么惊人的巧合啊！——人在很大程度上拥有这些能力。相反，我是从人拥有高级地位这个观点**开始**的，然后尝试找出让人拥有高级地位的一些特征。这不可避免地会涉及反思哪些特征可以把人和动物区分开来——那是一些我们在更大程度上或在更高级的形式上所拥有的能力。因此，我们（正常的成年人）在相对较高的程度上比动物拥有更多的能力，这确实是不可避免的。

但这并不等于承认这个过程有什么不妥之处。事实上，人毫无争议的是我们所熟知的具有最高道德地位的生物。也就是说，没有其他我们真正熟悉的，且拥有比人类更高道德地位的生命了。因此，虽然我们也许可以想象出比我们自己的道德地位更高的生物，但就我们所知，动物并不属于这一类；虽然神灵肯定会比我们拥有更高的道德地位，但这样的神灵是否存在（以及他可能是什么样的）还有很大的争议。因此，如果我们试图确定那些奠定了相对较高的道德地位的能力，那么关注**人**比动物更高级的那些特征不会有什么误导。依我看，人是我们所熟知的（无可争议的）地位最高的存在者。

此外，除了已经列出的那些能力，我们刚刚所讲的都不能排除有可能存在着其他一些尤其能够提升道德地位的能力，而且与人相比，某些动物可能在更大的程度上拥有其中的某些能力。我当然愿意接受这样一种可能性，即发现各种动物都有特殊的可以提高地位的能力，而人只在较低程度上拥有这些能力（或完全没有这些能力）。因为即使人的道德地位整体上的确高于动物，但比起我们，某些动物在更大程度上或以更复杂的形式拥有某些与提升道德地位相关的能力。

存在着这样的能力吗？我不知道。正如我之前所说的（见第2章第3节），在我看来，狗的嗅觉审美能力可能远超人类，这是因为狗的嗅觉比人类灵敏得多。可以想象，如果存在着这样一种更高级的嗅觉审美感知，那么这可能是提高某个特定个体地位的能力之一。

另一方面，似乎也有理由认为，仅仅拥有特别准确且敏感的嗅觉，并不能够足以奠定关于嗅觉感知模态的**审美**感知力：这或许还需要足够复杂的情感和认知能力。因此，如果狗缺乏这些额外的能力（或没有达到足够高的程度），那么他们可能也缺乏相应的审美感知力；因而狗也许仍然**缺乏**特别能够提高自身道德地位（与人相比）的能力。不过，尽管这一提议或其他类似的提议可能还有争议，但我认为，至少在原则上我们应该对这样的可能性保持开放态度：一些动物可能具有提高地位的能力，而这种能力是人所缺乏的，或人只在较低程度上拥有这种能力。

无论如何，值得记住的是，我在上面列举的能力清单是有意构造的，目的是确定一些能力，这些能力特别有助于奠定人类相对于动物而言拥有的更高道德地位。我当然不是说这些能力在确定个体的道德地位方面是唯一的。因此，尤其应该指出的是，很可能还有其他一些对于人类和动物来说很常见的能力，这些能力在确定个体的地位方面发挥了重要的作用。比如说，能够感受生理上的愉悦和痛苦的能力，可能在决定某个个体的道德地位方面发挥了重要作用，但没有明显的理由认为，这种能力在人类身上比动物所拥有的程度要更高。（或者更确切地说，虽然**有些**动物拥有这种能力的程度要低得多，但我们没有理由认为，人类拥有的这种能力比其他**所有**动物都要更高。事实上，有些动物拥有这种能力的程度可能会更高。)

另一方面，我认为应该承认，如果我们从纯粹的生理上的快乐和疼痛转向情感上的喜悦和痛苦，或者转向关于某些事态采取快乐或不快乐的命题态度，那么我们再次有理由认为，人类拥有的这些能力的形式，比动物所拥有的要更复杂、更高级。因此，就这些额外的能力本身在确定个体的道德地位方面发挥着重要作用而言——我觉得这个说法是合理的——那么我们就再次找到了解释人比动物拥有更高的道德地位这一事实的原因。

我相信大家都很清楚，我所说的这些并不能代替更为系统的说明。恰当类型的心理能力，可能是也可能不是唯一有助于确定个体道德地位的特征，但它们肯定是最重要的特征之一。因此，我们需要更好地理解这些能力及其对地位产生的影响。我们不仅需要知道哪些能力是重要的，还需要了解相关能力的不同表现形式是如何在不同程度上提高个体的地位。我们还需要解释，相关能力之间是如何在心理上以及规范性方面相互作用的，以便共同帮助确定任何特定个体的整体道德地位。我认为，这些问题几乎都还没有得到充分解决。

最后，请允许我再提出一个问题，这个问题值得我们作出更为深入的探讨。我已经说过，拥有相关的心理能力在确定某个个体的道德地位方面起着核心作用。但是，仅仅**拥有**这些能力真的就足够了吗？还是说要必须实际**使用**这种能力？一个拥有相关能力但从未实际使用过它的个体，与一个至少偶尔使用过该能力的个体，是否有着相同的道德地位？

例如，想象一个拥有规范性的自我管控能力却从未真正使用这种能力的个体，一个在采取行动时不会停下来反思是否有充分的理由这样做的个体，一个永远不会因为判断自己的最初欲望在道德上令人反感而放弃这些欲望的个体，诸如此类。但是，设想他们确实拥有这些能力：至少在原则上，他们**可以**进行相关的反思，作出必要的判断，在需要的时候根据这些判断改变自己的行为，等等。但事实上，这些能力从未使用过；他们总是将这些能力闲置一旁。这样的个体真的会和那些不仅拥有而且使用了这些能力的个体，有着相同的道德地位吗？

至少从直观上看，我认为，相关能力的**使用**确实与确定某个个体的地位有关。我认为，那些拥有提升地位的能力却从不使用这些能力的个体，其地位会比那些真正使用这些能力的个体要低。但这是否意味着未使用的能力在确定某个个体的地位方面根本没有起到任何作用？如果某个个体从不使用某种特定的能力，那么他的地位是否与一个在其他方面相似但只是缺乏该能力的个体**相同**？在我看来这也是不对的。我感觉——虽然我不会在这里试图论证——“实际使用”这种能力当然会进一步提高道德地位，不过只要有了相关的能力，就会提高个体的道德地位。①

然而，即使我们都同意这里讲到的所有这些问题，还有更多的问题有待解决。例如，如果相关能力的使用很重要，那么这些能力的使用**频率**是否也重要？比如说，使用了一次规范性的自我管控的能力就足够了吗——即使这种能力再也没有使用过第二次？如果不是这样的话，那么必须定期使用这种特定的能力吗？（确切地说，定期使用这种能力又会带来怎样的改变呢？）频繁使用一种能够提高地位的能力，会比不那么频繁地使用该能力更能提升个体的地位吗？

① 参见 Arneson, “What if Anything, Renders All Humans Morally Equal?” p. 111，他考虑到了拥有从未使用过的能力是否会提高某个个体地位的问题。

这些都是棘手且微妙的问题，答案远非显而易见。因此，正如在其他地方一样，在这里我们确实还远没有为道德地位的依据给出完整而充分的解释。

4. 潜能

虽然心理能力（也许还有对这些能力的使用）在确定个体的道德地位方面起着核心作用，但我认为，这还不是事情的全部。对于一个实际上尚未**拥有**相关能力，但最终可以**发展出**这种能力的个体而言，我们应该如何看待呢？例如，一个正常的人类新生儿，还不具备人格拥有者所具备的各种心理能力（从人格这个概念的技术性意义上讲，新生儿还没有人格），但是在正常环境下，他当然最终会发育完全从而具备这些能力。婴儿还不是成熟的人，但拥有成长发育为成熟的人的**潜能**，能够拥有普通人所拥有的那些能力。所以我们需要追问：这种潜能会对婴儿的道德地位产生怎样的影响？

值得注意的是，这种情况跟我们刚才所考虑的不一样，刚才说的是某些个体拥有相关的能力，但只是从不使用这些能力。这并不是说，譬如一个婴儿**有能力**使用理性和抽象思维、长期规划以及规范性的自我管控能力——却只是没能使用过这些不同的能力。不是这样的，这个婴儿还完全不具备这些心理能力。他以后当然可以拥有这些能力，如果我们愿意的话，可以说婴儿具有发展出相关一阶心理能力的二阶能力。但是拥有这种二阶发展能力本身，与已经拥有一阶能力并不是一回事。相反，这只是说他具有能够获得一阶能力的**潜能**而已。所以我们仍然需要追问：拥有这种潜能，对道德地位会有怎样的影响——如果有任何影响的话?

(当然，正如我们已经看到，地位可能不仅取决于拥有相关的能力，还取决于对这些能力的使用。因此，除了刚才提出的问题——关于获得能力的潜能对道德地位的影响——也许我们还应该提出拥有**使用**这些能力(如果有的话)的潜能的重要性问题。然而，由于获得相关能力的潜能也包含了使用这些能力的潜能，所以我不会对后一种潜能进行单独处理。)

当然，动物幼崽也会遇到相应的问题。一只(正常的)刚出生的幼猫还不具备成年正常猫所具备的全部心理能力。即使是幼猫一出生就具有的能力，它也未必具备这些能力的成熟形式。但是，幼猫当然具有获得成年猫通常所具备的能力的**潜能**。同样，一只刚出生的小鸡仔可能还不具备成年母鸡所具备的所有心理能力(或者可能不具备这些能力的发达形式)，但小鸡仔通常具有获得这些能力的潜能。所以对于动物来说，我们也需要问：这种潜能，如果存在的话，对道德地位会有怎样的影响?

显然，我们感兴趣的是一个相当普遍的问题。我们想知道的是：如果拥有一套心理能力足以让某个个体拥有特定的道德地位，那么仅仅获得这些能力的**潜能**对个体的地位会有怎样的影响?笼统地说，直观上我们可以这样来表述这个问题：仅仅拥有某种地位的**潜能**对于某个个体的**实际**地位会产生什么影响?

我认为，这个问题不应该与另一个容易搅在一起的问题相混淆，即某个个体**未来**的地位对其**当前**的地位有什么影响(如果有影响的话)?这个新问题要问的是，未来你将拥有各种能力的事实，是否会对你**现在**的道德地位产生任何影响。这当然也是一个有趣的问题。我自己的观点是，没有任何影响：你现在的道德地位取决于你**当下**

的属性，而不是你将来会拥有的属性。但不管我对这一点的看法是否正确，这都不是我想提出的问题。我想要提出的问题是，你目前的道德地位是否只取决于你目前所拥有的心理能力，还是说它会取决于你（目前）所具有的能够获得进一步能力的潜能。毕竟，这种潜能是你已经拥有的众多属性之一。所以即使只有现在所拥有的属性可以用来确定个体的地位，但情况仍然会是，你目前所拥有的某种潜能这个事实，可能是跟确定你的地位有关的现有属性之一。

我认为，这两个问题很容易混为一谈。比如说，当我们去考虑一个新生儿，指出他拥有成为成熟的人的潜能时，确定这个事实方法就是指出（就像我刚才所做的）在正常情况下，他确实会**成为**成熟的人。显然，如果他**将会**（在未来）拥有一系列的能力，那就意味着他已经具备了拥有这些能力的**潜能**。至少在正常情况下，一个有潜能成为成熟的人的小孩，实际上也会成为成熟的人。因此，这两个问题很容易混淆。尽管如此，谈论个体的潜能和谈论个体的未来，还是需要加以区分的，因为比如说，如果婴儿第二天就死于一场意外，那么他还是拥有成为成熟的人的**潜能**，即使（在这种情况下）他实际上永远没有机会成为成熟的人。

所有这些都是为了澄清，我想提出的问题确实是关于潜能的问题，而非关于未来的问题。我想问的是，仅仅是拥有某种地位的潜能，是否会对个体涉及**现实的**地位产生影响？

当然，这是一个在哲学讨论中引起广泛争议的关于堕胎是否道德的问题。毕竟，发育中的胚胎或胎儿还不是成熟的人；但在大多数观点看来，胚胎有成为成熟的人的潜能。① 因此，可以理解那些希

① 诚然，根据某些人格同一性的观点，处于足够早期发育阶段的胚胎或胎儿，根本无法成为人那**种**实体；所以它实际上不具备这种潜能。（见 McMahan, The Ethics of Killing, pp. 267–9。）就我们的目的而言，我们无需试着在这里解决这个问题。

望对堕胎的道德问题作出充分解释的人会觉得有必要表明，仅仅能够成为成熟的人这个潜能本身，是否足以奠定更高的道德地位。

（顺便提一下，关于堕胎这个话题，区分出与潜在地位相关的因素以及与未来地位相关的因素尤为重要。如果胎儿被流产，那么他永远不会变成成熟的人；尽管如此，他仍然有成为成熟的人的潜能。）

这个问题太复杂了，我无法在这里给出合理的说明，但请让我简单指出我们熟悉的两种立场，然后勾勒出一个替代方案。一方面，有时候有人会认为，拥有成为成熟的人的潜能足以使其具备成熟的人所具有的**完全**相同的道德地位。因此，潜在的人格不仅与个体的地位有关，而且与实际拥有相关的能力本身一样重要。

如果你同意这第一种观点，那么对于更一般的情况应该怎么说呢？类似的主张是否也适用于动物？可以肯定，成年动物的道德地位比人要低，但情况会不会是，至少动物幼崽获得正常成年动物能力的潜能，已经足以使得动物幼崽拥有成年动物的道德地位了？比如说，一只幼猫是否仅仅因为拥有成为一只成年猫的潜能，就拥有了成年猫的道德地位？或者说成为**人**的潜能有什么特别之处，能使潜在的人格具有特殊的规范性力量，从而它不仅是奠定更高地位（人的地位）的基础，而且相比其他单纯的潜能，人格在奠定地位的基础方面绝对是独特的？（也许一个潜在的人拥有人的地位，而幼猫却没有成年猫的地位。）毫不意外，关于堕胎的讨论很少涉及这个更具一般性的问题。

关于潜能，人们熟悉的另一种立场则走向了另一个极端，否认单纯作为潜在的人格会有任何提高道德地位的属性。拥有成为成熟的人的潜能，只不过意味着你**可以**成为成熟的人。当然，当你有了人格之后，你也就拥有了人的地位。但是，仅凭你具有成为人的潜能这一事实，对于你的地位的提升没有任何帮助。

(持这种观点的人可能会认为，**未来**的地位会影响现在的地位。所以，如果你现在还不是成熟的人，但**将来**会成为成熟的人，这已经让你**现在**就拥有了人的地位。然而，仅仅是拥有一个潜在的人格这一事实，并不能提升个体的地位，所以一个在成为现实的成熟的人之前就死去的潜在的成熟的人，根本就不具有成熟的人的地位。①)

在这里，我们也面临着如何将这些说法概括起来的问题，但至少这里的答案似乎是显而易见的。如果潜在的人格对道德地位没有影响，那么其他形式的潜能也不太可能发挥什么作用。因此，尽管幼猫有着成为成年猫的潜能，但幼猫的地位并没有因此而提升。

当然，重要的是记住，即使拥有潜在的地位对于提高个体的实际地位没有任何作用，这也当然不意味着该个体的实际地位会特别低（或者该个体目前完全缺乏道德身份）。例如，许多动物的新生幼崽——当然还有新生儿——已经具备了一些与道德地位相关的心理能力。因此，即使那些否认潜能与地位相关的人，也会希望把这些能力考虑在内。获得相关能力的潜能可能无助于提升个体的地位，尽管如此，个体目前实际拥有的能力当然还是与地位相关的。

所以关于潜能与道德地位的相关性，我们有两种或多或少熟悉的观点。但我倾向于一种介于这两种观点之间的观点。与那些接受第二种观点的人不同，我认为潜能确实会对地位产生影响。与那些接受第一种观点的人不同，我不认为它能够赋予某个个体与那些已

① 参见 Harman, “The Potentiality Problem” and “Creation Ethics”。

经拥有相关能力的个体相同的地位。因此，举例来说，一个正常的新生儿，要比一个在心理上与之对等（即具有相同的实际能力）却缺乏成为人的潜能的动物更重要。不过，这样的新生儿仍然不如已经拥有人格的人更重要。潜能可以提升个体的地位，但提高的程度不如那些实际拥有相关能力的个体。

而且，我看不出有什么理由认为这样的想法只适用于拥有潜在人格的人。在我看来，类似的道理也适用于所有动物。比如说，一只幼猫是潜在的成年猫，因此幼猫的地位比另一种动物更高，后者在心理能力上是其同类，但后者并没有获得正常成年猫所拥有能力的潜能。尽管如此，幼猫的地位仍然要低于成年猫（考虑到幼猫尚不具备成年猫的全部能力）。对于其他动物来说也是如此。在每一种情况下，潜能都会提升地位（要受到我接下来说的条件限制），但提升的程度不如实际拥有相关能力本身那么高。

既然这是介于两种观点之间的看法，那么还有一个问题：潜能在**多大程度上**可以提高个体的地位（相对于该个体没有潜能时的地位而言）？这种观点的最小化版本接近于上面描述的第二种观点，认为潜能对地位提升非常小，几乎没有任何作用。最大化版本则接近于第一种观点，认为潜能会极大地提升地位——几乎和实际拥有该能力提升得一样多。在这里，我也发现自己认为这两个极端都不对，因此，潜能对地位的提升是显著的，但并不会接近于实际拥有相关能力所带来的地位提升那么多。但我不会试着更细致地去回答这个问题了。

当然，尽管如此，认为地位提升的**程度**取决于个体有可能达到的地位，这似乎是正确的。因此，如果我们想象两个心理能力上的同类，二者只是在潜能上有所不同。如果一个个体所具有的潜能只会获得成年狗的能力，而另一个个体所具有的潜能可以成为有人格的人，那么这两个个体当前的地位就完全不一样：成为一个有人格的人的潜能所带来的地位提升，要远远大于成为一只成年狗的潜能所带来的地位提升。因此，潜在的人格拥有者的地位，将要高于潜在的成年狗的地位。尽管如此，问题仍然是：二者每个个体的地位提升了多少呢？我不会试着去回答这个问题。

如果潜能真的可以加强或提升个体的地位，它究竟是如何发挥作用的呢？一个显而易见的回答是，它通过将某个个体的地位提升到一定程度来实现这一点，而具体的提升程度取决于个体所能达到的地位。因此，获得成年狗的能力的潜能，将使某个个体目前的地位提升至一个固定的数值；而获得成年蝙蝠能力的潜能，大概会使某个个体的地位提升至一个**较小的**固定数值；而获得成为人的潜能，将使某个个体的地位提升到一个**较大的**固定数值。在这个模型中，对某个个体当前地位的提升，只是该个体有潜能去获得的地位的函数；它完全不取决于个体当前实际的能力。因此，两个具有相同潜能的个体的地位，都会获得同等程度的提升，无论二者的实际能力是否有差异。

但我更倾向于另一种模型，这种模型认为，个体的潜在功能更像是一个放大器，能够将个体已经拥有的能力所产生的“信号”放大。因此，如果两个具有相同潜能的个体在实际能力方面存在差异，那个能力更强的个体通常会得到更大的地位提升，尽管事实上二者的潜能是相同的。① 宽泛地讲，“一开始”地位就比较高的个体（仅基于当前的能力）拥有更强的可放大的“地位信号”，因此地位提升

① 这只是**通常**会有的情况。由于潜能不能将个体的地位提升到比另一个个体实际上已经拥有相关能力时更高的水平，如果一个处在发育中的个体的能力形式，足够接近于这些能力已经得到充分发育的情形，那么剩余的潜能对地位的提升增量必然会开始变小。

的幅度会更大。所以在这个模型中，因“信号”放大所带来的地位提升的程度，不仅取决于潜能本身，还取决于被放大的基础能力。

当然，即使在这里，地位提升的程度**也是**个体有潜能获得的地位的函数。成为人的潜能，是比成为成年狗的潜能（更不用说比成为蝙蝠的潜能）更加强大的放大器。因此，地位提升的程度，不仅取决于信号的性质（个体当前的实际能力），还取决于放大器的性质（该个体的潜能将会使其成为什么）。

然而，即使是最强大的放大器也需要信号来放大。这意味着如果某物目前不具备任何足以奠定道德身份基础的能力，那么即使它有**潜能**获得其中一些能力，这一事实本身也不足以赋予该事物道德身份。如果没有“基础性的”地位可以放大，那么仅凭潜能是无法创造道德身份的。事实上，仅仅是创造出道德身份的潜能并不足以产生道德身份；只有在潜能已经实现时，它才能赋予个体道德地位。

（这样的观点显然会对堕胎的道德问题带来启示。胚胎和早期胎儿既缺乏能动性也缺乏感知能力；他们没有任何与道德地位相关的能力。根据我的观点，这意味着他们完全不具备道德地位，因为仅仅是潜在的人格，并不能为那些在缺乏这种潜能的情况下缺乏道德身份的个体带来地位。因此，比方说，即使一个早期胎儿确实拥有成为人格的潜能，这里也没有“信号”可供放大，也就没能产生道德地位。只有在发育的后期，胎儿才能获得道德身份，尽管如此，他所拥有的能力最初也是相当有限的，所以最多只是有个微弱的信号得以放大。可能只有在怀孕后期，或出生以后，潜在的人格才会对地位产生重大影响。遗憾的是，如果我们在这里继续讨论这个话题，那就离题太远了。）

关于潜能对地位的影响，还有一点需要注意。虽然我一直在说，好像一个特定的个体要么具备获得某些能力的潜能，要么完全缺乏这种潜能，然而事实是，潜能实际上有程度上的区分。抽象地讲，如果一个个体在适当的情形下会拥有某些特征，那么其就有获得这些特征的潜能。因此，原则上说，即使这样的情形遥不可及而且很难发生，也还是可以说其有这个**潜能**。举例来说，如果（似乎有可能）有一些复杂的（尚未发现的）医学技术可以极大地增强小狗的心理能力，把它变成一个人①，那么即使是小狗也已经拥有了成为人的潜能。

当然，这表明我们需要对特定的潜能的**强度**进行分级，一个较弱的潜能，是只有在相对遥远或不太可能的情形下才会实现的潜能。一个人类婴儿是一个潜在的拥有人格的人，也许一只小狗也是如此。但是对于人类婴儿来说，这种潜能通常是非常强的，因为把婴儿变成一个拥有人格的人所需要的环境根本不遥远，也绝非不太可能发生，而对于小狗来说，这种潜能（至少目前看来）则是极其微弱的。因此，严格地说，我们不应该无条件地谈论某个个体的潜能放大的能力；我们还需要考虑到潜能的**强度**，因为任何特定的潜能越弱（在其他条件相同的情况下），其放大能力就越小。当然，出于显而易见的实用理由，我们通常会把注意力集中在相对较强的潜能上。因此，比如说对于一个正常的婴儿而言，拥有人格的潜能是很强的，因此应该考虑到婴儿潜能的放大效应；但是对于一只小狗而言，这种潜能可以忽略不计，因此在一般情况下，可以无所顾忌地完全忽略它的放大效应。

---

① 这一过程还必须保持同一性——这样就能使动物成为人。(McMahan, *The Ethics of Killing*, pp. 302–5 and 308–9.)

5. 模态地位

潜能是否对地位有影响是一个大家都熟悉的问题,甚至那些否认潜能与地位有相关性的人也承认有必要讨论这个问题。但我现在要谈一个不同的特征——它与潜能相似,但又不完全相同——它还没有得到类似于潜能这么高的关注度。和潜能一样,这个新的特征也是关于可能性的,但与潜能不同的是,潜能涉及可能会**变成**什么样子的(如果条件合适的话),而这个新的特征涉及的则是**原本可能会变成**什么样的(如果**那些**条件合适的话)。

举个例子,设想一个 20 岁的人,他在婴儿时期遭受了无法挽回的大脑损伤,因此从未成为有人格的人,他的认知水平仍然停留在 4 个月大的婴儿水平。该个体不具备成为人所需要的**潜能**,我们现在无论对他做什么都无法让他拥有健全的人格。尽管如此,如果他还是婴儿的时候没有发生那场事故,他(现在)**原本应该是**一个人。(当然严格来说,如果有某种未被发现的医疗技术可以消除脑损伤,让他发展出正常成年人具有的能力,那么很可能他确实具有成为人的潜能,尽管这种潜能非常小。但正如我已解释过的,任何这样的潜能都将是如此微弱,以至于出于实用的目的,我们可以合理地忽略它——为了简化论述,我也会这样去做。)

实际上,这个个体要成为一个有人格的人已经太晚了。尽管他在刚出生时**曾有**成为正常人的潜能,但当事故发生时,他就失去了这种潜能。所以他现在缺乏成为正常人的潜能。但无论如何,以下情形对他而言仍是事实:他现在原本是可以成为正常人的,因为倘若当初没有发生事故，他目前就**会是**正常人了。因此，尽管他缺乏**潜在**的人格，但他在同一领域当中还有另一种模态属性。据我所知，这第二种模态属性还没有一个标准的名字。我们称之为**模态人格**，我们把（现在）**没有**人格但**原本可以**拥有人格的个体，称为**模态人格**。①

正如我们刚才看到的，某个个体可以拥有模态人格但不具备潜在的人格。同样，某个个体也可以拥有潜在的人格但不具备模态人格。例如，一个婴儿拥有潜在的人格，却没有模态人格，因为不存在先前发生了一件什么事，从而使得他现在原本可以**已经**成为有人格的人。因此我们需要将模态人格与潜在人格区分开来。尽管如此，我想说的是，模态人格在一个重要的方面与潜在人格类似：相比缺乏这种属性，它也可以提升个体的地位。

事实上在我看来，二者非常接近，模态人格对道德地位的影响与潜在人格的影响非常相似。

首先，模态人格会提升个体的地位，因此，如果两个在其他方面相似的个体，他们在心理上是同类，但其中一个有模态人格，而另一个则没有，那么前者的道德地位就会比后者要高。然而，虽然模态人格的地位会比他没有模态人格时的地位要更高，但是，他的地位仍然没有他实际上拥有人格时的地位高。模态人格提升了地位，但提升的程度不及实际拥有那些相关能力所能提升的程度。

当然，这里还留下一个问题，模态人格在**多大程度上**提升了地位。同样，一种最低程度的观点会说，它的作用非常小，而一种最大限度的观点会说，它所提升的程度，接近于某个个体事实上已经

① 我在《物种主义有什么问题》(*What's Wrong with Speciesism?*) 当中引入了这个概念。

成为人格拥有者的地位程度。我自己的观点是,(就像潜能一样)这两种极端的看法都不对:模态人格对地位的提升是很大的,但还不足以使个体接近拥有真正的人格的地位。

其次,这里也没有理由认为,我所描述的那种对地位的提升只适用于**模态人格**。比如,假设有一些脑部受损的成年狗,它们缺少正常的成年狗所拥有的典型能力,但如果过去没有发生过这些伤害,那么它们现在**本可以拥有**这些能力。因此,我称之为"**模态狗**",它们的地位比缺乏模态狗属性的心理同类要更高(尽管它的地位依然要低于正常的成年狗)。同样,对于其他动物来说也是如此。在每一种动物那里,某一特定类型的模态动物的地位,都会高于其他缺乏模态性的心理同类,但是会比具有这些全部能力的成年动物的地位要更低。

(这里澄清一下:当我使用模态狗这个术语时,说的不是一种非狗但可能是狗的动物;相反,模态狗是一种不具备正常成年狗所具有的能力,但原本可以具有这些能力的动物。其他类型的模态动物也是如此。)

给这种能够提升道德地位的特征确定一个通用术语是有帮助的。我建议将其称为**模态地位**。拥有某种模态地位,指的是你原本可以拥有的地位(或者说,是原本应该奠定该地位的能力)。我所说的意思是,通常来讲正是某个个体的模态地位,影响到了他**实际上的**道德地位。如果你本来可以拥有的地位大于你的"基本"地位(仅基于你的实际能力会拥有的地位),那么你的实际地位就比**缺乏**那个模态地位要更高。

第三,我认为个体的模态地位所带来的地位提升的大小,取决于该个体原本可以达到的能力。简单来说,某个个体原本可以拥有的地位越高，那么模态地位对其实际地位的提升就越大。如果我们想象两个心理同类，二者只在模态地位方面存在差异，如果一个是模态人，而另一个是模态狗（也就是说，本来只能拥有成年狗的典型能力），那么模态人将比模态狗拥有更高的地位。

第四，和潜能一样，模态地位的作用也像一个放大器。它所产生的推动力不仅取决于某个个体原本可以拥有的地位，也取决于该个体当前的实际心理能力。在其他条件相同的情况下，个体当前的能力提供的“信号”越强，特定的模态地位所产生的推动力就越大。尤其是，如果没有基础信号，那么地位就不会被放大。因此，一些完全缺乏道德身份的事物，**尽管**具有某种特殊的模态地位，但还是会缺乏道德地位；如果要提升地位，模态地位需要一些东西来“施加影响”。① 不过，正如我已经指出的，如果**存在着**有待施加影响的信号，那么这个信号被放大的程度，取决于个体可能拥有的地位。在其他条件相同的情况下，作为一个模态人，比作为一只模态狗获得了更多的信号放大，而作为一只模态狗，又比仅仅作为一只模态蝙蝠，获得了更多的信号放大。

最后，模态地位也有程度之分，因此在这里我们也需要区分不同的强度。严格来说，一个模态人，是指如果过去有合适的情形，他现在就**可以**成为一个有人格的人——不管这样的情形发生的可能性有多小或者多么不可能。因此，如果有一些复杂的医疗技术（也

① 因此，我在《物种主义有什么问题》这篇论文所讨论的一个例子中犯了一个错误（在第18页，但参见第17页）。一个无脑畸形的孩子是一个模态人。我在那里声称，模态人格赋予了这种无脑人更高的道德地位；但我忘了考虑这样一个事实：这样的孩子将会缺乏由其实际拥有的能力所产生的道德身份（如果——就像我假设的那样——他们甚至没有能力感受快乐或痛苦，也不具有能动性），所以模态人格将会缺乏“信号”来得以放大。为了达到那篇论文的目的，我本可以更好地使用一些成年人的例子，他们的大脑受到了损伤——要么是因为基因缺陷，要么是因为婴儿时期的意外事故——但他们保留了新生儿的最低能力。（这里要感谢多兰·斯莫金指出了这一点。）

许永远不会得以发现），原本**可以**用来把一只狗变成一个人格拥有者（如果该技术被足够早地发现，并且及时地应用于成长中的小狗等等），那么甚至那只狗也会被算作是模态人。然而很明显，这只狗的情况需要与我们之前所说的一个成年人类在婴儿时期意外遭受了脑损伤的例子区分开来。原本能够使狗现在拥有人格的情形，是非常遥不可及或者是几乎不可能的；相比之下，原本能够使成年人拥有人格的情形，或许完全就近在咫尺或者并非不可能的（也许只需要那个孩子原本没有意外摔倒）。因此，即使狗是一个模态人，它的模态地位充其量也是极其微弱的，而成年人的模态人格则是相当强的。

因此，我们还需要考虑个体模态地位的**强度**，较弱的模态地位所能提供的放大效应会相对较小。同样，出于显而易见的实用理由，我们通常会合理地忽略那些较弱的模态地位，而只关注那些相对较强的模态地位。在我们的例子中，成年人的模态人格是很强的，我相信他的地位会得到显著提升；但狗的模态人格微乎其微，所以在一般情况下，这种模态地位的放大效应（如果有的话）可以合理地被忽略掉。

事实上，模态地位还有一个与潜能类似的地方，尽管我之前没有提到过这个特征。模态地位像潜能一样，似乎是以一种**不对称的**方式影响着个体的实际地位。重要的是与**较高**或较为发达的那组能力有关的（相关的）可能性，而不是与**较低**或不怎么发达的能力有关的那些可能性。毕竟，对于任何一个特定的个体来说，他不仅原则上可以拥有一套**更加**复杂的能力（如果事情一切正常），而且至少原则上也可以拥有一套跟他实际能力相比**较弱**的能力（如果在成长过程中遇到了问题）。然而至少从直觉上来说，只有第一种“正向的”模态地位会对实际地位产生影响。比如，对于正常的成年人来说，似乎并不因为他们原本**可能**在早些时候遭受脑损伤，导致现在缺乏人格从而拥有较低的地位！“负向的”模态地位——比如说，某个个体原本可能处于猫的认知状态和情感水平——不像正向的模态地位所起的作用那样，它似乎是无关紧要的。同样，潜能也是如此：在“正确”的情形下（无论多么遥远），小狗原本可能会变为在认知能力和情感上比现在更不成熟的个体；然而，与正向的潜能不同，这种负向的潜能似乎无关紧要。

这种差异的部分原因，大概可以用不同的潜能和模态地位**强度上的**差异来解释。比如说，一只幼犬通常更有可能向能力更强的方向发展，而不是向能力更弱的方向发展。但我怀疑这一想法能否完全解释这种不对称性。因为即使负向的模态地位相当强——比如说，当某个个体侥幸躲过了一场可能导致大脑受损的事故——这似乎也不会降低该个体的实际地位。同样，某个特定强度的负向潜能，似乎不能与相同强度的正向潜能那样会对地位产生影响。

当然，若说负向潜能和负向模态地位**完全**没有用，可能就过于极端了。但至少，与相应强度的正向潜能和正向模态地位相比，它们确实显得**不**那么重要，而这一事实仍然令人费解。关于这种不对称，我没有现成的解释。也许这只是一种错觉。但无论我们如何看待这种明显的不对称——不管它是真实的，还是仅仅是表面上的——至少在正向的情形下，模态地位就像潜能一样，与实际地位是相关的：正向的模态地位，就像正向的潜能一样，它会提升个体的地位。

然而，有人可能会反对我关于模态地位意义的各种主张，认为它们与我之前（在第 5 章第 2 节）认可的关于地位的个体主义相冲突。毕竟，我当时断言，某个特定个体的地位完全取决于该个体所拥有的能力。但我现在要说的是，它也取决于该个体原本**可以**拥有的能力，而不是他实际拥有的能力。当然，对于我所主张的关于潜能的意义，也可以提出类似的反对意见，因为我认为个体的地位也取决于他以后可能**会**拥有的能力，而不仅仅取决于他实际拥有的能力。

当然，在之前的讨论中，我只是想说明，尽管我一直在谈论狗、猫、蛇等动物的地位，但个体作为某一物种（或其他的生物学的类别）中的成员身份并不是真正重要的。相反，真正重要的是特定个体的能力——而不是他所在的物种成员所具有的典型能力。

无论如何，当我认同关于地位的个体主义时，我的意思是说，对于某个特定个体的地位而言，重要的是该个体的（相关）特征（而不是该个体本身所属的群体所拥有的特征）。而且应该清楚的是，在这种广泛意义上对个体主义的承诺，还没有告诉我们个体的**哪些**特征是相关的。因此，个体主义实际上留下了一种可能性，即除了个体的实际能力（也许还有对这些能力的使用）之外，个体的其他特征也可能与确定个体的地位相关。

尤其是，我认为某个个体的模态地位和潜能与确定该个体的道德地位有关，这并不违反个体主义。回想一下我们之前所举的那个婴儿时期脑部受损的成年人的例子。他具有模态人格，这当然是属于这个人的特征。事实上，这和他有一头红发、早20年出生，或者具有感知痛苦的能力一样，都是这个人的真实特征。同样，一个正常的新生儿拥有潜在的人格，这也是一个真实的特征。在接受个体主义的时候，我们没有任何理由排除模态地位或潜能与地位所具有的相关性。

事实上，认识到模态地位和潜能的意义，可以在很大程度上解释为什么人们常常会**偏向于**认为，物种成员的身份确实很重要——尽管在我看来，某个个体在特定物种中的成员身份就其自身而言实际上没有任何道德意义。先从最明显的一点说起，至少在典型的情形下，知道一个成年个体的物种（无论是人类还是动物）会让你对他们的实际能力有一个相当好的了解。但不那么明显的是，即使是在非典型的情形下，比如当你面对一个年幼的或大脑受损的个体时，物种成员的身份仍是一个有用的指引。因为它通常会让你很好地了解该个体的潜能（对于幼体而言），或者模态地位（对于大脑受损或有其他认知障碍的个体而言）。当然，也会有例外——比如在科幻小说的例子里，某个个体的能力远远超过了他所属的物种的典型能力，或者该个体缺乏与所属物种通常相对应的潜能或模态地位。但是在一般情况下，无论如何，知道了个体的物种，就能知道确定个体的地位所需的很多信息。因此，难怪人们很容易认为物种身份本身就很重要。当然，真正重要的是个体的实际能力、个体的潜能，以及个体的模态地位。但物种成员的身份通常是一个非常有用的相关证据。因此才会出现这个很常见的混淆。

然而，可以想象，对模态地位和潜能的关注，其实并不是关于个体主义本身的，而是涉及一个更加苛刻的主张，即地位必须完全取决于特定个体的**内在**属性。如果我们接受这一主张，那么这确实会排除我所提出的那种观点。因为我曾说过，个体的实际地位取决于他的潜能的强弱或模态地位的强弱，而这两者都不会单独影响到个体的内在属性。

举个例子可以说明这一点。就拿成为人的潜能来说。正如我所指出的那样，如果有一些尚未发现（也许永远不会得以发现）的治疗方法可以让幼犬发展出人格，那么即使是一只幼犬也可能（以一种很弱的形式）有这种潜能。但是想象一下，我们最终确实发现了这种治疗方法，并将之常规性地用在幼犬身上。那么一只即将接受治疗的幼犬也是一个潜在的人格拥有者——在这种情况下，这种潜能是很强的。然而很明显，治疗方法的有效性（以及标准的使用）并不是任何哪只幼犬本身固有的内在事实。所以拥有某种程度的潜在人格并不是幼犬本身固有的内在属性，尽管这当然也取决于幼犬本身的内在属性。类似的想法也适用于其他潜能。因此，如果像我说的那样，某个个体的地位受到他的潜能的影响，那么他的地位就不仅仅取决于其内在属性。反过来说，如果地位只与内在属性有关，那么我认为个体潜能的强弱，对该个体的地位会有影响便是错误的。

当然，类似的论证也适用于模态地位。假设这种神奇的治疗方法存在，但是从未被人发现。那么，幼犬具有模态人格（如果治疗方法得以被发现并应用，它就可以拥有人格），但这种模态地位极其微弱。相反，如果已经发现了治疗方法，并常规性地用于幼犬，可是这只幼犬不知为何意外地被忽略了（而现在进行为时已晚），那么这只幼犬的模态人格就相当强。但是这种治疗方法的可获得性和正常使用不会改变幼犬的内在属性。因此，具有特定强度的模态人格（或者更笼统地说，模态地位）也不是内在属性。所以，如果地位只与内在属性有关，那么我认为某个个体的模态地位的强度，对该个体的地位会有影响便是错误的。

很好，现在我们必须作出选择。我们是否应该坚持认为地位只取决于内在属性——从而得出结论认为，模态地位和潜能与道德地位无关？或者我们应该拒绝这种说法，从而允许潜能和模态地位跟道德地位具有相关性？

（还有第三种选择吗？我们是否可以尝试发展出一种关于潜能或

模态地位的解释，在这种解释中，模态地位实际上完全取决于内在属性？我自己的看法是，这种做法前景渺茫。①)

我知道有些人会觉得，地位显然必须取决于内在属性，而且只取决于内在属性。他们会指出，除非我们接受这一结论，否则某个个体的地位在某种程度上将是该个体的外部环境所产生的意外，以至于两个本质上完全相同的个体在道德地位上存在着差异。②他们坚称这是荒谬的。

但就我个人而言，我看不出有什么令人信服的理由认为，地位必须取决于内在属性而非其他特征。③当然，我们必须提醒自己不要忽视那些看似**无关**的属性；但是这些错误的选项并不局限于外在属性。两个内在属性相似的个体，在道德地位上却有可能不一样，这并没有让我感到困扰。在我看来，这似乎是可以接受的——当然，前提是地位上的差异是以某种适当的潜能差异为基础的。所以问题就变成了是否有直观的证据支持潜能和模态地位是影响个体地位的特征之一。至少就我个人而言，当我提出这个问题的时候，答案是很清楚的：直觉上两者确实相关。如果你也有这些直觉，那么你至少会有一些理由来拒绝这个未经论证的假设，即地位必须只能取决于内在属性。

诚然，我并没有为我关于模态地位或潜能的不同主张提供多少论证。事实上，对于我在本章中提出的论断可以说也是如此。但我在这里的目的，并不是要为关于地位的基础提供辩护，而只是简单勾勒出一种可能的观点。当然，我相信我所提出的关于地位基础的

---

① 见 McMahan, *The Ethics of Killing*, pp. 308–16。

② 见 McMahan, *The Ethics of Killing*, pp. 309–11。

③ 这个想法的一些吸引力可能是由于将地位视为一种内在价值，再加上内在价值必须仅仅取决于内在属性的假设。我在《重新思考内在价值》(*Rethinking Intrinsic Value*) 中反驳了这种假设的某一个版本。

各种主张，可以很好地契合常见的直觉（关于哪些个体的地位比其他个体高，以及为什么这些个体的地位比他们高）——但我还没有花时间去研究一系列合适的事例用以证明这个判断。无论如何，我肯定没有尝试去对地位的基础作出全面的阐述。我在这里的目标较为保守：大致勾勒出一种可能的观点，这种观点至少初看起来是比较合理的。

正如我所强调的，即使人们接受了这种观点的大致形态，还是有很多细节需要解决。[①] 毫无疑问，在这个过程当中，我在这里暂时认可的一些内容可能需要修改或放弃。尽管如此，由于我相信对动物伦理的充分说明将不可避免地涉及对地位的等级划分，那么至少勾勒出一种可能有希望的方法来思考这种地位的基础似乎就很重要。但是在这里，正如我在本书中讨论的所有其他主题一样，还有大量的工作有待完成。

① 比如说，想象一个婴儿遭受了脑损伤，因此失去了成为正常人的潜能。他不是一个潜在的人格拥有者（他再也无法成为一个正常人），也没有模态人格（他再也不会原本能够成为一个正常人），但他拥有模态的潜在人格（他本来可以在现在拥有潜在人格）。这种属性是否也可以提升个体的地位？

第 6 章　对等级论的担忧

1. 精英主义

有些人可能会打算摒弃我所描述的那种等级观念。毕竟，他们可以坚持认为，任何类型的等级观念都是精英主义，都会为那些道德上完全不可接受的做法开启后门。等级观念“在道德上是有害的”①。

我不确定如何才能最好地回应这个反对意见，因为我们还不清楚这个反对意见究竟会是怎样的。确实，历史上这样或那样的等级观念，曾被用以辩护各种不公正的事情以及道德上令人憎恶的做法。在许多其他事例当中，诉诸涉及了道德等级化的理论曾被用来支持这样一些主张：认为奴隶制和种姓制是正当的，女性比男性应该拥有更少的道德权利，君主和贵族应该拥有普通人完全没有的道德特

① Regan, *The Case for Animal Rights*, p. 234. 在这段话中，里根只是明确地批评了区分不同类型的人的等级观念（他把持有这种观点的人叫作“完美主义者”）；但他这样做的目的，是拒绝那种我也认可的等级观念提供理由。

权，上帝的选民拥有异教徒无法拥有的道德身份。这些观念当然都是糟糕透顶的。

但是，很难看出我们可以从这个事实当中得出什么结论。我们当然不能认为，如果一种特定类型的错误的道德观念被用来为可怕的做法辩护，那么这种类型的**所有**观念也一定是错误的，或者由于害怕与之相关的观念会被错误地利用，我们至少应该避免使用这些观念。因为很难说有哪种道德理论能够逃脱基于这个理由所带来的谴责。无论如何，我们不会因为错误的、令人反感的权利观常被用来为道德上令人憎恶的行为辩护，就断然否定一切对道德权利的诉求。我们也不会因为诸如自由、自主、平等、幸福、社会良善或正义这些概念本身所具有的道德意义，也常常被用来为那些事实上令人不齿的不道德行为辩护，从而拒绝接受所有对这些概念的诉求。

因此，即使我们承认——当然必须要承认——等级观念经常被用来为道德上的有害做法辩护，但是除了错误的等级观念会导致**错误**的道德信念，从而有可能导致不公正（或更糟糕的事情）之外——这个想法是无可争议的——等级观念也不会产生别的推论了。因此，我们应该像对待任何道德主张一样，在这里应该多加留心，要对等级观念进行仔细认真的审查。然而这一点当然不意味着我们有充分的理由来拒绝所有的等级观念本身。

那么对于等级观念难免是精英主义这个担忧，我们应该怎么回应呢？我发现自己倾向于认为，这很可能是事实——这取决于我们在使用这个术语时其确切的含义是什么。但我们仍然需要知道，为什么等级论是精英主义这个事实构成了对等级观念的反驳。在我看来，很多时候我们在说等级观念是精英主义，无非是在指出等级观念确实是区分出等级的——同时，这一特性在某种程度上自然地就让等级观念变得令人无法接受。

当然，划分出等级的理论是否的确是精英主义，部分地取决于我们如何定义“精英主义”这个概念；但我认为下面这个说法是合理的：

> 认为某些人或某些群体的成员因其智力、社会地位或财富等方面的优越性而应当受到优待。①

在我看来，从**这个**意义上来理解，把我所捍卫的观点描述为精英主义似乎是准确的。因为我一直在论证，人比动物有更高的道德地位，一些动物比其他动物有更高的地位。这些地位上的差异，奠定了道德诉求在强度上有相应的差异（比如说，赋予人更强的分配诉求），从这个意义上讲，地位更高的个体将会得到更好的待遇：他们在其他方面都相似的利益将会受到更大的重视。而这些受优待的群体成员之所以会拥有这种更高的地位，是因为他们拥有更高级的能够产生地位的特征——例如更发达、更复杂的心理能力（或是可以获得这种能力的潜能等等）。

因此，我所捍卫的观点确实是一种精英主义的观点。可以肯定的是，它并不是根据社会地位或财富来分配地位的。它也不以常见的精英主义观点所熟悉的其他特征为依据，例如性别、肤色、宗教或家庭。可以设想，它可以说是根据大致类似于**智能**这样的东西——上文提到的特征之一——来分配地位的，这取决于我们对这个术语的解释有多宽泛（它肯定不是像智商这样的狭义的事物）。但

① 参见 thefreedictionary.com, 该定义在 2017 年 3 月 28 日可查。

这不是重点。大致上，要使一种理论成为精英主义，就必须有某种指定的特征作为区别对待的依据；而在我所描述的理论中，对心理能力（以及潜能和模态地位）的诉诸，无疑起到了这种作用。

因此，该理论是一种精英主义理论。但这又有什么问题呢？一旦我们记住，不要从大多数精英主义的观点都是错误的（而且确实是有害的）这个事实过度概括为其所有观点都一定是错误，我们就很难看出，接受这种涉及在分配地位时会区别对待的观点到底有什么值得反对的。

有些人可能会抱怨说，这种“区别对待”的说法是以一种有争议且不冒犯的方式来描述精英主义观点；也许更好的说法是，精英主义观点之所以不可接受，正是因为它们涉及非法的**歧视**——不合理地拒绝用相似的方式来对待相似的利益。但在这一点上，对等级论的批评已经沦为扣帽子。“精英主义”变成了只有当涉及在我们看来是对群体进行不合理的区分时，才会在道德理论中使用的术语。

举例来说，人们通常认为，有些疼痛比其他疼痛更严重，也许是因为它们持续的时间更长或更剧烈。如果我们发现自己优先考虑那些疼痛更剧烈的个体——给予他们“优待”，这种做法是精英主义吗？当然不是。没人会这么去说，因为每个人都认识到，区分剧烈疼痛和不剧烈的疼痛是**恰当**的。如果把以这种方式区分疼痛的观点称为**精英主义**，那就意味着（也许并不严格意味着）这种区分某种程度上在道德上是不合法的。然而没有人会相信这一点。

与之类似，考虑这样一种观点：与一个从未被指控犯有谋杀罪的无辜者相比，一个已被定罪的杀人犯要求享有不被监禁的权利就没那么重要了。这种观点也是对不同群体的区别对待，给予某些群体（无辜者）比其他群体（有罪者）更好的待遇。但在这里，也没有人会把这样的观点称为精英主义，因为我们承认这种区别对待是正当的。

总之，无论精英主义的官方定义是什么，在实践中，我们倾向于将“精英主义”一词，留给那些我们认为根据道德上无关紧要的理由进行区别对待的理论和实践。因此，如果有人抱怨动物伦理学中的等级观念是精英主义的观点，这不是对等级论观点提出真正的反驳论证；相反，它只是预先假定这种观点是错误的。我们还不清楚为什么其他人也应该赞同这种判断。

2. 高级存在者

虽然不能只因为某种观念涉及等级划分就直接否定它，但并不妨碍我们有很好的理由反对这类观念。所以接下来，我想考虑一下人们对我所描述的这类立场可能会有的三种更加实质性的担忧。我的看法是，所有这三种担忧都是合理的，因为它们可能会让人在接受动物伦理的等级论进路之前有所顾虑，但只有最后两种担忧是真正令人不安的。

我所想的三个担忧中的第一个，涉及是否有可能存在着道德地位**高于**我们的存在者。当然，我一直在辩护这样一种观点，即道德地位可以是不同的，而且不同种类的动物的道德地位都比我们的地位要低。但是似乎可以认为，等级观念也会承认，可能会有比我们的地位还要高的某种地位。毕竟，如果动物因其较不发达或较不成熟的心理能力而具有较低的道德地位，那么我们似乎就必须（至少在原则上）接受这样一种可能性，也就是会有拥有**更加**发达能力的其他存在者，因而他们有着比我们更高的道德地位。可以说，这种可能性足以让人担忧，从而让我们有理由彻底抛弃等级论进路。(愤世嫉俗的批评者可能会说，等级论进路在**奉承**我们的时候貌似诱人，告诉我们人类拥有动物所缺乏的或者只以较弱的形式拥有的权利，不过一旦我们认识到同样的进路也会导致碰巧有某种类型的存在者凌驾于我们之上，等级论的吸引力可能就会荡然无存。)

所以我们需要面对两个问题。第一，真的会有道德地位比我们更高的存在者吗？如果有，那么第二个问题是，这种可能性会困扰我们吗？让我们逐一考虑这些问题。

关于第一个问题，在一个等级框架内，当然没有任何令人信服的理由去排除会有高于我们的地位的可能性。诚然，讨论道德地位的哲学家们有时会使用“完满的道德地位”这样的语言来描述我们所拥有的地位。但我相信大家都清楚，我们在这里问的问题——是否有某些存在者可以拥有比我们更高的地位——是一个实质性的问题，而不是那种可以通过简单诉诸我们碰巧用来描述我们地位的**标签**就能解决的问题。

当然，如果我们要讨论的问题是，是否有一些存在者——比如说，动物——可能具有道德地位，但比我们的道德地位更低一些，那么用“完满的”道德地位这个词就不会有什么特别的问题（即使是一体论者也可以接受这个词，只是坚持认为任何具有道德地位的个体都具有完满的道德地位）。但问题恰恰要问，是否可能存在着地位**高于**我们自己的存在者，那么坚持认为答案**必须**是否定的就毫无意义，因为毕竟已经规定了我们自己拥有“完满”的地位。相反，在思考这类问题时，最好从一开始就避免使用这类语言。

无论如何，在我们先前关于较高和较低的地位的讨论中，没有任何东西让我们有理由认为，我们碰巧拥有的地位是无法超越的。虽然我提议用 1 来表示正常人的地位（用 0 到 1 之间的数字表示各种动物的地位），但是这个建议显然并没有排除存在着更高地位的可能性，那样的地位可以用**高于** 1 的数字来恰当地表示。

然而，假设你想接受一种等级论进路，也想**否认**存在着比我们更高地位的可能性。如何能够做到这一点呢？

一种方法是坚持认为，作为我们自身道德地位基础的心理能力是无法超越的。这样说合理吗？

我认为，很明显，大多数（或所有）相关的能力在程度上是有所不同的。当我们考虑动物的时候很容易看到这一点，动物往往拥有跟我们一样的能力，只是没有那么发达或那么复杂。但是，当然这并没有告诉我们相关的能力，是否也可以被不加限制地想象成**更加**复杂的版本。那么，也许提升地位的能力是有上限的，或者说有完美的形式。如果类似这样的说法是正确的，那么道德地位可能也有一个上限。

认为某些与地位有关的能力可能会有这样的上限似乎是合理的。比如说，记忆（它在复杂形式的能动性当中起着至关重要的作用）大概就有上限。想象一下，某个个体可以瞬间记住所有的东西——能够记住生活中的每一个想法和体验——毫不费力且完美无缺。我很难想象还有比这更好的记忆了。因此，至少记忆是有上限的。

但是，奠定我们地位的其他能力，是否也有类似的情况呢？审美鉴赏力是否会有固定的上限？规范性的反思能力呢？自主能力呢？把握抽象真理的能力呢？情感的深厚性呢？

我认为这些问题的答案并不明显。因此，我认为没有理由假定所有产生地位的能力都有这样的上限。但与此同时，我也不确信这种上限是不存在的。所以，也许与地位相关的能力确实有上限。

然而，即使这些能力都有上限，也不足以证明我们的地位是最高的。它最多只能支持**某些**道德地位是有上限这个观点。这当然不是说**我们**拥有最高的地位。因为很明显，即使相关的能力有上限，我们自己的能力也远远低于完美的能力。(举一个很明显的例子，我们的记忆能力远非刚才想象的那种不会出错的完美版本；而即使有一种能够完美地把握抽象真理的能力，很显然我们也不具备这种能力。)

此外，即使我们在第一点上说服了自己——即使我们有理由得出结论认为，我们自己的能力处于这些能力所能达到的最高形式——这仍然不能解决问题。因为就像我之前提到的那样（见第5章第3节），可能还有其他能力可以提升个体的地位，而这些能力正是我们完全缺乏的。毕竟，某些动物似乎确实缺乏某些**我们**所拥有的能够产生地位的能力。因此，我觉得很难理解为什么不可能有其他能够提高地位的能力，而这些能力恰恰是我们所**缺乏**的。如果是这样的话，那么即使我们所拥有的能力确实是最复杂的形式，却仍然会有这样一种可能性，某些个体具备我们所拥有的全部能力（这些能力的最理想形态），但同时也具备一些能够进一步提升地位的能力。而这样的个体，似乎还会拥有足以产生比我们自己更高地位的那些能力。

不过有人可能会说，即使那种与地位有关的心理能力能够超越我们的能力，但道德地位本身不可能无限制地持续“增长”下去。也许的确存在着一个上限，但这个上限并不指向奠定地位的能力，而是指向了地位本身的规范性的可能性。也许到达了某个点，认为我们达到的地位之上还有一个更高的地位的想法，就不再有任何意义了。

然而，尽管最高的道德地位就纯粹的逻辑上的可能性而言确实是融贯的（当我们以这种抽象的方式来描述它时），但我没有看到令人信服的理由让人相信地位事实上会有这种意义上的上限。因为我们很难理解，为什么那些能够构成个体的规范性轮廓的各种类型的道德诉求，必须在其潜在的强度或范围方面有一个固定的限制。

当然，可以想象，某些类型的道德诉求确实有上限，因此一种道德地位不可能产生比这样的道德地位类型更强的道德诉求。例如，根据某些道德观点，无论在**什么**情况下，故意伤害一个无辜的人在道德上都是严厉禁止的（即使这是避免灾难的唯一方法）。显然，任何包括这种“不可侵犯性”的道德地位，都不可能在这方面被更高的地位所压制；在这一特定领域中不可能有更强的道德诉求了。当然，尽管如此，其他一些道德诉求也在个体的规范性轮廓中发挥了作用，而且至少对于其中某些道德诉求而言，似乎确实能够以更强的形式出现。

比如说，回想一下我们前面讨论过的各种分配原则。我论证过（在第 3 章第 2 节中），人在这个领域当中有着比动物更强的诉求，因此，人的绝对福祉水平比兔子更高，但还是可以有更强的优先主义诉求。据我所知，没有什么可以妨碍我们去设想，可能出现在这方面有**更强**诉求的生物。类似的说法也适用于其他分配原则。或者考虑一下（在第 4 章第 3 节中论证过），由于我们的地位更高，人的福祉对特定结果的价值的贡献，可能要比动物的同等福祉对特定结果的价值的贡献要更大。在这里，我们也不难想象这样一种可能性，有可能存在着福祉价值更大的存在者。

因此，从原则上讲，似乎没有充分的理由排除有些生物的地位比我们更高这一可能性。确实，一旦我们允许可能存在着我们完全不具备的提升地位的能力，似乎可以想象，全新类型的道德诉求也会显露出来，而即使是这些诉求的较弱形式，也是我们不具备的。因此，这也是另一种存在者的地位高于我们的一种方式。总之，虽然实际上比我们地位更高的个体可能存在也可能不存在，但在我看来，任何接受等级论的人至少都应该要去考虑这种可能性。

很好，如果我们必须至少允许地位高于我们的存在者是可能存在的，接下来我们要问的是：他们的规范性轮廓会是怎样的，这会是一种道德上令人不安的可能性吗?

关于这种存在者的规范性轮廓的内容，某些部分可能比其他部分更容易描述。要给出一个完整的答案，需要动用的想象力可能会超出我在这里所能达到的极限。如果看起来确实有可能存在着那种我们完全不具备的可以提升地位的能力，那么这种不熟悉的（“陌异的”）能力会有什么样的规范性特征，就远非显而易见了。当然，如果我们真的遇到了这样的生物，即使我们缺乏这些能力，最终可能也会掌握这些能力的本质（就像盲人可以在某种程度上掌握视觉的本质一样）——也许我们就能理解这些陌异的能力能够支持哪些新类型的规范性诉求。事实上，据我所知，我们甚至可以在**没有**遇到这些生物的情况下，通过恰当的哲学想象和反思，就能先验地找出一些相关的可能性。但是就像我说的那样，我不会在这里尝试去做这个工作。

（这种更高级的存在者能够向我们**解释**他们的高级地位吗？[①] 也许可以，也许不行。我们的道德地位比老鼠更高，但老鼠的认知能

① 参见 Nozick, *Anarchy, State, and Utopia*, pp. 45–7。

力过于有限，我们无法向它们解释这一事实。那么可以想象，我们在认知上也可能过于有限，以至于无法完全理解其他生物为何以及如何能够比我们更高级。）

另一方面，道德地位高于我们的存在者，其规范性轮廓的其他方面可能相对容易理解。毕竟，他们的高级能力，也会为**类似于**我们已经熟悉的那些道德诉求提供基础，不过他们的能力赋予道德诉求的权重会更大，于是他们更高的地位所涉及的内容也就容易弄清楚了。他们可以提出与我们所能提出的**类型**相似的道德诉求——但是，在其他条件相同的情况下，他们的道德诉求会更强。

事实上，我们不难看出，我在前面的讨论中勾勒的一些模型，可以便捷而恰当地推广到比我们地位更高的存在者身上。因此，举例来说，如果我们接受用简易除法——除以表示地位的数值——来计算根据地位调整后的福利水平以便确定优先主义诉求，那么我们也可以将简易除法用在高于我们自己的地位的存在者。（正如我们在用 0 到 1 之间的数字除以福利时所看到的，数值越高，特定的福利水平产生的优先主义诉求就越强；用大于 1 的数字除以福利，可以适当地扩展这个结果。）

与之类似，如果我们用简易乘法——乘以表示地位的数值——来确定某个个体的福利对结果价值的贡献程度，那么对于比我们自己地位更高的个体，我们也可以继续使用这种办法。（正如乘以 0 到 1 之间的数字可以恰当地得出这样的结论，即某个个体的地位越高，他所拥有的特定数量福利的价值就越高，那么乘以比 1 更高的数字，也可以得出地位比我们更高的生物的福利价值会更大这个结论。）

最后，再举一个例子，考虑一下设置相关的充足主义基准线的问题。就像人类的基准线比动物的要更高一样，我们也可以很容易地为任何地位高于我们的生物设定更高的基准线。这样做似乎是合理的。毕竟，正如我们前面所提到的，人的（最低限度的）体面生活要比牛的（最低限度的）体面生活所涉及的福利更多，更不用说蛇了。同样，任何地位高于我们的生物，其（最低限度的）体面生活所涉及的福利似乎也会更高。（因为其心理能力远高于我们，我们有理由猜测其可能拥有比我们更有价值的生活。）因此，给他们设定一个更高的充足主义基准线是合适的。

[我也许应该承认，有时有人认为，对我们来说构成（最低限度的）体面生活的那种生活，**对任何存在者来说**都已经足够好了，不管他们可能拥有的生活是**多么的**有价值。① 但是我觉得这种说法简直难以置信。我非常怀疑，任何哪条基准线对**所有的**生物来说都是足够的，无论其心理和情感能力有多发达。而且无论如何，即使我在这一点上是错的，**倘若**存在着一种对任何存在者来说都足够（或者要更好）的生活，但如果人类（最低限度的）体面的生活恰好精准地落在了这个水平上，那确实是一种神奇的巧合。]

至少到目前为止，这些推论都没有让我感到特别不安。虽然我们可能并不完全清楚，高级存在者（也就是道德地位高于我们自己的存在者）的存在会意味着什么，但我个人的观点是，我们目前为止所追溯到的任何推论，都没有提供任何好的理由拒绝这种等级论进路。

当然，我还没有谈到那些无疑是最令人担忧的可能性。我想许多人都会担心，如果我们确实允许存在着比我们地位更高的存在者，

① 例如克里斯普表示，他自己的直觉可以是，比如说，“在这个星球上有 80 年的高质量生活对任何生物来说已经足够了，而且似乎对于**任何**生物而言都绰绰有余”——这包括生活在其他世界当中的生物，其生活比“地球上福利最好的人的生活要好得多”（“Equality, Priority, and Compassion”, p. 762，强调部分为本书所加）。

那么这种存在者在道德上就可以——凭借其更高的地位——来践踏我们认为自己所拥有的道德权利。其权利在重要性上确实超过了我们的权利——压制我们的权利，或者甚至以其他方式让我们彻底失去话语权。虽然我们（正常的成年人）不被允许以各种道德上令人厌恶的方式来对待**彼此**，但事实可能是地位更高的存在者确实有权利用这些方式来对待我们。这至少是一种担忧。如果我们认为道德地位比我们自身更高的存在者是可能的，我们又将如何排除这样一种可能性，即其在道德上就像我们目前对待动物的方式那样，可以把我们当作东西或者资源来对待我们？

然而，回想一下这一点是重要的，我的观点是，我们目前对待动物的方式构成了可怕的道德虐待。没错，我支持一种等级论进路，根据这种进路，我们的利益（在各个方面）比动物类似的利益更加重要。但这不应该与那种认为动物的利益根本不重要的观点混为一谈。事实上，我相信在任何合理的等级论进路下，我们与动物打交道的许多最重要的方式（例如奴役动物，或者饲养动物用作食物）都是不正当的。同样，道德地位比我们高的存在者把**我们**当作纯粹的资源也是不正当的。事实上，考虑到我们自己的道德地位要高于动物这个事实，任何这样的虐待几乎不可避免地构成更大的道德恐怖。因此，虽然“高级存在者”奴役我们的恐怖场景或许是我们所熟悉的，但我看不出有什么好的理由去相信一种合理的等级论进路实际上会允许这种情况发生。毕竟，我们是智能、敏感、理性、自主的生物。这些特征有助于解释为什么奴役我们当中的成员是一件特别可怕的事情。而我们将继续拥有这些特征，即使在心理能力高于我们的生物面前也是如此。因此，奴役在道德上仍然是不合法的。

当然，其他生物似乎有可能比我们更聪明、更敏感、更具自主性。如果是这样，那么奴役这样的生物可能比奴役我们人类更加恶劣。但这个推论在我看来是符合直觉的——如果真有比我们自主性更高的生物存在，奴役它们确实可能更不道德。但这绝不意味着它们奴役我们就是正当的。①

因此，我的结论是，我们应该允许道德地位高于我们的生物的存在。如果真有这样的存在者，那么其利益在道德上会以不同的方式比我们自己的利益更加重要（在其他条件相同的情况下）。毫无疑问，在一些人眼里，承认这种可能性是一种卑微的想法。但是在我看来，这并没有为拒绝等级论进路提供任何好的理由。

最后一点。如果真有这种高级存在者，那么其大概也会有人格：像我们一样，其会有理性和自我意识，能够意识到自己是跨时间的存在者，等等。当然，这意味着在之前的讨论中，当我以一种不加限制的方式谈论“人”的道德地位时是不精确的，好像所有的人格拥有者都必然拥有相同的道德地位。我想说的意思更像是“与我们具有相似能力的人”——也就是说，具有与正常成年人一样的能力的人。与之类似，当我建议用数字 1 来表示人的地位时，我的表达也是不精确的。当然，我想到的是用数字 1 来表示**我们的**地位——而不是用来表示那些比我们更高级的人格拥有者（如果有的话）的地位。

如果我们愿意，我们可以在这一点上引入一个新的术语，这个术语规定只挑选出那些在能力和地位上类似于我们的人格拥有者。例如，当我们只想指称这类更加有限的群体成员时——这些人格拥有者（无论是否是人类）具备成年人类典型的能力和地位——我们

---

① 当然，要构建一种等级理论并不难，这种理论确实意味着，足够高级的生物可以奴役我们或者以其他方式“虐待”我们。但我没有充分的理由认为，**最合理的**等级理论会允许其这样做。

可以开始谈论“像人类那样的人格拥有者”(human-like persons)。或者，我们可以区分出**狭义**的人（仅仅指称能力和地位与我们相似的人格拥有者）和**广义**的人（适用于所有的人格拥有者，包括那些高级存在者)。无疑还会有别的作出区分的可能性。

然而在大多数情况下，我不会采用这些惯例当中的任何一种，而是让上下文来做相关的工作。在下文中，当我使用“人 / 人格 / 人格拥有者”(person）这个词（以及它的同义词）的时候，除非上下文另作说明，否则你应该假定我只在谈论“狭义”上的人（也就是仅仅指称像人类那样的人格拥有者)。相反，如果我的意思也包含其他类型的人格拥有者——更广泛的、更具囊括性的人格拥有者，要么我会明确地指出来，要么上下文已经清楚地表明了这一点。

3．边缘事例

那种最常被人讨论的反对等级论进路的理由，倒不是针对高级存在者的，而是针对相反的情况。一个众所周知而令人心碎的事实是，有些人的认知能力严重受损，与普通的成年人相比要差很多，有时候甚至差得让人吃惊。例如，有些成年人缺乏自我意识或发达的时间感，只有非常有限的记忆力，几乎没有制定和执行计划的能力。虽然他们有意识，能够感受到快乐和痛苦，但这些人的认知能力受损如此严重，以致缺乏作为人格拥有者所必需的能力。他们在认知和情感上的心理同类不是正常的成年人，而是动物。然而，如果正如我所论证的那样，某个个体的道德地位是其心理能力的函数，那么似乎可以得出结论认为，这些有缺陷的人似乎必须被赋予一种低于我们自己的道德地位。如果人格拥有者的地位是1，那么这些严重受损的人的地位就会远远低于1。这就是等级论会带来的一个令人不安的推论——事实上，许多人会因此得出结论说，这给了我们拒绝我所描述的那种等级论决定性的理由。

等级论所产生的关于严重受损的人的推论，为拒绝这种进路提供了理由，这种思路有时候被称为“来自边缘事例的论证”。当然，这里所谓的“边缘事例”是指那些严重受损的人，可以说，他们是一种介于动物和普通成年人之间的中间群体。据说对这类中间群体的思考可以让我们看到，道德上唯一可以接受的观点是一体论；等级论必须要抛弃。

这里的基本论证是这样的：一方面，对待受损的人比对待普通人更糟糕，这在道德上是不可接受的；但是另一方面，受损的人与动物相比，并没有道德上相关的区别。因此，对待动物要比对待普通人类更糟糕，这在道德上肯定也是不可接受的。有鉴于此，通过思考边缘事例——严重受损的人——我们可以看出接受一体论的必要性，因为**等级论**进路将不可避免地迫使我们得出这样一个令人无法接受的结论：虐待受损的人在道德上是可允许的。

我们似乎也可以为受损的动物构建一个类似的论证。因此，比方说，一只严重受损的狼可能是蛇的心理同类。可以想象，有些人可能想争辩说，既然对待受损的狼比普通的狼更糟糕在道德上是不可接受的，而既然受损的狼和蛇之间没有道德上相关的差异，那么在道德上也就不能接受对待蛇比对待狼更糟糕的做法。我们可以根据这个例子总结出一个结论：任何认为某些动物的地位比其他动物低的等级论肯定是错误的。

因此，来自边缘事例的论证不必聚焦于受损的人。尽管如此，出于显见的理由，这是该论证惯常采用的形式，正是我们**人类**的某些同胞可能会受到虐待才尤其让我们感到困扰和不安。（相比之下，我们可能不太确定怎样才算构成了虐待一只受损的狼。）所以在讨论这个论证时，我将遵循惯常的做法，重点讨论它对于受损的人可能意味着什么。

（当然，即使聚焦于严重受损的人，也不是所有的事例都对等级论构成了同样令人不安的挑战。因为有些严重受损的人**曾经**是人格拥有者。于是可以说，尽管这些人已经丧失了使他们拥有人格的认知能力，然而正是因为他们曾经是人，即使是现在，在如何对待他们的问题上也可能会有重要的道德限制，而这些限制的基础是他们早期所拥有的各种利益和愿望。鉴于以往的人格在道德上的重要性，通常被认为对等级论造成最大威胁的受损事例，涉及那些因损伤而导致现在不具有人格、以往**也**没有人格，并且将来还是没有人格的个体——在这一点上，这些个体甚至不具备成为人格拥有者的**潜能**。由于我们在这里的目标是考虑对等级论最迫切的反对意见，所以我将只关注后一种严重受损的人。）

此刻诉诸边缘事例之所以有一定的说服力，是因为它隐含了一个假设，那就是在等级论的观点下，动物会变得几乎不重要。因此如果遭受损伤的人类，其地位不比那些作为心理同类的动物更高，那么这些人也会变得几乎不重要。而最令人不安的是，如此“恶劣”（如同我在上文所说的）对待这些人竟是被允许的。

所以首先要注意，即使等级论确实意味着受损的人与动物有着同样的地位，但这并不意味着允许以恶劣的方式对待这些人类群体。只有我们目前对待**动物**的方式在道德上是合法的前提下，才会得出这样的结论。但我希望大家清楚，等级论不需要也不应该采取这种立场。说动物的重要性比人低，这与说动物很不重要甚至完全不重要绝对不是一回事。恰恰相反，根据任何一种合理的等级论，我们目前对待动物的方式在道德上几乎都是不合理的。因此，即使受损的人真的应该被赋予与作为他们心理同类的动物相同的道德地位，也不意味着可以虐待他们。

但无论如何，要注意的第二点是，根据我所赞同的那种等级论观点，说严重受损的人与作为心理同类的动物有着相同的道德地位，也并不完全正确。相反，在受损的人与动物之间有一个与道德相关的差异，这个差异保证了应该赋予受损的人**更高**的道德地位。因为与动物不同，受损的人是模态人格拥有者，而模态人格会提升个体的地位。

我们很容易忽视这个建议。人们通常假定，只有个体所属的**物种**与其地位相关时，才能说遭受损伤的人类比他们的动物心理同类更有价值。毕竟，如果仅凭属于**智人**物种这个事实就足以赋予某个个体与正常成年人相同的道德地位，那么毫无疑问，严重受损的人就会享有人的地位，而不是拥有与动物相同的地位。但是，我们当然很难找到一个令人信服的论证来捍卫这种关于物种成员资格的解释方式。确实，经常有人主张说，认为物种成员资格具有这种道德意义的观点应该被视为一种偏见。据说一旦抛弃掉这种物种主义偏见，我们就可以看到，心理能力相当的残障人士和动物，理应拥有完全相同的道德地位。

事实上，我确实同意，某个个体属于哪个物种没有直接的道德意义（尽管我完全不相信持有相反的观点肯定只是一种**偏见**）。[①] 但

---

① 辛格在《动物解放》第1—9页指责“物种歧视”仅仅是一种偏见。我在《物种主义有什么问题》第1—8页中辩护了这个观点。要质疑物种主义的道德意义，请参见“What's Wrong with Speciesism?” pp. 14–17; McMahan, *The Ethics of Killing*, pp. 209–28。

是，如果认为遭受损伤的人类比他们的动物同类更有价值的唯一方式就是凭借其所属的物种，那就错了。因为从道德的角度来看，还有其他一些差异可能也是很重要的。特别是，受损的人通常具有模态人格。模态人格在我看来可以提升个体的地位。因此，根据我所提出的观点，受损的人将比作为他们心理同类的动物拥有更高的地位，因为前者有模态人格，而后者却没有。

于是，至少诉诸边缘事例来为一体论辩护的原始论证是失败的。回想一下，这个论证声称，由于动物与受损的人有着相同的地位，而受损的人有着与我们相同的地位，所以动物肯定有着与人相同的道德地位。然而一旦我们认识到，受损的人要比他们的动物同类有着更高的地位，一体论的结论（动物与人有着相同的地位）就不再成立——哪怕我们承认该论证的另一个前提（受损的人与未受损的人有着相同的地位）也是如此。

话说回来，就算支持一体论的初始论证失败了，我们可能仍然会被这样一种想法所困扰，那就是诉诸模态人格不足以为受损的人奠定足够**高**的地位。这就指明了一体论者利用边缘事例反驳等级论的第二种方式。如果事实上避免受损的人地位过低的唯一办法，就是要承认所有具有身份的个体都有着**相同**的地位，那么有人会得出结论说，诉诸边缘事例最终足以为一体论辩护。

当然，这个修正后的论证的力度，取决于我们尚未解决的问题，也就是模态人格能在**多大**程度上提升个体的地位。根据最小论的解释，受损的人的地位可能只比其动物同类的地位稍微高一点。尽管受损的人拥有模态人格是一个事实，但我个人认为，模态地位所具有的权重应该**更大**。受损的人和他们的动物同类之间的地位差距可能相当大。的确，关于模态地位，一种足够强的观点认为，受损的人的地位可能与正常人类的地位相当接近。因此，说等级论的观点将会不可避免地把受损的人的道德地位降低到无法接受的程度，这是不正确的。

尽管如此，有些人还是会对受损的人地位较低的说法感到不安。他们坚持认为，唯一可接受的立场是，即使是严重受损的人，他们的地位也跟我们一样。

也许值得注意的是，即使是最后一种立场，只要我们准备好赋予模态地位足够的权重，也可以将之纳入等级论的进路当中。正如我们之前指出的（见第 5 章第 5 节），一种激进观点会认为，模态人格有着与实际人格相同的地位。所以可以想象，某些人可能会接受一个极端观点——他们原本就认同等级论，但又不愿承认严重受损者的地位低下，这种矛盾或许会促使他们在模态地位问题上走极端。

然而就我个人而言，虽然我确实相信模态人格的重要性，但我并不倾向于接受这种极端观点。我发现自己倒是对一种更温和的立场感兴趣，这种立场认为，拥有模态人格的个体其地位得到了提升，但可提升的程度并不像由真实人格所产生的地位那么高。因此在我看来，认为严重受损的人的道德地位低于正常的成年人的观点是正确的。

事实上，我们回想起这一点（也在第 5 章第 5 节中提到），上述这个结论就会得到加强：个体的地位因模态地位而得以提升的强度，取决于个体与其实际上拥有相关能力的情形是近是远。我们可以合理地思考，一个不具有人格的个体原本却**可以拥有**人格的情形是不是那么遥不可及。（例如，实际的损伤是因为可以轻易避免的事故导致的吗？还是说由于胎儿发育过程中出现了问题？或者是基因异常造成的结果？[①] 等等。）因此，受损者的模态地位**强度**可能是不一样的。因此，即使在某些情况下，受损者的整体地位接近于人的地位，但还是会有一些其他情形，在这些情形下，地位的差异会变得更大。只有在那种无视模态情形距离远近的模态地位观点中，才可以避免得出这种推论。而在我看来，这种观点似乎是不合理的（尤其是考虑到如果人们愿意接受足够遥远的可能性时，甚至动物也可被算作是模态人格的拥有者）。

因此，我认为最合理的等级论的观点是，至少有一部分严重受损的人的道德地位，会低于（可能会明显低于）正常人的道德地位。

（有鉴于此，或许我应该明确地补充以下几点：即使受损的人也会——因其模态人格——比作为其心理同类的动物有着更高的道德地位，但这并不意味着每个受损的人都会比任何动物都有着更高的地位。模态人格可以提升个体的地位，但实际拥有更发达或更复杂的心理能力也可以提升个体的地位。我认为没有理由假定，前者总是比后者更能提升地位。因此，不仅实际的人格拥有者比任何严重受损的人拥有更高的地位，恰当类型的动物——具有足够复杂的能力的动物——也可能具有更高的地位。）

这个结论是不可接受的吗？我们是否应该拒绝任何受损的人比我们地位更低的观点？肯定有一些人认为是这样的。他们会抵制任何认为正常人与受损的人在道德地位上会有差异的观点。

但是对于一体论者来说这是一个艰难的反驳，因为一体论者至少通常已经认识到了这个事实——的确，他们坚称——考虑到通常

---

① 根据某些形而上学观点，任何特定个体的本质属性，会因其自身实际拥有的一组特定的基因而存在。如果基因上发生了**任何**变化，那么这个特定的个体就不会存在（取代那个个体而出生的会是某个基因上相似的同胞）。如果是这样的话，因基因异常而不能成为有人格的人类，通常甚至不能算作拥有模态人格（在一个足够强的意义上）。碰巧的是，我对类似这样的形而上学主张持怀疑态度。但我不会在这里论证这一点。

而言动物的生命价值要更低，那么更偏向于人而非**动物**（在其他条件相同的情况下）其实是可被允许的。（回想一下在第 2 章第 2 节中的讨论。）一旦我们承认这个事实，那么严重受损的人的生命价值**也**低于正常人就同样很明显了。因此，如果就像一体论者通常认为的那样，救人而不是救狗是可被允许的，那么救人而不是救认知能力与狗相当的受损的人也应该是可被允许的。这里的情形就像那只狗一样，受损的人能够失去的利益，比正常人能够失去的要更少。

可以肯定的是，这并不等于说受损的人的道德**地位**（至少不是在第 2 章第 4 节中所指的“地位”）比正常人的道德地位更低。但这一让步让人感到费解，为什么一体论者有权认为严重受损的人可能也会有较低的道德地位的说法，竟是不可接受的。

如果一体论者站在道德的“制高点”上，绝不允许正常人的价值高于受损者，那是一回事。可是正如我们刚才看到的，典型的一体论者恰恰承诺了（尽管可能只是隐含地承诺）偏袒正常人。因此他们不能始终如一地坚持认为，对受损者的任何偏袒都应该立马否决。问题在于，哪些**类型**的道德差异经过反思后是合理的。在这里，我只能声称，给边缘事例赋予较低的道德地位，直观而言似乎是合理的。

要看到这一点，请再次考虑我们之前讨论过的各种分配原则，并记住这样一个事实：严重受损者的生活比普通人的生活要糟糕得多（尽管由于他们的缺陷，他们可能不会感知痛苦；诚然，他们甚至可能没有认识到自己的处境）。现在，如果这种福利分配模式仅仅存在于**人**和**人**之间，我们就会认为这一事实会产生严格的道德要求来纠正这种情况。然而，尽管我们可能愿意认为，在某种程度上确实有义务做一些重要的事情来改善严重受损者的处境，但很少有人会认为，这些义务与我们在**普通人**处于低水平福利的情况下我们所要承担的义务是相当的。所有这些只是想说，严重受损者的分配诉求虽然是真实的——毫无疑问比作为他们心理同类的动物的诉求要更高——但还是会比那些处境相当糟糕的人的相应诉求要更弱。也就是说，严重受损者的道德地位比正常人的道德地位更低。

总之，虽然一开始我们可能会对严重受损者的道德地位低于我们感到不安，但我相信，经过反思之后我们会发现这是一个合理的立场。因此我的结论是，边缘事例并不能为拒绝等级论进路提供理由。虽然这类事例可能会让我们暂停下来琢磨一番，但总的来说，在我看来，恰当的等级论进路能够产生可接受的答案。

当然，我们必须承认，我所赞同的等级论进路是修正性的，因为我们大多数人都不会预先认识到，严重受损者的道德地位会低于我们其他人。但是我们不应该忽视的事实是，一体论的立场甚至**更具**修正性，因为一体论者坚持认为动物与我们有着**同样的**道德地位。不过事实上这里没有简单的答案。其实我怀疑，在这个问题上，任何融贯的（而且不是特设的）观点都将不可避免地至少与我们的**某些**直觉相冲突。[①] 所以如果从这个角度来看，我相信我所提出的等级论进路总体上讲，应该可以被证明为是一种可接受的答案。

诚然，我们也可以固执己见，坚持认为即使是严重受损者也有着与普通人相同的道德地位，而动物则不然。当然这也是一种等级观，而且无疑比起我提出的更具修正性的替代方案更符合我们的前

① 在这种情况下，考虑一下里根，他在《动物权利研究》中的许多语言可能会让那些草率的读者认为他是（用我们的话来说）一个一体论者。然而，即使是里根似乎也准备接受这样一种可能性：正确的道德观会对动物和缺乏足够复杂的内心生活的人赋予较低的道德地位（例如，参见第 243—247 页）。如果是这样的话，那么由于一些严重受损者所具有的心理能力水平相对较低，他们的道德地位将低于我们其他人。至少在**某些**边缘事例里，我们很难避免类似这样的说法。

反思直觉。但是，除非有人准备坚持认为，模态人格有足够的权重来奠定与实际人格相同的地位，否则我相信这样的观点是站不住脚的。而且在我看来，认为模态人格的重要性如此之大的说法是难以置信的。(当然，我们也可以宣称，只需拥有物种成员资格就足以获得实际人格所具有的地位。但是这种说法似乎更不合理。)

在我看来，情况就是这样的。在接受严重受损者的道德地位低于我们这一观点之前，我们对此感到犹豫不决是可以理解的，也是合适的。然而，归根到底，这正是我们确实应该接受的观点。最后，我认为来自边缘事例的论证并没有给予我们足够的理由来拒绝我所描述的那种等级观。

4. 正常差异

关于等级论，我还想考虑另一个担忧。在我讨论的这些问题当中，最后的这个问题可能是最容易困扰我们的。

这个担忧是这样的。我曾说过，地位在很大程度上取决于个体的实际能力。此外，正如我频繁观察到的，这些能力是可变的；许多动物只是以不太发达或不太成熟的形式拥有这些能力。正因如此，我认为动物的道德地位较低。但事实上，相关能力的水平和复杂程度不仅在人和动物之间（以及不同类型的动物之间）有差异，而且在人和人之间也会有差异。因此，等级论进路也必须承认人和人之间在道德地位上有差异。

现在我提出这一点，并不是要回到原先的那个问题，认为有可能存在着能力比我们高出很多的人格拥有者（也就是有可能存在着高级存在者）。我的意思是，即使在普通人之间也会有差异，在那些能力与我们大致相似的人之间也有差异。因为即使其他人的能力**大致**与我的能力差不多，也不一定与我的能力完全相同。我可能拥有比你更好的计划能力，而你有更强的规范性的自我管控能力。与之类似，**他**的抽象思维能力可能比正常水平低一点，而**他**的情感洞察和反思能力则比正常水平稍微高一点。

我们可以把这种情形叫作正常差异——我们每天都能从不同的人身上看到这种情形——它构成了一个与我们之前考虑过的不同的问题。允许存在着不可思议的高级存在者（他们可能因此拥有比我们更高的地位），或者承认存在着认知能力严重受损的人（他们可能因此而拥有较低的地位），这都没什么问题。这些能力上的差异是极端的，经过恰当的思考可以承认，这种相关能力上的极端差异也应该导致相应的地位上的差异。但是，如果**普通人**产生地位的能力也有差异，那么这不就意味着我们也应该期待这里会有相应的道德地位的差异吗？这种差异可能不是特别大，但我们难道不应该预料到，我们当中的一些人确实会比另一些人的地位略高或略低吗？

[如果地位是一个**多维度**的问题，用有序的 n 元组而不是单一的数字来表示会更好（见第 5 章第 1 节），这么一来情况就变得更复杂了。比如说，一个人的情感范围较小，但抽象思维能力较强。可以想象，这个人的道德地位会在某个相关维度上较低，但在另一个相关维度上较高。正常的差异依然会产生道德地位的差异，但相关的差异不能用一个单一的数字恰当地加以表示。不过，为了简单起见，我还是把这种多维度的方法搁置一旁。]

然而这确实是一个令人不安且难以接受的可能性。难道我们真要接受这样一种观点，认为一些普通人确实比其他人更有价值，而其他人只有**较少**的价值？考虑一下那些记忆力较差的人——他们的记忆力完全可以应付日常生活，毫不影响制定重要的长远计划的能力，但还是要比大多数人的记忆力稍差。我们真的准备要说，这样的人不如其他人有价值，他们的利益会没那么重要吗？

这似乎是不可接受的。我们也许愿意接受那些与我们**截然**不同的个体在地位上跟我们有差异，例如高级存在者或者受到严重损伤的人。但是根据等级论进路，如果我们经常观察到的人与人之间的正常差异都意味着我们每个人的重要性确实存在着差异，那么许多人真的会以此作为依据，把它当作令人信服的理由来拒绝等级论。

请注意，要产生正常差异问题，并不需要奠定我们地位的能力能够连续地变化。事实是在某些或所有的情况下，相关的能力变化只会有离散的差异程度。重要的是，我们确实发现了不同个体之间相关能力存在着差异。也就是说，只要普通成年人在一种或多种相关能力方面有程度上的差异，这就足以产生这个问题。人们确实正是以这样的方式看似有所不同的。（与之类似，即使每一种与确立我们的地位相关的能力都存在着上限，除非我们每个人都**达到**了那个上限，否则也无法避免这个问题——而每个人都达到了上限则是一个完全不可靠的假设。）

当然，对这个担忧的一种可能的回应是，坚持认为我们在这里所设想的地位差异仍然是可接受的，尽管我们起初可能对这个问题有一些疑虑。这里的关键是要牢记这样一个事实，即相关的地位差异将是非常**小**的，可能会小到无法产生真正的差异。因此，出于实用的目的，我们完全有理由忽略这些差异。

初看起来，这似乎不是一个特别合理的说法，因为这种人与人之间的差异在我们看来是非常大的。你的记忆力可能比我要好**很多**，他的自我反思能力可能会弱很多。但我们不应该忽视这样一个事实，这些差异——尽管在我们看来是巨大的——如果与这些能力的**整体**范围（从低等动物中最不发达的形式到最发达的形式）相比，可能相对来说还是微不足道的。从任何一种能力可能具有的全部差异程度来看，普通成年人能力之间表现出的差异还是太小了，不足以对我们应该如何对待彼此产生什么大的影响。

因此可以说，正常差异问题的答案是，人们通常看到的实际差异的程度事实上并不特别成问题。采取这种立场就等于承认，人与人之间的道德地位可能存在着微不足道的差异，但又认为这些差异因其太小而无法引起我们的关注。

在我看来这是一个合理的回应。但我怀疑，许多人，也许是大多数人，对这种思路的回答会感到不舒服。当然——人们会说——任何可以接受的道德理论都不会承认普通的、没有遭受损伤的成年人在道德地位上存在着差异，无论这种差异有多小。以这种方式对人进行区分是完全无法接受的，即使这种区分只会产生非常小的或者根本就没有任何实践意义。任何这样的区分，肯定会有悖于我们平等尊重每个人的基本道德承诺。

有趣的是，当我们发现自己决定偏向于某个人而不是另一个人，是因为前者比后者有更多利害攸关的**福祉**时，我们并没有感到类似的困扰。至少从直觉上讲，这似乎与我们每个人都应该得到平等的尊重和重视这个普遍预设是一致的。但是，如果某个人只是因为有更好的筹划未来的能力而拥有更强的道德诉求——正如我所说的那样，在许多人看来，这在道德理论中是完全不可接受的。

其实，事后想想，我们会发现对精英主义的某些关注或者全部的关注（在第 6 章第 1 节中探讨过），事实上会不会想要试图指向这个问题，即正常差异问题。在一些观念系统当中，有些人完全没有道德身份，或者只在一个极小的程度上具有道德身份。与这样的观念系统类比可能有些夸张，但根本性的关注或许只是在于：人们总是在那些被认为是构成了道德地位基础的特征上存在着各种各样的差异；因此，如果完全允许他们在地位上有**差异**，那么难免有些人最终会比其他人拥有更高的地位。虽然地位上的差异可能不像人们有时认为的那样极端（在一些最令人憎恶的带有歧视性质的历史事例中），但一个人与另一个人相比，他们在地位上有任何差异都是完全不可接受的。

对于那些实在无法容忍人与人之间存在着地位差异的人来说，还有其他选择吗？ 我们必须抛弃等级论吗？不一定。因为即使我们承认在各种产生地位的能力之间存在着正常的差异，如果这种（微小的）差异不会对一个人的地位产生任何影响，我所说的正常差异**问题**仍然可以避免；或者说，一旦一个人在某种特定的能力方面超过某个**阈值**水平——所有正常的成年人都达到了这个水平——该能力水平的任何进一步提升，都不会对一个人的地位产生**进一步的**影响。如果能够坚持这两种立场当中的任何一种，我们就可以承认我们的能力存在着差异，但仍然可以否认这些差异引发了道德地位的不同。

遗憾的是，采纳其中任何一项建议的理由都不明显。如果某一种能力提升了一个人的地位，从而使得能力上的**巨大**差异奠定了地位上的差异，那么就很难理解为什么**微小的**差异在道德上是无关紧要的。更合理的说法似乎是，能力上的微小差异**也**会奠定地位上的差异，尽管只是很小的差异。与之类似，如果某一种能力的更高或更发达的水平通常会奠定地位的提升，那么很难理解为什么仅仅由于我们现在达到了能力的特定（“阈值”）水平，这种影响就突然消失了。相反，如果相关的能力真的可以达到更高的水平，那么更合理的说法似乎是，随着人们某种能力的水平越来越高，其地位也将持续发生变化。①

因此，这两种解决正常差异问题的方法似乎都不是特别有希望。还有别的选择吗？（我们将在第 8 章第 4 节中回过头来讨论关于阈值水平的一些问题。）

如果正常差异问题没有合适的答案，我想这一事实将会让很多人放弃等级论进路。至少，大多数人会认为，这个问题指出了等级论存在着一个严重缺乏吸引力的特征。当然，可以设想有些人仍然相信，伦理学中的等级论总体上优于其他替代方案（也就是说，尽管它存在着缺陷）。但正常差异问题还是会让我们大多数人觉得，这可能是等级论最严重的缺陷，是反对等级论的真正要点。

然而，令人欣慰的是，我的确认为有一个我们尚未考虑过的可行的解决办法。（或者，可以将之视为是对第一种解决方案的一种改进，根据这个方法，能力上微小的差异可能不会造成地位上的差异。）答案在于一种我称之为**实践的现实主义**（practical realism）的观点。但我现在还不想给出任何细节。我会在后面（第 11 章第 2 节）加以阐述。那么，就目前而言，我们可以把我的主张看作是一张期票：正常差异问题有一个可能的解决方案，该方案有待描述，但应该会对很多人有吸引力。

然而，如果我在这一点上是正确的，那么我认为，对于本章当中涉及的每一种担忧，我们都有了可以接受的答案。等级理论可能是精英主义的（至少在这个术语的某种意义上来讲），因为等级理论赋予某些个体高于另一些个体的道德地位，但这本身并没有提供拒

① 参见 Arneson, "What, if Anything, Renders All Humans Morally Equal?"

绝这种观点的理由。虽然等级论的某些推论可能令人惊讶，甚至令人焦虑（例如，高级存在者的可能性，或边缘事例的地位问题），但这些推论都没有给予我们充分的理由来拒绝等级论进路。

在（暂时）抛开正常差异问题之前，我想进一步提出两点看法。首先，应当指出，类似的问题在动物那里也会出现。毕竟，比方说在牛或者天鹅那里，可能也会出现正常的差异。因此，我们也可以期待等级论会产生道德地位上的差异——也许会很小，但依然是真正的差异。可以想象，有些人也会觉得这种推论令人不安，但我怀疑大多数人只是对**人**的正常差异问题感到担忧。这就是为什么我选择只从正常成年人中的差异来讨论这个问题。

其次，我们应该记住有些动物（除了人类之外）也可能拥有人格。对于那些与我们人类有着相似能力的动物（如果存在的话），不用说，一个合适的等级论进路会把他们视为与我们有着相同的地位。但是，如果动物只是在微不足道或非常小的程度上拥有人格呢？如果真有这样的动物[①]，它们具有奠定人格的能力，但只是以一种较为不发达的形式存在着，那么我认为它们的道德地位将会比我们**低**。就像我认为我们应该对高级存在者的可能性保持开放的态度一样，其具有远超于我们自身的人格，我认为我们也应该对**最小化的**人格的可能性保持开放的态度。就像前者应该获得比我们更高的地位一样，后者——如果存在的话——也应该获得较低的地位。按照我的设想，正常差异问题并非源于在**所有**的人格拥有者（从最小化的人格拥有者到高级存在者）当中可以发现的广阔的能力范围，而是源于在普通成年人当中可以发现的很有限的能力范围。

① 或者人类。并不是所有严重受损的人类都彻底无法拥有人格；有些这样的个体会拥有这种最低限度类型的人格。

第7章　义务论

1．后果论与义务论

一种完备的道德理论，需要结合道德地位的等级论进路。但是承认这一点还不能告诉我们，我们的道德理论有哪些部分需要修改或者有待丰富，以便使之接纳等级论。到目前为止，我主要从两个方面论述了这一点。首先，我认为应该对分配原则进行修改，以使那些地位较高的个体拥有更强的分配诉求。其次，我认为福利本身的价值，可能取决于受到福利影响的个体的道德地位。

这两个例子都属于价值论的范畴，有时候也被称为善的理论——我们的道德理论的一部分，刻画出了使得一种结果比其他结果更好或更坏的那些特征。事实上，我一直在论证，如果某个特定的道德理论指导了我们带来道德上更好的结果——促进或巩固从道德角度而言更好的结果——那么该理论就需要包含等级论要素。

可以设想，除了我们已经确认的那些方式之外，一种恰当的善的理论还需要以其他方式来反映道德地位的重要性。但由于我在本书中的目标不是去发展出一套完整的、对地位保持敏感的道德理论，所以我不会在这里探讨这个问题。就当前的目标而言，关键的一点是，一个恰当的善的理论将是一种等级化的理论。

对于某些道德理论而言，一旦有了善的理论，道德理论最核心的部分也就完成了。因为根据**后果论者**的理论，对与错仅仅是带来或不带来总体上可能是最佳结果的问题，因此，当且仅当一个行为的结果优于（或者在结果相似的情形下，等同于）行动者可选择的其他任何行为的结果时，该行为才是被允许的。当然，这种后果论的想法不能单独成立。关于一个行为是否被允许，任何接受后果论的人，都需要用善的理论来加以补充，这样才能对不同的结果进行评估并找出最优结果。然而一旦有了恰当的善的理论，规范伦理学的主要工作就完成了。(当然，确定不同的行为可能产生的结果这项关键且富有挑战性的经验任务依然存在。尽管如此，规范**伦理学**的核心问题已经得到了回答：在任何给定的情形下，正确的做法就是去实现由正确的善的理论所确定的那个可获取的最佳结果。)

然而事实上，大多人根本不是后果论者，而是**义务论**者。也就是说，他们相信，对与错不仅仅是尽可能去实现最好的结果这么简单。根据这种竞争性的观点，决定一个行为是否被允许，不仅仅要评估行为的后果（相比评估行为的其他方面），该行为的其他特征在决定一个行为是否被允许时也发挥了作用。特别是，最重要的一点在于，某些行为可能在道德上是被禁止的，即使这些行为会带来最佳结果。实际上，义务论者认为，有一些实现结果的**方式**本身就有道德意义。正因如此，即使实施某一行为确实会带来更好的总体结果，但是如果该行为在道德上是令人反感的，整体来看，该行为或许仍然是**错误**的。

毫不意外，对于究竟是哪些特征使得某一行为以这种方式令人反感，义务论者之间或许会有分歧。然而，抛开细节不谈，义务论对此最常见的看法是，**造成伤害**——或者更准确地说，对无辜者造成伤害——在道德上是非常成问题的。尤其是，义务论者通常会认为，（故意且明明知道）伤害无辜者是错误的，哪怕这样做会实现更好的总体结果。①

这里有一个经常用来阐明和推动义务论观点的例子。假设有五个无辜的人，如果我们不杀死其他某个（同样无辜的）人，那么这五个人都会死去。例如，我们可能需要杀死并“肢解”那个无辜者，以便把他的器官移植到另外五个人身上，否则他们很快就会死去。也可能是这五个人得了某种罕见的传染病，而拯救他们的唯一办法就是碾碎那个无辜者的尸体，因为他是唯一可以获得足够多的抗体的来源。考虑到我们的目标，我们无需进一步详细说明这些可怕的细节，我们只需规定，杀死那个人就能救活这五个人，并且不可能还有其他办法可以救活这五个人。我们还可以假设，不存在与这个事例相关的其他特征。（举例来说，并不是说那个无辜者将会发现治疗癌症的方法，如果我们杀了他，就会有成千上万的人死去，而这些人原本是可以获救的；也不是说如果我们杀死一个无辜者，就会导致医疗系统全面崩溃，因而从长远来看会有更多的人死去；也不是说这五个人对于他们的器官即将衰竭或他们患有的传染病负有某种程度的责任；诸如此类。）

① 大多数义务论者也反对后果论坚持认为的那种观点：一个人在道德上总是被要求（在允许的手段范围内）做尽可能多的好事。我们将在后面（在第 9 章第 4 节中）简要地考虑这个观点。参见我在《规范伦理学》（*Normative Ethics*）第一部分当中关于后果论和义务论之间差异的更全面的讨论。

于是，在我们设想的这个例子中，我们的选择可以总结为：杀一个人来救活五个人，或者不这么做的话，有一个人会活下来，但有五个人会死去。

大部分人在想到这类例子时，立即会有一个坚定的反应：杀死那个人是不对的。然而，请注意，在我们描述的这个例子中，如果我们杀了那个人，带来的结果的确会更好，因为五个（无辜的）人活着，要比只有一个人活着会更好。但正因如此，义务论者坚持认为，道德不仅仅在于实现最好的结果。义务论者会解释说，关键的重要一点是，在我们的例子当中，救活五个人的唯一方法就是**杀死**那个无辜者。他们会认为，**伤害**无辜者在道德上是令人反感的。的确，伤害他人因其足够令人反感所以是错的，整体来看，杀死那个无辜者是错的，尽管事实上如果你不这样做那五个人就都将死去。

相反，如果你没去杀那一个人，也没去杀那五个人，只是**任由**那五个人死去。尽管很难说任由他们受到伤害在道德上是无关紧要的，但也不会像**施加**伤害那样成问题。确实，杀害**一个**人要比任由**五个**人死去还要严重。这就是为什么在我们的例子中，杀害那个无辜者是绝对不行的。

概括地讲，这就是义务论者的立场。正如我说的那样，当人们去思考这个问题时，大多数人都会赞同义务论的观点。

不巧的是，我认为大多数人在这一点上都搞错了。事实上，我相信，尽管义务论在直觉上有很强的支撑，但在这里，后果论的进路实际上会更胜一筹。然而这是一场漫长而复杂的争论，我不打算在这里重述支持后果论和反对义务论的论证。相反，我只想承认这样一个事实，大多数人都是——无论好坏——义务论者。因此，我们有必要去追问，等级论在这里是否也能适用。也就是说，假设有人在其整体的规范性理论中纳入了义务论要素，那么是否有必要把对地位的敏感性也纳入**那些要素**当中？我们道德理论当中的义务论部分（如果有这样的部分）是否也应该牵涉等级论？

我提出这个问题，并不是说义务论者不关心结果，因此无需费心讨论善的理论。他们**当然**关心结果：**每一种**合理的道德理论都关心结果。因此对地位的等级论解释不仅是后果论的题中之义，也是对义务论提出的要求。但是，正如我之前解释的那样，义务论者认为对与错不仅只看结果，我们的道德理论还需要包含进一步的要素。而我们还不清楚，这些进一步的要素是否也应该将道德地位的差异考虑进来。这就是我接下来要探讨的问题。

在下文中，我将采用义务论的视角。我想问的是，等级论是否也适用于义务论的要素，是否适用于义务论观点所独有的那些特征。尽管我本人不是一个义务论者，但我要论证的是，**即便是**义务论者，**也**应当接受等级论进路——这不仅适用于善的理论，也适用于义务论学说中那些最具特色的理论要素。

不过，我应该指出，接下来的讨论不仅会让义务论者感兴趣，也会让后果论者感兴趣。因为大多数的后果论者相信，在几乎所有正常情况下，根据义务论的大体思路来思考是合适的。他们认为，这样做通常是实现最佳总体结果的最好方式。

虽然这听起来似乎有些矛盾，但其实道理很简单：尽管我们相当擅长识别那些往往会产生好（或坏）结果的广泛类别的行为，但当我们处于这些广泛概括的例外情形时，就不怎么擅长识别了。因此，在通常情况下，想要更好地指导我们的决策，便是努力去做那些通常会带来好结果的行为，同时避免去做那些会带来坏结果的行为。在大多数的情况下，这些都是恰当版本的义务论所欣赏或所谴责的行为。

比方说，尽管我们很容易**想象**类似于杀害一个无辜者会带来更多的收益（救活五个人）这种假想的事例，但在现实生活中，伤害一个无辜的人，**实际上**并不会带来总体上更好的结果。而且，即使我们认为自己处于这一广泛概括的例外情形，实际上更有可能只是我们在这一点上**弄错**了。因此，我们最好是用**禁止**杀害无辜者这一规则来指导自己——即使我们认为如果不这样做可能会带来更好的结果。后果论者会辩解说，遵守这种义务论禁令，从长远来看，实际上比试图识别出例外情形会带来更好的结果。

尽管如此，后果论者与义务论者对于各种义务论禁令的**内在**道德意义究竟是什么，还是会有分歧。后果论者认为，义务论规则仅仅是一种用来识别那些会产生最佳结果行为的有用的**启发法**，而义务论者认为，相关的规则挑选出了我们行为的属性，这些属性本身就有直接的道德意义。这显然是一个重要的理论分歧。不过，即使这种分歧在哲学上很重要，但无论你是义务论者还是后果论者，二者在实践上的底线大体是一样的。正如我之前说过，即使是后果论者，通常也会希望用一套恰当的义务论原则来指导他们的日常决策。因为这一点，如果事实上最**合理的**义务论规则本身也涉及了对地位保持敏感，那么即使是后果论者也会认为，这个问题绝不是他们一时兴起才要去关心的。

所以，无论如何，义务论禁令是否应该对道德地位的差异保持敏感，这是一个重要的问题。义务论者和后果主义者都应该关心这个答案。尽管如此，在下文中，我将从认为义务论对道德的解释是正确的那些人的角度来讨论这个问题。这样做有助于简化论述。对于那些认为义务论不过是一套有用的启发法的人，我不会耽于陈述那些类似却不完全相同的论证版本。(那些接受义务论的替代观点的人，知道如何根据我所说的内容作出必要的修正。)

2. 绝对主义的义务论

义务论者认为，做出伤害行为（而不是说仅仅允许伤害）在道德上尤其令人厌恶。因此，他们禁止蓄意且明知故犯地去伤害无辜之人。在我们设想的那个例子当中，为了救活五个人而去杀害另一个人违反了这一禁令，所以即使杀害那个人能够带来更好的结果(有五个人而非只有一个人活了下来)，但这样做仍然是错误的。义务论者说，仅仅会带来更好的结果这一事实，并不能构成杀人的理由。

有时候，同样的想法也会用权利的语言来表达。义务论者会说，我们每个人都有生存的（义务论的）权利，或者更一般地说，有不被伤害的权利，而为了救五个人去杀害另一个人就侵犯了这项权利。诚然，如果我们不杀那个人，其余五个人就会死去，但这没有侵犯他们不被杀害（或伤害）的权利，因为不去杀另一个人，实际上并不构成**杀害**那五个人的一种手段，这么做仅仅是拒绝救活他们。这里的基本想法是，尽管如果你真的杀害了那个人的结果总体上看会更好，但这不能证明这么做就是合理的。会带来更好的结果这一事实，不能构成侵犯他人生命权的理由。

至少，在思考我们一开始的那个例子时，义务论者说，杀害那另一个人是救活五个人的唯一方法。但如果有更多人的生命受到威胁呢？如果杀一个人不仅可以救活其他**五个**人，而且可以救活十个、百个、千个、万个甚至更多的人呢？(既然在一个受害者身上没有足够的器官来拯救大量的人，所以最好是假设有一种流行病威胁着成千上万或数百万人的生命，而杀死这个人是提取并合成拯救所有其他人所需要的关键抗体的唯一途径。)

如果有**十亿**无辜的人将要失去生命，而救活所有这些人的**唯一**方法就是去杀死那个人呢？这样的话该怎样做呢？

有趣的是，对于这个问题的回应，义务论者分为两派。有些义务论者对于禁止杀害无辜者持以**绝对主义**的态度。他们坚定地认为，故意杀害无辜者是错误的——无论这样做会带来**多少**收益。他们坚称，无论杀死一个人可以救活五个人、一千人甚至十亿人，这都不重要。生命权——不被杀害的权利——不能仅仅因为结果会更好这一事实而被抵消。无论有多大的收益，杀害无辜之人在道德上都是被禁止的。

然而，其他义务论者不同意这个看法。随着通过杀死一个人所能拯救的生命的数量的增加，很多义务论者发现他们会认为，如果真的没有办法避免那么多人死去，那么杀死那一个人终究还是被允许的。

根据这种更为**温和的**义务论观点，生命权具有真实的道德分量，但是这种分量不是没有限度的；如果有**足够**大的利害关系，那么即使生命权也会被抵消。显然，这并不是说，在这种情况下出于某种必要而伤害无辜者不会有任何道德上的困扰。这只是说，任由大量的人死去在道德上也是有问题的。随着可以获救的人数越来越多，拯救他们的道德理由也越来越强。最终，道德理由变得如此强大，以至于**总体而言**，杀死一个人的理由比不这样做的理由要多得多。实际上，生命权有一个**阈值**，在这个阈值之上，有**足够多**的善受到威胁，因此生命权就被抵消了，那么现在（整体来看）生命权被侵犯就是被允许的。（我们可以用“侵犯”一词来表示有关行为属于**通常**是被禁止的那种行为。）

温和论者据此反对绝对主义者的立场，后者的立场是绝不允许杀害任何一个无辜的人。然而，根据温和论者的立场，是否允许杀害一个无辜者，取决于能够实现多大的善（或避免多大的恶）。如果达到或者超过了那个阈值，杀害那一个人就不再被禁止了。

当然，关于这个阈值的精确**位置**到底在哪里，温和的义务论者可以而且的确会有分歧。需要多少个生命才能抵消生命权呢？一百个够了吗？一千个呢？一百万个呢？这个问题后面会变得很重要，但现在我们可以把它搁置一旁。因为我想先去考虑一下作为一名**绝对主义者**意味着什么。特别是，我想要追问，将绝对主义的义务论与一体论结合起来意味着什么。我相信，几乎每个人都会认为，这种组合所得出的推论是不可接受的。如果我关于这一点的看法是对的，那么任何对绝对主义的义务论有兴趣的人都有理由拒绝一体论，转而接受等级论进路。

要理解这一点，我们先要记住绝对主义者的这个主张：杀害无辜的人在道德上是被禁止的，无论这样做可以带来多大的收益（反之亦然，不去杀害一个无辜的人是被允许的，无论这样做会带来多么坏的结果）。现在让我们假设绝对主义者也是一个一体论者，从而认为动物具有与人相同的道德地位。当然，这意味着杀害动物在道德上也是被禁止的。的确，他们会认为杀害动物是错误的，无论这样做会带来**多么大的收益**。蓄意杀害一个（无辜的）动物是被禁止的，别无其他。和人一样，动物也有生命权，事实上（鉴于一体论的假设）动物的生命权与你我的生命权是一样的。因此，如果受害者是人，侵犯这一权利是错误的，无论会带来多少收益；如果受害者是动物，侵犯这一权利也是错误的，无论会带来多少收益。

我要说的是，在我看来这是一个错误的答案。设想有这样一个事例，只有杀死某个合适的动物（也许是一只兔子）才能拯救大量的人（大量有人格的人类），当我思考这个例子时，我根本无法认真接受这样做在道德上是错误的说法。这种说法在我看来简直不可思议——甚至让人无法相信。如果你同意我的观点，那么你也就赞同绝对主义的义务论者必须拒绝一体论。

诚然，我自己在这个问题上的直觉有些可疑。毕竟我已承认，我共鸣的是后果论而不是义务论。我尤其不会共鸣绝对主义的义务论。也许，当我说我发现绝对主义的义务论与一体论相结合所产生的结果是不可接受时，我所做的一切只是在揭示，我从一开始就不赞同绝对主义。也许我刚才的论证所质疑的不是一体论，而是我自己的非义务论的直觉。

然而我怀疑，即使是那些对绝对主义抱有深刻共鸣的人，也会发现自己对于这样的说法感到不可思议：杀死一只兔子是错误的，即使这是拯救一百条人命的唯一方法，更不用说这能拯救一千个、一百万个或十亿个人了。毕竟，说不能为了更大的利益而故意牺牲人的生命是一回事，但坚持说即使是一只老鼠、一只兔子或一条蛇也不能被杀死是另一回事，哪怕这样做是能够拯救成百上千甚至更多人的生命的唯一办法。因此即使是那些承诺绝对主义的义务论的人，在将这种绝对主义的义务论的保护范围扩展到单纯的动物之前，也应该且很可能会有所迟疑。恰恰相反，绝对主义者会希望拒绝那种认为动物拥有与人完全相同的道德地位的一体论主张。于是他们将会主张，人的道德地位高于动物，拥有不同的或更强的权利。

事实上，为了说明这一点，我们没有必要诉诸那些天马行空的例子，无需举例说成千上万或数百万人的生命取决于一只兔子的命运！相反，如果人们已经接受了绝对主义的义务论立场，要确认一体论是多么不合理，举出更加温和的例子就足够了。

比方说，设想汤姆遭遇海难，流落到一个无人居住的荒岛上。再想象一下，虽然岛上有植被，但不足以维持他的生命。不过汤姆当然需要吃些东西，否则他很快就会饿死。假设他可以定期捕鱼吃来维持自己生命。那么他可以这样去做吗？（如果你认为鱼没有道德身份，那就假设岛上没有鱼，但汤姆可以抓野兔吃。）

对于一体论的绝对主义者而言，答案是否定的：汤姆不能杀死无辜的动物，这显然意味着他不能杀死鱼（或是兔子、鹿，等等）——哪怕他没有别的办法可以维持生命！毕竟，杀鱼就是侵犯了鱼的生命权，这种生命权与你我所拥有的生命权一样强、一样重要。既然绝对主义者认为，杀害无辜的人是绝对不允许的，那么一体论的绝对主义者也一定认为，杀死一条无辜的鱼也是绝对不允许的。那么很显然，汤姆唯一能做的就是让自己饿死。无论如何，他绝不能做的事情就是为了让自己活下去而杀死一条鱼。

但这是一个几乎没有人愿意接受的结论。然而，我看不出一体论的绝对主义者有什么办法可以避免得出这个结果。就算我们指出如果汤姆死了，他所失去的将远远超过鱼所失去的（考虑到一个人的生命质量与鱼相比差距巨大，即使是一个流落在荒岛上的人），对于避免得出这个结果肯定还是于事无补。事实的确就如此，但指出这一点与这个例子当中的情形无关，因为它只是提醒我们，如果汤姆把这条鱼给杀了，总体结果会比他给鱼留个活口要更好，因为人活着总比鱼活着要更好。所以指出这一点很对，但这并不能改变一个事实，即根据一体论的绝对主义者，杀死一条鱼将侵犯鱼的生命权，而仅仅凭这样做所带来的结果会更好这个事实，根本不能证明这样做是正当的。绝对主义者认为，无论这样做会产生多少收益，权利都是不可侵犯的，因此一体论的绝对主义者一定会得出这样的结论：汤姆确实绝不可以杀死这条鱼，即使这是他防止自己饿死的唯一办法。

我认为这种说法完全不合理，我想几乎每个人都会同意我的观点。当然，就像所有的哲学论证一样，即使有人坚守绝对主义的义务论，这个反对一体论的论证也是可以反驳的。一体论的绝对主义的立场当然没有矛盾，里面也没有隐藏着不融贯的地方来迫使那些人改变他们的看法。我所能做的，就是指出接受这一立场的代价。但是在我看来，这些代价确实高得令人难以置信：我想几乎没有人会坚持说汤姆的确必须要让自己饿死。① 因此，如果我们要在坚持绝对主义的同时避免得出这个结论，我们必须拒绝一体论。

值得明确指出的是，在给出这个论证时，我完全没有假定道德理论永远无法接受告诉某人必须让自己死去，而不是采取必要的措施来拯救自己的生命。例如，大多数人会认为杀人是不可接受的，即使这是获得心脏移植所需的备用心脏的唯一方法，而心脏移植可以延续你的生命。如果这真的是你唯一的选择——要么杀死另外一个无辜的人，要么让自己死去——那么，遗憾的是，大多数人都会同意你必须让自己死去。无论如何，这是一个很常见的义务论想法。(回想一下，毕竟大多数人都认为，为了救那五个人而杀另一个人是不对的；想必大多数人都会同意，即使杀人的人是那五个人当中的

① 诚然，有些人在日常生活中拒绝食用任何动物制品。不过在**正常**情况下，严格按照纯素饮食当然是能够活下来的。如果真的**没有其他办法**避免饿死，我想很少有人会禁止食用动物。

一个，这样做仍然是不对的。）荒谬的不是说你杀了人是错的，即使你不这样做就会死去；而是说为了活下去，你杀了一条**鱼**（或兔子，或松鼠）也是错的。

因此，绝对主义的义务论者应该拒绝一体论。有什么替代的观点是他们应该接受的呢？当然是等级论观点，根据这种观点，人类因其较高的地位而拥有动物所不具有的那种类型（或程度）的权利。我们后面将会沿着这条思路考虑一些可能性。不过在此之前，让我们看看当一体论与温和的而非绝对主义的义务论相结合时，是否会有更好的效果。

3．温和的义务论

温和的义务论者与他们的绝对主义者表亲不同的地方在于，与绝对主义者不同，温和论者认为，如果有足够多的利益受到威胁，那么去侵犯某项权利是可允许的。温和论者信奉权利的**阈值**，他们认为如果达到了这个阈值，就可以做本应禁止的事情：例如，只要所涉及的利益数量足够**大**，杀害一个无辜之人是可允许的。

于是可以想象，一个一体论的义务论者可能会**赞同**汤姆可以杀死那条鱼——前提是这个一体论的义务论者是一个温和的义务论者，而不是一个绝对主义者。因为杀死鱼是拯救汤姆**生命**的唯一方法，而且我们已经承认，如果汤姆活着（而鱼死了）要比鱼活着而汤姆死了这个结果会更好，事实上是好得多。也许，一个温和的义务论者可以说，尽管杀死鱼侵犯了鱼的生命权，但汤姆这样做是可允许的，因为这事关**如此多的**利益。考虑到如果汤姆饿死结果会有多么糟糕，因此可以说汤姆杀死鱼是因为已经达到了可侵犯鱼的权利的阈值。

然而，遗憾的是，对于一体论者来说——即使是温和的义务论的一体论者——注意到鱼的生命权允许被侵犯是一回事，前提是达到了权利的阈值；而要表明我们这个例子中的情况实际上**已经**达到了阈值则是另一回事。当然，一切都取决于阈值的精确位置在哪里。到底有多少利益受到威胁才能允许侵犯生命权呢?

为了找到这个问题的答案，让我们回到之前的例子，即救活那五个人的唯一办法便是杀死第六个人。我们知道，大多数人都同意义务论者的观点，认为在这种情况下杀死那个人是错误的。虽然结果会更好（五个人活着，而不是只有那个人活着），但这还不足以成为侵犯生命权的理由。当然，我们现在关注的是温和的义务论者的立场，他们认为权利是有阈值的。所以，如果有**足够**多的利益受到威胁，那么杀死这个人是可允许的。那么这是多大的利益呢？这需要涉及多少个生命呢?

多年来，我和数千人（大部分都是学生）讨论过这个问题，我发现大家在这个问题上有着巨大的分歧。虽然大多数人都同意温和的义务论——接受义务论的生命权，但有一个有限的阈值——不过人们在权利允许被侵犯之前，实际上对于要夺走**多少**个生命的看法差别很大。

从原则上讲，这个阈值可能会很低。从理论上讲，一个温和的义务论者可以相信，即使仅仅是为了救活五个人而去杀死一个人实际上也是可允许的。（也许阈值被设定为三条生命，所以救活五个人实际上早就够了。）然而，不出所料，大多数人认为阈值要远远高于这一数字。当我问我的学生这个问题时，我发现几乎每个人都认为杀害无辜之人应该被禁止，即使这是拯救十个、五十个甚至一百个生命的唯一办法。当我继续提高遭受威胁的生命数量时，（“如果我们能拯救五百个生命呢？如果我们能拯救一千个生命呢？一万个呢？”）大多数人最终决定确实已经达到了一个阈值——但这个数字通常相当高。许多人认为，只有在十万或一百万个生命面临威胁时，我们才会达到这一阈值；其他人认为阈值甚至要更高，达到了十亿个。但是，即使那些把阈值放在这个区间范围下限的人，也不会把阈值定得那么低。一般来说，直到我拯救了大约一千个生命时，我才看到有义务论倾向的人认为已经达到了阈值。（当然，我的学生当中经常有一些后果论者，他们认为只要结果总体上更好，就可以马上杀死那个人，就像有时候学生当中会有一些绝对主义者，他们拒绝承认任何类型的阈值；但我在这里说的是那些温和的义务论者的观点。）

很好，那么假设我们将阈值设定为一千个生命。正如我刚才所指出的，大多数温和的义务论者会把阈值定在一个比这高得多的水平上。但是阈值越高，在任何特定的情况下达到这个阈值就越困难，而我们目前正试图确定，在汤姆流落孤岛的例子当中，一体论者是否可以合理地声称已经达到了阈值。由于阈值越低，一体论者捍卫自己立场的机会就越大，让我们假设阈值真的就有那么低：如果这真的是拯救另外一千个人的唯一办法，那么杀死一个无辜的人就是可允许的（当然，如果所涉及的利益比这**更小**，那么杀死一个无辜的人仍然是被禁止的）。

很好，根据温和的义务论，我们必须要拯救一千个人才可以蓄意杀死一个无辜的人。但是一体论者认为动物和人的道德地位是一样的。如果我们把这两种观点结合起来看，那么**动物**的生命权的阈值是怎样的呢?

这里最简单的可能观点是非常直接的。任何一种动物的生命权的阈值都应该与一个人的生命权的阈值处于同一水平。既然要拯救一千个人的生命才能证明杀害一个无辜的人是正当的,那么同样的,需要拯救一千个人的生命才能证明杀害一条无辜的动物是正当的。当然,这意味着说,虽然我们现在可以想象杀死一条无辜的鱼是可允许的,但是只有在杀死一条鱼可以拯救一千个或更多的生命时才是合理的。很显然,这与汤姆的情况完全不同。我们都同意如果汤姆杀了那条鱼(比起他让鱼活着,而让自己饿死)确实会有**更好的**结果,但是所带来的收益还**不够多**,还远远达不到这个阈值。如果汤姆宰杀并吃掉了那条鱼,那么他只救了一个人的命——也就是他自己的命。但很明显,他离能够拯救**一千个**生命还差得太远!

因此生命权的阈值并没有达到,汤姆杀死那条鱼是被禁止的。这就是说,还是会不可避免地得出汤姆必须得让自己饿死这一难以置信的主张。当然,如果生命权利的阈值比拯救一千个生命的阈值还要高——就像大多数温和论者认为的那样——那么汤姆的情况离阈值的要求就更远了。

这里的基本要点在于,如果我们刚才勾勒的观点,真的是理解将一体论与温和的义务论相结合所蕴含的推论的正确方法,那么转向温和的义务论实际上并不能将一体论从不合理的推论中拯救出来。不仅是绝对主义者,温和的义务论者也有理由拒绝一体论。

然而,还有一种理解温和的义务论立场的方法。根据这种更复杂的方法,生命权的阈值,不会在某个单一的层面上固定不变。相反,它取决于失去一个生命会造成多大的**伤害**。可以说,某个个体失去的越少,该个体必须获得的收益也就越少,这样才可以对其合理地施加这种伤害。

如果这样的观点可以成立，那么考虑到当一条鱼被杀时，鱼所失去的福利要比人被杀时人所损失的要少得多，那就可以得出结论说，鱼的生命权的阈值要比人的生命权低得多。于是可以想象，汤姆确实有理由杀死鱼以免让自己饿死。尽管他只拯救了一个人的生命——也就是他自己的生命——但也许这仍然能够达到经过适当降低后的阈值。由于较低的阈值是一个简单的事实的结果，即鱼的死涉及的福利比人的死要少得多，承认由此产生的较低的阈值，应该还是会与一体论完全相容。因此，对温和的义务论有了这种更复杂的理解之后，将一体论与温和的义务论结合起来终究是有可能的——这样的结合仍然承认汤姆杀鱼的行为是可允许的。

为了更好地理解温和的义务论的这一备选进路，请回顾这样一个事实：除了杀死一个人之外，还有无数种对他人造成伤害的方式。显然，杀人通常是对他人所能做的最糟糕的事情之一，但还有一些其他轻微的施加伤害的方式。简单举几个例子，我可以砍断一个人的腿（很可怕，但通常比把人杀掉好得多），切掉他的小脚趾，打他的鼻子，让他头痛或胃疼，或者用针扎他（造成剧烈但很快消退的疼痛）。温和的义务论者大概认为，如果所能带来的收益足够多，这里的每一种伤害都是正当的，但这里我们也需要去问：这得要带来多大的收益呢？如果达到了某个阈值之后，用以上任何一种方式来伤害你，就不再是侵犯你不受伤害的权利，那么，这个阈值确切来说要设在哪个位置呢？

一个很自然的想法是，阈值是**可变的**，这取决于我伤害你的方式。被针戳一下带来的痛苦非常小，鼻子挨了一拳带来的痛苦要更大一点；缺了一条腿的伤害会更大（而且不完全局限于它所产生的各种疼痛)，而缺了两条腿的伤害则要更大。尽管人们可以坚持认为，所有施加伤害的事例所涉及的阈值都相同——因此，那就要证明扇你一巴掌与砍掉你一条腿所能得到的收益量是等同的——但是对于温和的义务论者来说，更合理的建议是，二者涉及的阈值是不同的，对无辜的受害者造成的伤害越大，所施加的伤害必须有更多的收益，才能证明这样做在道德上是正当的。毕竟，即使需要拯救一千个生命（假设）才能证明杀死一个无辜的人是正当的，但认为同样需要拯救一千个生命才能证明往人鼻子上打一拳是正当的，那就不是特别合理了。很可能只需要更少的生命——少得多的生命——就足以证明在伤害如此之小的情况下侵犯不受伤害的权利是合理的。(当然，绝对主义的义务论者可能会拒绝这一整套思路，但我们在这里探讨的是温和的义务论。)

于是，可以合理地认为，温和的义务论者似乎想说的是：阈值的水平是所造成的伤害量的函数。造成的伤害越小，阈值就越低。如果我杀了你，通常会给你造成**巨大**的伤害，因此相关的阈值会很高。但如果我只对你造成某种轻微的伤害，阈值就会相应地低很多。

这种方法的细节仍未确定，但这里所需要的函数可以用这样一个简单例子来表达。也许我们可以通过将受害者所受伤害的量乘以某个合适的固定数额来寻找阈值。根据这种观点，尽管我们乘以特定的伤害（从而得出阈值）的数值是固定的，但阈值本身的水平还是会变化：随着所施加的伤害量变大，乘积也会变大，因此阈值也会变高；随着施加的伤害量变小，阈值也会变低。

这种方法可以用符号来表示，如果我们用 h 表示对受害者施加的伤害量，用 m 表示某个固定的乘数，用 T 表示阈值，我们可以说

$$T=mh$$

当然，在我们对 m 的相关值给出具体的建议之前，这只是一个框架。我们知道，温和的义务论者会认为 m 明显大于 1，因为他们相信，产生的收益必须要比施加的伤害**多得多**，施加伤害才是正当的。但我们也知道，温和论者对这个阈值的确切位置有不同的看法，所以他们对 m 值的大小也会有不同的看法。

然而，即使 m 值的大小尚未设置，我们也可以看到这种观点如何给一体论的温和的义务论者带来了希望。因为，如果阈值的水平是某人在伤害他人时所造成的伤害的**大小**的函数，那么，人的生命权似乎确实应该比动物的生命权有着更高的阈值——事实上，要高出很多。因为当我们杀害了某个人时，通常会比杀害某个动物造成更大的伤害。这是由于通常情况下，一个拥有人格的生命的价值要比一个动物的生命价值高得多。所以当我们杀死一个**人**时（剥夺了他们原本可以拥有的未来生活），我们对他们造成的伤害通常比我们杀死动物（剥夺了**动物的**未来生活）对**动物**造成的伤害要大得多。

当我们把杀一个人所造成的伤害与杀一条鱼所造成的伤害比较时，这种差异肯定是很大的。鱼所面临的损失要小得多，所以杀鱼对鱼造成的伤害，通常远远小于杀人对人造成的伤害。因此，在杀死一条鱼和杀死一个人的问题上，生命权的阈值是完全不同的。当然，这种情况都是 $T=mh$。但由于被杀的是鱼而不是人，对鱼所造成的伤害要小得多，鱼的权利阈值也低很多。

但是请注意，话虽如此，我们还是会直接把这同一个函数加以广泛应用。没有人声称，鱼的生命权因其道德地位低于人而在某种程度上较弱。不是这样的，我们的想法只是说，当个体所涉及的攸关利害较少时，如果该个体被杀，那么他所受到的伤害也较小，因此不受伤害的权利的阈值就应该适当地降低。因此我们无需以任何方式诉诸道德地位上的不同就可以认识到，鱼的生命权比人的生命权的阈值低。所谓的地位差异在这里根本不起作用：对人和鱼来说，不受伤害的权利是完全相同的，二者的阈值函数也是相同的。

正因如此，作为温和的义务论者的一体论者，才能合理地希望允许汤姆杀死他的那只鱼。虽然为了让汤姆活下去而杀人是绝对被禁止的（几乎无法达到相关的阈值），但鱼所涉及的攸关利害要少得多，所以阈值就会低得多。于是可以说，这个阈值确实是可以达到的：由于阈值低很多，汤姆拯救自己的生命所能带来的收益，足以证明侵犯鱼的生命权是正当的。

这至少是一体论者想要论证的。然而对于一体论者来说，遗憾的是当我们真正试着去计算时——我们稍后就要作这样的计算——我们会发现这个阈值还是太高了。事实上，即使我们使用这种更精致的温和的义务论的计算方法，还是无法达到杀死一条鱼的阈值。如果我是对的，那么接受一体论的温和义务论者肯定还是会被这样一个不可接受的结论所困扰：汤姆为了让自己活下去而杀死了鱼、兔子或鹿是不道德的。因此，即使是温和论者也有理由拒绝一体论。

4. 一些计算方法

我刚刚已经表明，如果我们作一些相关的计算，就会发现哪怕使用了刚刚介绍的那种可变的阈值函数（T=mh，因而阈值水平取决于所受伤害的大小），最终结果将是汤姆实际上并没有达到这个阈值，所以通过杀害动物来让自己活下去是不正当的。当然，虽然这个结果仍然是重要的，但如果我们这个例子中所说的那种动物碰巧是用作人工制品的那些**特定**动物，这个例子就没那么让人印象深刻了。也就是说，如果相关的计算在某种程度上表明汤姆不能杀死**某些**动物，然而（由于在细节上有差异）杀死大多数其他动物则是可允许的，我们就会放心说，总体而言，一体论在这里给出的推论是可以接受的。如果有些动物是汤姆不能杀的，而其他动物则可以杀，这可能会让人略感惊讶，但这仍然是一体论者可以接受的结果。另一方面，即使事实上对于某些动物或其他一些动物而言，汤姆杀死**那种**动物（也许是阈值非常低的动物）是可允许的，但若杀死其他**大多数**动物却还是错误的，我们仍然可以得出结论说，应该拒绝一体论。

在理想情况下，我们可以给相对较大样本的动物来作计算：比如鱼、兔子、松鼠、鸟、鹿等。我不会花时间去做这项工作。不过我将考虑两个这样的例子：鱼和鹿。我希望这两个例子都足够典型，足以证明对于一体论的义务论者，哪怕是温和的义务论者来说，也不会允许汤姆杀死大多数动物，即使这是他活下去的必要条件。考虑到我们几乎所有人都相信这样做通常是可允许的，这就成了一体论者面临的难题。

我们需要问的第一个问题是：m 作为一个我们用来乘以施加的伤害从而确定阈值水平的常数，那么这个常数的值是多少？和之前一样，这个数值越大，阈值就越高，这意味着达到阈值的可能性就越小。因此，让我们再一次站在一体论这边，在温和观点的典型范围内取一个较低的值。假设杀死一个无辜的人从而拯救一千人（但不能更少）是可允许的。如果我们还假设这些人没有什么地方特别不寻常（比方说，不是说这一千个人的寿命特别长，也不是说所杀的这个人福利水平特别低），那么这就意味着杀死这个人所产生的收益将是我们所施加的伤害的一千倍（以牺牲一个人的生命为代价拯救一千个人的生命）。如果这样做确实能够达到阈值，那就意味着 m=1000。（因为 T=mh，如果阈值是拯救了 1000 个人的生命，而施加的伤害是失去 1 个生命，这意味着 1000=m × 1，由此可知 m=1000）。

这是否意味着，只有达到可以拯救**一千**个人的生命时，汤姆才可以去杀一只鹿呢？（如果这样的话，那么在我们的例子中，他显然是禁止去杀鹿的，因为这样做只能拯救他自己的生命，而不能拯救更多其他人的生命。）完全不是，因为一只鹿的生命**价值**比人的生命价值要低。因此，汤姆杀了一只鹿所造成的伤害比他杀一个人所造成的伤害要小。这会降低阈值的水平。而且鹿的寿命通常没有人的寿命长。所以汤姆杀掉一只鹿所夺走的寿命，比他从一个人类受害者那里夺走的寿命要短。这也会降低阈值水平。

然而与此同时，我们也必须认识到，杀死这只鹿并不能让汤姆**永远**免于饿死！除非汤姆在此期间得到救援，否则他终将还得再杀一只鹿，然后还要杀第三只，以此类推。每杀一只鹿，都只能让汤姆多活一段时间。因此，在决定杀死一只鹿所带来的收益（在那段时间内维系汤姆的生命）是否足以达到阈值（其结果是将 m=1000 乘以剥夺这只鹿的剩余寿命所造成的伤害）时，也需要考虑到这一点。

所以我们先来问问，如果汤姆真的杀了一只鹿，这能提供多少食物？能让他活多久？显然，答案会随着鹿的大小不同而很不一样，但我们在这里试着大方地估计一下（以便最大限度地提高一体论者是对的机会，并且得到足够多的收益来达到阈值）。一只白尾鹿最多可以提供大约 125 磅的肉。如果汤姆每天能靠 1/3 磅的肉生存下去，那么这意味着这只鹿的肉可以让他吃一年左右。（很明显，除非汤姆有一些雪或冰来冷冻鹿肉，否则鹿肉在此之前早就变质了。为了让这个例子继续下去，我们假设他冷冻了鹿肉。）

很好，杀死这只鹿能让汤姆活上一年。这是他屠宰并食用这只鹿所得到的收益。[①] 但是他**对于**这只鹿造成了多少伤害呢？这只鹿的损失量有多少呢？一只鹿可以活十五到二十五年，这意味着每只鹿的平均寿命为 20 年左右。那么我们假设汤姆随机杀死的鹿已经十岁了，汤姆夺走了一只鹿十年的生命。

这一切意味着汤姆为了让自己多活一年，就要夺走一只鹿（平均而言）十年的生命。因此，如果一只鹿一年的生命与一个人一年的生命价值相同，那么从道德的角度来看，这的确是一笔糟糕的交易。但正如我们已经论证过的，人的生命——即使是一个流落荒岛的人的生命——要比动物的生命更有价值。一只**鹿**一年的生命所提供的福利，远不及一个人一年的生命所能提供的福利。我不准备在此讨论这个精确的数值，但一体论者似乎确实可以合理地认为，鹿一年的生命价值**不及**人一年的生命价值的 1/10。如果这是对的——为了便于讨论，我们假设这是对的——那么结果将是汤姆通过杀死一只鹿实际上带来了更好的总体结果。尽管他夺走了一只鹿十年的生命，换取了一个人一年的生命，但人一年的生命足够有价值，从而总体结果会更好。

那么，这是否意味着由于剥夺这只鹿的生命权的阈值已经达到了，汤姆杀死这只鹿便是正当的呢？遗憾的是，对于一体论者来说，答案是否定的。到目前为止，我们最多只是证明，汤姆杀死这只鹿

① 有些人可能会反对，认为我严重低估了汤姆杀鹿后所带来收益。毕竟，这样做使他**整个余生**得以可能；如果还能再活五十二年而不是一年的话，那么杀一只鹿实际上给了他五十年的生命，而不仅仅是一年。但是这种处理问题的方法是错误的。如果我们要把整个这五十年算作带来的收益，那么我们还需要考虑到汤姆必须要杀死五十只鹿，而不仅仅是这一只才能活那么久。

会获得**更多的**（总体）收益。但是我们还没有证明他获得了**足够多的**收益从而达到了阈值！回想一下，根据我们的方程，T=mh。由于我们假定 m=1000，这意味着虽然事实上杀死这只鹿要比让这只鹿活着（代之以让汤姆死去）总体上会获得**更多**的收益，但还不足以达到阈值。相反，只有当杀死这只鹿所获得的收益，是杀死这只鹿所造成的伤害的**一千**倍时，才会达到阈值。

想一想这意味着什么。汤姆杀死一只鹿，夺走了鹿的（平均而言）十年生命。为了达到阈值，那么杀死鹿所获得的收益必须是这个伤害的一千倍。也就是说，它所获得的收益必须相当于鹿的十年生命的一千倍。因此，杀死这只鹿的阈值，相当于鹿的一万年的生命！

然而汤姆自己只从杀死这只鹿中获得了一年的生命。因此，如果一体论者要声称已经达到了该阈值，他就必须坚持认为，人一年生命的价值至少等于鹿一万年生命的价值！因此，为了达到这个阈值，一体论者就不能像他可以争辩的那样声称，人一年生命的价值是鹿一年生命价值的**十倍**以上，这是不够的。相反，一体论者不得不声称，人一年的生命是鹿一年的生命的**一万倍**以上。一只鹿在一年的生命中所获得的福利，必须要少于一个人一年的生命所获得福利的万分之一。

我认为一体论的这个主张是难以置信的。合理地认为人类的生命比动物的生命（包括鹿的生命）包含更多的福祉，甚至是多得多的福祉，这是一回事。但如果说人类一年的生命所包含的福利，是鹿一年的生命的**一万**倍，那是另一回事。然而对于一体论者来说，遗憾的是，除非我们就得提出这个主张，否则我们将不得不承认鹿的生命权的阈值尚未达到。或者更确切地说，如果一体论者是正确的，并且在处理人和动物的问题上使用了完全相同的阈值函数，那么这个阈值就没有达到。

反过来说，如果我们试着把一体论与温和的义务论结合起来，就会得出这样的结论：汤姆杀鹿是不被允许的——即使这是让他继续活上一整年的唯一办法。如果像我认为的那样，几乎每个人都会觉得这种说法不合理，那么那些接受温和的义务论的人就有理由拒绝一体论。

我希望大家明白，虽然有人可能会质疑我在计算中所用的特定数值（比如鹿的平均寿命、鹿的体重或汤姆需要吃多少肉才能活下去），但（在合理的范围内）改变这些数值对于一体论者来说可能起不到什么作用。迫使一体论者作出不合理的论断，认为鹿的生命价值只相当于人的生命价值的极小的一部分，只因一体论者坚持认为，我们应该按照计算人的权利的**同样的**方式去计算鹿的权利阈值——也就是把所造成的伤害值乘以**一千**。

但是正因如此，我们要记住选定这个数字——为 m 设定的值——也是为了最大限度地（在合理范围内）提升一体论者断言确实已经达到了阈值的机会。大多数温和的义务论者会倾向于选择一个远高于我们所设定的 1000 的 m 值。但是 m 值越高意味着阈值越高——这会为鹿的福利的相对价值作出更不合理的断言。

现在我们来看看另一种动物，如果我们想象汤姆宰杀食用的是**鱼**而不是鹿，那么一体论的前景可能初看起来会更好一点。毕竟，我们当中的大多数人可能都会相信，鱼一年生命的价值要比鹿一年生命的价值要更低。的确，我们会觉得鱼的生命价值要低很多。这意味着如果汤姆杀了一条鱼，他对鱼造成的伤害比对鹿造成的伤害要更小，因此其阈值也会相应地更小。而且，由于很多鱼的生命周期都比鹿短，这类（价值较低的）生命能被夺走的价值甚至会更少。这也会让阈值变得更低。所以即使汤姆猎鹿是不被允许的，他是否可以去捕鱼呢?

当然，这里取决于我们设想汤姆捕获的是哪种鱼，具体细节因此会有所不同。但我们假设岛上的湖里有虹鳟。由于虹鳟的寿命大约是 5 年，如果汤姆捕杀一条虹鳟，他只会剥夺鳟鱼（平均来说）大约 2.5 年的生命。这比杀一只鹿要少了好几年，所以这也应该有助于降低阈值。

另一方面，杀死一条鱼所获得的**收益**要少很多，因为一条鱼可以维持汤姆生命的时间会更短。鳟鱼的重量从 1 到 5 磅不等，因而一条普通的鳟鱼可能重约 2.5 磅。如果我们再假设汤姆每天可以靠大约 1/3 磅的食物活下来，这意味着一条鱼大约只能让他活上一周左右。

于是假设 T=mh，m 设为 1000。对鳟鱼的造成的伤害大约是 2.5 年，这意味着如果要达到阈值，汤姆通过杀鱼所获得的收益，必须等于或大于鳟鱼 2.5 年生命的价值的 1000 倍。也就是说，只有获得的收益至少是鳟鱼 2500 年的寿命，捕杀这种鱼才是被允许的。但是吃一条鱼只能让汤姆存活一个星期！因此，只有当人类一周的生命价值约等于鳟鱼 2500 年的生命的价值时，才算达到了这个阈值。2500 年相当于 130000 周左右。因此，只有当人类一周的生命与鳟鱼 13 万周的生命的价值等同时，才算达到了阈值。人类生命的价值必须是鱼的生命价值的 13 万倍以上！

正如我已经承认的那样，认为鱼的一周或一年的生命所包含的福利比人的一周或一年的生命所包含的福利要少似乎是合理的。事实上，我认为很明显，鱼的一周或一年的生命所包含的福利要**少得**

多。但这并不是说一体论者所需要的极端化的比较性判断是很合理的。这意味着平均而言，比方说，一个人平均**四分钟**所获得的福利，比一条在湖中游弋的鱼一整年所获得的福利还要多！我觉得这是难以置信的。除非有人打算认可这种比较，否则我们不得不得出结论认为，鱼的权利阈值还没有达到。或者更确切地说，如果我们同意一体论者的观点，认为我们应该用计算**人**的不受伤害权利的阈值的方法，来计算动物不受伤害权利的阈值——将所造成的伤害乘以一千——那么我们就不得不认为这个阈值还没有达到。当然，这就意味着即使汤姆没有别的办法维持自己的生命，他去捕食鱼类也是错误的。我想几乎所有人都会觉得这是一个无法接受的结论。所以，几乎所有对温和的义务论有兴趣的人都有理由拒绝一体论。（当然，就像大多数温和论者会做的那样，把 m 的值设得更高，那么关于鱼类相对福利所需要的论断就会变得更加极端。）

诚然，即使一体论者不得不硬着头皮坚持认为，汤姆不可以猎鹿或者捕鱼，这并不表明一体论者必须禁止捕食**一切**动物。事实上，到了这一步，我们很容易想象汤姆为了生存而捕杀哪种类型的动物是被允许的。理想的情况是，这种动物的寿命应该很短（这样一来所能失去的未来的生命就很少了），而且生命质量极低（这样一来所能失去的生命就没多少价值了），但是这种动物应该很大，而且营养丰富，于是就能让汤姆维持很长一段时间的生命。

也许会有这样的动物，我不知道。如果有这种动物，那么一体论者至少可以举出我们这个例子的某种变体，并宣称汤姆还是可以让自己活下去的，当然前提是他只能捕杀和食用**那种**类型的动物。

然而由于本节开头提到的那个理由，即使存在着这样的动物，我认为一体论也不足以变得可行。因为正如我所说的，仅仅表明某个人为了活下去而允许杀死某些**不寻常的**动物是不够的。如果对于**典型的**动物来说，这种做法仍然是被禁止的，那么这种观点还是不可接受的。所以，如果我的想法是正确的，一个温和的义务论者如果是一体论者，那么他必须禁止捕鱼或猎鹿，哪怕不这样做会让自己饿死。于是我认为这就足以揭示，所有或几乎所有温和的义务论者都应该有理由拒绝一体论者的立场。

总之，将一体论与义务论结合起来——无论是绝对主义的义务论还是温和的义务论——其结果在直觉上是不合理的。因此，不仅就我们的价值理论而言，我们应该接受一种等级论的解释——根据这种解释，动物的道德地位比人的道德地位更低；而且，即使是某个理论中的**义务论**要素，对它的理解也需要考虑到动物的价值比人的价值要更低这个事实。在义务论的框架下，处理动物伦理的正确方法不是诉诸一体论，而是诉诸等级论。

第8章　有限义务论

1. 将动物排除在义务论之外

大多数对义务论有共鸣的人，都不会对我给出的义务论者应该拒绝一体论的论证感到特别不安。事实上，就义务论者对于动物伦理学的思考而言，我怀疑大多数人从一开始就对衡量动物与衡量人的方式完全相同这一主张无动于衷。相反，更典型的立场可能是这样的：一个恰当的道德理论必须包含义务论的要素（例如权利），但是这些要素所提供的保护不应该给予动物，而只能给予人。也就是说，只有道德当中指导我们如何对待人的那部分才具有义务论的形式。道德当中指导我们如何恰当地对待**动物**的那部分，并不包含任何义务论的要素。动物当然也重要——动物的利益必须得到重视——尽管如此，当涉及动物时，我们需要一个不同的道德框架。

值得强调的是这里的最后一点，根据我们所描述的观点，动物在道德上确实是有价值的。当然，也有人完全否认关于动物的道德诉求（包括一些义务论者），但这不是我所考虑的立场。我试图描述的观点认为，动物确实具有道德身份，在这种观点看来，直接忽略动物的利益在道德上是不合理的。尽管如此，考虑动物利益的正确方法与考虑人的利益的正确方法是非常不同的。**人**必须被赋予义务论者所描述的那种权利，但是**动物**却完全没有这种权利。因此，虽然认为动物不重要是错误的，但是担心义务论会**延伸到**动物身上也是错误的。相反，义务论的适用范围受到了恰当的限制。

那么，正确思考动物的道德框架是怎样的呢？也许那是一种后果论的观点。这种观点当然会禁止**无端**伤害动物。而且，即使伤害动物能带来一些收益，但是如果带来的收益少于所造成的伤害，这样做或许仍然是错误的。尽管如此，如果伤害动物确实能带来更好的**总体**结果，那么伤害动物就是被允许的。

这样一来，我们这里所讨论的观点，就会给动物提供一种与人类不同的规范性轮廓。根据这种观点，人拥有动物所缺乏的道德权利。当我们考虑伤害的是**人**时，伤害是被禁止的——要么是绝对禁止的（如果接受关于人的绝对主义的义务论），要么是必须达到相关的权利阈值（如果接受温和的义务论）。但是当我们打算伤害的是**动物**时，如果总的来说利**大于**弊，那就可以了；如果总体结果确实会更好那就可以了。没有必要超出或克服义务论关于禁止伤害动物的权利阈值，因为动物根本不属于义务论的讨论范围。就动物而言，只需要后果论就足够了。

要把握这种观点在直观上的吸引力，不妨重新思考一下我们只能通过杀死第六个人来救活那五个人的例子。我们知道，大多数人都觉得这是难以接受的，从而引导我们去描述和探究道德义务论进路。但我想，如果这类例子所涉及的主体是动物而不是人，大多数人的反应可能会变得很不一样。比方说，假设我们只能通过杀死第六只兔子来救活另外五只兔子。在这种情况下，我认为义务论的回应似乎就完全不合适了。恰恰相反，大多数人都会轻松得出结论认为：虽然很遗憾我们无法做到在不牺牲第六只兔子的情况下救活那五只兔子，但是总的来说，杀死那只兔子确实还是正确的做法，因为这是救活更多兔子的唯一办法。① 总之，当涉及的对象是动物时，我们当中的大多数人会很乐意用后果论的方式来思考。当然，我们必须考虑到特定动物的福利以及其他利益，但如果牺牲或伤害这个动物确实会带来更好的结果，那么伤害这个动物就是被允许的。

诚然，并非所有人都会这么认为。有些人可能会对这种允许杀死一只兔子来救五只兔子的想法感到不舒服。这些人不仅仅只是对关于动物的后果论感到不满，他们是对后果论完全不满意。但是我猜想，大部分人**将会**欣然接受把后果论用在动物身上。只有在涉及**人**的情况下，后果论才会突然显得不够充分，我们才会转而采纳一种义务论的理论框架。所以，也许我们就应该采用这种双重道德观，将后果论所承认的道德诉求赋予动物，而将义务论所提供的更有力的保护赋予人——但只限于赋予人。

出于显见的理由，我们可以将这种观点总结为：面向动物的后果论，面向人的义务论。② 给这个立场起一个名字是有帮助的。尽管这个标签远非完美，我们不妨称之为**有限义务论**。(应该明确的是，有限义务论当中的义务论部分，可以分为绝对主义的义务论和温和的义务论这两个版本。)

① 参见 Thomson, *The Realm of Rights*, p. 292。

② 诺齐克描述了一种他称之为“面向动物的功利主义，面向人的康德主义”的观点(*Anarchy, State, and Utopia*, pp. 39–42)。因为功利主义是后果论的一种形式，而康德主义是义务论的一种形式，因此就我们的讨论而言，他的观点与我们的观点几乎一样。然而，值得注意的是，尽管诺齐克讨论了这一观点，但他认为这种观点不够充分。

不管我们把它叫作什么，必须承认，有限义务论在直观上有相当大的吸引力。比方说，注意到有限义务论是如何马上得出为了拯救人的生命应该杀死动物这一直观上有吸引力的结论。如果正确的道德理论对人而言是义务论，对动物而言是后果论，那么动物根本就没有义务论所规定的权利。于是很明显，我们就无需担心杀死动物能否产生足够多的收益来达到这些权利所必需的**阈值**。恰恰相反，我们需要问的仅仅是，杀死某个动物是否会产生总体上**更好的**结果。而这一点正是我们准备要提出来的。假如，汤姆猎杀一只鹿会让这只鹿失去十年的生命，而汤姆只能因此多活一年。但如果鹿一年的生命所包含的福利还不及人一年的生命的十分之一，那么如果汤姆猎杀并吃掉这头鹿所产生的总体结果确实会更好。与之类似，杀死一条鱼可能会剥夺鱼 2.5 年的生命，而这只能让汤姆多活一周，但如果鱼一周的生命价值还不及人一周的生命价值的 1/130——这当然似乎是可能的——那么汤姆若捕杀并吃掉这条鱼，总体结果同样也会更好。

我不敢说有限义务论是关于这个问题的常识性理解。我怀疑大多数人对于动物的道德地位是否有过足够认真的思考，进而得出了像我刚才所描述的那种确定的观点。尽管如此，还是可以公允地说，如果大多数人对这个问题有过更深的思考，有限义务论将是大多数人都愿意接受的观点。它代表了一种对大量常见的道德思考背后所隐藏的道德观的理性重构。

当然，有限义务论是一种等级论的观点。它承认动物是有价值的，但坚持认为动物的价值在道德上并没有人的价值那么高。与人不同，动物缺乏由义务论框架所产生的那种权利。

最后还有一点。在接下来的讨论中，我不会区分不同版本的有限义务论。不过，考虑到我们之前关于分配原则的讨论，我的确想明确指出有限义务论也有可能关系到特定的利益。正如我对分配原则的讨论中（第 3 章第 3 节）所解释的那样，我采用了这样一种观点，即动物确实可以拥有分配的诉求，尽管动物的诉求比人在类似情况下所拥有的诉求要弱。但我也注意到了另外一种观点，认为分配原则根本就不适用于动物，只能适用于人。举例来说，如果分配原则被视为正义理论的一部分，而只有那些其规范性轮廓包含了义务论要素的人（或以人的名义）才能提出不公平或不公正的诉求，那么可以设想，这种观点可以作为恰当版本的有限义务论的一部分来获得辩护。

我认为这样的观点会吸引一些（尽管不是全部的）有限义务论者。但是我不会停下脚步去追问，那些必要的进一步主张——那些将分配与正义以及正义与义务联系起来的主张——是否能够成功地获得辩护。就当前的目标而言，没有必要对这种特定版本的有限义务论给予特别的考虑。更紧迫的任务是去评估隐藏在有限义务论背后更一般的观念本身。把动物完全排除在义务论之外是否是合理的？

2. 自主性

有限义务论是一个值得认真对待的观点。但我认为它是错误的。我并不认为有限义务论核心部分当中那个鲜明的区分——动物直接被排除在义务论为人所提供的保护之外——是合理的。相反，我认为，如果有人想成为一个关于人的义务论者，那么他也得成为一个关于动物的义务论者。这并不意味着动物应该拥有与人**相同的**义务论保护，或者拥有与人同等程度的保护。毕竟我已经反驳过义务论的一体论进路。但是在我看来，与其把动物完全排除在义务论之外，那些对关于人的义务论感兴趣的人反而应该接受，动物的义务论权利只是比人的要**弱**一些。如果有人要成为义务论者，那么把动物**排除**在义务论之外是没有道理的，有限义务论所预设的人与动物之间有鲜明的区分是无法维持的。

要明白这一点，我们首先要问，人有哪些属性，使得将义务论权利赋予人是恰当的?更具体地说，哪些属性是人会拥有而动物却不会拥有的，因而我们坚称人有权利而动物没有权利是合适的?毕竟，如果有限义务论真的是正确的——如果人有义务论的权利而动物却没有——这是因为人的某种属性奠定了这些权利的基础或者能产生这些权利，该属性只有人会有而动物却不具备，那么这是怎样的属性呢?究竟怎样才能拥有**义务论身份**(我们可以这样叫它)呢?

这里实际上提出了两个问题。首先，人具有什么样的属性，才能使得将义务论权利赋予他们是恰当的?其次，动物真的缺乏这种属性吗?有限义务论的前提是，对第一个问题的合理回答将确定一种属性，这种属性使得对第二个问题作出肯定的回答也是合理的。比方说，如果动物同样具有某种属性，该属性是人有义务论权利的基础，那么这一属性由于与动物共享从而是行不通的。同样，如果所提议的属性是动物所缺乏的，但认为该属性是人们拥有权利的基础这一想法又缺乏合理性，那么这种提议也是不可行的。

所以让我们先来尝试回答第一个问题。是哪种属性奠定了拥有义务论权利的基础?怎样才能具备义务论身份呢?

现在，如果说我们的目标是为义务论提供一个完整的哲学辩护，那么，仅仅指定某个属性（号称）是义务论权利的基础是不够的。我们还需要为这样的主张进行辩护，即这确实是一种**义务论**框架，它可以完美地或最恰当地反映出我们所讨论的那种属性；我们需要表明这个属性的重要性是如何以及为何可以很好地契入义务论的框架（而不是，比如说，契入后果论的框架）。不过欣慰的是，就当前的目标而言，我们暂时不需要做这些工作。我在这里的目标不是去评估是否有某种属性真的支持义务论，甚至也不是证明它是合理的或至少在表面上是可信的。就我们的目标而言，我们完全可以抛开相关属性是否真正支持义务论这个问题；我们可以只是假设（出于论证所需）事实的确如此。相反，我们只需要确定那些对义务论有共鸣的人可能会**指出**的那些属性。这样我们就可以去追问，动物是否真的缺乏那种相关的属性。

那么，义务论者可能会指出的属性是什么呢？是什么让（义务论者说）人拥有权利？当然，这里有提出各种各样具体的提议，但是我认为最常见的想法（或最典型的提议的核心部分）是，这个相关属性是**自主性**：人是自主的，正是因为有了自主性，人们才能拥有他们所具备的义务论权利。①

当然，自主性本身也是一个复杂而富有争议的概念，其确切形态到底是怎样的，还有待继续讨论。但我认为，关于自主性的基本想法是非常清楚的：有自主性的存在者会对他们想要的生活有所偏好，这些偏好既不是完全由外部力量或环境所强加的，也不仅仅出于本能而非个体的选择；此外，在不受外界干扰的情况下，有自主性的存在者能够较大程度上按照这些偏好**行动**，从而（至少在某种程度上）过上他们为自己选择的生活。很明显，拥有自主性当然不

① 例如，McMahan, *The Ethics of Killing*, p. 256; Nozick, *Anarchy, State, and Utopia*, pp. 48–50。

能保证在追求自己的目标时不受干扰，甚至也不能保证在没有这种干扰的情况下拥有足够的资源和能力来实现自己的目标。但是，自主性的确包括个体选择行动的能力，借助这种能力，个体的选择（根据个人的环境）符合个体的偏好。

所以我们的想法是，在这个意义上，人确实是自主的，而且正是由于这种自主性，人们才拥有义务论权利。这些权利提供了道德上的保护，使人不至于违背自己的意愿而受到伤害，即使受到这样的伤害会产生更好的总体结果；这些权利表达了这样一种想法：自主的存在者应该对自己的生活拥有很大的**控制权**，如果这样的个体可以为了他人更大的利益而被迫牺牲，那么这种控制权就会被削弱。

假设这就是义务论者想要指出的奠定义务论权利基础的那种属性，那么我们接下来需要问，动物是否真的缺乏自主性。当然，我要说的是，认为动物完全缺乏自主性是错误的。恰恰相反，动物拥有或者能够拥有自主性，只是动物的自主性程度不如人。这里关键的一点是要认识到，自主性并不是一个开启或关闭的属性，要么拥有自主性的完备形式，要么完全没有。相反，自主性有程度之分。因此，如果自主性确实为拥有权利奠定了基础，那么一个恰当的结论是，动物也应该以适当弱化的形式被赋予这种权利。当然，这就意味着有限义务论应该被抛弃：正确的看法不是动物完全缺乏义务论的权利，而是动物的义务论权利——虽然是真实的——要更弱。

于是，我要做的就是去论证自主性可以有不同的程度。当然，严格来说，即使我的观点是正确的，也不一定认为动物应该被赋予义务论权利。因为至少可以想象，虽然各种弱化形式的自主性在逻辑上是可能的，但事实上，从来没有哪种自主性在动物那里真实地得以展现。也许只有在成长中的人类**儿童**才会表现出弱化形式的自主性——随着他们长大成人，他们的自主性也会越来越强——而**动物**也许根本不会展现出任何自主性。倘若事实如此，那么赋予动物真实的却是较弱的义务论权利就不会成功。但是我们将会看到，不仅动物拥有较弱形式的自主性在逻辑上是可能的，也不仅仅只有儿童才能拥有这种有限形式的自主性。相反，一旦人们开始从有限的自主性的角度来思考，就会认为动物实际上拥有这些较为有限形式的自主性——这是合理的，也是自然的。因此，如果自主性真的是义务论权利的基础，那么动物也应该拥有这些权利。

关键是要记住这个事实：我只是主张动物在有限的程度上拥有自主性。与动物不同，正常的成年人是**高度**自主的。我们对自己的生活有整体的规划，在作决定时会考虑我们希望自己的整个未来会如何发展。我们的偏好可以延伸到很遥远的未来：从现在到明天、明年、下一个十年，甚至一直到生命的尽头。更重要的是，我们的欲望不仅在**时间上**延伸开来，我们还对生活的**方方面面**有着巨大而无限的偏好：与谁（如果有的话）共度余生，选择怎样的职业，定居在哪里，怎样穿衣打扮，想吃哪些食物，想听哪些音乐，等等，从重大的人生规划到日常琐事都有自主性。我们既会对生活的核心方面该如何发展作出长期规划，也会对五分钟后早餐吃哪种麦片作出细碎的决定。我们为自己设定了大大小小的目标，并会考虑如何能够最好地实现这些目标。然后我们尽自己最大的能力采取行动，为自己创造我们所选择的生活。正如我所说的那样，人是高度自主的。

显然，动物的自主性没有达到人的程度。但这也不是说动物完全没有自主性。可以猜测，很少有动物会对自己的生活有整体的偏好，尽管如此，我认为动物明显确实会对自己的生活有所偏好。毕竟，动物仍然会作出选择，即使他们的选择与我们的选择相比没那么宏大。比方说，一只狗可能会在追逐自己的尾巴与追逐松鼠之间作出选择。与你的职业选择相比，这大概不是一个那么印象深刻、意义重大的选择，但这仍然是一个选择。我们也不应该认为，只有在审慎思考自己的整体生活时，才会涉及自主性：当你没有在做任何更重要或更有意义的事情，只是在决定点心要吃巧克力蛋糕还是苹果派时，你的自主性也会展现出来。

动物对遥远的未来的思考能力明显不如我们，尽管如此，如果认为动物对未来没有任何偏好，那显然是错误的：鸟儿捕捉虫子的目的是将其带回巢喂养幼鸟；松鼠将坚果藏起来的目的是为了留到以后再吃。诚然，动物大概不会用“未来”或“我的生活”这样的概念来明确规定自己的偏好；它们不会问自己：“我希望如何度过自己整个的一生？”但这只是表明，动物的自主性形式不如我们那么先进或成熟。当然，事实上我们对自己生活中的大部分偏好，也不会用这种抽象的用语来表述。在大多数情况下，我们只是有偏好——而这些偏好的内容会涉及我们生活中或大或小的方面。正如你关于吃什么、去哪里散步或听什么音乐这样的“一阶偏好”(我们可以这么说)，构成了用来恰当描述自己生活中的偏好的大部分内容。动物也有关于吃什么、在哪里散步或者与谁交配的一阶偏好，这些构成了动物对**它们的**生活的偏好。因此，从这个意义上讲，动物确实拥有它们想要如何生活的偏好，当然它们也会尽其所能按照这些偏好去行动。所以，动物是自主的，尽管动物所拥有的自主性程度没有人的高。

就自主性的**程度**而言，大概动物与动物之间也会有**差异**。毕竟，个体对自己生活的欲望可以在很多维度上都有很大的不同。欲望可以在时间的范围（有些涉及更遥远的未来）或主题的广度（涵盖特定个体生活中更为广泛的方面）上有所不同；欲望从逻辑上讲可以更加复杂或更加简单（比如说，有些欲望可能会有条件性的偏好，**如果**这样或那样的情况发生了该去怎么做的偏好）；有些欲望是有自我意识的，或明确涉及自我的概念（“我想要那个”）。欲望的差别，还表现在它们在多大程度上是深思熟虑和反思的产物，以及某个个体是否考虑过更多或更少的选择（或者根本没有考虑过）。不同类型的动物在这些方面的能力各不相同，这好像几乎是不可避免的。例如，有些动物至少能在一定程度上思考更遥远的未来，其他动物可能会在认知上局限于当下。有些动物可以针对如果实施某个特定的行为会发生什么展开相当复杂的思考，而其他动物就不会有那么多刻意选择的偏好了。[①] 因此，不同的动物会通过不同的方式拥有比较发达或比较弱的自主性。正因如此，动物的义务论权利的强度也各不相同。

有人可能会反驳说，即使承认在相关的意义上，动物会对自己的生活有所偏好，会希望自己的生活如何发展，但这还是不能表明动物是**自主的**，哪怕是有限的自主性。因为至少从直觉上讲，自主性要求的不仅仅是对个体的生活内容有所偏好，还要求这些偏好不仅仅是出于本能的。这些偏好（以及由此产生的选择）必须是个体**自己的**。如果某种动物里的每个个体都有非常相同的偏好——或者说，如果这些个体处于相似的环境，就会有相同的偏好——那么我们就很难说动物对自己的生活如何发展有它们**自己的**看法。对于特定种类的动物而言，与其说这是一个**种属化的**观点，不如说这是一

① 例如，辛格描述了一个实验，在这个实验中，灌丛松鸦似乎会适当地推理**当下**应该采取什么步骤，用以满足它们意识到自己将来会有的特定的欲望（与现在的欲望不同）。*Practical Ethics*, p. 100.

个“标准问题”更为恰当。[①] 如果某个个体的偏好以这种方式具有种属化的属性，那么就很难说该个体是**自主的**。

我认为这一点很有道理。说动物对自己的生活有偏好，然后尽其所能按照这些偏好行动，这只是指出了动物具有**能动性**（在第 1 章第 3 节中所引入这个概念的意义上讲的）。但是我们现在可以说，自主性所要求的不仅仅只是能动性。它还要求特定个体的偏好是真正有**个性的**，是在我们刚刚讨论的意义上的那种偏好，而不是种属化的偏好。换个说法，自主性要求有设定目标的能力，也就是说，个体必须有能力设定**自己的**目标，而这个目标至少在某种程度上与他的同类的目标有所不同。[②]

按照这个标准，正常的成年人显然也具有自主性。这不仅仅是说人们对自己的生活（包括大大小小的各种方面）应该如何发展有所偏好；这些偏好因人而异，两个人的偏好不可能完全相同。每个人的偏好都是他们自己的，每个人对自己的生活应该如何发展的看法反映了他们的**个人**选择，这些选择不一定是其他人在相似情况下会作出的。例如，促使一个人学习哲学并不是本能，因为其他人很容易忽视哲学这个话题。不是本能让你更偏爱吃奶油蛋糕而不是香蕉奶油派。这些都是个人选择的问题。我们的生活彰显了个性，而不仅仅是一个种属原型的副本。

当然，这不是要否认正常的人类生活中存在着共性。我们都想

① 我对“种属化的”和“个体化的”偏好或观点所作的区分，源于安德森的《动物权利与非人类生命的价值》（“Animal Rights and the Values of Nonhuman Life”），第 292 页和第 295 页。然而，安德森对这些术语的使用表明，她可能认为这种区分是一个二分问题（一个人的偏好要么是种属化的，要么是个体化的），而不是像我所说的那样是一个程度问题。

② 有时有人会认为，义务论权利建立在“人的区分性”或“人与人之间的区别”的基础上（例如，Rawls, *A Theory of Justice*, pp. 27 and 29；或 Nozick, *Anarchy, State, and Utopia*, pp. 32–3）。但从形而上学的角度来说，动物个体肯定也是有区分性的（独立的）存在者。那么也许这些说法有些地方应该被理解为表达了“个性”是重要的这一想法。

吃饭，我们都想睡觉；我们大多数人都想生儿育女，我们都不喜欢孤苦伶仃。显然，我们的生活存在着种属化的要素或面向。尽管如此，我们的生活还是高度个性化的。正如我指出的那样，我们是高度自主的存在者。

但是，虽然必须承认，动物过着比我们更具种属化的生活，也拥有更具种属化的偏好，但如果断言动物的生活**只是**种属化的，那就想得过于简单了。生活并不是要么完全是种属化的，要么完全是个性化的。毕竟，如我刚才所言，即使是我们**自己的**生活也有种属化的面向。那么，我们的区分与其说是非黑即白的二分法，不如说是光谱式的。不同的物种在光谱上的位置各不相同，但大多数物种至少会给个性留下一些空间。像我们一样，所有的动物都想吃东西，毫无疑问，对许多物种来说，食谱的选择范围或许会很小。尽管如此，还是有一些可供个体选择的余地。例如，这只豚鼠可能喜欢吃胡萝卜，那只豚鼠可能喜欢吃青豆；这条束带蛇可能喜欢吃蚯蚓，那条束带蛇可能喜欢吃昆虫。同样，在其他可供选择的方面，这只海鸥可能喜欢在悬崖上筑巢，那只海鸥更喜欢在树上安家。这只鲨鱼可能喜欢被它认识的人轻抚，那只鲨鱼更喜欢去觅食。① 这只兔子可能喜欢人，那只兔子更喜欢与同类相伴。个性还会以更细微、更瞬息的方式展现出来。如果我们相信——我们也应该相信——当你走到一个岔路口时，你向左走而别人向右走，你就展现出了你的个性，那么我们应该说，同样的情况对狗而言也是如此。

当然，对于某些动物来说，似乎确实没有什么种属性之外的东西。一只苍蝇无疑会作出选择（在“选择”这个概念的某种意义上

① Balcombe, *What a Fish Knows*, p. 145. 巴尔科姆提到了他经常在一家餐厅的养鱼缸里观察的三条热带鱼，说它们是“拥有自主性且独立生活的个体”。

讲），但苍蝇的选择可谓足够本能，任何其他苍蝇在这种情况下都会作出基本相同的选择。那么，在这里谈论苍蝇的偏好，说苍蝇拥有**自己的**偏好可能意义不大。但这种情况显然是在光谱的最末端，而且似乎可以认为，许多动物的生活不像苍蝇那么种属化，而是更具个性化的。个性化的程度会因物种而异，似乎没有哪种缺乏人格的动物其个性化的程度类似于我们。但这并不是说动物完全没有个性。

因此，即使我们同意——我认为我们应该同意——自主性需要个性而不仅仅是能动性，我们也不应该得出结论说动物缺乏自主性。相反，正确的结论似乎是这样的：动物的自主性不如人，尽管如此，它们（或其中的大多数）至少在有限的程度上是自主的。因此，如果自主性是拥有义务论权利的基础，那么动物也应该被视为拥有义务论权利。动物的权利将比人的权利**更弱**，但有限义务论坚持说只有人有权利，这是错误的。

当然，也可以说有些动物**确实**完全缺乏自主性。也许家蝇或者其他处于进化树低端的动物便是如此。我不会试图解决这个问题，因为这需要我所不具备的专业知识。不过，如果真有这样的动物，那么否定它们拥有权利也许是合适的；也许后果论确实是适用于这种动物的道德框架。即使如此，这也与接受有限义务论相去甚远。因为根据我们所界定的有限义务论的立场，人，而且**只有**人，才会拥有权利。而我已论证了这种观点是站不住脚的。

3．对上述论证的反驳

就像我已经论证的那样，自主性有程度之分，虽然动物可能不像我们那样有自主性，但许多动物至少在某种程度上仍然是自主的。

但是，我刚才所说的可能有些不准确。也许我真正展示的只是一个**维度**，在这个维度上可以对生命作出排序，根据个体对生活的偏好来决定某个个体有多大的能动性。但是，即便我是对的，动物在不同程度上确实有这样的偏好（以及由此产生的能动性），也不意味着动物在不同程度上是**自主的**。也许自主性的概念只限于这个维度所界定的范围内的**高端**存在者。也就是说，自主性可能有点像“高”或“大”这类概念：尽管一切物理对象都具有或大或小的高度或尺寸，但声称所有对象“至少在某种程度上”或“只是在较低的程度上”都是高的或大的，那就搞错了。

如果自主性的概念确实在这个意义上是有限的（仅限于处在光谱高端的个体），那么结果可能是动物根本没有真正的自主性，甚至也不会在有限的程度上拥有自主性。在这种情况下——有人可能会反驳说——动物根本就没有任何权利，这与我所论证的结论相反。

但是现在我恰恰要怀疑这种关于有限自主性概念的说法是否正确。我并不真的认为，只有当某个主体对其生活有着相对较高程度的个性化偏好（并据此行动）时，称其具有自主性才是合法的。相反，在我看来，事实上我们完全可以（并且恰当地）说，比如，成长中的孩子展现出的只是有限的自主性，或者他们只在某些有限的方面有自主的偏好，或者说他们只有某种程度上的自主性，而不是完全的自主性，等等。哪怕很小的小孩，也可能对他们生活中的某些有限的方面（他们想吃什么、想玩什么玩具、喜欢什么音乐，等等）有着明确的个性化偏好，很自然地说，这些偏好是自主性水平不断提升的最初表现。因此，如果动物也有个性化偏好，且能根据这些偏好行动，即使只在有限的程度上，根据这种情况赋予动物有限的自主性似乎也是恰当的。

然而，即使关于自主性本质的限制性的观点是正确的，而且只有在某个主体具有相对较高程度的个性化偏好时才能恰当地称其为自主性，这也不足以真正确立有限义务论的有效性。因为在这一点上，一个明显要去追问的问题是，为什么某个个体需要**自主性**——那种严格意义上的自主性——才能拥有权利。如果自主性只是我们因某个个体拥有**高度**个性化偏好而贴上的标签，那么拥有权利的基础实际上就是拥有个性化偏好。如果是这样的话，那么无论某个个体是否拥有**足够的**个性化偏好（或拥有足够高级形式的个性化偏好），只要拥有这些偏好（以及按照偏好去行动）就**足够了**，就可以算作是“自主的”。也许严格来讲，说那些只具备有限的个性化偏好的个体“有那么点自主”并不准确。尽管如此，这样的生物似乎仍然应该享有权利——尽管是较弱的权利。

实际上我想说的是，即使自主性概念真的是像“大”或“高”这类概念一样发挥作用，从道德的角度来看也没什么问题。因为如果自主性概念真的发挥这样的作用，那么真正具有道德意义的不是自主性本身，而是它的基础维度，也就是奠定某个个体生活的个性化偏好的能动性。既然动物在不同程度上对生活的个性化偏好具有能动性，那么它们也应该拥有（不同程度的）权利。

因此，就我们的目标而言，针对那些至少有一些个性化偏好却还处于较低水平的个体，谈论其自主性程度是否真的合理其实并不重要。无论是否合理，动物都会拥有权利。为了简化论述，我还是要假设这种谈论方式**是**合理的。也就是说，我将假设如果你有任何个性化的偏好（并且据此行动），那么谈论你有**多大**程度的自主性是合理的。如果有人倾向于其他观点——严格地说，只有当某个个体拥有相对**较高**的个性化偏好时，才可能有某种程度的自主性——那就在下文中用个性化偏好的那套语言来替代我谈论自主性的方式。

我的观点是：动物具有自主性，即使动物的自主性比人的自主性要低。因此，如果像我们所假设的那样，自主性是拥有义务论身份的基础——也就是拥有义务论权利的基础——那么也应该承认动物拥有义务论身份。与此同时，由于动物的自主性比人要低，它们的权利也应该相应地会更弱或者更有限。

我承认，并不是每个人都会接受我在这里提供的关于自主性的特定解释。而且，也不是每个义务论者都会指出自主性本身是一种关键属性，拥有自主性就奠定了义务论身份。然而，就我们的目标而言，关键的问题实际上是这样的：无论提供义务论身份基础的确切属性是什么（无论对这种属性的精确分析究竟是什么），这种属性是否有程度之分？如果有程度之分，动物是否至少在**某种**程度上确实拥有这种属性，即使拥有的程度比人要小？在我看来，这个问题的答案极有可能是肯定的。或者更确切地说，这将是奠定义务论身份属性的最合理的建议。

说得再具体些，我将继续假设与义务论身份相关的属性确实是自主性（而且自主性至少应该大致按照我所提出的思路来理解）。无论如何，在我看来，诉诸自主性确实是奠定义务论身份基础的最常见的提议。但无论这种身份的基础是什么，只要动物确实拥有这种属性，即使它们拥有的程度较低——这在我看来是极有可能的——那么动物也应该拥有义务论身份。它们也应该有义务论权利，尽管它们的权利会比人的权利要更弱。

在提出这个论证时，我当然是在诉诸一个在我看来既自然又合理的想法，也就是如果一个特定的属性是义务论身份的基础，那么任何具有这个特定属性的个体至少也应该具有某种程度的义务论身份，尽管其义务论身份比那些具有更多该属性的个体（或在更大程度上具有该属性的个体）要弱一些。因此，如果自主性真的是义务论身份的基础，那么任何拥有自主性的个体，都至少应该得到义务论权利所提供的一些保护。只不过那些拥有自主性水平较低的个体，比那些所拥有自主性水平更高的个体，其权利要更少或者更有限。

假设这是正确的，那么我们是否可以得出结论认为，道德**地位**较高的动物比道德地位较低的动物拥有更强的义务论权利？当然，从某种意义上说，这个讨论意义不大，因为拥有权利会是某个个体规范性轮廓的核心部分。任何拥有较强的义务论权利的个体，都会自动被认为具有（相对）较高的道德地位；任何被认为道德地位较高的个体，通常都会被认为拥有这样的权利。但我想问的是这个问题，我们至少已经在识别奠定较高的道德地位的心理能力方面取得了一些进展（见第5章第3节）：这些能力使得能动性的形式更加发达，开启了获得更高和更有价值的福利形式的可能性；那么，自主性是如何融入这一图景当中的呢？那些拥有我们已经识别出的相对复杂能力的个体，是否也倾向于在自主性方面获得高分？或者说，个体自主性水平的高低，是否会独立于这些其他的能力水平？

然而，只要稍加思考，答案就会一目了然。事实上，正是拥有了我们讨论过的那种复杂能力，高水平的自主性才得以可能。某个个体能否对自己生活中更广泛、更深远的方面作出高度个性化的选择，恰恰取决于他是否具有抽象复杂的思维和情感能力，包括对未来深入思考的能力；取决于他是否具有创造力、想象力、自我意识和自我知识。事实上，在前面确认的可以为更高的道德地位提供基础的能力中，包括了反思和自我管控的能力，以及个性化的、特异的和自主性的选择能力。(类似的说法也适用于其他关于义务论地位基础的合理建议。但我不会继续赘述这个更具一般性的问题。)

因此，我们可以有把握地得出结论，自主性会随着奠定个体道德地位的那些更普遍的能力而变化。总之，人的道德地位高于动物，因此也有着更强的义务论权利。但动物确实拥有这样的权利，而且动物的地位越高，所拥有的义务论权利就越强。

如果我们的确认为，任何具有某种程度的自主性的存在者都至少应该具有某种义务论身份，而且自主性越高，义务论权利就越强，那么我们就会得到这样的结论。这确实是义务论者应该采取的正确立场，所以我的结论是，有限义务论应该被抛弃。

然而，有限义务论的支持者可能会坚持说，我所认为的某个个体的义务论身份应该随着他的自主性水平的不同而连续变化是错误的。相反，他们可能坚持认为，除非某个个体有着**充分的**自主性，否则根本就不会拥有任何类型的义务论身份。也就是说，除非某个个体有**足够高的**自主性水平，否则根本就没有义务论权利。

这样说并不是要回到之前的建议，说动物拥有有限程度的自主性是不合适的。恰恰相反，提出当前这个观点的人，实际上可能非常满足于说动物拥有真实却是有限的自主性。所以这种主张说的是，如果某个个体要有义务论身份，那么拥有**一定的**自主性是不够的。该个体必须要有**足够多的**自主性。实际上存在着一个分界点，需要一个最低的水平，低于这个分界点，个体就没有**足够的**自主性来拥有权利。如果我们承认这一点，那么有可能相关的最低自主性水平实际上会设置得相当高。也许只有**人**才会有达到这个分界点的足够的自主性。如果是这样，那么有限义务论将被证明是正确的。有限义务论者可以承认，动物在某种程度上是自主的；他们只需坚持认为，动物没有达到这个分界点的充分的自主性。因此，人确实有义务论权利，但动物还是没有义务论权利。

（问题来了：有限义务论者应该如何看待**边缘事例**——受到严重损伤的人类缺乏达到分界点的充分的自主性呢？他们的义务论身份是否也应该被剥夺呢？我不会在这里讨论这个问题，我只想指出，考虑到即使是严重受损的人通常也**可以**拥有高度自主性，诉诸模态人格的重要性可能会与之相关。）

应该清楚的是，如果采用我刚才描述的那种观点，就等于拒绝了我上文所赞同的原则：无论什么属性作为义务论地位的基础，无论谁拥有这种属性，任何具有这种属性的个体至少会拥有某种义务论身份，尽管其地位水平将随着所拥有的属性的多少而不同。这一原则排除了存在着相关类型的分界点的想法。因此如果自主性真的是构成义务论身份的属性，那么任何程度的自主性都应该足以产生至少是微弱的义务论权利；在某个个体可以拥有任何种类的义务论权利之前，不应该再要求有最低限度的自主性。

在进一步探讨这个问题之前，我首先想指出另外一个问题，自主性的可变性给有限义务论者带来了麻烦。即使我们暂且假定，某个个体在拥有义务论权利之前必须先达到某种最低限度的自主性水平，我们仍然会面临我之前所说的正常差异问题（见第 6 章第 4 节）。因为即使所有的动物都低于这个分界点，而所有的人都高于这个分界点，认为人与人之间在自主性**程度**方面会有差异似乎仍然是合理的。因此，即使存在着一个义务论身份的分界点，我们似乎仍然可以得出结论说，那些拥有更高水平的自主性的人，应该拥有更高的道德地位，包括拥有更强的义务论权利。对于这个结论，我想几乎没有哪个有限义务论者是愿意接受的。[①]

当然，必须承认，我自己的立场也会面临正常差异问题。毕竟，如果你的权利强度应该随着你的自主性程度而变化——这是我一直主张的——那么，有些人（凭借他们更强的自主性）似乎肯定会比其他人拥有更多的权利。因此，正常差异问题对我来说也是一个很现实的问题。然而在这里，我的观点只是一个更狭窄的看法，即使我们接受义务论身份有分界点，也不会让正常差异问题消失。即使支持有限义务论的人也必须面对这个问题。

诚然，如果有限义务论者要声称在分界点之上，根本不存在着自主性水平的差异，那么这里就不会出现正常差异问题。但至少从表面上看，这似乎不是一个合理的想法。很明显，人与人之间确实存在着差异。例如，他们在多大程度上对自己的生活有长远的规划，或者在多大程度上努力将这些个性化的偏好付诸行动。因此，如果相关的属性真的是**自主性**，那么似乎就不可避免得出这样的结论：至少人与人之间的权利确实应该有所不同。（事实上，即使人们可以拥有的自主性存在着**上限**——也就是说，即使有完美的或完备的自主性——也没有充分的理由认为所有人都能达到或接近这个上限。）

因此，如果义务论者想要避免将义务论权利赋予动物，同时又否认人与人之间的义务论权利存在着差异，那么他不仅要断言有一个分界点（在这个分界点下，拥有较少的自主性不足以构成权利的基础），还需要声称——这其实是一个进一步的主张——在这个分界点之上的差异在道德上是**不起作用的**，根本无法使权利变得更大或更强。简言之，他的观点必须是：太少的自主性根本不会为较低的

① 参见 McMahan, *The Ethics of Killing*, pp. 248–51。

义务论身份奠定基础；但“太多的”自主性也不会给予你**更高的**义务论身份。这里的“盈余”直接就浪费掉了。[①] 作为回应，我想说的是：很难理解为什么像自主性这样的连续可变属性，其意义却应该以这样的方式被“抹平”。

4. 二分的属性

有限义务论的根本问题就出在这里。有限义务论者指出了一种特定的属性——自主性——并声称这种属性是义务论身份的基础。但是这个性质是可变的，它在数量上是可多可少的。因此，我们通常会期待这种属性也能产生可变的结果——不同强度的权利，对应着不同的自主性程度或水平。但这与有限义务论的结构是不一致的。因此，我们所诉诸的自主性有待重新理解。与其问某个特定的个体有**多大的**自主性，倒不如只是去问该个体是否有**充分的**自主性。然而遗憾的是，这种转变是否有充分的根据，目前还很不清楚。

沿着这样的思路，这种转变是不可避免的。有限义务论者需要确定一种属性，这种属性可以合理地被认为奠定了义务论身份的基础。但是不仅如此，他们所需的这个属性是一种二分属性，某个特定的个体要么拥有该属性，要么缺乏该属性。这种属性不能是个体或多或少可以拥有的，因为这类属性——以不同的程度而被拥有的属性——会立即导致权利的强度有所不同；它不适合有限义务论者所相信的那种扁平的、双层的观点，即动物完全没有任何义务论权利，而所有人都有着同等强度的权利。相反，如果奠定义务论身份

① 这个词出自丹尼尔·威克勒（Daniel Wikler），引自 McMahan, *The Ethics of Killing*, p. 250。

的属性是可变的，那么我们会期待任何个体——包括动物——在任何程度上拥有这一属性，都将至少拥有某种权利，而所产生的义务论权利的大小将随着他所拥有该属性的程度而不同。

因此，有限义务者需要诉诸一种二分属性——这种属性不会出现程度上或者范围上的问题。他们需要一种我们称之为“全有或全无”的属性——这是一种所有动物都缺乏，而所有人在一定程度上都拥有的属性。当然，我一直都在论证，自主性并不符合这个要求；它有程度区分，而不是要么全有要么全无的。这就是最直接地诉诸自主性行不通的原因。它以错误的逻辑形式为有限义务论提供了基础。

当然，这并不是说从自主性当中**建构出**二分属性特别困难。一旦我们规定了相关的分界点，就能很容易做到这一点。我们只需要坚持说，严格地讲，与义务论身份相关的属性根本不是真正的自主性本身，因为那是一个可变的属性。相反，相关的属性是拥有**足够**自主性的**二分**属性。因为尽管个体之间在有**多大程度**的自主性方面差异很大，但相对于是否达到了特定的分界点，也就是他们是否具有**充分的**自主性，仍然只有两个可能的答案：要么有，要么没有。因此，如果分界点被设定在一个适当高的水平上，那么动物完全不具备相关的属性，因而也将完全缺乏义务论权利；而人则具备相关的属性，但程度完全相同，因而所有人都将拥有强度完全相同的权利。

这里有个例子可以用来说明这个想法。① 一个圆可以被视为将平面划分为两个部分，即平面中落在圆上或圆内的那些点，以及圆外

① Rawls, *A Theory of Justice*, p. 508.

的点。那么在这里我们就有一个二分的属性：一个点要么在“圆内”(这个概念包括落在圆本身上的那些点)，要么在圆外。同样的道理，一个特定的点要么**足够接近**圆心，要么不够接近。

请注意，虽然这一属性是以距离（即与圆心的距离）来定义的，而且**该**属性显然是可变的（点与圆心的距离可近可远，各不相同)，但是，如果重要的属性不是距离本身，而是落在圆内（或在圆外）的二分属性，那么它与圆心是远是近这个事实便是无关紧要的。圆内所有点都同等地位于圆内，圆外所有点都**同等地**位于圆外。尤其是，即使圆内的一个点比另一个点更接近圆心，也不意味着它会“在更大程度上”位于圆内。这两个点都**同等地**位于圆内。与之类似，即使有一个点并没有位于圆内，这并不意味着它“在有限的程度上”或“在某种程度上”位于圆内。相反，如果没有位于圆内，那么它便是没有位于圆内，我们只能说它位于**圆外**，就这么简单。

有限义务论者应该说，严格来讲，自主性并不是义务论身份的相关属性。我们只是使用这个属性来构建真正相关的属性。相反，真正重要的是**充分的**自主性的属性，也就是拥有足够高水平的自主性。而**那种**属性是二分的；某个个体要么拥有这种属性，要么没有。确实，即使某个个体比另一个个体拥有更多的自主性，但如果两个个体的自主性都足够了，那么两个个体各自都拥有了**同样**足够高的自主性：某个个体的自主性，并不会比另一个个体的自主性更多。因此，如果拥有足够的自主性是义务论身份的基础，那么我们就不必担心会把权利赋予那些没有**足够**自主性的动物，哪怕是较弱的权利。我们也不必担心会把更强的权利赋予那些拥有**超出**充分自主性的个体。任何特定的个体，要么有足够的自主性来获得权利，要么没有任何权利；既然所有确实拥有足够自主性的个体，其自主性都足够了，那么所有拥有足够自主性的个体，也都将拥有同等强度的权利。

至少，这就是他们所想的。但是，清楚地知道有限义务论者必须主张什么，不等于能让这些主张变得特别合理。要成功地为有限义务论辩护，仅仅**说出**想要的相关属性是不够的，还必须让人明白像这样的属性如何会以特定的方式发挥作用。但我认为，这恰恰是有限义务论者把自主性转变为**充分的**自主性时所错失的要点。

当然，很容易看出**自主性**对于产生权利的重要性。权利保护你（至少在某种程度上）不会失去对自己生活如何发展的控制，权利赋予你按照自己的个体偏好去行动的空间。因此，基于自主性的权利解释，至少一开始看起来似乎是有希望的；我们至少可以看到这种基本解释的大致走向。但是，当有限义务论者从自主性转向充分的自主性时，同样的解释就不再对我们有用了。因为我们的解释会支持所有具有任何程度的自主性的个体都拥有权利的想法，而这恰恰是有限义务论者所要否认的。

如果重要的不是自主性本身，而是拥有**足够的**自主性，那么我们实际上是在说，有一种**特定**水平的自主性具有独特的道德意义。但是很难看出是什么产生了这样的结果。当较少的自主性不能产生任何类似的权利时，某一特定数量的自主性却突然能使权利出现，这是什么原因造成的呢？是什么导致了某种程度的自主性可以产生权利，而更高水平的自主性却不会产生进一步的规范性效果呢？为什么更多的自主性不会产生更强的权利呢？诸如此类的问题是有限义务论者无法回答的。①

① 参见 Arneson, “What, if Anything, Renders All Humans Morally Equal?”

这并不是说，某个个体在拥有任何权利之前必须拥有一定程度的自主性的说法是不融贯的。而是说，它似乎缺乏哲学上的动机。我这样讲，并不是说把分界点**放在**哪里是任意的。我的意思是说，设置这种鲜明的分界点的**这个**想法，本身似乎是任意而且不合理的。拿什么来解释为什么某个个体在拥有任何种类的权利之前，要有一定**程度**的自主性呢？为什么我们不期待**任何**程度的自主性都足以奠定**某种**权利的基础呢？

在提出这个反对意见时，我当然不是说设定任何类型的阈值都是缺乏根据并且是不合理的。比如说，为了摆脱地球引力，你必须达到一定的最低速度：只要低于这个速度都是不够的。要让冰融化成水，水分子的平均动能必须达到某个最低水平，才能打破它们之间的化学键。如果平均动能不够，冰就无法融化。因此，并不是说设定阈值的这个想法本身是不可接受的。

在**道德**领域，设定阈值也未必就有问题。的确，正如我们已经看到的那样，大多数人都是温和的义务论者，因此相信权利是有阈值的。当攸关的利害**足够**大时，不受伤害的权利的道德力量就会被抵消，从而使得对一个无辜的人施加相应规模的伤害也是被允许的。但是，如果相关的利害攸关的收益太**少**，权利就不会被抵消。要证明侵犯一项权利是正当的，就必须达到相应的阈值。

我们可以把同样的例子反过来看。假设如果我们作出某个行为就能获得一定的收益。在其他条件相同的情况下，这就为实施该行为提供了某些理由。然而想象一下，这种行为将会涉及侵犯这样或那样的权利。这是否会使得该行为是不被允许的呢？不一定。如果这个受到侵犯的权利太**弱**，它就无法克服或抵消基于可以获得收益的行为的理由。只有当权利足够**强**，产生收益的机会的正当性力量才会被抵消。因此，在这里我们也面临着一个阈值：该权利必须足够强——否则，在那种情形下对该权利的侵犯将是被允许的。

所有这些都非常直截了当，而且一点也不神秘。当**一个**属性或因素需要强大到足以克服或抵消另一个类似的因素时，我们就要设定阈值。但是，要说在产生任何权利（无论多么微弱）之前，必须有**足够的**自主性，这样的提议是不合适的。因为究竟是什么阻碍了产生一个非常弱的权利呢？在产生任何形式的权利之前，必须要**克服**的道德力量是什么？

我无法想象这个问题会有什么样的答案。当然，一种微弱的权利可能太弱，无法克服任何一个与之抗衡的道德考量。比方说，它可能不够强，无法克服产生特定数量的收益的机会。但是，究竟是什么样的规范性力量，一开始就阻碍了较弱权利的产生呢？我想不出来那是什么。因此在我看来，坚持某个个体在拥有任何权利之前必须有一定程度的自主性，确实是武断的。相反，更合理的建议似乎是——正如我一直主张的那样——**任何**程度的自主性都足以构成**某种**或另一种权利的基础，尽管自主性程度越低，权利就越弱。

同样，我所不满的并不是我们不能从可变属性当中建构出二分属性，或者我们无法直截了当地断言，在道德上重要的是作为子代的二分属性而非作为亲代的可变属性。显然，我们可以在我们想要的任何地方画一个分界点，从而在拥有大于这个数量或小于这个数量之间建立起**逻辑上**的区分。然后我们就可以坚持说，除非你拥有那个数量的相关属性——也就是我们所假设的自主性——否则你根本就没有任何权利，但只要你有那么多或者比它更多的自主性，你就拥有权利，而且无论你拥有的自主性多么多，所拥有的权利都是完全相同的。是的，我们可以这样去**声称**。但我们为何会认为道德实际上是以这样的方式**发挥作用**的呢？为什么某些可以忽略不计的自主性程度的差异，（当某个个体的自主性水平略低于分界点，而另一个个体的水平略高于分界点时）竟能造成这么大的区别，而其他相当大的差异，（当两个个体都没有达到分界点，或都超过了分界点时）则根本没有造成任何区别？这似乎是完全说不通的。

在我看来，对于有限义务论者来说，唯一有点微渺希望的思路就是这样的。想象一下，还有**其他**某种在道德上其实是重要的属性，这种属性既不等同于自主性本身，也不等同于充分的自主性。假设这种属性也是一种二分属性。此外，假设它凭借自身的性质而非人为构建的规定，使之具有了二分属性。最后，假设这个自然的二分属性，以某种方式与我们说的自主性的分界点相关，因而如果某个个体的自主性低于足够的水平，那么他也就缺乏这种属性，但如果他有足够的或超过足够量的自主性而达到了分界点，那么他就**拥有**这种属性。

如果情况是这样的话，那么我们就会明白，为什么人们会倾向于认为，重要的是你是否拥有足够的自主性。然而，实际上真正重要的是，你是否有这种**其他**属性。既然这个属性本身是二分的，那么所有尚不具备足够的自主性的个体，都会缺乏权利（因为他们只是缺乏真正相关的属性），而所有具备足够的自主性的个体，都会拥有权利，而且拥有权利的程度相同（因为他们都会拥有真正相关的属性，这种属性在程度或强度上不会有变化）。根据这一解释，足够的自主性对于道德并不会真正起到任何作用，但它与拥有（而不是缺乏）真正相关的二分属性是相对应的。

这样说很抽象，不过我们回到圆的例子就容易阐明这里的基本想法。如果有人直接声称，某个个体在某个特定的圆内还是圆外是重要的，我们很可能会想知道是什么让它变得如此重要。既然到圆心的距离是一个可变的属性，那么是什么使得在距离上有一个特定的分界点，从而让个体在这个分界点的一边还是另一边竟会变得完全不同？诸如此类的问题，就类似于我一直向有限义务论者提出的问题。

当然，对这些问题都**可以**给出一个恰当的解释。假设这个圆圈代表一个亭子的外周。很明显，如果你离圆心足够近，你就会在亭子的顶棚下，如果你离圆心不够近，那么你就不在亭子的遮蔽范围了。接下来，设想正在下雨。这意味着如果你离圆心太远，你就会被淋湿，但如果离圆心**足够近**，你就会不被淋湿。唯一重要的是，你是否足够接近亭子的中心。如果你**几乎**足够接近圆心（却不在圆内），那也没有什么用：你还是会被淋湿。顶棚下的一个位置比另一个位置更靠近亭子的中心也不重要：这两个位置的任何一个，都能让你不被淋湿，而且是同样的不被淋湿。在这里，尽管距离是一个可变的属性，但重要的是你是否足够接近圆心。然而，严格来说，距离足够接近圆心之所以重要，是因为它与一个不同的属性相关，这个属性在这里真正起到了作用：你是否在**顶棚之下**。在顶棚下是一个二分属性，正是**这个**属性（以及下雨的事实）解释了为什么你离中心有多近是重要的。

因此，一旦有限义务论者承认——我认为他们必须承认——自主性有程度之分，那么如果他们要坚持认为拥有权利的重要因素是**充分的**自主性，我认为他们需要做的是确定某种不同于自主性的**其他**属性——一种自然二分的属性，它与拥有充分的自主性相关。然后他们需要宣称，实际上是这种**其他**属性在里头发挥了道德作用，这种属性真正解释了为什么某个个体拥有或缺乏义务论权利。如果这种属性是一个自然的二分属性，而不是人为地从潜在的可变的属性当中建构出来的，那么对于诉诸任意的和哲学上没有根据的分界点的担忧，都将因此打消，因为这个观点根本不会真正地诉诸任何类型的分界点。唯一重要的是，某个个体是否有相关的二分属性。

如果有限义务论者能够确定这样一种属性，也许他们的观点最终能够得以保留。但我必须承认，我想不出那另外一种属性可能是什么。只是注意到还有类似这样一种属性存在的可能性，与现实中将它找出来完全不是一回事。一个合适的可能选项必须是这样的，那就是可以合理地认为，它会为义务论权利提供基础。它需要的是一个二分的属性（所以那些缺乏它的个体才会完全没有权利，而那些拥有它的个体都拥有同样强度的权利）。它需要的是一个自然的二分属性（从而避免诉诸一个无根据的分界点）。当然，它也必须是这样一种属性，可以表明人**拥有**相关属性而动物缺乏这种属性是合理的。找到这样一种属性绝非易事。①

如果他们**能够**找到一种这样的属性，那么有限义务论者甚至可以无需承诺该属性与自主性是相关的，如果他们愿意的话。他们只需要坚持认为，存在着这样一种被合理地认为是奠定了义务论身份的属性，这种属性是自然二分的，这种属性只有人有，而动物没有。然后，他们可以通过直接诉诸这种属性来论证有限义务论，根据这

① 那么以下这个提议好不好呢？义务论身份会不会取决于**道德能动性**，也就是在行动时关注自己的行为在道德上是对还是错的能力？诚然，道德能动性并不是一个**二分的**属性；人们（包括儿童）显然在不同程度上拥有这种属性。因此，诉诸这一属性并不能确立有限义务论者的主张，认为所有的人都有**同等**强度的权利。但是，这难道不是说至少**只有**人才是道德主体吗？（如果是这样的话，那么对诉诸道德能动性至少可以确立有限义务论者的主张，即认为只有人有权利。）这个建议值得展开更充分的讨论，不过这不是我在这里可以提供的；但是可以说，即使动物不是道德**主体**——不受道德要求的约束——他们也许可以展现出道德**能动性**的某种较为有限的形式。诚然，人作出某个行为，可能是因为他明确认为该行为在道德上是正确的。动物却做不到这一点。但同样正确的是，在行动时，人们往往只是直接回应相关的道德理由，而没有从这些角度去**思考**自己的行动。我怀疑即使是动物，也可以在这后一种意义上拥有较为有限的道德能动性。

种关联就完全不用谈论自主性了。无论如何，为有限义务论辩护的关键挑战是，找到这样一种自然二分的属性——人有这种属性而动物却不具备——它可以合理地被认为奠定了义务论身份的基础。

我自己也不知道有什么办法能够证明，没有哪种属性能够满足所有这些条件。因此，我并不认为自己已经**证明了**有限义务论是一个必须放弃的立场。但在我看来，举证的责任应该落在那些声称有这样一种属性的人身上，因为相关的属性可能是什么还很不明朗。我认为这一举证责任是无法得以成功履行的。因此，尽管有其直觉上的吸引力，有限义务论应该被抛弃。

相反，义务论者应该坚持这样一个常见的想法，即义务论身份确实依赖于自主性（或其他类似于自主性的属性）。当然，正如我所论证的那样，自主性是可变的，而不是二分的。因此在我看来，义务论者要得出的正确结论是，权利有不同的强度。动物的自主性或许不如人，但动物也不是完全缺乏自主性的。所以动物也有权利，尽管是相对较弱的权利。

第 9 章　等级义务论

1. 较弱的权利

义务论最合理的形式，是要对动物而不仅仅是人赋予义务论身份，赋予任何特定个体的权利强度，因个体的道德地位不同而不同。当然，这是一种等级观。然而，与同样是等级观的有限义务论不同，这种竞争方案并没有通过将动物排除在义务论之外来展现这种等级结构。相反，它承认义务论**内部**有地位上的差异——认为动物的权利比人弱，有些动物的权利比其他动物弱，因为它们相关的能力不够复杂或较为有限。让我们把这种观点称为**等级义务论**。[①]

正如我指出的那样，义务论者通常认为，能够提供义务论身份基础的属性是自主性（或与自主性密切相关的某种属性）。但我们可以使用足够广义的"等级义务论"这个术语，来涵盖那些诉诸自主

① 我相信，这就是卡泽在《动物王国》中提出的那种观点，尽管她没有使用"等级制"或"义务论"等术语。

性以外的其他属性的观点，只要所讨论的属性是动物也会拥有的可变属性，尽管这只在有限程度上而言的（从而这种理论会赋予动物义务论权利，虽说是一种比人的义务论权利更弱的权利）。因此，就我们接下来的目标而言，问题的关键不在于哪种特定的属性被认为构成了义务论身份的基础，而在于该理论承认动物拥有权利，但那种权利比人的权利要弱。

然而有些人认为，权利以这种方式在强度上是不同的这个观点——比方说鹿免于被伤害的权利可能比人的更弱，而蛇的权利可能要更弱——应该被抛弃。这里关注的并不是谁的权利应该比谁的权利更弱这种具体主张，而是权利是否应该有着不同的强度这个想法本身。这种想法有时被认为是比较混乱的：某个个体可以拥有或缺乏某个权利，但是某个完全相同的权利的两个实例，不可能在强度上存在着差异。

例如，这里有人就持有这种主张，认为权利的强度不可能因人而异：

> 由于权利是对他人应该如何对待我们的限制，说某个人拥有比较少的权利，或者他比另一个人的权利更弱或更不重要，这是没有意义的。①

当然，这种说法只是针对人的权利而言的。然而请注意，否认较弱的权利是有意义的理由——权利应该是针对个体如何被对待的限制——可能也适用于动物所拥有的权利。所以我认为如果结论真

① Sher, *Desert*, p. 147.

的是这样的话，那么它应该是一个包含了动物在内的更为普遍的论断：说任意某个个体的权利比另一个个体更弱，是毫无意义的。

无论如何，这里有一个在**不**限于人的情况下提出相同看法的例子（作者也打算谈动物的权利）：

> 拥有道德权利是不分程度的。所有拥有这些权利的个体，都平等地拥有这些权利……①

但是，某种特定的权利，真的不能以较弱或较强的方式出现吗？两个个体拥有同样的权利，只是其中一个个体的权利比另一个更弱，这种想法是否应该被当作混乱、不连贯或根本不可能的事情而被排除？

我很难理解为什么我们应该这样想。至少有一种简单明了的方式，可以让那些温和的义务论者理解这个想法。毕竟温和派相信，权利是可被权衡的，因此在适当的情况下，实施侵犯某一特定权利的行为是被允许的，即使这种行为通常是被禁止的。温和派认为，权利是有**阈值**的，如果有足够多的利益受到威胁，权利的道德力量就会被克服，侵犯权利就是被允许的。当然，温和派尤其认为，不受伤害的权利存在一个阈值，尽管这个阈值的具体情况，取决于所造成的伤害的大小。

那么，假设有两个个体，二者都有不受伤害的权利。设想我们打算施加特定程度的伤害，用以实现某个利益。这样的利益需要多大，才能证明所施加的伤害是正当的呢？对于某个特定伤害来说，

① Regan, *The Case for Animal Rights*, p. 268.

需要多少利益才能达到它的阈值?

当然，可以想象答案会因人而异。也就是说，如果阈值——在权利允许被侵犯之前必须达到的利益的数量——对某个个体而言会比另一个个体更高，哪怕他们受到伤害的大小是完全一样的，这当然看似是**融贯的**。可能需要更多的利益来证明将特定的伤害施加给某个个体，比将其施加给另一个个体更加正当。如果阈值可以像这样根据不同情况而变化，那么就可以很自然地直接说，在这种情况下，某个个体不受伤害的权利要比另一个个体更强。在这种情况下，我们可以合理地说，第二个个体拥有较弱的权利，这正是基于在特定情况下他所拥有权利的阈值较低这一事实。当然，如果这样的情形是在所有情况下都成立——如果对第二个个体可能施加的**每个**伤害的阈值都要更低，那么将他描述为拥有较弱的不被伤害的权利将是非常自然的。毕竟，根据我们的假设，在任何特定情况下，都只需要更少的利益就可以抵消他的权利。

这并不是说当某个个体而不是另一个个体拥有某些权利时，某些权利**就是**比其他权利更弱。我们只是要指出，一个特定的权利，对某些个体而言要比对其他个体而言更弱的想法是完全说得通的。当然，我们已经知道，有理由相信，最合理的义务论将是一个**等级论**的版本，它恰恰承诺了这种权利强度的变化。动物有权利，人也有权利，但这些权利的强度会随着道德地位的不同而变化。很明显，正如我们现在看到的，权利强度变化的一种方式是权利的阈值的变化。比如说，如果动物有较弱的不受**伤害**的权利，我们可以将其理解为（或至少部分地理解）动物不受伤害的权利阈值**低于**人不受伤害权利的阈值。与之类似，如果一种动物（比如说蛇）比另一种动物（比如说鹿）有更弱的不受伤害的权利，那么我们可以预见的一点是，二者都有不受伤害的权利，但是（对于任何给定的伤害而言）蛇的相关权利的阈值会低于鹿的权利阈值。

毫无疑问，还有其他一些方式可以说一种权利比另一种权利更弱。其中一些留到后面去讨论。但这第一种方式——虽然情况相同，但阈值水平却不同——显然是一种重要的方式，这将是我们讨论的重点。

初步看来，绝对义务论者似乎无法利用这一方式来解释权利如何在强度上会有变化。因为绝对主义者否认权利有一个有限阈值的观点，他们很难接受这个观点的一个版本，即某个个体的权利阈值会低于另一个个体的阈值。（因此，上面引用的两位作者也许都是绝对主义者。）

但是我们已经知道，我们有理由拒绝绝对主义的义务论。至少，如果有人既要把义务论身份延伸到动物身上，又要坚持——他也应该会坚持——我们前面的例子中所讲的，汤姆捕鱼吃或者猎杀鹿是被允许的，因为那是他维持自己生命的唯一办法，这是行不通的。如果不受伤害的权利根本就没有任何阈值，那么一旦我们把义务论身份扩展到动物身上，就会立即得出这个结论说，人不能杀死一条鱼或者一头鹿，无论这样做会有多大的收益。我们甚至不能杀死比方说一只老鼠，即使这是拯救成百上千甚至数百万人生命的唯一办法。

我认为任何像这样的结论都是不可接受的，我想大多数或所有的义务论者都会同意这一点。也许这一切都告诉我们，任何承诺绝对义务论的人，最多只能是一个**有限**义务论者，只能把义务论身份赋予人，而不能赋予动物。当然，我前面已经论证过，有限义务论的立场是不成立的。因此，就像我相信的那样，义务论身份也应该延伸到动物身上，那么我们应该反对权利绝不会有阈值的说法。事实上，我们最好应该把动物权利的阈值设置得足够低，这样就可以说，在汤姆快要饿死的情况下，他杀鹿吃已经达到了鹿的权利阈值。

然而，可以想象，对于某些**类型**的绝对义务论者来说，像这样的观点还是可以接受的。我（在第 7 章第 2 节中）介绍过了绝对主义者的观点，他们认为，侵犯某个个体不被杀害的权利是无法得到辩护的，无论这样做可以拯救多少个生命。然而，严格来说，绝对主义者从未承诺**动物的**生命权——如果有生命权的话——能否被抵消，不管抵消动物的生命权可以带来多大的收益。因此，有人认为**人的**生命权没有阈值，但动物的生命权却并非如此，这两个想法是相容的。也许动物真的有生命权（或者从广义上讲，有不被伤害的权利），但这种权利的确会有（有限的）阈值，一个低到允许汤姆为了活命而杀死一条鱼的阈值。

像这样的观点——对人的权利来说是绝对主义的，但对动物的权利来说是温和派的——到底应不应该被称为"绝对主义"？无论我们如何回答这个问题，都不会造成任何实质性的影响。唯一重要的一点是，这样的观点似乎是融贯的，它也是等级义务论的一个实例：它也赋予了动物义务论身份，但它恰如其分地坚持认为，赋予动物的那种权利，比人类拥有的相对应的权利要更弱一些。（很显然，如果动物的权利有阈值，而人的权利则没有，那么动物的权利就更弱——因为前者的权利可以被抵消，而后者却不能。）

因此，动物的权利比人的权利要弱，这是非常融贯的想法，而且——不仅如此——义务论者也有理由接受这个观点。更具体地说，他们应该接受这样的说法，使得动物所拥有的权利比人要弱的一种方式，就是动物的权利阈值比人要低。

当然，只是承认动物的权利阈值比较低，并不足以避免汤姆禁止杀鱼这个不可接受的主张。大家通常认为，**人**不受伤害的权利的阈值是非常高的——事实上，它是**如此**之高，以至于倘若鱼不受伤害的权利的阈值接近这一水平，汤姆仍然是不允许去杀鱼的。因此，如果动物的权利阈值只是比人的阈值“低那么一点”，那么这个阈值仍然太高了，以至于汤姆不被允许去侵犯动物的权利。因此，动物的权利阈值必须要**大大**降低。

这就是等级义务论者必然要主张的：动物的权利阈值不仅比人要低，而且要低很多。但是这一点应该如何实现呢？关于权利的阈值所需要的解释，应该是什么样的呢？

2．权利的阈值

直觉上看，如果不受伤害的权利有阈值，那么这个阈值的高低，将随着所施加的伤害的**大小**而变化。比方说，那些能够证成用小针扎某个人的所需要的利益，比能够证成朝他鼻子打一拳所需要的利益会小很多。用数学概念来讲，我们可以说，权利的阈值水平，是所受伤害大小的递增函数。

然而，那些接受了等级义务论的人看来，权利的阈值水平**也**是道德地位的函数，因此，在其他条件相同的情况下，道德地位较高的个体，其权利的阈值要比地位较低的个体更高。就同等程度的伤害而言，证成将这样的伤害施加在人身上所需要的利益，要比证成将之施加在牛身上所需要的利益要多很多。

那么，大体上讲，如果我们把这两个想法放在一起，得到的结果如图 1 所示。

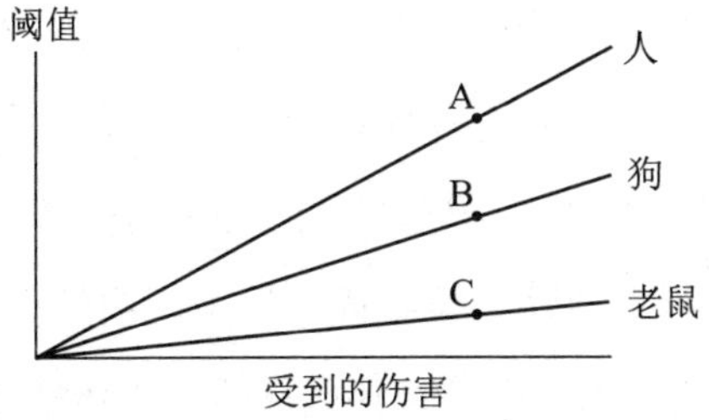

图1　可变斜率的阈值

在图1中，X轴表示所施加的伤害的量。Y轴表示权利阈值水平（如果施加相关伤害是被允许的，那么攸关的利益必须要达到的数量)。我画了三条线，分别表示人、狗和老鼠可能的阈值函数。

(我在这里采纳了温和义务论者的立场，假定即使在伤害人的情形下也会有阈值。任何选择接受只在动物那里才会有权利阈值的人，都应该重新标注最上面的那条线，也许可以用某种灵长类来代替，或者想象它被抹掉了。)

每条线都向右上方倾斜，表示随着伤害的增加阈值也会提升。但是这些线的斜率并不相同。所以，表示狗的那条线，在表示人的线“下面”，就像表示老鼠的那条线在另外两条线下面一样。这当然代表了我们的观点，那就是对于任何特定的伤害而言，权利的阈值会随着地位的不同而变化，从而某个个体的道德地位越低，其权利的阈值就越低。

A、B 、C 三个点，说明了这个想法的作用。每个点在X轴上的位置都相同，因此每个点都表示对应着施加等量伤害的相关阈值。但这些点在Y轴上的位置不同，这就告诉我们，根据伤害的对象是人、狗还是老鼠，施加同等程度伤害的权利阈值是不同的。当然，如果伤害施加于狗而不是老鼠，阈值会高一些，如果伤害施加于人，那么阈值就会更高一些。

这就是我们正在寻找的大致想法。但是具体的细节还比较模糊。对于那些地位越来越低的各种存在者而言，我们想要其各自对应的那些线条的 Y 坐标值变得越来越低（也就是产生“更低”的线）。但这**具体**应该如何实现呢？要我说，这个问题的答案有点模糊，我们对个体的权利阈值函数应该是什么样的，依然没有确切的观念。

图 1 展示了一种特定类型的答案。每个个体的阈值函数，都是经过原点的直线。当然，这类直线的方程是 T=mh，其中 T 表示阈值水平，h 表示所受伤害的大小，m 是某个合适的乘数。

你应该还记得，这与之前（在第 7 章第 3 节）在考察一体论和温和义务论者的观点时所使用的方程是一样的。因为一体论者相信，动物和人有着相同的道德地位，所以在计算需要多少收益才能证明譬如汤姆杀了一头鹿或一条鱼是正当的时候，使用这个方程是恰当的。当然，我们会考虑到如果汤姆杀了一条鱼，比他杀了一个**人**所造成的伤害要小很多这个事实。因此，这里 h 的值要小很多，这会导致 T 的值也要小很多。但关键的一点在于，一体论者认为，无论是对待动物还是对待人，基本**方程**完全是一样的，这使得尤其是 m 的相关值也必须是一样的。用图来表示，这意味着用单一的线条就足以表示人和动物的阈值函数，因为每个个体的阈值函数都完全相同。

然而，目前我们正在探索一种**等级**义务论，这种观点认为，动物的权利比人的权利阈值要**更低**。这就提出了一种可能性，那就是 m 的值或许不是固定的，而是随着被伤害的个体地位的不同而变化。当然，这正是图 1 所要表达的想法。这里有**好几条线**，每一条都表示了一种道德地位。（当然，图 1 中实际上只画了少数几条这样的线。）这里画的三条线都属于同一种**类型**的方程——经过原点的直线。但是每条线的 m 值不同，所以三条线的**斜率**也各不相同。因此，图 1 代表了一个关于阈值函数如何随着地位变化的直接而自然的提议：当我们所考虑的个体的地位越来越低时，m 的值也会随之降低。由于动物的道德地位比人的道德地位更低，因此 m 的值会适当地变小，从而导致动物的权利阈值（对于任何**程度**伤害来说）变低。

这至少是降低动物所能产生的权利阈值的一种方式。但是我们还应该考虑其他一些可能性。考虑到图 1 显示的每条线都是直线这个事实。这不仅意味着随着所施加的伤害程度的增加，相应的阈值水平也会增加，而且还是以线性方式增加的：在任何特定的直线上，要施加的伤害每增加一个单位，其阈值就会提升**相同的**数量。然而，我猜测很多人会认为，这并没有公正地反映出阈值随着伤害程度的增加而得以提升的正确方式。相反，随着伤害程度的增加，阈值应该以一种**不成比例的**方式提升，每增加一个单位的伤害，阈值就会提升到一个加速增长的数值。如果这样想是没问题的，那么阈值函数就不应该被画成直线，而应该是曲线。这便是我们在图 2 中看到的情况。

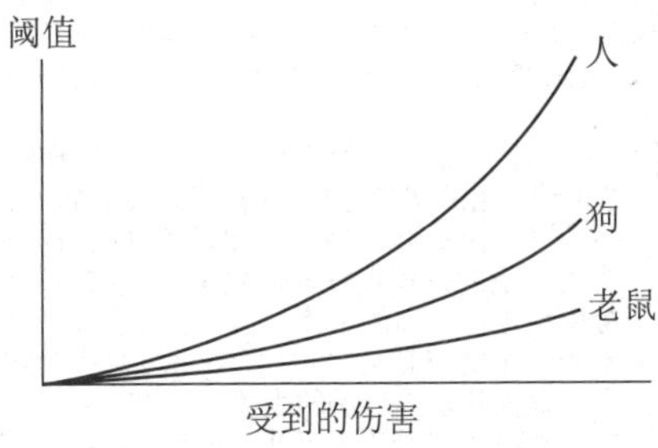

图 2　可变指数增长的阈值

有很多方程可以生成大体上具有这种特征的曲线，但我认为，最简单的方程就是：$T=h^n$。在这里，阈值不是随着 h 值线性增长的，而是呈现出指数增长，其中n表示一个合适的指数。因此，为了计算T，我们必须取h的n次方。这就会捕捉到这样一种想法，随着伤害变得越来越大，将需要不成比例的更多利益（以呈现出指数增长的方式带来更多的收益）来证成所施加的伤害是正当的。①（顺便需要注意的是，如果阈值函数要随着h的增加而呈现这种指数增长，n的值必须大于1。）

显然，这样的观点也容易符合等级义务论的目标。无论我们处理的是人还是动物，同情这种阈值函数的一体论者，也需要用同样的指数来计算T；等级义务论者倒是会坚持认为，n的值会随着受到伤害的个体的地位不同而变化。其实我已经在图2中展示了这个想法。②由于指数值较低，狗的阈值会比人低（即使h的值相同），而指数值更低的话，老鼠的阈值也会更低。③

接下来是阈值状态随着地位的不同而变化的第三种方式。我们

① 任何这样的观点都要求有一种非武断的方式来区分伤害和伤害行为，这样就有一个独立的事实来判断一个人是造成了X个单位的伤害，还是造成了两个½单位的伤害。否则，T的值将是我们描述这种情况的一个假命题（artifact）。（例如，如果n=2，那么如果我们将该事例描述为施加X单位伤害的单一行为，那么T将等于X^2。但是，如果把它描述为两个不同的行为，每个行为造成½X单位的伤害，那么两个单独行为的T将等于$(½X)^2=¼X^2$，总的T只有$½X^2$——综合阈值只有第一种描述下的一半高！）然而，由于我无意在此为任何有关阈值的观点辩护，因此我不会花时间去研究和评价可能就这一问题提出的不同建议。

② 出于技术性原因，一个比T=hn更合理的方程是一个稍微复杂一点的方程，T=(h+1)n−1。这就是我在图表2时实际使用的那种方程。（我们假设n的值大于1。但这意味着对于非常小的h的值，其中h小于1，hn<h。因此，如果T=hn，这有一个令人难以置信的推论，即T的值小于h。更为复杂的方程很好地避免了这个结果。此外，如果T=hn，那么一旦我们把更高的n值分配给地位更高的个体，这也会产生不可接受的推论，即当h小于1时，给定个体的地位越高，T的值越低。）尽管如此，在我对阈值函数的讨论中，我将继续不考虑这一复杂因素，以简化基本想法的表述。

③ 乍一看，非线性阈值函数的想法似乎也可以用来为一体论的义务者辩护。因为如果阈值随着伤害的增加而呈指数增长，那么对于越来越小的伤害，阈值也会呈指数下降。可以想象，如果指数值足够大，那么这就意味着杀死动物的门槛会大大低于杀死人的门槛——因为这通常涉及的福利损失要小得多。这样一来，一元论的义务论者也许就能为汤姆杀死一条鱼甚至一头鹿开脱了，这与我之前的说法（毕竟，我的说法是基于更简单的等式T=mh）相反。然而，不幸的是，对于一体论义务论者来说，任何一个足够大的n值都无法产生直觉上可以接受的答案。在对人类造成较小伤害时，也会产生直觉上不可接受的答案。

看到，图 1 和图 2 中的每条线都经过了原点。当然，初看起来，这个特征似乎并无争议。毕竟，我们讨论的是不受伤害的权利的阈值函数，所以，如果一个特定的行为实际上没有对“受害者”造成任何伤害（当然，这也是 X 轴上的零点所表示的），那么该权利实际上没有受到任何侵犯，因此阈值问题甚至不应该出现在这里。如果真的不存在任何侵犯权利的行为，那么就没有必要规定一个最低限度的利益要求，以此证成侵犯权利是正当的！

尽管如此，让这些线经过原点的决定，确实涉及一个许多人可能想要拒绝的实质性的主张。因为这意味着，随着我们减少所施加的伤害的程度，阈值的值也逐渐趋于零。这在我们看来可能并不是真的。相反，可能的情况是，随着所施加的伤害越来越小，尽管阈值的绝对水平在变小，但它的水平并不会完全趋近于零。也许对那些具有义务论身份的个体，施加哪怕是微不足道的伤害，都会使人感觉到一种“残余”的恶或令人生厌，因此，即使是微不足道的伤害，它所对应的阈值也应该保持在一个不可忽略的水平之上。这就意味着在施加任何伤害（即使是微不足道的伤害）之前，必须要达到一定的额外利益的基准线。那么，当我们向左移动时，阈值函数并不会趋近于原点，而是会沿着 Y 轴接近某个适当的正值。这就是我们在图 3 中看到的情况。

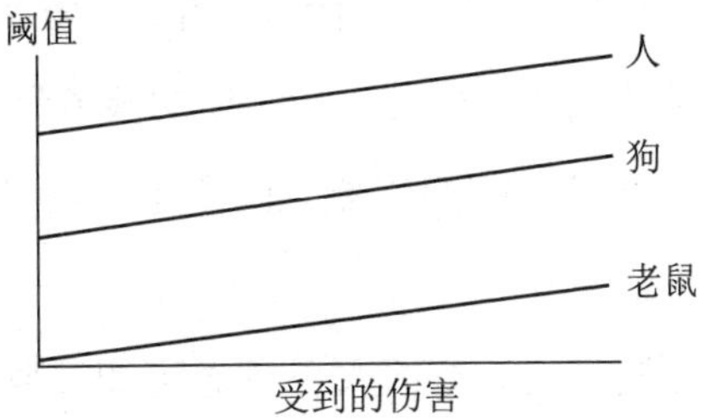

图 3　具有可变 Y 轴截距的阈值

我用这种方式画了一个图，以便清楚地表明，等级义务论者是如何利用这个新想法的。每条线都与Y轴的正坐标处相交，用来表示对于伤害拥有义务论身份的个体，即使只是微不足道的伤害，也会有无法消除的残余的道德反感。但与等级义务论者不同的是，一体论者必须坚持认为，无论人还是动物，Y轴的截距对每个个体都是一样的。而等级义务论者则会声称，Y轴截距的值可以是不同的，这取决于所讨论的个体特定的道德地位。对于任何具有义务论身份的生物来说，伤害这些生物都会带来不可避免的困扰，但是这种道德反感的基准线的大小，取决于这些生物的道德地位有多高。对于那些只拥有最低义务论身份的个体来说，道德反感的基准线确实可能会非常微小。

在图3中，我再次将阈值函数绘制成直线，那是有着同等斜率的直线。区别仅仅在于，它们在Y轴上的截距不同。因此，对应的方程是这种形式：$T=mh+b$，其中三条直线的m的值完全相同。只有新的项b这里有变化，因为正是这个项告诉了我们阈值的基线值——在允许施加任何伤害之前要达到最低程度的收益。直观地说，老鼠所对应的值要比狗的低，而狗所对应的值要比人的低，所以b的值需要相应地有所调整。

我们现在已经看到，等级义务论者可以根据个体地位的不同来降低阈值的三种不同方式。图1、图2、图3代表了这三种不同的选择，每种选择都是独立的。因此，图1中的阈值只会随着斜率m而变化，图2中的阈值只会随着指数n而变化，而图3中的阈值只会随着Y轴的截距b而变化。

但是至少从原则上讲，等级义务论者可能想要利用所有这三种方法。关于这种阈值函数的一般公式可能是这样的：$T=mh^n+b$。这里有三个系数，(对于一个特定的 h 值来说) 有三个不同的值会影响 T 值：m、n 和 b。而且至少在原则上，等级义务论者可能会主张，这三个值都会随着地位的不同而变化。这一想法可由图 4 所示。

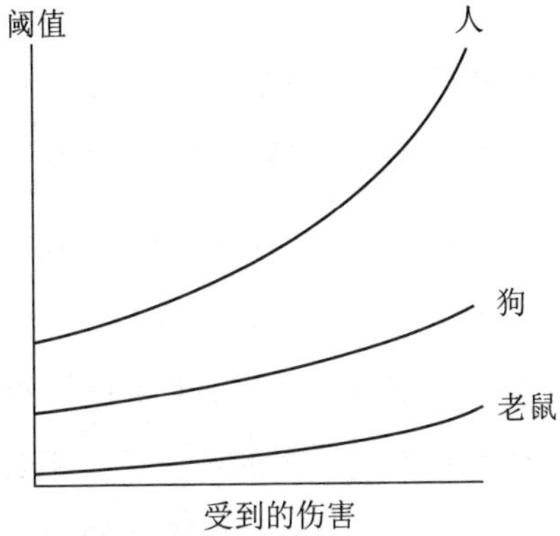

图 4　具有可变斜率、指数增长和 Y 轴截距的阈值

图 4 所表达的最简单的想法是，这三个系数步调一致，随着地位的不同而变化，每个系数都会随着特定个体的道德地位的下降而下降。如果地位确实能够恰当地用单个数字来表示的话，那么无论如何，这当然是我们所期待的。但正如之前 (在第 5 章第 1 节中) 所指出的，关于地位更准确的表示方法，是一个适当的 n 元组，其中不同的能力与个体规范性特征不同的维度相关。从这种更复杂的想法来看，可以设想每个系数都对一组不同的 (也许是重叠的) 能力保持敏感。就我们目前所知，比方说，松鼠的斜率系数可能会比蝙蝠低，但 Y 轴截距会比蝙蝠更高。如果这样的话，那么阈值函数在某个方面 (与蝙蝠相比) 会比较低，同时在另一个不同的方面会比较高。(反过来，这可能意味着对于一定范围内的伤害而言，松鼠的阈值比蝙蝠更高，但对于不同范围的伤害而言，情况可能正好相反。) 显然，对这些问题的全面讨论还需要更细致地考虑这种可能

性。但为了与我们的标准做法保持一致，我把这种可能性放在一边，继续假设单个数字就足以表示整体地位。据此，我们也可以假设，如果这三个系数确实随着地位的不同而变化，那么它们会在同一时间朝着同一方向变化。

当然，即使我们同意上述这些看法，仍有一个尚未解决的任务，那就是确定每个系数究竟是**如何**随着道德地位的不同而变化的。这也是一个复杂的问题。它太复杂了以至于我们无法在这里仔细探究。但我确实想针对这个问题作一点简短的评论。

首先，如果系数的值随着地位的降低而下降，那么一个很自然的设想是，在道德地位接近于零的情况下，系数会趋近于其最低值。特别是，我们可以设想对于状态接近零的动物，斜率 m 将趋于 1，指数 n 将趋于 1，而 Y 轴截距 b 将趋于 0。[①] 这意味着当地位趋于零的时候，阈值函数 T=mhn+b 的方程将接近于：T=h。也就是说，对于地位无限趋于零的生物而言，要证明对之施加某种伤害是合理的，只需因伤害其所带来的利益，与施加在该生物的伤害一样多即可。在任何情况下，如果这样做有会一些净收益（就**整体**利益而言），那么对其施加伤害就是被允许的。

实际上，随着道德地位趋近于零，义务论方面的权利强度也趋近于零，因此，在极端情况下，可以按照后果论而不是义务论的思路来对待特定的动物。所以这个想法非常符合先前的建议（见第 8 章第 2 节），即义务论身份可能适合于所有那些具有任何类型的自主性的动物，而后果论可能是处理那些完全缺乏自主性（但拥有地位的）动物的正确方法。毫无疑问，这样的观点初听起来，似

① 当然，这些并不是这些系数在逻辑上可能的最小值；从数学上讲，我们并不能排除斜率或指数小于 1，或 Y 轴的截距小于 0 的可能性。但是，我们所说的最小值指的都是在道德上可被接受的最低值。

乎不可避免地会在有义务论身份的动物与没有义务论身份的动物之间，存在着一种极端的不连续性。但是，如果权利阈值能够以这里所描述的方式不断减少的话，那就根本不需要不连续性：只是地位趋于零，所产生的**义务论**方面的权利强度也趋于零，不连续性其实也就消除了。可以设想，事实上有些人会想得更远，他们认为义务论身份适用于所有拥有道德地位的动物，因此严格来说，后果论完全不适用于任何个体。不过只就现实目标而言，如果我们说后果论是处理道德地位很**低**的动物的正确方法，那么我们还不算太过离谱。

其次，如果我们假设系数的确以这种方式随着地位的不同而改变，那么这就意味着，如果我们知道了要施加给某个个体的伤害程度，以及该个体的道德地位，就应该足以确定我们可以对他施加伤害的阈值。也就是说，阈值可以被看作是所施加的伤害和地位的一个函数——一个对所有的人和动物都同样有效的**单个**函数。因此从某种意义上讲，一体论的义务论者所说的部分观点是正确的：对于动物和人，确实都可以用同一个公式来设置权利阈值。当然，一体论者们也认为，这个公式与我们所讨论的个体的地位是**无关的**，而这个进一步的主张恰恰是错误的。

再次，回到上一节最后讨论的问题，如果等级义务论者希望接纳这样的直觉，即允许汤姆杀死一头鹿或一条鱼以便让自己不被饿死，那么，如果这些动物较低的地位降低了它们的阈值（与人的阈值相比），或只是“在一定程度上”降低了阈值，那么汤姆杀死这些动物的正当性是不够的。相反，动物的权利阈值必须**大幅度地**降低。当然，认识到降低一个或多个系数的可能性，为我们找到令人满意的解决方案打开了一扇门；不过这样一来还是没有提供细节说明。

然而在这里，我不会试图对更具体的提议进行评估。在道德哲学家确定了关于阈值函数的实际模型（以及基本的方程）之前，我们不可能确切地知道需要用到哪些系数，以及修改这些系数最终会对阈值产生怎样的影响。因此，目前我们必须满足于知道，至少从原则上讲，一个恰当版本的等级义务论，可以将义务论身份赋予动物，与此同时，在我们的生命受到威胁时，为了保证我们活下去，这些赋予动物的权利可以合理地被侵犯。

当然，同样重要的是要记住我反复提到的这个事实——汤姆必须杀死并吃掉动物以免自己饿死——如果汤姆要活下去，杀死某个动物确实是**必要的**。根据这个假设，他并没有其他办法可以获得足够的营养。正因情况如此，等级义务论者才可以指出，汤姆的**生命**（在这段时期内）得以维系是一种善，这种善的实现可以用来表明他去侵犯动物不受伤害的权利是正当的。因为只有在没有其他办法的情况下（更严谨地说，只有在没有其他道德上更可取的方式时），为了实现相关的利益，我们侵犯动物的权利才是正当的。这在汤姆的例子中没有问题——这是我想说的最后一点——但对于我们自身而言却并非如此。读这本书的人都不至于必须吃动物的肉才能活下去。所以，对我们自己食用动物的情况来作相关计算时，与阈值作出比较的那种利益，并不是拯救我们的**生命**，而只是我们通过吃动物的肉所得到的一些快乐，这些快乐与吃某些素食替代品相比，只是稍微提升了一点边际利益。很显然，这会让吃肉的正当性变得更加困难——通常来说，也许不可能证明这样做是正当的。

现在让我们转而寻求另一种不同的可能性，看看阈值函数还会是什么样子的（图 5）。

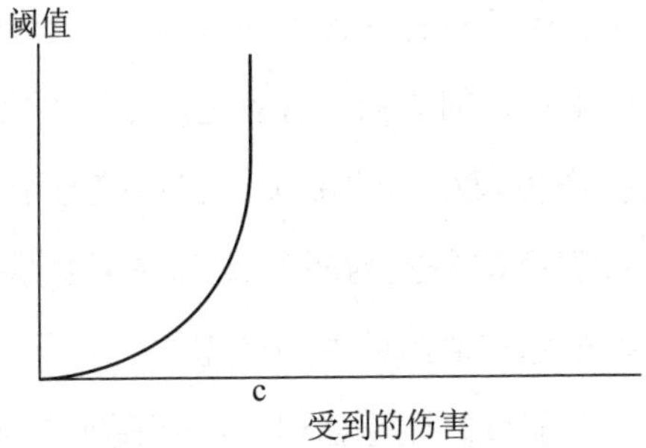

图 5　“趋于无穷大”的阈值

除了只画了一条线之外，这张图与之前的图有一个关键区别，那就是：对于每种程度的伤害，不再设定有限的阈值。相反，虽然足够**小**的伤害也对应着某个阈值，但施加的伤害到了一定的程度——当我们考虑到伤害越来越大时——情况就不再是这样了。对于太大的伤害——等于或大于 X 轴上 c 点时——阈值“趋于无穷大”，这意味着无论有多大的收益，也不能证明施加**如此大的**伤害是正当的。

类似这样的观点，可能会吸引某些对绝对主义产生共鸣的义务论者。绝对主义最极端的版本认为，对无辜者施加任何伤害都是绝不允许的，无论那样做带来的收益有**多大**，也无论施加的伤害有**多小**。但是，一些绝对主义者在拒绝阈值方面可能更加温和，他们只是认为，**某些**伤害如此之大，以至于获得再多的收益也无法证明对个体所施加的伤害是正当的，而施加其他伤害——那些足够小的伤害——如果可以获得足够多的收益，实际上可以被证明为是正当的。因此，举例来说，**杀害**一个无辜的人是绝不允许的，无论那样做会收获多大的收益。对于其他各种严重的非致命伤害而言，例如断肢或导致瘫痪，情况可能同样如此。但是对于足够**小**的伤害来说——小于 c 点的伤害——会有一个（有限的）阈值。比如说，如果对着别人的鼻子打上一拳，确实是获得巨大收益的唯一途径，那么这样做也是被允许的。

这样的观点是否应该被称为绝对主义呢?从彻底的绝对主义者的角度来看,也许不是。因为只有在伤害足够大的情况下,它才是绝对主义者,而在伤害较小的情况下,它更接近于温和的义务论。但还是那句话,我们把这种立场叫作什么并不要紧。关键一点是,它似乎指出了一种思考阈值函数本质的融贯的可能性,一种许多人会觉得有吸引力的可能性。无论如何,我怀疑很多起初自诩为绝对主义者的人,会发现类似这样的观点是合乎心意的。(尽管我认识一两个彻底的绝对主义者,他们坚持认为即使这是拯救几十亿人生命的唯一方式,我们也不能让一个无辜的人承受一丁点的痛苦。但我发现,大多数号称"绝对主义者"的人,在涉及施加相对**微小的**伤害时,都完全作好了接受权利阈值的准备。)

若 c 表示有限阈值消失时所受到的伤害的水平,那么,当 h 值小于 c 时(否则就未被定义的),生成类似曲线的最简单的方程是 T=h/(c−h)。就我们当下的目的而言,关键是要认识到,类似的方法也可以被等级义务论者所使用,因为我们允许 c 的值随着地位的不同化而变化。更具体地说,我们可以认为 c 与道德地位成**反比**,所以某个个体的地位越高,就越早达到相关的分界点,超过这个分界点的话,就不能合理地抵消所施加的伤害了。反过来说,某个个体的道德地位越低,就必须沿着 X 轴向东走得更远,才能到达合适的分界点。

这就意味着,当某个特定程度的伤害施加在人身上时,很可能缺乏一个有限的阈值,而当同样的伤害施加在道德地位很低的动物身上时,它却有一个阈值。事实上,道德地位足够低的动物可能有一个分界点,它被设定在一个足够高的伤害水平之上。因此出于实用的目的,我们可以实际施加的任何伤害,可能都有一个有限的阈值。理论上讲,这个阈值最终还是会趋于无穷大,但只是在伤害程度大到我们绝对不会真正去施加伤害时才会如此。(比方说，假设对于任何特定的动物而言，我们能施加的伤害的程度有一个上限；那么，是否真的有可能对于任何某个动物所施加的伤害，会大到足以超过相关的 c 点所标记的那个程度，这是一个开放的问题。)

此外，原则上我们似乎至少可以将这个新的特征——系数 c 与地位成反比——与我们已经考察过的其他特征（可变斜率、可变的指数增长和可变的 Y 轴截距）结合起来。也许这样一来，阈值函数就会基于一个类似这样的方程：$T=m[h/(c-h)]^n+b$（h 值小于 c，否则就是未被定义的），这里的每个系数，m、n、b 和 c，都会随着地位的不同而适当地变化。这可能会产生一组类似于图 6 所示的阈值线。

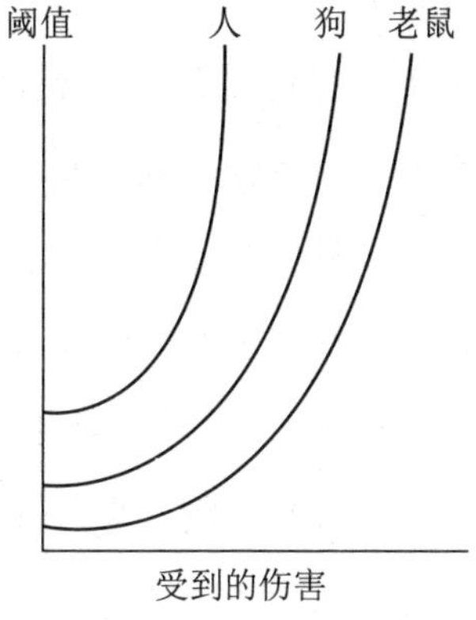

图 6　具有可变斜率、指数增长、Y 轴截距和“趋于无穷大”的阈值

当然，还有比我们这里所考虑到的更另类的可能性，[①] 阈值函数可能会呈现出一种更复杂的形式。但是就我们的目标而言，这几个

① 比如说，我一直在探索阈值可能随着权利被侵犯的个体道德地位的不同而变化的几种方式。但是，阈值的水平也取决于主体性的地位，这种可能性又该如何被考虑在内呢？也就是说，如果 A 考虑对 B 施加伤害，其阈值的水平（包括无限阈值的可能性）不仅取决于受害者 B 的地位——权利持有者的地位——还取决于 A 的地位——施加伤害者的地位？比如说，有没有可能随着 A 地位的提高，B 的相关的阈值会降低，从而更容易允许对特定个体施加特定的伤害？我们还尚未习惯思考这样的问题，我也不会在这里处理它们，但如果我们遇到道德地位明显高于自己的道德主体，这些问题就会变得迫切和严重。

例子应该足以说明，等级义务论可以接受一系列更具体的关于阈值函数本质的观点，同时也坚持认为，动物拥有阈值**较低**的权利。义务论者可以接受这样的主张，动物确实拥有权利，却是较弱的权利。

3．达到阈值

考虑一下这种情况，不受伤害的权利有一个有限的阈值。这意味着如果这是产生足够好的结果的唯一办法，那么施加相关程度的伤害就是被允许的，在此情况下，受到威胁的利益数量必须足够大，大到达到或超过相关的阈值。

通常，在这种情况下，当侵犯某个权利带来足够多的收益时，它是通过提升一个或多个受益者的福利（或防止其福利的损失）来实现的。也就是说，一个或多个个体有自己的一些福利，我们通过将这些不同个体的福利加在一起从而达到相关的阈值。因此，回到我们最早讨论过的一个关于阈值的例子。如果为了拯救其他 1000 人而必须杀死一个无辜之人是被允许的，那么在确实有这么多的生命受到威胁的情况下，之所以达到了杀死这位无辜者的阈值，是因为我们考虑到了拯救第一个这样的受益人生命的价值，以及拯救了第二个这样的受益人生命的价值，还有第三个、第四个，等等。我们正是以这种方式，把所拯救的一千个（或更多的）生命的价值加在了一起。或者如果像我们假设的那样，对着某个人的鼻子打上一拳，是让 5 个人免于折磨一小时的唯一办法，那么在达到这一阈值的情况下，该阈值之所以能达到，是因为事实上所涉及的福利总量足够大（有 5 个人可以免于遭受长达一小时的折磨）。因此很自然地，如果要达到某个阈值，我们必须要用所涉及的福利的数量来描述这个阈值。

然而，严格来说，不应该从福利的角度来理解阈值，而应该从涉及的**善**的数量来阐述。因为至少从原则上讲，除了增加福祉（或避免福祉的损失）这个可能性之外，可能还有其他因素在确定是否达到阈值时发挥着作用。例如，任何赞同我们所主张的分配原则的人，都应该对这样一种可能性保持开放的态度，也就是说，要试图证成侵犯权利可能会带来好的后果时，不仅仅事关福利的总量，如何**分配**这些福利可能也是需要考虑的。比如达到阈值的部分原因可能是由于侵犯权利有助于减少不平等，或者是使人们得到更多他们应该获得的福利。要达到阈值，重要的不是福利本身的数量，而是与之相关的善的数量。

我之所以强调这一点，是因为它暗示了等级义务论者可能想要用另一种方式来考虑道德地位。在计算是否达到了既定的阈值时，我们可能不希望在不考虑不同个体的道德地位的前提下，对每个个体的福利赋予同等的权重。相反，当我们所讨论的是一个地位较高而不是地位较低的个体的福利时，一个单位的福利可能会更有利于达到相关的阈值。当特定数量的相关福利属于某个动物时，这或许意味着相比人而言，（在达到阈值的过程中）动物的福利没那么重要。

我提出这种可能性，不只是为了让人回想起动物的生命通常比人的生命包含更少的福利这个事实。这当然是真的，而且正因如此，如果是**人**而不是牛的生命受到威胁时，确实会更容易达到阈值。但我在这里讨论的是一种更激进的可能性：即使牛和人拥有**同样多**的利害攸关的福祉，但在达到阈值的过程中，让人从中受益，要比让牛从中受益**更加**重要。讲得更加概括些，个体的地位越低，他的福利对于达到相关阈值的影响就越小。

牛的福利不如人的福利重要；蛇或鸟的福利，就更加没那么重要了。

不过，稍加反思就会发现，这其实并不是一个新的想法。它只是从之前的一个提议（第 4 章第 3 节）当中推论出的结果：就同等量的福利而言，动物享有该福利，不如人享有它更有**价值**，在其他条件相同的情况下，相关个体的地位较低时，福利的增加对结果的好处贡献会更小。我们现在所做的，就是把先前的想法应用到新的语境当中。阈值是固定不变的，它是由必须达到多少收益才能证明侵犯某个特定的权利是正当的来决定的。因此，如果——我已论证过——福利的价值取决于福利所属的个体的地位，那么要达到一个特定的权利阈值，动物所需要的福利数量，将会远远大于人所需要的福利数量。我们不能简单地关注所涉及的福利总量，而是必须要使用一种根据地位调整过的福祉衡量标准。

因此，在考虑某项特定的权利是否允许被侵犯时，至少要以两种不同的方式考虑到地位所起到的重要作用。不仅**权利拥有者**的地位与确定权利的具体阈值相关，而且不同的**受益者**的地位，也与确定是否真的达到了权利阈值相关。对于任何特定的受益者而言，地位越低，他们潜在的收益对于达到阈值所起的作用就越小。

事实上，在确定是否达到某个阈值时，地位可能会以另一种方式发挥作用。当我们将各种（根据地位调整后的）福利加起来，看看它们是否达到了相关的阈值时，是要把每一个福利（累计总数）都加进去，还是说福利必须足够大才能算进去？再来考虑一下杀害一个无辜之人的可能性，为了讲清楚我们的担忧，假设杀死此人就有机会拯救 10000 个人的生命，这样的收益数量足够大，可以证成杀死此人是正当的。每拯救一个这样的生命都形成了一个重要的收益，而拯救 10000 个这样的生命，加起来后显然的确实现了非常大的收益。但是，如果我们要做的不是去拯救这些人生命，而是想通过杀死那个人来达到这个目的：我们要把非常多的人送到电影院看电影，他们在那里享受了两个小时的美好时光。假设没有其他方式来获得这样的收益。那么让这些人享受看电影得到的收益，竟也如此有价值吗？假设看电影确实会带来福利的提升，尽管提升的福利不会很多。但这似乎意味着，如果以这种福利收益不大的方式让受益者的数量变得足够**大**，我们最终还是会得到**足够**多的相关收益，从而达到了阈值所设定的收益的总量。

然而，即使是那些认为通过杀一个人来拯救一万个人是被允许的人，也很可能会拒绝提出建议说，可以去杀一个人以便让一百亿个人看一场**电影**。我认为他们的想法是：这里加在一起的单个收益**太小**了，小到无法计算。或者更确切地说，考虑到施加给一个人的伤害大到使之丧命时，这些单个的收益就太小了，以至于无法被加在一起。

我之所以加上这个限定条件，是因为我们所考虑的，不是说一个小的收益（比如看电影的快乐）在某种绝对意义上太小了，小到在通向达到任何阈值的过程中毫无裨益。相反，如果对某个个体造成的伤害本身相对较小（比如阻止某个人去公园），那么在确定是否达到阈值时，把类似于看电影这样的微小收益考虑进来，在道德上也是合理的。因此，这不是说存在着某种固定的最小程度的收益，一个收益必须达到这个程度**才能**得以计算。我们的实际想法更像是说：一个收益可被算作有助于达到阈值，该收益本身必须要足够大——相关的**最低**收益本身，是所施加的伤害程度的函数。相比一个人的生命受到威胁，看电影的收益太过微不足道，因而就不能为了这样的收益而剥夺那个人的生命；但是当受到威胁的是某个更小的权利，让那么多的人看一场电影就不再是微不足道的收益了，这样的收益就有可能被计算在内。

当然，并不是每个人都认同这种直觉（甚至那些认同这种直觉的人，也未必接受它），但许多义务论者确实会认同。因此，任何赞同这一观点的人都需要引入一种关于哪些有益之物可被算作有助于达到阈值的适当的限制，该限制本身与所涉及的伤害程度有着适当的相对关系。①

按照这种思路，最简单的方法是将分界点（低于此分界点的收益或善可以忽略不计）规定为特定的伤害值的某个固定比例。举例来说，为了便于计算，可以规定一个收益必须至少是所施加的伤害的 1/100，或 1/10，或——更保守地说——1/2 那么大。我们所设定的比值越高，在决定是否达到阈值时可以考虑的收益就越少。

就我们当下的目标而言，我们不必试图确定相关的分数 f 是多少。（不过，这个分数可能会小于 1：当我们谈论是否允许剥夺某人的生命时，送某人去看电影可能无关紧要，但挽救某人免于瘫痪或失去手脚，这时候也许就与之相关了。）所以我们的想法是，只有当它所带来的善或收益，至少是所施加的伤害的 f 倍时，它才可被用于达到阈值的计算之中。这就为我们提供了我们试图寻找的一种可变的分界点，因为即使我们保持 f 的分数固定不变，当我们改变伤害的大小时，分界点的水平也会随之变化。

① 有关这一观点的进一步讨论，请参见布伦南（Brennan）的《权利的阈值》（*Thresholds for Rights*）。

如果我们真的采用了类似这样的限制，这就指出了等级义务论者可能想要把地位考虑进来的另一种方式。也许 f 确切的值根本就不是固定的，它实际上是在**变化**的：不是作为所涉及的伤害程度的函数，而是被伤害个体的**地位**的函数。尤其是，对于那些地位较高的个体来说，f 的值似乎更大，而对于地位较低的个体来说，f 的值则会较低。当我们考虑的个体地位越来越高时，其他个体所能得到的收益就会越来越少。

这意味着，即使我们保持伤害的程度不变，一个具体的收益是否足够大到可以被计算，也部分地取决于被伤害的个体的地位。例如，如果是对某个**人**施加特定的伤害，所带来的某些收益可能会变得太小而无法被计算。但如果伤害施加在兔子或蛇身上，所带来的同样的收益可能大到足以被用来作计算。动物的地位较低，f 值也就较低，因此，原本可能小到无法被计算的利益（当权利的拥有者是人的时候）现在就变得足够大了。

我不会花时间去评估这种对相关收益最小值的变量限制是否足够符合我们的直觉。但我想指出，接受这样的观点可能会蕴含着一个有趣的推论。基于我们之前讨论过的原因（见第 4 章第 2 节），地位很低的生物，其生命质量会限制在一个相对有限的范围当中：即使在最好的情形下，它们可能也无法获得那么多的福利；即使在最差的情形下，它们可能也不会损失太多的福利。那么可以想象，对于地位相对较**高**的存在者来说（他们因此具有较高的 f 值），对他们施加的许多伤害为那些地位足够低的生物所带来的收益，**不会**大到足以超过相对于这些生物地位而言的权利分界点。这意味着，比方说，当涉及侵犯那些地位相当高的个体的权利时，对于地位很低的生物所带来的收益，可能就小到不值得被计算在内——也许除了那些完全微不足道的伤害的情况之外。如果情况如此，那么在决定对地位较高的生物施加（并非微不足道的）伤害是否合理时，出于实用的目的，对于地位较低的生物所带来的收益就可以放心地忽略不计：给地位低的生物带来的潜在收益，因其太小而无法被计算。例如，哪怕虾是有感知的，但涉及对人类施加（并非微不足道的）伤害时，虾的福利则是无关紧要的。

事实上，我并不清楚义务论者是否应该**接受**这种地位关系相对化的限制，该限制涉及哪些要素可被用来记入阈值计算（而不是只有单一、固定的 f 值）。也许，说到底这根本就不是等级义务论者应该接受的想法。然而，我提到它是因为这个观点并非没有一些直观的吸引力。而且，如果没有其他原因的话，它进一步阐明了一旦我们开始将地位纳入道德理论中，新的和不熟悉的问题是如何迅速出现的。

（当然，类似的基本观点还有更极端版本。比方说，有一种立场认为，与权利持有者的地位相比，地位过低的个体所获得的收益**根本**就不算数。也就是说，即使在技术层面上，收益大到足以达到地位关系相对化的分界线，这些收益**仍然**是无关紧要的；如果受益者的地位与权利持有者的地位相比起来**太低**——如果地位之间的差别实在太大——那么受益者的收益就根本不能被计算在内，无论对于受益者来说多么利害攸关。事实上，我发现这种观点对我来说毫无吸引力。但是，这个想法的不太极端的版本，可能仍然是合理的。）

我再说一个达到阈值的进一步的条件，这也是义务论者有时候会强加给我们的要求。[①] 像之前一样，假设杀死一个人是合理的，因为这是拯救其他 10000 人的唯一办法。设想我们也同意，当情况涉

① 有关这一观点的进一步讨论，同样参见布伦南的《权利的阈值》。

及剥夺一个人的生命时，可以帮助另一个人免于失去一条**胳膊**，那个人所获得的收益事实上大到可被用来**计算**（趋于达到权利的阈值）。当然在这种情况下，仅仅让一个人免于失去胳膊的可能性，不会产生足够多的收益来满足相关的利益总量，但在这里，我只是要求我们（合理地）假设，即使某些收益太小因而不能被用作计算趋于达到权利的阈值，但是避免让一个人失去胳膊不属于这种微不足道的收益：它实际上是一个足够大的可被计算的收益。如果这样的话，那么可以假设这意味着有**一定**数量的胳膊，不管这个数量有多少。如果杀死某个人是避免**那么**多人失去胳膊的唯一办法，那么将这么多人的收益加起来，将会有足够大的收益总量来达到这个人的权利阈值。（也就是说，挽救了这么多人的胳膊所带来的收益，与拯救 10000 个人的生命的收益一样多。）尽管如此，许多接受这个阈值的人仍然会有一种直觉，即在这种情况下，杀人仍然是不被允许的。

为什么不被允许呢？因为尽管所涉及的收益**总量**足够大，但在所有这些数量庞大的受益者中，没有哪个人的实际收益，会与那个受害者即将失去的那样多！诚然，失去一条胳膊并不是一件小事，甚至与失去一个人的生命相比也是如此，尽管如此，失去生命所带来的伤害要远远比失去一条胳膊严重得多。因此，如果我们真的要求某人牺牲生命，我们便是在要求受害者失去的利益比其他人失去的利益要多得多。而至少有些义务论者认为，这是不可接受的。于是，当我们施加伤害时，仅仅要求获得足够多的收益是不够的；也许还必须是，至少其中一个受益者所面临的伤害的程度，与我们要施加的伤害差不多。

请注意，如果我们要通过杀死一个人来拯救 10000 个人的**生命**，那么每一个受益者将要获得的收益，都与那个潜在的受害者将要损失的利益一样多。也许这样的要求太高了，但是——或者说根据这一想法——至少受益人当中的**某一个**将要获得的收益，应该与权利拥有者将要损失的利益一样多。概括地说，我们可以坚持认为，**每当**我们考虑施加特定程度的伤害时，必须至少有一个受益者所获得的收益，与我们的受害者可能遭受的损失同样多。

有些人可能会倾向于认定一个更为苛刻的条件：至少其中一个受益者所获得的收益，比权利拥有者所损失的利益要**更多**，也许要适当地多很多。或者，有些人可能更倾向于一个稍微不那么苛刻的条件：至少其中一个受益者会获得**几乎**相同的利益——如果没有那么多的话，也至少是权利拥有者行将失去的利益的某个较大的百分比。在不试图设定精确要求的情况下，所有这些提议的共同点是，存在着第二个相关分数或比率 p，只有在至少其中一个受益者与所施加的相关伤害呈比例关系时，施加伤害才是被允许的。根据更为苛刻版本的想法，将 p 设定为高于 1 的数字，而在要求较低的版本中，p 略低于 1。而在我们最初的想法当中，p 正好被设定为 1。①

同样，并不是每个人都想加上这个进一步的要求，但我之所以提到这一点，是因为这意味着等级义务论者可能想以另一种方式来考虑道德地位。与其认为存在一个与所有情形都相关的单一比率 p，

① 一些义务论者以一种尤为极端的形式接受了这一要求。他们不仅坚持认为，至少须存在一位受益者，其利益所系程度与权利持有者相当（甚至更高一些），并且强调必须有一位受益者能够独自满足整个阈值要求。与那些典型的温和派不同——温和派允许将不同个体所获利益进行组合或累加，以达到阈值标准——这些反聚合主义者坚持认为，利益不能跨个体进行组合以凑足相关总量；若要达到某个既定阈值，则必须至少有一位受益者，其获益程度足以单独满足整个阈值要求。当然，如果接受这一版本的要求，那么在许多实际情况中，将根本无法达到相关阈值——这并非因为阈值"无限增大"，而是因为实际上，没有任何一个个体可能拥有足够重大的利益，足以独自满足相关总量要求。大致而言，只有对于相对较小的伤害，阈值才会低到足以被满足的程度。不过，受伤害个体的地位越低，阈值也就越低，因此最终满足阈值的可能性也就越大。（顺便提一句，请注意，如果有人确实采纳了这一立场，那么先前那个更为温和的要求——即若要计入达到阈值的考量，所有利益必须"足够大"——或许就变得无关紧要了。）

不如说这是另一个相关值会随着地位的不同而变化的领域。尤其是当权利拥有者的地位越高时，所需的比率可能就越高。这种观点或许表达了这样一种想法，对于地位较低的生物来说，受益者所获得的收益的量，与我们要施加给权利持有者伤害的量是否接近于等同这一点并不是特别重要。但是，随着道德地位的提升，这一点就会变得越来越重要，因此相关的比率——至少其中某个受益者在利益量上必须与权利持有者相关利益的接近**程度**——也会相应地提高。当伤害要施加给一个地位相对较高的个体时，如果没有哪个受益者至少有同样多（甚至是更多）的收益，那似乎就是不合适或不公平的，但当我们想象生物的地位越来越低时，这一要求就会相应地降低。

我不会在这里试着去评价这种地位关系相对化的版本所提出的要求是否应该被接受；这需要更仔细的分析，然而那不是我在这里所能做的。但我确实认为，这是一个值得进一步考虑的想法。

假设我们要么接受这个想法，要么接受之前的提议（用地位关系相对化的方法来决定哪些利益足够大到可以被计算），或者两者都接受，这些都构成了动物权利比人的权利要更弱的进一步的方式。当然，我们的主要想法是，动物权利相对薄弱，体现在这些权利的**阈值**比较低这个事实。但是，如果对于**如何**达到特定的阈值也有相关的限制（只有足够大的利益才能得以计算，或者至少有一个受益者必须适当地接近与权利拥有者一样多的利益），并且如果这些限制是当所讨论的权利属于地位较低的生物时，这种权利本身就是较弱的，那么这就提供了第二种（或者也许是第二种和第三种）动物拥有较弱权利的方式：由于动物的地位较低，他们拥有的权利对于如何达到这些（已经较低的）阈值，就没有那么苛刻的限制。

4．其他原则

等级义务论将义务论身份延伸到了动物身上，但这种做法考虑到了人与动物之间（以及不同类型的动物之间）有地位上的差异。我们一直在关注这种进路对于我们去理解不受伤害的权利会有什么样的启示，但是义务论者通常肯定会接受多个不同的道德原则，而不仅仅是这一条原则。因此，要系统地探索等级义务论，也需要考虑将地位引入其他原则会产生的那些结果。

其中一些结果可能与我们已经考虑过的那些想法类似。无论如何，温和的义务论者不太可能会认为，只有当涉及足够多的利益时，侵犯不受伤害的权利才是被允许的。许多其他权利（也许绝大部分甚至是所有的权利）也都有相应的阈值。因此，我们可以预见动物也会拥有相应的权利，但是这些权利的阈值，会随着动物地位的不同而变化，因此如果权利拥有者是动物而不是人，任何特定的权利都会更容易被抵消。与之类似，我们可以预见，如果权利拥有者是人，对于如何达到这些阈值会有限制，那么当相关权利是由动物所拥有时，也会存在着类似的限制——尽管当动物的地位较低时，这些限制会适当地减弱。

当然，这些大致的概括可能会有例外。如果某个个体要真正拥有这种特定的权利，也许其中一些权利需要的不仅仅是拥有义务论身份。也就是说，某些权利要求具备进一步的特定特征或能力（超越了某种程度的自主性）。如果是这样的话，结果就是某些或者所有的动物都不具备这种进一步的特征。显然，在这种情况下，这些动物完全**缺乏**这种特定的权利，而不是拥有这种权利的较弱形式。比如说，如果——事实很可能如此——不被欺骗的权利要求拥有**理解**虚假断言的能力，那么不能理解人类语言的动物大概就没有不被我们欺骗的权利。（事实上，说一个人对一只没有理解能力的动物**撒了谎**，我们甚至不清楚这个说法是否有意义。）

但即使就这个例子而言，也不能朝相反的方向过度概括。一方面，有些动物似乎至少可以理解我们的某些断言，因而至少在这些情况下，我们没有明显的理由不将不被欺骗的权利赋予这些动物。另一方面，无论对任何特定的动物说谎是否可能，很明显，**欺骗**动物的情况经常可能会发生。因此，在义务论者认为欺骗是不被允许的意义上说，等级义务论者也应该同样认为，欺骗动物是错误的。只是不被欺骗的权利，在动物那里要比在人那里会更弱，在某些动物那里要比在另一些动物那里会更弱。

或者也许在某些情况下，我们发现有理由相信，地位的不同对阈值水平（或对如何达到阈值的限制）没有任何影响，因此动物有着与人相同的特定权利，权利的强度也一样。等级义务论者当然无需声称在每一种情况下，动物的权利都比人的权利更弱，它们只是说通常情况下是这样的。不过，如果没有相反的论证，我们通常会预计动物的权利是较弱的，因为动物所拥有的构成权利基础的能力，大体上没那么发达，或者形式上也不够复杂。

简言之，除了我们在这里仔细考虑过的权利之外，地位的差异很可能对于其他权利也具有重要意义。事实上，除此以外，地位的差异还可能在其他各种道德原则中发挥作用，无论这些原则是否最适合从权利的角度来理解。

举例来说，我们来看看援助他人的义务，大部分义务论者都认为这是一种义务。(当然，有些义务论者确实会说，人们有获得援助的**权利**；但其他人会否认存在着任何类似这样的权利，他们倾向于谈论一种“做好事的义务”或者“援助的义务”。就我们的目标而言，我们无需在这个问题上站队。)当然，关于这种义务的强度——一个人必须打算付出多大的牺牲来改善他人的福祉——也存在着争议，但是大多数义务论者确实认为，至少存在着类似这样的一些类型的义务。

现在，一旦我们承认动物具有道德身份，我们似乎也应该认识到，拥有援助的义务也要求我们援助动物而不仅仅是援助人。也就是说，就像我们必须促进其他人的福利一样（也许受制于一个提供这种援助对我们自己的代价不能大到不合理的附加条件），我们也必须（受制于同样的附加条件）促进动物的福利。当然，可以想象一个有限义务论者可能会试图反对这个结论，坚持认为援助的义务只要求援助那些具有义务论身份的个体，并且坚持认为动物没有这种义务论身份。但是我们已经看到了拒绝有限义务论的理由。

因此，我们有理由提升动物的福利，为他们提供援助。事实上，我们有**义务**这样做，正如我们有义务去援助其他人一样。尽管如此，我们大多数人会发现这种说法是合理的：当我们援助的是动物时，这种义务比起援助人的时候要更弱一些。

当然，在某种程度上，这种判断可能只是反映了现在人们熟知的想法，即人往往比动物拥有更多利害攸关的福利。回到我们很久之前（见第 2 章第 2 节）首次讨论过的一点，如果我们必须在救人和救袋鼠之间作出选择，那么除了那些最为特殊的情形，人总是会比袋鼠拥有更多利害攸关的福利。所以，如果我们选择救人而不是救袋鼠，总体而言，我们这样做会带来更多的收益。如果是在救人和救青蛙或鬣蜥之间作选择，那就更是如此了。由于人通常要比动物拥有更多至关重要的福利（在其他条件相同的情况下），所以援助动物的义务通常会弱于并且让位于援助人的义务也就不足为奇了。

尽管这个观察本身很重要，但它可能没有完全抓住这样一种想法：当事实上援助的是动物而不是人时，援助的义务要更弱。我怀疑即使在**同等**数量的福利受到威胁时，大多数人都会认为援助人而不是袋鼠在道德上更为迫切，更不用说援助地位更低的动物了。这不仅仅是因为我们通常会更多地去援助人而不是动物，而且还因为对于一个单位的福利所能带来的收益来说，援助人也更为重要。事实上，受到援助的动物地位越低，我们为其提供援助的道德理由就越弱。

我认为这是一个重要的观点，但可能不是一个新的观点。我已经（在第4章第3节中）论证了这个说法，即一个单位的福祉的道德意义，随着该福利所属的个体的道德地位的不同而变化：当福祉的增加给了某个道德地位较高而不是较低的个体时，结果的价值就会有更大的提升——会有更多的收益或善。因此，援助他人的义务，实际上可以更准确地理解为是做**好事**的义务（或者，也许它是从做好事当中衍生出来的义务）。那么，如果福利的价值确实随着地位的不同而变化，被援助者的地位越高，（在其他条件相同的情况下）所产生的收益就越多。所以，正是因为这样的援助会带来更多的收益，当援助的对象是地位较高而不是地位较低的个体时，援助的义务会更强。因此，如果援助动物的义务比援助人的义务更弱，这可能只是先前主张的一个推论，该主张认为如果我们要适当地衡量福利的道德意义，我们就需要根据道德地位来调整福利。

然而，有时候援助的义务会呈现出一种非常苛刻的形式。义务论者有时会去谈论**救援**的义务，当我们面对需求特别迫切的个体时——除非我们立即采取行动，否则灾难就会逼近——我们就有非常强的义务帮助那些亟待救援的个体。在这种情况下，按理说我们有救援的义务。而且这种义务要比更一般、更日常的援助（或提升收益）义务强得多（这种义务要求更高，而且没那么容易被抵消。）因此，比方说，如果一个小孩在我们眼皮底下溺水，我们通常会认为我们必须付出巨大的努力去救他——这可能会让我们付出很大的代价以及带来很大的不便，它与我们去履行像慈善捐款这样的义务感觉很不一样。与之类似，当发生了矿难导致矿工受困时，人们通常会感觉到有一种特别强烈的义务，想要尽一切可能去营救他们。

有趣的是，这种救援的义务是否也可以被纳入提升收益的更一般的要求当中，就不那么清楚了。因为有的时候，救援的义务似乎实际上阻碍了并且在道德上可能超过了带来总体上更好结果的可能性。比如说在发生矿难的情况下，许多人认为，我们此时此刻必须动用一些资源来拯救身处险境的矿工，即使这些资源原本可以用于改善矿场的安全，从长远来看可能会拯救更多人的生命。因此，与义务论的规范理论中的许多其他要素一样，救援的义务有时可能会要求我们以一种无法带来总体上最佳**结果**的方式行事。这里的想法是，此时此刻救援少数几个已知是身处险境的个体，要比从长远来看，去帮助更多我们目前不知道的（“仅仅是统计学意义上的”）人要更加重要。

如果确实存在着这种义务论上的救援义务，那么考虑到动物的义务论身份，动物也将处于这种义务的涵盖范围。也就是说，我们不仅有义务救援人，也有义务救援动物。尽管如此，等级义务论者可以合理地提出，当救援对象是动物时，我们的救援义务会**更弱**。

即使有同样多的福利面临危险，我们只会有更强的义务去救援人，这个义务要求我们付出更多，而且不太容易会被譬如说救援一头鹿之类的义务所抵消。当然，这种想法认为，这类义务也会随着地位的强度不同而变化，有待救援的个体地位越低，救援的义务就越弱。

这样的观点当然与我们迄今为止所考虑的等级论的其他表达非常一致，但是请注意，尽管如此，它在逻辑上与福利的价值随着地位的不同而变化的主张不一样。正如我刚才指出的那样，救援的义务不容易被归结为一种更为普遍的提升收益的义务（事实上，它可以反对并抵消某些收益），因此，如果——如我猜测的那样——救援义务的强度也会随着地位的不同而变化，这就不能只是作为地位影响福利的价值这一主张的另一个相对直接的推论。相反，这将是关于地位的意义给出了进一步的、截然不同的表达：地位不仅影响了个体的福祉的价值（它对结果的收益所作的贡献），它还影响了个体解除危难的诉求的强度。

接下来请考虑这样一个事实：无论是援助的义务，还是更普遍的促进善的义务，或者更特殊的救援义务，它们都不是无限的。这至少是大多数义务论者的观点。如果援助他人（或以其他方式提升收益）让施展援助的人付出的代价太大——人们会说——此人其实在道德上无需作出这样的牺牲。比方说，虽然你把自己的大部分积蓄捐给一个合适的慈善机构可能会拯救很多人的生命——这比把钱花在你自己或家人身上产生更多的总体收益，但我们大多数人并不认为这样的牺牲是必需的。

这是义务论者区别于后果论者的第二种主要方式。因为后果论者认为，如果某个人作出某种特定的牺牲真的会让总体结果变得更好，那么他的确就有这样做的道德要求。相反，大多数义务论者认为，虽然有时候你确实需要去援助他人，但当你这样做要付出太大的牺牲时，你就不需要这样做了。在这一点上，援助他人变成了一种道德上的**选择**：你在道德上被**允许**作出牺牲，这在道德上其实是值得嘉奖或赞许的。但是你实际上并没有被要求这样去做；你也可以选择把自己的钱存起来，或者把钱用于其他在效果上不是最好的地方。事实上，即使我们在面对需要救援的情况时，我们的义务也是非常有限的，通常情况下，如果施救者在救援他人时付出的代价太大，这种义务通常被认为是可以放弃的。

简而言之，大多数义务论者相信道德**选择**的存在，如果援助他人的代价太大，你可以选择不去援助或者不去提升总体的收益。当然，这些选择本身并不是不受限制的，从而你似乎可以完全无需为他人做任何事情。因此，问题（部分地）变成了让他人受益需要你付出多少**代价**。此外，至少从直觉上讲，你需要为他人做多少也至少部分地取决于你能带来多大的**收益**。作出选择意味着允许你偏袒自身的各种利益——无论是你自己的福利，还是你的家人或朋友的福利，或者你的其他奋斗目标——给予它们以更大的权重，无需去做从公允的角度来看是值得做的事，当然我们可以为自己的利益给予多大的权重也是有一个限度的。如果你只会为他人带来更大的收益，那么牺牲可能只是一种选择，然而如果他人有**足够多的**收益受到威胁，牺牲就可能成为一种强制性的义务。

准确阐明所有这些观点——多大的代价才算得上是太大的代价？人们可以对自己的利益给予多少额外的权重？——是一件富有争议的事情，但是这个基本观点的初步看法似乎是这样的：如果在决定某个特定的牺牲相比于它所能带来的收益是否因为牺牲太大而不能把它作为强制性的要求时，那么在把这个牺牲与它可以带来的收益进行比较时，可以不按比例地来计算这个代价。当你在作道德计算时，也许你可以根据某个合适的 z 值，赋予这些代价最多以 z 倍的客观（公正）权重。因此，即使一个特定的牺牲为他人带来的收益要多于你付出的代价，但如果你付出的代价**乘以 z** 要大于他人的收益，那么你不去作这个牺牲也是可以的。（也就是说，如果 C 代表你的代价，而 G 代表他人的收益，那么即使 C 小于 G，如果 C **乘以 z** 大于 G，你也可以选择不去作出这个牺牲。）

这样的选择权允许你不必总是以道德上最理想的方式去行动。但在多大程度上允许你这样做，取决于这种选择权的大小，如此一来，在我们刚刚粗略描绘的方法中，它将取决于我们赋予 z 的值。如果 z 的值仅仅略大于 1，那么行动者能够给予他们的个人利益仅仅略高于这些利益的客观权重，因此最终的选择权——允许以道德上不是最理想的方式行事——将是很小的。相比之下，如果 z 是一个大很多的值，那么选择权就会成比例地变大，行动者就会有相当大的空间来追求自己的个人利益，而不是去援助他人。（如果我们从常识性的道德角度来考虑这些选择权的大小，那么 z 似乎确实有一个相当大的值。）

如果我们确实用这些术语来考虑选择权，那么很容易看到等级义务论者会在另一个地方把地位作为考虑因素引入进来。与其说 z 对所有的行动者都有一个固定的值，不如说 z 的值是随着行动者地位的不同而变化的。尤其是，对于道德地位**较高**的道德主体而言，z 的值可能会更大。这会导致地位**较高**的道德主体会有更大的选择权，而地位较低的道德主体其选择权会更有限。

当然，由于我们从来就不认为动物会受到道德义务或责任的约束，在这个意义上，大多数或者所有的动物根本不是道德主体。（它们缺乏道德要求所需的充分的规范性反思和自我管控能力。）比方说，狮子不具有援助其他个体的道德责任，不具有救援溺水羚羊的道德义务。因此，关于选择权大小的问题无法用在动物身上。如果动物完全没有道德责任，也就没有限定这种责任**范围**的选择空间。

正因如此，刚刚考虑过的观点——选择权的大小可能会随着道德地位的不同而变化——似乎是没意义的。的确，动物的地位比人低，但由于动物没有道德义务，它们也没有选择权，所以我们很难因为动物的地位低而说它们的选择权**更小**。①

但是，即便无法拥有人格的个体都不是道德主体，因而谈论地位**较低**的个体的选择权比人的选择权要小是无意义的，我们也不应忽视这样一种可能性，那就是存在着或者可能存在着地位比我们**更高**的个体。回顾一下高级存在者的可能性——这些个体也拥有人格，但是他们所拥有的能力要比我们更高级或复杂得多。想必这些高级存在者本身就是道德主体，因此他们要承担积极的道德义务，例如援助或救援的义务。对于这类存在者来说，问题在于这些义务是否是无限的，或者说，他们是否会有对义务的范围进行限制的选择权。如果高级存在者也有选择权的话，那么我们想知道他们的选择权与我们所拥有的选择权相比会有多大。当然，我们考虑的想法是，正因为他们拥有更高的地位，他们的 z 值可能会比我们的更大，会产生更大的选择权，允许他们追求自己的利益而非援助其他个体。

这种观点合理吗？当然，这首先取决于包括选择权在内的道德的根本依据或基本理由。这是一个有争议的问题，它太过复杂，我们无法在这里展开讨论。但是我想简单提及两种非常不同的可能性。

① 那么拥有**最小人格**的（在第 6 章第 4 节中所描述的意义上）道德主体会有怎样的选择权呢？在这种情况下，难道不是会有更多的有限的选择吗？也许是的，尽管目前还不清楚拥有最小人格的个体是否起初就真的可以算作道德主体。

可以设想，一方面，选择权是道德对人性作出的一种妥协，正常的成年人发现，他们很难或者根本不可能系统地采纳完全公正的观点并以此作为行动的依据，选择权勉强包容了这一事实。然而情况很有可能是，高级存在者的行动其实很容易（而非很难）由道德上公正的视角所驱动。这样一来，如果这种对选择权的消极解释是正确的（如果选择权代表了对人性的妥协），那么高级存在者可能事实上只有更小的选择权，或者毫无选择，而不是拥有更多的选择。

另一方面，选择权可能反映了我们自主性的价值和意义——我们拥有且会按照自己的个性化偏好去行事的能力，对自己生活如何发展有自己的期待。也就是说，也许我们应该更积极地看待选择权，将其视为道德认可了我们每个人都有空间塑造自己生活的重要性，认可了打造我们自己独特的人生规划和人际关系的重要性，而不是让我们永远屈从于更大收益的要求。如果这种对选择权的更积极的解释是正确的，那么情况可能会是，高级存在者确实比我们拥有**更大的**选择权。如果高级存在者拥有比我们更大的自主性，因而更加值得拥有受道德保护的空间来塑造他们自己的生活，那么他们的选择权就会变得更大。

我不会在这里深入探讨这些问题。我的目标不是要确定选择权是否真的会随着行动者的地位而变化，也不是要确定援助义务或救援义务的强度——正如我认为的那样——是否真的会随着需要援助的个体的地位而变化。我只是想表明一点，如果你接受了等级义务论，那么地位的潜在意义完全不限于它在（以恰当的方式所理解的）不受伤害的权利当中所起的作用。相反，地位很可能具有系统的相关性，会触及我们整个规范性理论中所承认的许多甚至大多数原则。我猜只要我们开始认真承认动物的道德身份，就会发现我们需要重新思考我们的许多道德原则，需要修改或重新解释它们——有时是实质性的——以便适当地把地位差异所具有的广泛的道德意义考虑在内。

不过，我想再谈一个稍微不同的观点来结束这里的讨论。就像刚才提到的高级存在者提醒我们的那样，即使义务论者也应该承认这种存在者存在的可能性。无论如何，从后果论转向义务论（对于那些选择这种转向的人来说）肯定不会降低高级存在者的可能性。相反，就像我之前说过的那样，等级义务论者对心理能力（包括更高程度的自主性）比我们自己更强的存在者应该保持开放的态度。因此，等级义务论者自然会采取的立场是，这样的存在者拥有比我们自己更强的权利（有更高的权利阈值，以及对于如何达到这些阈值有着更严格的限定）。与之类似，结果可能会是高级存在者拥有更强的得到援助或得到救援的诉求（在其他条件相同的情况下）。

这是一个令人不安的前景吗？毫无疑问，有些人会这么想，但我不这么认为。正如我已经解释过（在第 6 章第 2 节中），给予某些个体有着比我们自身更高的道德地位，并不是说允许他们虐待我们或无视我们的权利。这可能是一个很常见的哲学噩梦，但很难看出有什么理由可以证明这一点。我们的权利不会消失，我们的利益仍然重要，即使其他存在者的权利和利益比我们自己的更重要。诚然，出于我们刚才讨论过的那些理由，高级存在者可能会拥有比我们更大的选择权，因而在援助其他个体方面不需要像我们那样做那么多。不过我也指出了情况很可能恰恰相反：也许由于他们有更强的认知和情感能力——包括更强的规范性反思和自我管控的能力——他们或许实际上有着比我们**更少**的选择权。也许高级存在者有着比我们人类**更大**的责任来援助那些需要帮助的个体。

我还想顺便提及，等级义务论者还面临着如何看待边缘事例的问题（见第 6 章第 3 节）。比如说，如果权利随着地位而变化，那么就很难看出等级义务论者如何能够避免得出这样的结论：认知能力严重受损的人将比我们其他人拥有更弱的权利。诚然，如果我们还记得这样一个事实，即模态人格赋予了某个个体相比缺乏这种模态人格的个体（仅仅基于该个体实际的心理能力）更高的地位，那么这个结论的强度可以得到一定程度上的缓和。但是，除非我们准备承认——在我看来，这是不合理的——模态人格赋予某个个体有着与真实的人格拥有者（或与之相当接近的个体）完全相同的地位，否则就很难避免得出结论认为，至少受到最严重损害的人的权利，根本没有正常成年人所拥有的权利那么大。

的确，**有限**义务论者可以避免这样去说，当然前提是他们准备承认即使是严重受损害的人也有义务论身份。想象一下，有限义务论者坚持主张，所有拥有义务论身份的个体都有同等强度的权利。这样的话，如果严重受损害的人确实拥有义务论身份，那么受损者的权利就和我们的权利一样大。但是很明显，所有这些说法的问题在于，我们没有合理的依据把严重受损害的人囊括在拥有义务论身份的人当中，却把动物排除在义务论身份之外。（我们已经仔细考察过了，如果在**一体论**而非等级论的框架下，把义务论身份也扩展到动物身上，会产生让人无法接受的推论。）这里也一样，诉诸模态人格的重要性可能会稍微削弱这一观点的效力；但我认为，这还不足以解答人们的疑惑。考虑到某个个体的能力可能会极度贫乏或者发育受阻，如果该个体受到了**足够大的**损伤，那么单纯的模态人格对其地位所能产生的提升将是非常有限的。因此，如果受损害的人拥有与正常成年人同等强度的权利，那么很多或者大多数动物也应该拥有同样的权利——但我们已经看到，**那种**立场是站不住脚的。在我看来，唯一可以接受的义务论立场是等级论的；根据这种观点的任何一个合理的版本，严重受损害的人所拥有的权利，要比我们其他人的权利更弱。

最后，应当指出即使我们接受了等级义务论，关于**正常**差异问题，我们仍然没有一个让所有人都满意的答案（见第 6 章第 4 节）。我猜至少对于很多人来说，等级论最令人不安的地方就是担心我们发现，在正常成年人当中人和人的能力存在着常规性的差异，这可能会导致我们各自在地位上产生微小的却是真实的差异。假如情况确实如此，并且如果等级义务论者所主张的权利的强度随着地位而变化是对的，那我们必然就会得出这个令人不安的结论：某些正常的成年人将比其他人拥有更大的权利。这一想法仍然让人感到困扰——或者说至少很多人认为这一点让人困扰——但在等级义务论的基本想法当中，我们找不到任何可以进一步回应这个问题的答案。

第10章 防卫

1. 自卫的权利

通常情况下，一个人伤害或杀死另一个人在道德上是不正当的。这是因为我们每个人都有不受伤害的权利。当然，我们已经详细考察过，这种概括性的说法有一个重要的例外情形，这种情形在达到了权利的**阈值**时会出现，如此一来，后者不受伤害的权利就会被抵消或者被压制。但是这里还有一个重要的例外情形，这种情形我们还没有仔细考察过，本章将会重点讨论这种例外情形。如果一个人伤害另一个人是为了**保护**自己免受后者的无端攻击，那么这种进一步的例外情形就会出现。

当然，我们大多数人都相信，每个人都有**权利**保护自己，即使这会涉及去伤害攻击者，甚至是杀掉他。因此，如果阿诺德要杀死布伦达，除非布伦达先去伤害或谋杀阿诺德，否则我们相信布伦达这样做——伤害或甚至杀死阿诺德——是被允许的，即使通常情况下伤害或杀死他人是被禁止的。正如我们经常会说的那样，布伦达之所以可以杀死阿诺德，是因为她有自我防卫的权利。

不可否认，不是每个人都会接受这种常见的观点。反战主义者认为这种权利是不存在的。他们会说伤害他人是不对的，不能仅仅因为别人要伤害**你**，你就可以去伤害别人。但这是少数人的一种看法，很少有人会被这种观点所吸引。在下文中，我只是假设这种少数派的观点是错误的，尽管我不会在这里试图为多数人的看法辩护。就像我们讨论过的其他基本道德原则（比如各种分配原则，或者不受伤害的权利）一样，我在这里的目标不是要证明这一原则的合理性，只是考虑将这一原则用于我们对待动物的问题上会得出哪些推论。

出于类似的理由，我也不会去考察关于自卫权的最终依据有哪些不同的解释，也不会对下述这些问题采取任何立场：攻击者在发动攻击时，我们允许受害者在自卫过程中伤害对方，对此更好的说法是攻击者不被伤害的权利是被迫失去的，还是被剥夺掉的，或者是主动放弃的；这种权利是被宣布无效的，还是被否决掉的，或者说（正如有些人可能更愿意说的）不被伤害的权利实际上从一开始就没有排除这种**防卫性的**伤害。就我们的目标而言，只需说**有**自卫权就足够了，因此，作为保护自己免受攻击的一部分，你伤害甚至杀死他人是被允许的。

（与不受伤害的原初权利一样，后果论者和义务论者在这个问题上存在分歧：自卫权有没有内在的道德意义，或者说谈论这种权利是否只是为作决策提供了有用的指导。不过为了论述的简洁，我将继续直接用义务论者的语言来讨论。）

当然，事情绝对**不会**这么简单：在自卫过程当中，并非怎么做都可以。所以接下来我会指出一些相关的限制条件。首先，与后续讨论最相关的是，不可否认一个人的确可以对攻击者施加一定的伤害，但是他可以允许对攻击者施加多少伤害是有限的。如果我们只关注攻击者试图**杀死**你的情形，这一点就很容易被忽视，因为很明显在这种情况下，你确实可以杀死攻击者。但是想象一下，攻击者并不打算杀了你，只是以某种明显轻微的方式伤害你。比方说，假设攻击者正要朝你脸上狠狠扇你一巴掌。我们可以想象，这也是一种无端的攻击，如果没有其他办法可以阻止他，你为了自我保护可以使用武力去伤害攻击者。但你不能为了阻止他扇你耳光而**杀**了他！因为如果这样做，你的反应与他的攻击将会不成比例。相反，你对攻击者可以施加的伤害是有上限的，这个上限与攻击者试图对你施加的伤害是一种函数关系。

这并不是说，你对攻击者施加的伤害**不能超过**他对你施加的伤害。也不是说你只能对他施加**同等**程度或更小的伤害。毕竟，从直观上讲，即使攻击者只想砍掉我的**胳膊**而不是杀了我，我为了避免这种情况发生仍然可以杀了他。因此，当面对无端攻击作出自我防卫时，我可以将一个（比攻击者试图施加给我的伤害）**更大的**伤害——甚至可以是相当大的伤害——施加在攻击者身上。但是，正如为了防止被人扇耳光而把人杀死的例子所表明的那样，这里存在着**某种**界限：我在自卫时允许施加的伤害量，取决于攻击者试图对我施加的伤害量。

让我们用 H 表示我可以施加给攻击者的伤害量，用 h 表示攻击者试图强加给我的伤害量，我们说的是 $H > h$，但 H 是有限度的，这取决于 h 的大小。粗略地说，也许 H 是 h 的某个简单倍数。我们用 d 来表示相关的乘数，那么大概就是 $H = dh$。

事实上，我认为相关的公式远比这个复杂。但就目前而言，我们不用急着找出那个更复杂的函数，试着确定 d 的值也没那么重要。重要的只是要认识到，对于被允许的防御性伤害有一个**比例**条件，因此尽管允许你去伤害攻击者，但是你可以施加的伤害的量是有限度的。

其次，自卫权还涉及一个**必要性**的条件。即使你对攻击者施加的伤害量在比例条件规定的范围内，也只有在**必须**是为了保护自己不受攻击才被允许去伤害攻击者。让我们再次假设，阿诺德正在攻击布伦达，并且要杀死她。不过我们想象一下，布伦达没有必要为了保护自己而杀死阿诺德。假设她“嚯!”地一声怒吼把阿诺德吓得丢下武器仓皇逃跑，她就可以脱离危险。如果布伦达知道这一点，但她还是选择开枪打死阿诺德，那么这实际上是不被允许的，尽管这样做还属于比例界限的范围。自卫杀人只有在必要时才被允许，否则就是不被允许的。与之类似，如果一枪击中阿诺德的手就足以使他无法继续伤人，那么布伦达朝他心脏开枪射杀就很难被允许了。从直觉上讲，即使在面对无端攻击时自卫，你也必须将施加的伤害限定在成功自卫所需的最小程度当中。

毫无疑问，对这一条件作出充分说明也是一件复杂的事。因为对必要性条件的完整表述，需要考虑到这样一个事实，也就是其他的自卫方式由于各种原因没那么奏效。也许这些手段不太可能成功，或者只能阻止部分的而非所有威胁到你的伤害。在自卫时，很难要求你必须采取伤害程度最小但出手就能成功的办法！不过为了我们的目的，我们可以把这一点暂时搁置一边。让我们假设，在将要讨论的事例中，无论这里的必要性条件是什么，它已经得到满足了：除了行动者打算要采用的自卫手段之外，没有其他足够有效的替代方案。

最后，我要指出，有这样一种方式的自卫权，对它的限制比起初看起来的要**少**。我想到的是，自卫权不仅允许你保护**你自己**。同时，**其他人**也可以来保护你。如果阿诺德攻击布伦达，那么不仅布伦达自己可以用武力阻止阿诺德，其他人也可以替她这样做。严格来讲，我们可以说自卫权并不限于**自我**防卫，它实际上是一种**防卫**的权利。如果你不能保护自己，可以允许别人来帮你保护你自己。事实上，即使你可以自己保护自己，别人还是可以来帮助你。当然，即使防卫是由他人实施的，前两个条件仍然会起作用：比例条件仍然限制了别人在保护你的过程中可能施加的伤害，必要性条件仍然要求不存在伤害量更小（足够有效）的替代办法。但撇开特殊情况不谈，关键的一点是允许**第三方**为受到攻击的人提供保护。并不是只有潜在的受害者才有权使用武力反击。

当我们开始讨论自卫和动物的关联时，最后这一点对我们来说非常重要。我想考察动物受到攻击的事例，也想考察动物发起攻击的事例。在我们将要讨论的一些事例中，肯定还会涉及其他人，他们可能是攻击者，也可能是潜在的受害者。但在大多数情况下，我想重点讨论的问题是，我们作为**第三方**可以做些什么。也就是说，鉴于我们既不是发起攻击的人，也不是被攻击的人，在涉及防卫与动物关联起来的情况下，我们可以做什么。因此，在接下来的例子中，请把自己想象为第三方，考虑一下为受到攻击的个体提供保护的可能性。我想探讨一下你在这种情况下可以怎么做。

我必须承认，接下来的讨论不会对本书主要观点的辩护有太多的帮助，这个主要观点便是对动物伦理学的恰当处理将是一种等级论进路。我已经为我们的价值理论需要引入等级论进路给出了理由；我还论证了如果我们是义务论者，那么我们也需要将等级论纳入我们的义务论原则当中。因此在这一点上，说等级论对于正确理解自卫权也起到了作用就不足为奇了。但是，在我们对动物伦理学的整个讨论中，我也反复强调要扩展我们的规范性理论，以便明确地将动物涵盖在内，这是一项异常复杂和困难的工作；而讨论自卫权与动物，可以作为关于这一点的扩展说明。毫无疑问，即使我们把注意力限定在一个**人**攻击另一个人的例子时，围绕自卫权的问题也是复杂的，有时甚至是令人费解的。但我们很快就会看到的，如果其中一方是动物的话，情况就会变得更加扑朔迷离。

2. 为动物实施防卫

我刚刚描述了自卫权当中很重要的一些特征，也就是当一个人攻击另一个人的时候，受害者为了让自己免于伤害，可以去伤害攻击者。不过我也指出了，无论受害者是否有能力保护自己，第三方也可以帮助潜在的受害者。（这并不是说我们只能帮助那些完全无助或无法靠自己成功自卫的人。）

真的有那种为受攻击者提供保护的道德**要求**吗？我们对这个问题的回答无疑将取决于我们对前面（在第 9 章第 4 节中）提到的一些原则所采取的立场，例如，是否存在着援助或救援的义务。可以说，如果第三方付出的代价（或风险）足够小，那么从道德上讲，他们必须帮助潜在的受害者。我们大多数人可能会同意，至少在某些情况下，为他人提供保护是道德对我们提出的要求。

不过，让我们把道德义务的问题搁置一旁，转而关注一个可能更容易回答的问题。人们是否至少被**允许**去保护潜在的受害者？这个问题的答案看起来确实很明显：抛开特殊情况不谈，人们当然可以去保护潜在的受害者，无论是否有某种责任要求人们这么做。事实上，即使保护受害者的代价相当大——以至于大多数人认为没有**义务**去帮助他——尽管如此，人们通常还是**允许**提供帮助的。如果一个人攻击另一个人，通常第三方可以使用武力来阻止或挫败攻击：他们可以在保护潜在受害者的过程中伤害攻击者。

至少，在一个人攻击另一个人的情况下是这样的。但如果我们现在要把动物引入这个图景当中，就有三种新的情况需要考虑，因为动物可以作为攻击者，也可以作为受害者，或者既是攻击者也是受害者。首先，有一种情况是动物受到了人的攻击，我们要考虑保护动物的可能性。其次，有些情况下人会受到动物的攻击，所以我们要考虑保护这个**人**不受动物的攻击。最后，会有这样的情况，攻击者和潜在的受害者都是动物，所以我们必须考虑保护一种动物免受另一种动物伤害的可能性。让我们依次考虑每一种情况。

在第一种情况下，动物受到了人的攻击。我们可以假设这样的攻击是无端的。也就是说，不是动物先威胁或攻击了人而“挑起事端”。（我们稍后会讨论这种情况。）相反，这个人只是选择了要去伤害动物。比如，在一场狩猎赛事中，某人选择杀死某个动物——可能是狮子——也许纯粹是为了找乐子。

可以初步判断，狮子至少有保护自己的权利。诚然，我们不习惯用这些术语来思考问题；不过，当然我们首先就不习惯深入思考动物的道德身份。但是，如果狮子有权利保护自己，那么第三方似乎也可以保护狮子。也就是说，我们被允许使用武力来阻止猎人；事实上，如果这是保护狮子的唯一方法，我们就被允许去**伤害**猎人。假设你有一支步枪，而阻止猎人杀死狮子的唯一方法就是先向猎人开枪打伤猎人。这样做似乎在道德上是被允许的。

这是一个让人感到惊讶的结论。通常很少有人会认为，为了阻止猎人杀死猎物而伤害猎人在道德上是被允许的。但是，如果认真对待动物有自卫权的观点，这似乎确实是从中得出的一个推论。如果动物有这样的权利，那么第三方为动物提供保护似乎确实是被允许的，即使这涉及对攻击动物的人造成伤害，也许是相当大的伤害。

或者，我们应该反对这种说法吗？也就是说，我们是否应该否认动物有自卫的权利？当然，有些理论家希望这样去处理。很容易想象，有限义务论者会争辩说，首先，只有当某个个体拥有义务论身份时，他才有自卫的权利，其次，他们接着坚持认为，动物并不拥有义务论身份。

当然，我已经详细地反驳了动物缺乏义务论身份的说法。正如我所解释的那样，动物的自主性可能不如人，但声称他们完全缺乏自主性是错误的。而且坚持认为个体在拥有任何义务论身份之前必须要达到某个特定的自主性阈值水平，这似乎是武断的也是缺乏依据的。认为动物确实具有义务论身份，因而拥有与之匹配的各种权利——当然包括自卫权——似乎更加合理。只是这种权利和其他权利一样，因各自的地位不同而有强度上的差异。

除此之外，试想一下，如果坚持认为人们永远不能伤害一个试图无端伤害动物的人，这也是很不合理的。想象一个十来岁的男孩，把汽油浇在了一只猫身上，打算点上火把猫烧死。假设我们可以扇他一巴掌来救这只猫。我们真的会说这样做是被禁止的吗？我们真的绝不能以任何方式伤害某个人，即使这是保护某个完全没有防卫能力的动物的唯一办法？在我看来，这种说法是难以置信的。主张动物确实有自卫的权利会合理很多。在我看来，这里唯一真正悬而未决的问题是，当我们在保护某个受到威胁的动物时，我们究竟可以施加**多大**的伤害。

再回到猎人和狮子的例子。为了拯救狮子的生命，我们大概也被允许施加一些伤害。但是我们到底可以施加多少伤害呢？比如说，如果确实只有杀死猎人才能阻止他杀死狮子，我们可以**杀死**猎人吗？这个问题的答案就没那么简单了。这里我们需要回想起比例条件。我们可以为了保护潜在的受害者而伤害攻击者，但是被允许施加的伤害是有限的。回想一下公式 H=dh。这个公式告诉我们，一个人被允许施加伤害的上限 H，既取决于乘数值 d，也取决于攻击者原本会施加给受害者的伤害量 h。

当然，我们还没有尝试去确定 d 的值，但我们知道它足够大，足以允许我们通过杀人来阻止他们杀死别人。因此，我们是不是可以据此得出结论说，如果杀死猎人是阻止猎人对狮子发起致命攻击的唯一办法，那么杀死猎人也是被允许的吗？不完全如此。因为我们也知道（见第 2 章第 3 节），剥夺一只狮子的生命对狮子造成的伤害，通常会比剥夺一个人的生命对**此人**造成的伤害要小。因为当受害者是狮子而不是人时，h 的值更小，所以 H 的值也会更小。因此，我们不能立即推断出，为了拯救狮子的生命而杀死猎人是被允许的。也许比例条件设定的限制比这还要低。

另一方面，我们也不知道杀死猎人是不是**被禁止**的。可以肯定的是，我们刚刚承认了杀死猎人对他造成的伤害，通常要比猎人对狮子造成的伤害更大。所以如果比例条件要求某个人对攻击者造成的伤害，不能超过攻击者对潜在的受害者造成的伤害，那么在通常情况下，杀死猎人确实是错误的。但我们也知道比例性条件没那么严格；它允许你在保护潜在的受害者的过程中，造成的伤害比攻击者施加的伤害**更大**。也就是说，d的值大于1，可能远远大于1，所以对攻击者施加的伤害，比攻击者想要对受害者施加的伤害更大是被允许的。因此，尽管事实上假如狮子死了，狮子所受的伤害会比猎人的死所受的伤害要小，但也许杀死猎人终究是被允许的。

我知道，许多人倾向于马上否认这种可能性。而我认为，对于这个例子更典型的反应是这样的：

> 即使杀死某个动物是错误的，是对这个动物本身的伤害，但第三方杀死有过错的人类攻击者还是不被允许的，即使那是拯救动物生命的唯一方法。①

尽管如此，在我看来，我们必须对允许为了保护狮子而杀死猎人的可能性保持开放的态度。在没有尝试确定d的值的情况下（更不用说对狮子的生命施加的伤害进行更精确的估计了），我认为我们根本无法知道杀死猎人是否被允许。

然而，我们还应当考虑到另一个复杂的情形。当我们从受害者是人的例子转变为受害者是动物的例子时，d的值——不管它是多少——真的保持不变吗？或者，这会是等级论闯入我们的道德理论的又一个领域？就像我们已经讨论过的其他几个道德变量一样，也许用来确定比例的乘数，本身就会随着地位的不同而变化。

正如我反复提醒的那样，动物的地位较低，部分地表现为动物拥有的权利在不同的相关方面都会更弱。我们很自然地想知道，这

① McMahan, *The Ethics of Killing*, p. 420；“攻击者”一词在原文中是大写的。

是否也适用于自卫权。毕竟，自卫权有助于进一步保护那些起初就拥有不受伤害的权利个体的利益或福祉。但是，如果——正如我已经论证的那样——后一种权利，即不受伤害的权利，对于那些地位较低的个体来说是较弱的，那么似乎有理由认为前一种权利，也就是自卫权，可能也会比较弱。尤其是，当我们转而去考虑那些地位比人要低的个体时，比例条件就会变得收紧了。在每一种情况下，受害者（或那些帮助受害者的人）被允许对攻击者施加的伤害，都会大于攻击者自己对受害者施加的伤害。尽管如此，随着受害者地位的降低，受害者（或帮助他的人）可以成比例地施加更多伤害的**程度**可能会降低。也就是说，乘数 d 对于成比例的反应所设定的限制，会随着受害者的地位的降低而变小。

如果这种想法是对的，那么很明显，它给这个问题带来了更多的不确定性，即我们究竟可以对猎人施加多大的伤害以便阻止他杀死狮子。即使是在保护人免于伤害的情况下，我们已经确定了 d 的值，但考虑到狮子的道德地位较低，在保护狮子的情况下，d 的相关值也会变小。因此，当受害者是狮子时，比例条件所设定的限制会有两种方式，而不是只有一种降低比例的方式。一方面，我们已经说过，施加给受害者的伤害会变小。另一方面，相关乘数的值也可能会变小。考虑到猎人可能受到的伤害的限制，是由这两个变小的值**相乘**所得的（因为 H=dh），因此这个限制可能会大大减小。

那么，这是否意味着杀死猎人是被禁止的呢？我认为，现在我们对这个问题还没有足够的了解，无法给出确切的答案。我们所知道的是：在我们现有的道德理论中不排除这种可能性。

当然，似乎有理由坚持认为，即使我们为了救**狮子**而杀死猎人是被允许的，但不能说无论猎人想要杀死的是什么动物，这个观点都成立。比如说，鸟的地位会比狮子低，而鱼的地位可能会更低。因此在这两种情况下，由比例条件所设定的可施加的伤害的限制将会大大降低。一方面，d的值会相应地降低，另一方面，施加给动物的伤害（当动物的生命被剥夺时）也会变小。无论我们关于猎杀狮子的例子会得出什么结论，对于许多地位较低的动物来说，杀死猎人以阻止该动物的死亡在道德上是被禁止的，这是一种不成比例的反应。

然而即使承认了这一点，也不应该认为，这就表明了在涉及鸟类或鱼类（或者狮子，如果杀戮在这个例子当中也是不成比例的）的情况下，**伤害**猎人是错误的。这些关于比例条件可能会对地位保持敏感的论述，充其量只是表明，能够对猎人施加的伤害是有**限制**的——随着被猎杀的动物地位的降低，这个限制也会越来越小。但这些都完全没有表明我们绝不允许对猎人施加任何形式的伤害。事实仍然是，如果我们选择救援被猎杀的动物，原则上允许我们为了保护动物而对猎人施加**某种**程度的伤害。

当然，实用性的考虑在这里也可能与此有关。有人可能会反驳说，如果我们真的使用武力来保护动物免受无端攻击，那么从长远来看，几乎不可避免地会适得其反。当然，对于任何一种情况来说，我们都可能成功地使得某些特定的动物免受伤害。但这里有一个严重的危险，如果我们去伤害那些试图伤害动物的人，我们不仅可能无法赢得其他人对动物保护事业的支持，而且也会导致更多的人不再关注动物伦理事业（认为这是一种明显不值得认真对待的“危险”和“极端”的观念）。从长远来看，这种做法可能会伤害而非帮助更多的动物。那么可以说，虽然原则上可以允许在保护动物时伤害

（甚至杀害）人，但可能会有令人信服的道德理由来避免在常规情形下这样去做。

我的确认为应该认真对待这个论证。但与此同时，值得注意的是，至少义务论者在提出这个观点时应该会感到很犹豫。正如我们也注意到的那样，义务论者通常相信救援的义务——就像义务论者的其他义务一样，救援义务通常不能仅仅因为结果可能会更好而不去履行责任。（回想一下那个常见的想法：你必须耗费大量资源来救援那些此时此刻亟需帮助的人，即使从长远来看，这笔钱用在其他地方会带来更多的收益。）如果动物有义务论身份，那么它们似乎也应该被包含在救援义务当中。这似乎意味着人们不能仅仅因为这样做从长远来看对更多的其他动物更有利，从而不去救援任何受到攻击的动物。从义务论的角度来看，这种后果论的考虑可能会被救援此时此地正在受到威胁的动物的义务所压制。

（当然，我也提出过，当要援助的是动物而不是人时，救援义务可能会弱一些。无论如何，我们这里只是在问是否**允许**伤害那些攻击动物的人，而不是在问是否必须这么做。不过，义务论者对待救援的态度表明，他们在决定是否应当阻止动物遭受攻击时，至少应该会对任何这种诉诸后果论的考虑感到不安。）

最后一点。我们在思考保护动物免受猎人攻击时我们可以做什么的时候，我预设了猎人没有令人信服的理由来猎杀动物。比方说，我当然不认为从狩猎运动中获得快乐足以成为杀死狮子的理由（就此而言，这也不会成为捕鱼的理由）。但是，如果这个人只有靠狩猎才能养活自己或家人，出于必需而狩猎，情况当然会大不相同。确实，我一直坚持这一点，如果猎鹿或捕鱼是某个人防止让自己饿死的唯一办法，任何合理的道德观念都必须允许他去猎鹿或捕鱼。但是，在没有其他办法让自己活下去的前提下允许猎杀动物是一回事；而为了娱乐允许猎杀动物则是另一回事（即使你会吃掉猎杀的动物）。①

3. 抵御来自动物的攻击

现在我们来看看另一种情况，假设不是人攻击动物，而是动物攻击人。举例来说，设想一头狮子游荡到一个非洲村庄，此刻正在攻击一个人，而这个人并没有做挑衅狮子的事情。假设如果我们什么都不做，狮子就会杀死他。在这种情况下，可以允许第三方做哪些事情呢？我们可以杀死狮子来保护这位潜在的受害者吗？

诚然，动物无端对人类发起致命攻击的事例相对来说比较少（尽管这种情况确实有过）。相比之下，人类为了获取食物而杀死动物（尽管没有必要这样做，因为几乎没有人真正需要吃动物的肉来维系生命），每年为了这一目的攻击动物的情况高达数十亿次。不过，无论发生这种事情的频率如何，考察动物攻击人类而不是相反的情况确实会有帮助，因为这类事例引发了一些有趣的哲学问题。

这样说似乎有些让人感到意外，因为至少初步看来，这类新的事例似乎比之前的事例要简单得多。比方说，虽然主张（我已论证过）动物有自卫权会有争议，但没人会否认人有这种权利。（或者说，除了和平主义者，没人否认这一点；但我继续搁置和平主义者的立

① 假设我们遇到的情况是，杀害动物的人确实有充分的道德理由这样做，我们是否就不能再为动物进行防卫了呢？不一定。在某些关于自卫权的观点中，即使攻击者的行为是正当的，受害者有时仍然可以自卫。因此可以设想，至少在某些情况下，第三方可能也被允许帮助动物进行防卫，即使那个攻击动物的人这样做是被允许的，甚至在道德上是要求他这么做的。但相关问题比较复杂，我在此就不进一步探讨了。

场。）因此在当下这个场景中，这样的担忧甚至都不会出现：这个场景当中的受害者——被狮子攻击的人——当然有权利保护自己，而且很显然第三方也可以去保护他。

与之类似，考虑一下上一节里我提出的一个问题：在受害者地位较低的情况下，用于确定比例条件所设定的限定乘数 d 是否会更低。这个问题在这里也没有出现。由于眼下这个例子当中的受害者是**人**，他的地位与我们原先例子（一个人攻击另一个人）中受害者的地位是等同的。因此，这里并不担心受害者的地位较低从而让 d 的值变低。

此外，由于当前事例中的攻击者是动物而不是人，受害者是人而不是动物，因此似乎极有可能的是——如果我们杀了狮子——对狮子施加伤害实际上会比狮子对人类受害者施加的伤害要小。毕竟在通常情况下，狮子失去生命所受的损失要比人（失去**他的**生命）的损失小很多。这似乎更清楚地表明，杀死狮子在比例条件所限定的范围之内。通常情况下，人们允许对攻击者施加的伤害，比攻击者对受害者施加的伤害要大得多。在这个事例中，由于施加的伤害较小，因此杀死狮子似乎安全地处于相关的限制之内。

基于这些理由，似乎很明显杀死狮子是被允许的，而且关于这个例子也没什么值得说的。既然我认为几乎所有人都同意可以杀死狮子，因此，至少在这里，我们这个例子体现了等级义务论很好地符合了常识的表述。

尽管如此，与这类例子有关的复杂情况仍然有待进一步考察。我们可以先重新审视比例条件（即行为危害与预期收益之间的合理关联性）对我们所举的案例的启示。

刚才我已经指出，由于受害者是人，我们没有理由认为他的地位会以某种方式改变乘数的值。虽然我们可以合理地认为,当受害者的地位较低时,d 的值可能会降低,但在这个例子中并没有发生类似的情况。因此,没有理由认为 d 的值在这里会低于正常情况(即一个人攻击另一个人的情况)。

但我们可能会想,当一个人攻击另一个人时,d 的值是否会变得**更高**呢?因为似乎可以设想,d 的值也会受到攻击者是**动物**而不是人这一事实的影响。毕竟,在这种情况下,用武力防卫针对的是地位较低(与人相比)的个体。也许这种较低的地位会导致 d 值变高。

请你这样去想一想。受害者以及那些帮助他的人,可以允许对攻击者施加的伤害,要比攻击者可能会对受害者施加的伤害要更大。在保护自己或他人时,允许施加的伤害也是有限制的。这一限制反映了这样一个事实,那就是尽管攻击行为本身是不正当的,但攻击者自己也是一个拥有道德身份的存在者。(毕竟,对于一块滚落的巨石而言,人们对它做任何事情都没有道德限制。)那么,也许在攻击者的道德地位较低而不是较高的情况下,对防卫性伤害的限制也就不那么严格了。也就是说,也许可以对地位较低的攻击者施加更大的伤害。如果这样的话,那么 d 的值——允许我们施加更多的防卫性伤害——会随着攻击者道德地位的下降而变大。

如果以上说的都是对的,那么比例条件实际上可能以两种不同的方式对道德地位保持敏感。一方面,如同我在上一节论证的那样,当受害者的地位较低时,d 的值可能会变小,从而允许施加较少的防御性伤害;但另一方面,我刚才已经指出,当**攻击者**的地位较低时,d 的值可能会**变大**,从而允许施加**更多的**伤害。简言之,比例条件实际上可能对受害者的地位**以及**攻击者的地位都保持敏感。

(这两个提议背后的想法是相似的。正如对防卫性武力的限制反映了攻击者的道德身份一样，允许施加防卫性武力大概也反映了——至少部分地反映了——潜在的**受害者**的道德身份。所以我们想象当受害者的地位较低时，比例条件的限制就会变大，当我们想象**攻击者**的地位较低时，比例条件的限制可能就会**变小**。)

这当然是一种耐人寻味的可能性，如果我们只关注攻击者是人的情况，就会很容易忽视这种可能性。但即使这是正确的，它也只会强化我们已经得出的杀死狮子是被允许的这个结论。因为如果比例条件确实以第二种方式对地位保持敏感，d 的值会随着攻击者地位的降低而变大（因为狮子的道德地位比人低），这只会提升比例约束所设定的限制范围。由于我们已经确信可以达到这个限制，那么在这个新的观点中，我们就没有理由担心杀死狮子是不被允许的。

然而，还有一个我们尚未考虑过的复杂问题，该问题提出了杀死狮子是否真的可被允许。当我们想到有意图的攻击者时，狮子并不是我们通常会想到的例子，这一事实到底意味着什么呢？

当我们想象一个人攻击另一个人这样的典型事例时，我们通常会想到什么？以下是这个问题答案的部分列表：首先，行动者对他们所做的事情是可以控制的。事实上，我们通常认为攻击者是一个完全可以为自己的行为担负责任的道德主体。第二，他们完全意识到他们的行为会伤害到另一个人，事实上这也正是他们的目的。第三，他们充分掌握了情况的基本事实，并在这一理解的基础上决定发起攻击。第四，尽管他们可能认为自己的行为在道德上是正当的，也可能不这么认为，自己的所作所为是那种适用于受到道德评价的行为，是那种通常有待于道德辩护的行为。但是，第五，他们要么相信（无论是否正确地相信）自己的行为的确是正当的，要么他们根本不在乎这一点。

（也许我应该再补充一点。由于我们此刻特别关心的是无可争议地触发自卫权的攻击行为，让我们假设该攻击在道德上其实是无法辩护的。）

我们并不打算全面完整地描述典型的蓄意攻击事例中的情况，但它应该足以说明，在许多情况下，某个个体会威胁到另一个个体，而前者并没有像这种情况所描述的那样属于蓄意挑衅。哲学家有时会谈论**无辜的威胁**，用这个说法来涵盖这类事例。

这里有两个哲学文献中熟悉的例子。第一，想象大风把一个人从地面上吹起来抛入一个坑里，他被重重地摔入坑中，砸死了另一个人（此人身处坑底并且无法挪动脚步）。在这里，这个人肉炮弹知道他会威胁到坑底的人，但他无法控制自己的行为（他不是故意把自己抛出去的），而且他肯定没有主观意图去伤害另一个人。第二，想象一个年幼的小孩拿起一把上了膛的枪，认为它只是一个玩具：这个小孩把枪口对准别人的心脏，正准备扣动扳机。在这里，小孩可以控制自己的行为，但是不知道自己将要做的事情真的会带来伤害。①

在这两个例子中，威胁到别人的人，都不是真正意义上的蓄意攻击者。标准事例中所具备的一些重要因素，在这两个例子当中都缺失了（两个事例所缺失的因素是不同的）。尽管如此，不可否认这两个人都威胁到了其他人，除非通过某种方式来阻止他们，否则另一方会因此而死去。所以，人肉炮弹和持枪的小孩都是**无辜的**威胁者：这两个人都将伤害到别人，但他们都不是通常那种蓄意的攻击者。

① 关于第一个事例的一个版本，参见 Nozick, *Anarchy, State, and Utopia*, p. 34。第二个版本参见：Regan, *The Case for Animal Rights*, p. 293。

现在稍加思考就会清楚，即使是发动攻击的动物，充其量也只是某种无辜的威胁者。诚然，这里会出现完备的蓄意攻击所需要的一些标准要素。例如，当狮子向村民发起攻击时，狮子大概能够控制自己的行为（就像正常的攻击者，但不同于人肉炮弹），而且狮子大概也意识到自己这样做会造成伤害。事实上，我们甚至可以想象狮子**有意**要去伤害受害者（也像正常的攻击者一样，但不同于持枪的小孩）。尽管如此，狮子没有道德反思的能力，不会去思考自己的行为在道德上是否正当，也不会意识到对人发起攻击会有潜在的道德问题。事实上，正因为我们认为动物不能进行这种道德反思（更不用说基于这种反思的自我管控），我们才彻底否认它们负有道德责任。因此，发起攻击的狮子之所以是**无辜的**威胁者，部分原因在于这一事实：狮子不是一个能够担负道德责任的主体，不是那种能够而且应该反思自己要做的行为的道德特征的存在者。

那么，问题是：自卫权是否只适用于针对正常的蓄意攻击者所采取的防御行动？还是说它也包括针对**无辜的**威胁者所采取的行动？如果你为了保护自己（或其他人）不受人肉炮弹或持枪小孩的威胁而先开枪射杀他们，那么自卫权是否允许你这样去做？

不出所料，对于这个问题的答案，人们并没有达成共识。有些人首先会强调无辜的威胁者是**无辜的**这一事实。受这种观点的影响，他们坚持认为，自卫权不至于允许人们去故意伤害不属于蓄意攻击者的个体。然而，另外一些人则强调无辜的威胁仍然是**威胁**这一事实。所以他们坚持认为，保护自身或他人的权利，不应当仅仅因为人们面临的伤害风险不是蓄意的就会消失了。

当然，第三种可能的立场会说，不同的答案适用于不同**类型**的无辜威胁。正如我们已经看到的那样，威胁会因不同的方式而无法被当作是蓄意威胁。例如，人肉炮弹无法控制他正在做的行动（严格来说，他甚至没有在行动）。相比之下，持枪的小孩确实能够控制自己的行为。另一方面，人肉炮弹意识到了他即将伤害到别人；相反，那个小孩却没有。可以设想，类似这样的差异，对于人们在受到威胁的情况下可以怎么做，可能会产生道德上的区别。①

这个第三种理论需要认识到这样一个事实，即狮子似乎确实是在控制它的行动，而且似乎有意要去伤害它的受害者。但它没有道德反思能力，所以狮子攻击受害者的行为并不是不道德的（尽管如此，狮子没有客观的理由发动攻击）。对各种类型的无辜的威胁有了更细致的分析之后，该理论就可以告诉我们，动物的攻击是否属于**那种**允许人们施加防卫性伤害的威胁。对于最后一个问题的最佳答案，即使在第三种进路的倡导者内部可能也会有不同的看法。

我不会试图在这里解决这个争论。不妨让我们考虑一下两种备选结论各自的含义：(1) 针对无辜的威胁者（或者是所有的威胁，或者至少是动物造成的威胁）的防卫性伤害是被允许的，或者 (2) 对这类威胁者（或者是所有的威胁，或者至少是动物造成的威胁）的防卫性伤害是不被允许的。我的观点倾向于第一种选择。但无论是哪种选择，我们都需要更加细致地讨论抵御来自动物的攻击。

首先，假设针对无辜威胁者的防御性伤害确实是被允许的。我们是否可以据此得出结论说，我们终究可以杀死那头发动进攻的狮

① 比如说，不允许伤害无辜威胁者的一个重要的论证是说，让我们把这种威胁视为在道德上类似于单纯的旁观者，当然，这里的想法是自卫权并不允许故意伤害旁观者。（见 McMahan, *The Ethics of Killing*, pp. 405–9，以及 Otsuka, "Killing the Innocent in Self-Defense"。）但是，无论这个论证会对某些无辜威胁者带来怎样的价值，它都不会轻易地延伸到动物的情形之中。因为我认为，例如狮子——不像普通的旁观者——会有意识地试图伤害其猎物。因此，可能需要一个更精细的无辜威胁理论。那些希望构建这样一个理论的人，会在麦克马汉的《杀戮的伦理》中找到一些有用的区分。

子？诚然，狮子只是无辜的威胁者，而不是典型的攻击者。但是，如果哪怕无辜的威胁者也可以成为防卫性伤害的合适目标，那么为了保护人类受害者而伤害狮子，不就是被允许的吗？

不一定。因为即使我们同意对无辜的威胁作出防卫是被允许的，我们可能还是会坚持认为，这种威胁的无辜性本身，对于被允许施加的防卫性伤害的**程度**产生了影响。毕竟，直观地看，这样讲似乎是恰当的：当防卫的某个或多个方面都不属于蓄意攻击的威胁时，蓄意攻击者似乎会让自己面临着比适当的防卫性伤害更大的伤害。因此，当我们面对的是一个无辜的威胁者，而不是一个标准的、蓄意的攻击者时，我们可能想要坚持认为，比例条件的限制性会更强——它为防卫性伤害设定了一个较低的下限。d 的值可能会更小。

如果这是对的，那么是否允许杀死狮子的问题仍然没有解决。我们可以确信，如果狮子是一个**蓄意的**攻击者，那么 d 的值就会高到足以允许杀死正在攻击的狮子。但是，如果狮子的无辜降低了 d 的值，那么被允许施加的防卫性伤害的上限将会相应地下降。如果它下降得**足够多**，那么可以设想最终可能会禁止杀死狮子。（当然，为了保护受害者，在一定程度上伤害狮子仍然是被允许的；但被允许的伤害量可能会太小而无法奏效。）

就我个人而言，我怀疑 d 的值是否会下降到那么低的程度。我自己的直觉是，当小孩误以为是玩具枪而正要扣动扳机时，杀死他是被允许的。如果比例条件对防卫性伤害的限制仍然足够高，足以证明在这种情况下杀人是正当的，那么我觉得没有理由认为在面对是否要杀死狮子的时候却不能这么做。不过，考虑到这里没有一个成熟的理论（关于 d 的值如何随着威胁的无辜性而变化的理论），我觉得必须承认，这个结论仍然存有争议。[1]（尤其要注意的是，关于无辜的威胁更加精致的理论可能认为，d 的值取决于我们正在处理的无辜的威胁的特定**种类**；所以我在这里作出概括时必须要谨慎。）

现在我们来看看第二种选择，假设针对无辜的威胁者的防卫性伤害是**不被允许的**。那么，本节开头所描绘的那个论证——允许对狮子进行防卫的论证——完全是误导性的。因为那个论证假设了发动攻击的狮子是防卫性伤害的合适目标（毕竟，狮子发起了一场无端的攻击）。但是，如果针对无辜的威胁者的防卫性伤害真的是被禁止的，那么鉴于狮子是一个无辜的威胁者，诉诸自卫权在这里就完全无法成立了。因此，为了保护人类受害者而允许杀死狮子，这一点远非明显，我们似乎有理由得出相反的结论：因为狮子只是一个**无辜的**威胁者，我们实际上根本不被允许去杀死它。

然而，事实上这个新的论证本身就有点草率。尽管一开始听起来像是那么回事，但说针对无辜的威胁者施加防卫性伤害是不被允许的，并不等同于说伤害无辜的威胁者永远是不正当的。它只是在断言，无辜的威胁确实是一种威胁这个事实，并不能为伤害威胁者提供**特殊的**辩护。相反，伤害一个无辜的威胁者，与伤害某个根本不构成威胁的个体在道德上是完全一样的。

当然，在通常情况下，去伤害没有威胁到你的个体（或没有威胁到你正在援助的个体）是被禁止的。但正如我们已经注意到的，温和的义务论者认为，这种概括性的说法有一个重要的例外情形：

---

① 这里还应该注意到另一个相关的问题。即使我们假设允许自己防卫无辜的威胁者的攻击，一些人仍然会否认允许第三方来防卫无辜的威胁者。考虑到受害者和威胁者都是无辜的，是否存在一种道德上的对称性，使得第三方不允许在这样的情形下站队？（见 Davis, "Abortion and Self-Defense"。）我本人并不认同这种观点，尽管在这里区分不同类型的无辜的威胁可能也很重要。

如果有**足够多**的利益受到威胁，也就是说，如果他们不受伤害的权利达到了相关的阈值，那么伤害某个个体——即使是对你不构成威胁的个体——也是被允许的。因此，即使发动攻击的狮子是一个无辜的威胁者，即使自卫权并不包括对这种威胁者的防卫性伤害，杀死这头狮子或许仍然是被允许的——当然，前提是援救受害者的生命是一个足够大的收益，大到足以达到侵犯狮子不受伤害的权利的阈值。

我们是否有理由认为这个阈值确实已经达到了呢？我认为是的(尽管等级义务论本身并没有要求我们这么说)。毕竟，我已经论证了汤姆杀死一只鹿是被允许的，因为这是汤姆让自己活下去的唯一办法。但是关于那个例子的讨论完全没有涉及自卫权（鹿显然没有**威胁**到汤姆)。相反，在我看来，认为拯救汤姆的生命（即使只是一年）带来的收益**足以**抵消鹿的不受伤害权利，这种说法似乎是合理的。因此，不出所料，在我看来拯救**狮子**要攻击的人类受害者的生命也是正当的，这样做带来的收益足以抵消**狮子**不受伤害的权利。(这两种情况的阈值可能大致相当，而且拯救狮子所攻击的受害者的生命，大概通常与汤姆杀死他的鹿所带来的收益一样多——甚至会更多。)

因此，即使我们同意，作为无辜的威胁者，该个体具有免于防卫性伤害的权利，我们还是可以得出结论说，杀死狮子是被允许的，这只是因为狮子免于伤害的权利被**抵消**了。诚然，若说狮子有着与人相同的道德地位，那也太难以置信了（因为那样的话狮子的阈值就太高了)。不过一旦我们认识到动物的道德地位比人低，像这样的主张就说得过去了。

假设我这样说是对的：即使自卫权不能证明针对无辜的威胁者

的防卫性伤害是正当的，杀死狮子也是被允许的。那么这也就（理所当然地）等于说，自卫权**确实**证明了这种防卫性伤害是正当的，杀死狮子是被允许的。毕竟，自卫权只允许在某些情形下施加（有限的）伤害，而这种伤害在其他情形下可能是不正当的；自卫权无法**排除**施加的伤害在那些情形下，这种伤害已被证明是**独立于**该权利之外的。因此，即使事实表明，攻击者作为无辜的威胁者的无辜特征，要比该攻击者倘若是蓄意攻击者，会大大降低 d 的值，但由于拯救受害者生命的收益抵消了狮子不受伤害的权利，于是事实上杀死狮子仍然是被允许的。

接下来请允许我指出最后一个复杂的情形。在讨论是否允许防卫来自动物的攻击时，我自始至终都假设动物发起的攻击是无端的。如果事实并非如此，那么情况就会很不一样。

回到之前说过的阿诺德攻击布伦达这个场景。正常情况下，布伦达当然可以自卫，其他人也可以伸出援手。但是假设现在布伦达被阿诺德攻击的原因是布伦达自己毫无道理地“挑起事端”。也许布伦达先攻击了阿诺德，或者攻击了其他人（阿诺德当前正要试图保护的人）。在这种情况下，阿诺德攻击布伦达是正当的（只要符合比例条件和必要性条件），布伦达不能以其自卫权为由对阿诺德使用武力。如果你现在自卫的原因是你先挑衅别人，那么你就很难用自卫作为借口。如果你现在需要自卫的原因是你有**过错**，那么其他人通常也不会对你施以援手。

因此，假设狮子之所以攻击人类，是因为人类先攻击了它，那么与其想象一只狮子游荡到了一个村庄，不如想象一个猎人先向狮子开枪，现在狮子为了试图保护自己而冲向猎人。在这种情况下，很难说猎人是为了**保护**自己免受狮子的攻击而被允许继续开枪！你不能先对其他个体发起攻击，然后当对方——或者其他援助他们的人——发起防卫性攻击时，你就辩解说自己是在自卫。

但是人们可能会想，以下所言确实是真的吗？即使猎人所诉诸的自卫权因其挑起敌对行动而受阻，但考虑到由此获得的收益（拯救自己的生命）抵消了狮子不受伤害的权利，是否还能说他的自卫是被允许的？当然，如果他猎杀的是**人**，一个使用致命武力来自卫的人，这样的辩解就没有说服力了。猎人在猎杀其他**人**的情况下，拯救猎人的生命无法足以获得达到相关阈值的收益。但正是因为**狮子**不受伤害的权利比人的权利阈值要低，我们可能会想，杀死狮子或许终究还是正当的，尽管猎人先去挑衅是他的过错。

然而我相信，对于达到权利阈值所需要的条件的充分解释，也会阻断这一论证。温和的义务论者认为，当足够多的利益受到威胁时，伤害其他个体是被允许的。但是，如果你的福利此刻面临威胁的原因（除非其他个体受到伤害），正是你自己先前作出不正当的行为，那么你现在就不能把这个收益（你的福利）算到接近权利阈值的范围。如果你一开始没有作出不道德的行为，现在就无需伤害其他个体了。因此，当狮子对猎人的无端攻击发起自卫时，似乎意味着此刻猎人的自卫还是不被允许的。

（这里有一个结论不太明确的事例。假设有个徒步旅行的人，明知故犯地闯进了熊的巢穴，母熊误以为此人要威胁其幼崽。徒步者的行为招致母熊发起攻击，他的行为是否足够恶劣，以致他的自卫权会变得无效呢？在这里，他是否可以正当地以他自身的福祉为由，认为熊不受伤害的权利已经被抵消了呢？）

4. 帮助动物免受动物的攻击

现在我们来谈谈最后一种涉及动物的基本类型的防卫事例，也就是一只动物攻击另一只动物的情形。比方说，我们可以设想一头狮子（在没有事先被挑衅的情况下）攻击了一匹斑马。既然我们假设动物有义务论身份，因而动物有自卫权，那么我们保护斑马是否是被允许的呢？如果救援斑马的唯一办法就是先得杀掉狮子，我们是否被允许这样去做呢？

像以往一样，这里我不是在问我们是否**必须**救援斑马。无疑，我们如何看待有多大的援助义务或救援义务，会影响到我们对这个问题的解答。① 但是，让我们把这些问题搁置一旁，重点关注我们可以被**允许**做什么。我们可以被**允许**杀死狮子吗？不出所料，之前的考察讨论过的复杂情形也会在这里再次出现。让我们来考虑其中的几个问题。②

首先要注意的一点是，就像之前所说的那样，狮子只是无辜的威胁者，而不是蓄意的攻击者（因为狮子不是一个可以担负责任的

---

① 然而，奇怪的是，有鉴于里根将我所说的义务论身份赋予了动物，里根拒绝了这种从动物捕食者那里救援动物的义务。他的论证是，总体而言，作为猎物的物种通常不需要我们的帮助来生存，这肯定是真的（因为如果这些物种有这个需要，它们早就灭绝了）。但我很难看出这个事实有什么意义，因为很明显，在某些情况下，这些物种的特定成员确实需要我们的帮助。（*The Case for Animal Rights*, pp. xxxvi–xxxviii）

② 同样，我们可能会想：如果有可能进行大规模的干预，杀死食肉动物以保护它们的猎物，这是否是被允许的？当然，鉴于我们目前对长期生态影响的无知，人们会担心，系统性地开展这种行动很可能会被证明是灾难性的。另一方面，那些对“义务论上的救援义务”感兴趣的人，在诉诸这种可能性来回避问题之前，也许应该有所迟疑（比较第 10 章第 2 节中的类似评论）。无论如何，为了当前的目标，我们可以通过思考拯救个别动物免受攻击的孤立事例来回避这些担忧。（但是请参见麦克马汉的“肉食者”对系统性地保护猎物不受捕食者攻击所涉及的一些道德问题展开的深入讨论。）

道德主体)。所以，我们再次面临这个问题：自卫权是否允许对无辜的威胁者（或者说：对抗这类无辜的威胁者）施加防卫性的伤害。我们对这个问题的回答很可能会影响到是否允许为了保护斑马而伤害狮子。

不过，也许有人会说，我们没有必要考虑这个问题。毕竟，在讨论狮子的受害者是人类的事例时，我论证了即使人们**不**会伤害无辜的威胁者——也就是说，即使人们对于狮子作为威胁者而引发了防卫性的伤害无需承担特殊的责任——但是，认为狮子不受伤害的权利可以**被抵消**是合理的。如果狮子的权利确实已经达到了阈值(因为可以拯救人类的生命)，那么，我们就没必要去追问狮子对潜在的受害者构成威胁这个事实，是否可以为我们对狮子施加伤害提供**额外的**理由。同样，就当下这个例子而言，我们难道不能坚持认为这里也达到了相关的阈值，所以仅凭这样做所获得的**收益**就允许我们杀死狮子，从而以这种方式回避了是否允许伤害无辜的威胁者这个问题吗?

然而遗憾的是，考虑到在这个事例中，情况已从受害者是人变成了受害者仅仅是动物，所以我们不太清楚是否已经达到了阈值。现在，如果我们真的杀了狮子，我们获得的收益并不是救了一个人，而只是救了一匹**斑马**。最起码，仅仅是救斑马而不是救人所获得的福利通常会大幅度减少。更重要的是，由于（与人相比）斑马的地位较低，这种福利本身的单位价值要低于人的福利。这两点加在一起就意味着救斑马所带来的收益要比救人少很多。因此，即使我们有信心认为——我认为我们应该有信心——在救**人**时所获得的收益**足以**达到狮子的权利阈值，我们却没有令人信服的理由相信，当我们只是救斑马而不是救人时，所获得的收益也足以达到那个阈值。

事实上，我们有理由相信，如果仅仅是救了一匹斑马，那么所涉及的收益是**不够**的。诚然，野外的斑马可能比狮子多活几年，可以想象，这可能使（救斑马）得到的收益比（杀死狮子）失去的多一点。但是，即使我们认为获得的收益是狮子所受伤害的**两倍**，这也无法达到狮子不受伤害的权利的阈值。我们需要比这更多的收益，才能合理地说狮子不受伤害的权利已被抵消。

(诚然，我并没有试图为不同类型的动物权利设置哪怕是近似的阈值——当然，我也详细论证过动物的权利阈值要比人的权利阈值**低**很多。如果真是这样，即使在总体上只获得**一丁点**收益的情况下也能达到这些阈值，那么这些阈值就必须降低到约等于零。如果需要拯救 1000 个人的生命才能证明杀死一个无辜的人是正当的（记住，这只是常识观点的低位)，如果动物真的拥有义务论身份，那么真的只需要拯救**一匹**斑马的生命，就能证明杀死一头无辜的狮子是正当的吗?)

这样看来，狮子不受伤害的权利的阈值似乎还没有达到。(或者说，如果只有一匹斑马的生命受到威胁，那么阈值就不会达到。如果有足够多的斑马面临死亡，那么情况可能会大不相同。）当然，这意味着我们不能以狮子的权利已被抵消来作为杀死狮子的理由。

于是，假设我们**也**认为伤害无辜的威胁者是不被允许的。那么，我们也就不能通过诉诸自卫权来证明杀死狮子是正当的。因为如果狮子对斑马构成威胁的事实，并不能使狮子成为防卫性伤害的合适目标，那么这种辩护方式也就不受阻了。因此，如果伤害无辜的威胁者不被允许，我们在道德上就会禁止杀死狮子——即使没有其他办法去救斑马。

当然，与这一结论相容的是，我们仍然可以坚持认为，只要施加的**伤害**足够小，伤害狮子便是被允许的。因为随着我们设想伤害越来越小，狮子的权利阈值也会逐渐变小，从而越来越容易达到不断降低的阈值。如果伤害**足够**小——也许只是让狮子受了点小伤——也足以拯救斑马的生命（吓跑狮子），那么这就很有可能达到了阈值。于是在这种情况下，即使是那些认为伤害无辜的威胁是不被允许的人，也可以断定通过（以这种微小的方式）伤害狮子来救援斑马是被允许的。

多小的伤害才算足够小呢？我认为我们还无法回答这个问题。我们不仅需要更加深入地了解动物的福利（狮子损失了多少，斑马又得到了多少），还需要对阈值函数有更充分的理解，可以设想，我们还需要对斑马和狮子的相对地位有更确切的看法。

不过，我们可以这样说：狮子攻击斑马的事例，当然只是一种动物攻击另一种动物的无数事例中的一个。我们没有理由相信**所有**这些事例都同样难以解决。斑马和狮子的道德地位大致相同（所涉及的福利也大致相同），这在很大程度上造成了问题的模糊性。因此，如果我们设想攻击者和被攻击者之间会有更极端的差异，我们可能会得到更清晰、更全面的判定。

比方说，如果我们想象发起攻击的动物地位相对较高，而被攻击的动物地位很低（也许是食蚁兽在吃蚂蚁，或者是狼在捕鱼），那么伤害攻击者几乎是无法被证明为正当的。在这种情况下，不仅被攻击的动物所获得的利益不足以证明**杀死**发动攻击的动物是正当的，而且就所有的实用性目的而言，我们可能根本无法对发动攻击的动物施加任何伤害，因为那样的伤害实在太小，小到没机会去拯救那些猎物。

另一方面，如果我们假设发动攻击的动物道德地位很低，而被攻击的动物道德地位相对较高，那就很容易得出相反的判断。例如，想象一只黑寡妇蜘蛛即将咬死一只袋鼠。在这里，我们有信心说，即使保护袋鼠的唯一办法确实是**杀死**这只蜘蛛，但对蜘蛛造成的伤害足够小，蜘蛛的地位足够低，因此很容易达到蜘蛛不受伤害的权利阈值。拯救袋鼠的生命所带来的收益显然超过了蜘蛛不受伤害的权利。(如果你认为蜘蛛完全没有道德地位，那就换一个合适的替代者——某种确实有地位但地位很低的有毒生物。)

因此，我认为在某些情况下判断是否达到了阈值相对会容易。而在另一些情况下却比较困难。但无论如何，如果杀死无辜的威胁者是不被允许的，那么发动攻击的动物确实对其潜在的受害者构成威胁这一事实，在证明对攻击者使用武力的正当性方面就起不到任何作用。只有在下述情形中，通过伤害潜在的捕食者来拯救受害者才是被允许的：伤害完全没有参与的同类动物，哪怕仅仅是旁观的动物（如果这样做也能拯救原来的受害者）**也**是被允许的。

相反，如果伤害无辜的威胁者实际上是被允许的，那么发动攻击的动物就成了防卫性伤害的合适目标。因此，即使没有达到不受伤害的权利**阈值**，伤害或杀死攻击者可能也是被允许的。如果我们回到最初那个狮子攻击斑马的例子，可能会得出不同的结果。在我看来，认为狮子不被杀死的权利阈值已经达到是不合理的；充其量只有那些较小的伤害才能被抵消。但是，如果伤害无辜的威胁者作为保护受害者的手段确实是被允许的，而且事实上这是拯救斑马的唯一办法，那么杀死狮子很可能是被允许的。

当然，即使在这里，在我们进一步了解狮子确实是**无辜的**威胁者这一事实对防卫性武力会有怎样的限制之前，似乎也很难给出信心满满的断言。正如我之前指出的那样，即使是那些认为可以伤害无辜的威胁者的人，通常也认为当伤害或杀死的是无辜的威胁者而不是蓄意的攻击者时，比例条件的限制会更大。因此，在我们进一步了解 d 的值是如何随着威胁的无辜程度而变化之前，我们似乎不可能确定**杀死**狮子以救斑马是否正当。

另一方面，除非在这种情形下，d 的值会非常接近 1——在此情形下，对攻击者施加的伤害，比攻击者对受害者施加的伤害要更大的权利会被有效地消除——否则，这里的比例条件最终将会得到满足。因为，如果我认为斑马拥有的福利与狮子同样多（甚至可能还稍微多一点），那么只要允许人们对攻击者施加与攻击者对其受害者所施加的**同样多**的伤害，比例条件就会得到满足。

d 的值能否达到 1，或者甚至更小呢？我们通常不会这么认为。（或者说，那些认为可以伤害无辜的威胁者的人通常不会这么想）。举例来说，我相信那些认为可以伤害无辜的威胁者的人通常会同意杀死那个正准备开枪的小孩，这个小孩误以为手里拿的是玩具枪，即使这样做只能拯救另外**一个**人的生命。至少在这种情形下，我们假定 d 的值确实大于 1（也许大很多）。因此，也许我们真的有理由认为，为了救斑马而杀死狮子是被允许的。

但即使是这最后一个论证也可能过于草率了，因为它没有考虑到这样一个事实，那就是我们在这里处理的不是一个**人**在威胁另一个人（就像我们在小孩与枪的例子中看到的那样），而是一只**动物**在威胁另一只动物。回想一下之前的建议，d 的价值会根据攻击者的地位以及受害者的地位而变化，我们需要去问，当无辜的威胁者是狮子而受害者是斑马时，这会对伤害行为是否被允许造成什么影响。

一方面，攻击者只是一头狮子——而不是一个人——这个事实应该有助于**提升** d 的值。但另一方面，受害者只是一匹斑马——而不是一个人——这个事实应该会**降低** d 的值，这会反过来使得为了救斑马而杀狮子的做法更加**难以**得到辩护。因此，当我们从无辜的威胁者和受害者都是人的情形，转为两者都是动物的情形时，有两种力量在起作用，它们将 d 的值拉向相反的方向。

那么将这两种相反的力量结合起来的净效应是什么？两种力量对 d 的影响强度相同（尽管它们相互对立），还是说其中一个要比另一个更强？我认为我们还没有一个能够充分解答这个问题的理论。

为了简单起见，假设斑马和狮子的道德地位完全相同。有了这一假设，我们是否可以有把握地得出结论说，由于受害者是斑马这一事实而导致的 d 的减少，将完全等于并抵消了由于攻击者是狮子这一事实而导致的 d 的增加？如果二者的地位相同，那么它们对 d 的影响不也一样吗？不一定。因为 d 的变化速率可能是**不同的**，这取决于我们改变的是受害者的地位还是攻击者的地位。如果是这样，那么这两种变化就有可能不会相互抵消。在我看来，如果没有更成熟的理论，我们真的还不知道结果会是怎样。

这些说法会把我们引向何处？我认为，我们往往对此全然不知。如果我们转而讨论发动攻击的动物与其猎物之间在地位上有明显差异的情形，情况尤其如此。想象一只狼正在捕杀一条鲑鱼。我们可以伤害狼来保护鱼吗？一方面，狼（与人相比）的地位较低，会使我们倾向于提升 d 的值；但另一方面，鲑鱼（与人相比）的地位较低，会使我们倾向于降低 d 的值。我认为有理由相信（尽管难以确定），这里的净效应是**降低**了 d 的值，因为鲑鱼的道德地位比狼的地位低**很多**。因此，即使我们伤害无辜的威胁者是被允许的，我们在这里所能做的（如果我们要满足比例条件的话），也比保护一个人免受另一个人的伤害要更少。再加上鲑鱼实际上并没有太多的福祉受到威胁，因此很难说我们到底对狼施加多大的伤害是被允许的。即使伤害无辜的威胁者是被允许的，我们似乎也不可以——在仍然满足比例条件限制的情况下——杀死狼。但是，如果这样做可以救鲑鱼，我们是否允许对狼施加一定程度的伤害？大概是可以的，但我感觉没法去说到底可以施加多少伤害。

我认为，如果我们考虑到狼是为了生存所需而捕食鱼，情况就不那么明朗了。当然，我论证过，当人的生命受到威胁时，有足够多的收益可以用来证明杀鱼是正当的。即使我们同意鱼有不受伤害的权利，但我认为当所救的是人时，鱼所拥有的权利的阈值已经达到了。但是，当所救的是狼而不是人时，情况是否也是如此？至少在我看来，狼利害攸关的福祉要小得多（而且福祉的单位价值也要小得多），因此我发现答案还是远远不够明确。

假设仅仅为了论证所需，我们规定，狼所获得的额外福利，大到足以抵消鱼不受伤害的权利。那么，这是否意味着我们根本不允许对狼施加任何形式的伤害（如果这种伤害足以救鱼）？即使这种说法也没那么简单直接。可以说，在某些情况下，即使面对客观上是正当的攻击，人们采取自卫也是被允许的。那么可以设想，在某些这样的情形下，其他个体也会被允许采取自卫。因此，即使鱼不受伤害的权利被狼的生存需求所抵消，我们仍然可以对狼施加至少是有限的伤害，来作为保护鱼的一种方式。鉴于目前的道德理论状况，我认为我们还不知道答案。①

① 当然，正如我在上一条注释中指出的那样，有些人认为，鉴于狼和鱼都是无辜的，我们根本不允许对其偏袒和干预。我自己的观点是，狼攻击鱼而鱼对狼没有类似的威胁这一事实，足以打破这种对称性。然而不太清楚的是，如果鱼的权利被合法地抵消了，这种站在鱼的一边的理由是否仍然存在。

5. 更多关于比例条件的评论

关于比例条件我想再多说几句，这可能会引起人们的兴趣。

我们当前的假设是，对防卫性伤害的限制，是由公式 H=dh 设定的。也就是说，就某个适当大的 d 值而言，我们允许施加的伤害，最多是攻击者原本可能施加的伤害的 d 倍。

当然，我认为 d 的精确值会因地位而异，当自我防卫（或被防卫）的个体地位较低，或者攻击者的地位**较高**时，d 的值会降低。但是现在我们暂且搁置这一点。至少在一开始，我们把讨论范围限定在双方都是人的情形，也就是一个人攻击另一个人的情形。

即便如此，我认为 d 的值也可能取决于攻击者是蓄意发动攻击还是无辜的威胁。即使是那些认为可以伤害无辜的威胁者的人，通常也会认为，某个人被允许对无辜的威胁者施加的伤害**量**，要少于在抵御蓄意攻击者时所允许施加的伤害量。

诚然，一些相信可以伤害无辜的威胁者的人可能会坚持认为，d 的值不会以这种方式发生改变。也许，即使威胁者是无辜的，d 的值也不会改变。但我认为，大多数人更愿意声称，尽管伤害无辜的威胁者是**被允许**的，但在这种情况下，比例条件更具限制性。也就是说，d 的值会降低。

那么它降低了**多少**呢？一些观点认为，它所降低的程度是极小的，所以 d 的值接近于它的原始值。另一些观点认为，它降低的程度更多，因而 d 的值急剧变小了。人们不可以施加 2 倍或 3 倍甚至 10 倍的伤害，而只能施加比攻击者原本会施加的稍微**多一点**的伤害。可以设想，事实上，有些人可能会把 d 的值设定为接近 1 的位置。(根据这种观点，人们对无辜的威胁者施加的伤害，只会比威胁者对受害者施加的伤害稍微多一点。)

用这些术语来思考这个争论的话，就会假定在处理无辜的威胁者时，对于 d 而言，确实有一个单一的适当的值。但正如我所指出的那样，人们可能更倾向于对无辜的威胁者作出更加精细的描述，根据这种描述，不同**类型**的无辜威胁被赋予不同的 d 值。这种竞争性的观点认为，对于某些类型的无辜威胁者而言，d 的值接近（甚至等于）蓄意攻击者的值，而对于其他类型的无辜威胁者而言，d 的值比较低，也许低很多。也许对于某些无辜的威胁者而言，d 的值接近于 1。

想象一下这类观点当中更为极端的主张，在某些情况下，d 可以达到 1。这就意味着，一个人可以对威胁者施加与该威胁者原本会施加的同样大的伤害，但不能超过这个程度。当然，即使在这里，这也与伤害一个仅仅作为**旁观者**的情况非常不同。毕竟，我通常不会伤害旁观者，即使我对他们造成的伤害不会超过我自己（或我所保护的人）所遭受的伤害。相反，当我**确实**允许去伤害一个无辜的旁观者时，这只是因为施加这种伤害是必要的，以防止对我自己或他人造成**更大**的伤害。

但实际上这差不多等于在说，当受到伤害的人仅仅是一个旁观者的时候——不只是一个无辜的威胁者，而是根本不构成威胁的人——d 的值**小于** 1。你不可以对他人施加比你自己所遭受到的**更大**的伤害（就像你可以对蓄意的威胁者和无辜的威胁者所做的那样），你只允许对他人施加比你自己所遭受到的**更小**的伤害。也就是说，你自己（或他人）力图避免的伤害，必须远远大于你给旁观者施加的伤害。

从这些角度来看，我们可以认为，不受伤害的权利的阈值，只是更为一般性的比例原则的一个特例，它为一个人可以对他人造成多大的伤害设置了适当的全面限制。在某些情况下，受到伤害的人会是一个蓄意的攻击者，在某些情况下，受到伤害的人会是某种无辜的威胁者，而在另一些情况下，受到伤害的人仅仅只是一个旁观者。但是，同样的通用规则仍将有效。只是当我们从第一种情形转变为中间情形再转变为最后一种情形时，d的值会逐渐降低，最终小于1。

因此根据这一提议，阈值只是在允许伤害他人的情况下，比例原则所要求的一种特殊情形——在这种情形下，此刻d的值足够小（足够接近于零），从而使得你为自己（或为他人）加以避免的伤害，必须远远大于你对他人施加的伤害。我们可以说，当需要伤害无辜的旁观者时，阈值T之所以非常大，正是因为d的值本身非常小。

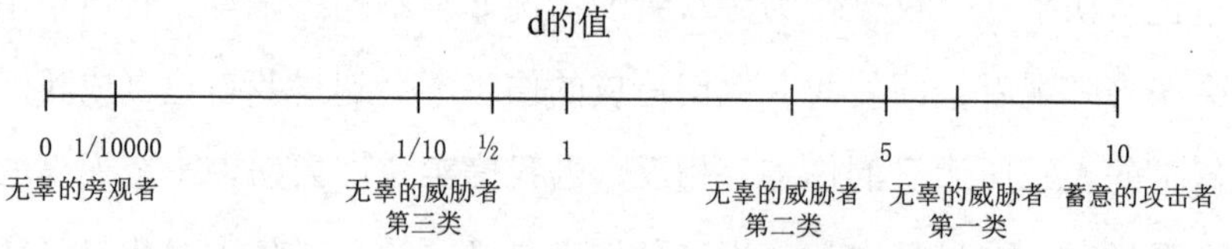

图7　比例乘数d的变量值

这个基本想法如图7所示。（注意，横轴并没有按比例绘制。）当涉及伤害一个蓄意的攻击者，或某些类型的无辜的威胁者时，你可以给对方施加大于你（或你所帮助的个体）可能遭受到的伤害。但如果是伤害无辜的旁观者——或者设想那是某些其他类型的无辜的威胁者——你只允许给对方施加**小于**你（或你所帮助的个体）原本会受到的伤害。这里相关的比例会出现变化，而且确实也会颠倒过来，但或许这些都可被看作是更一般的道德现象的事例，这些事例都是由单个的基本原则掌控而引发的现象。[①]

如果类似这样的想法是正确的，那么我们认为毫不奇怪，阈值的大小以及由比例条件所产生的对自我防卫的限制都会对道德地位的差异保持敏感。尽管起初看起来，两者好像是道德理论当中两个不同的部分，受两种不同的原则所支配，但实际上并非如此，它们是同一基本主题的两个不同的面向。因此，考虑到地位会对其中一种情形保持敏感，发现它对另一种情形也保持敏感就不足为奇了。

更重要的是，按照这种思路来思考这些问题，提示了有一种我们尚未明确承认的对身份保持敏感的形式。回想一下我们的建议，即防卫性伤害的比例限制可能不仅对受害者的地位保持敏感，也对攻击者的地位保持敏感。两者都会对 d 的值产生影响，虽说它们的影响方向是相反的（d 会随着受害者地位的提升而**变大**，随着**攻击者**地位的提升而**变小**）。那么，我们是不是也应该想到，在权利阈值问题上，也会出现类似的对地位保持敏感的**双重**形式呢？

当然，我们早已接受了这种想法：当权利拥有者的地位较低时，（在其他条件相同的情况下）阈值会比较低。但其余形式的敏感性又如何呢？阈值的高低也部分地取决于那些因施加伤害而**受益**的个体的地位，这种可能性有多大呢？如果受益者的地位比较高，那么阈值水平会变低吗？

我们已经考虑过类似的一种可能性。我之前（在第 9 章第 3 节

① 同样的一般比例原则也可适用于涉及无辜的威胁人肉盾牌的情况。（想象攻击者故意使用其他人作为人肉盾牌。）虽然不是每个人都同意，但大多数人认为，当有必要阻止不正当的攻击时，伤害这些人肉盾牌是被允许的。不过，在这里似乎一个合适的比例原则会对可以对这种人肉盾牌施加多大的伤害设定适当的限制。

中）提出过，如果福祉是给到地位较高而不是地位较低的个体，那么即使是同等数量的福利，也可能更容易达到既定的阈值。(一旦考虑到当福利惠及地位较高的个体时具有更大的价值，这样说便是很合理的。）但这是关于如何**达到**某个既定阈值的观点，而不是关于如何确定阈值**水平**的主张。

那么，我们是否应该进一步得出结论，一个特定的阈值水平部分地取决于那些因施加伤害而受益的个体的地位?（或者我们应该说，这只是我们**已经**认可的观点的另一种不同的描述方式?）这是一个有趣的问题，但我不想在这里尝试给出回答。

不过，我想指出最后一点。在讨论比例条件时，我使用了一种简单的解释，根据这种解释，可以施加的防卫性伤害的限度是由公式 H = dh 确定的。当然，正如我们现在所看到的，有几个特征可能会影响 d 的**值**。但我们还没有质疑这样的假设，即通过简单地将攻击者对其受害者施加的伤害乘以适当的 d 值，就能直接设定防卫的限度。

然而事实上，相关的公式可能比这更复杂，因为正如我刚才讲到的那样，阈值和比例性的伤害可能是同一个硬币的两面。而且我们已经有理由相信，阈值函数要比这个思考比例的简单方法复杂得多。

实际上，如果阈值函数真的只是更一般的比例原则的一个特例，并且如果防卫性伤害的相关限制是由公式 H=dh 设定的，那么我们同样应该期望不受伤害的权利的阈值，是由一个类似的公式来设定的：T=mh。(如果阈值只是比例原则的一个特例，比例原则是通过将对另一方施加的伤害乘以一个适当的乘数来确定的，那么阈值的水平也应该通过将对权利所有者施加的伤害乘以一个适当的乘数来确定。①）

但正如我们在讨论阈值函数时看到的那样（在第 9 章第 2 节中），许多义务论者认为，相关的公式比这个说法要更复杂。与其认为 $T=mh$，许多人更倾向于认为 $T=mh^n$ 或 $T=mh^n+b$，或者甚至是 $T=m[h/(c-h)]^n+b$。

如果这里头某个更复杂的公式，对于设定阈值水平而言是正确的，那么我们就有理由相信，在设定比例性的防卫性伤害的限度时，一个相对更复杂的公式也是正确的。正如我们可以合理地认为，每个相关系数——m，n，b 和 c——都会随着地位的变化而变化，我们似乎有理由期待，比例性的伤害的完整公式，可能也会涉及在每个不同的点上都会对地位保持敏感。

我不会尝试在这里解决这些问题。尽管尚不完整，当前的讨论至少应该足以强化我反复提到的一点：要扩展我们的规范性理论，使其能够以一种合理且站得住脚的方式涵盖动物，就必须通过各种方式使这些理论丰富起来——而这些方式我们才刚刚开始探索。②

---

① 具体地说，乘数 m 应该等于 1/d。具体原因如下。如果 $H=dh$，这意味着只有在我对他人施加的伤害小于或等于我要阻止的他人对我自己施加的伤害乘以 d 的前提下，我对他人的伤害才是被允许的。同样，我可以施加的伤害，是他人对我自己施加的伤害乘以 d 之后，**大于**或等于对他人施加的伤害。等式两边都除以 d，这意味着我可以对他人施加伤害，前提是我防止自己受到的伤害大于或等于对另一方施加的伤害除以 d，或者乘以 1/d。但这就等于说侵犯权利的阈值等于我施加的伤害乘以 1/d。因此，阈值的公式为 $T=mh$，其中 h 是对他人施加的伤害，m 设为 1/d。

② 在本章中，我一直假设正当防卫的必要条件已经满足。我这样做的前提是，在不伤害攻击者的情况下，成功地保护自己（或他人）是不可能的。但很明显，对这种情况的更充分的表述实际上需要考虑到概率：特定数量的伤害足以（或无法）解除攻击者的威胁的**可能性**有多大？我不想在这里阐述这个条件的合适版本，但我确实想指出一个有趣的可能性，即所需的必要性**程度**也可能随着地位而变化——因此，攻击者的地位越低，或者受害者的地位越高，对必要性条件的**限制就越小**。

第 11 章　有限等级论

1. 合适的阶跃函数

规范伦理学的等级论进路，很自然地源自两个合理的想法。第一，作为道德身份基础的各种特征是有程度之分的，所以有些个体比其他个体在更大程度上拥有这些特征（或者以更发达或更复杂的形式拥有这些特征）。第二，如果没有特别的解释来表明为什么应该会有其他情形，我们就会认为，那些在更大程度上确实拥有这些特征的个体，从道德的角度来看因而就会**更加**重要。当我们把这两个想法放在一起时，我认为它们就构成了一个相当有说服力的（即使是抽象的）等级论的论证。

在我看来，这种思路的某些推论完全是顺理成章的。一方面，许多动物显然拥有一些奠定道德身份的特征，所以从道德上讲，这些动物是**重要的**。确实，我们有理由认为，动物的重要性远远超过我们通常的认识。（考虑到我们通常会以骇人听闻的方式对待动物，人们对动物的重要性的认知显然远远不足。）但与此同时，我认为同样明显的是，动物身上与道德身份相关的那些特征比起人要**更少**（或者这些相关的特征在程度上较低），因此动物的重要性比人要**低**。综上所述：道德地位是有高低之分的，人的地位比动物的地位要高。此外，这个基本思路的第三个合理的推论是，因为动物本身彼此之间是不同的，就它们所拥有的相关特征而言，一些动物比其他动物拥有更高的道德地位。

在哲学中有时候会出现这样的情况，一个抽象的论证看起来很有说服力，但它的推论却让人难以接受。这样的话我们面临着一个难题：是接受这个论证及其令人困扰的推论，还是放弃一些起初看似合理的前提，从而以某种方式抵制这个论证（因而避免得出这些推论）。让人欣慰的是，我刚才演示的那个关于等级论的抽象论证并不会面临这样的两难困境。因为正如我不厌其烦论证的那样，这些推论本身就是合理的。事实上，等级论进路能让我们避免得出各种索然无味或是荒谬的结论，否则我们可能会不得不接受那样的结论。因此，总的来说，等级论进路因其推论而变得更加合理了。

但这并不是说，在任何情况下等级论都不会导致可能会令人惊讶或者甚至是直觉上难以接受的结果。恰恰相反，我认为我们在动物伦理问题上所采取的任何立场，都**不会**让我们完全感到舒服。因此，我们的目标应该是对各种不同观点的优缺点进行比较思考，并且暂时接受总体而言最有吸引力的观点——同时认识到，即使是在这种比较评估方面做得最好的观点，也至少会有一些可能困扰我们的引申推论。

在前一章中，我指出了等级论有三个这样的推论，这些推论可能会合理地让我们有所顾虑。第一，就像普通成年人比动物有着更高的道德地位一样，任何接受等级论的人都必须对高级存在者的可能性保持开放的态度，这些存在者的地位甚至高于我们自己。我知道有些人想否认这种可能性，但我认为这个问题不应该困扰我们。这种存在的可能性也许不会很大，但我认为这并非不可接受。

第二，更令人担忧的是存在着一些边缘事例，有些人类成员患有严重的认知障碍，以至于根本算不上拥有人格。考虑到他们的心理能力受到了限制和削弱，他们的道德地位似乎不可避免地会低于我们。当然，我已经论证指出，诉诸模态人格可以在一定程度上缓解这个推论的影响（赋予边缘人类比动物更高的地位，而动物是他们的心理同类），但我不想否认，我们大多数人会发现——至少在一开始——要接受严重受损的人类重要性不如我们，这是很难的。尽管如此，既然其他方案（例如一体论）在我看来更加不合理，那么我觉得，经过反思之后这确实也是我们应该接受的观点。

但是，这仍然留下了第三个令人不安的推论，那就是正常差异问题。接受那些能力远超我们的人（高级生命），或者接受那些能力远远不如我们的人（边缘事例），他们的地位与我们不同是一回事。但要说即使是普通的成年人在道德地位上彼此之间也是不同的，我们当中有些人的道德地位比其他人要（稍微）低，则是另一回事。

即使这最后一个推论，好像也不是每个人都无法接受的。与我们在具有道德身份的生物中所发现的相关能力的巨大差异相比（想想苍蝇所具有的最低限度的能动性以及——或许是——苍蝇的感知能力，与人无比丰富的认知和情感生活进行比较），在普通成年人当中发现的差异相对来说则是微不足道的。因此，就一切实用性的目的而言，这些差异可能是非常有限的，我们完全有理由忽略掉它们。根据这种观点，人与人之间的道德地位可能确实有微小的差异，但这些差异在我们的道德考量中不会起到任何作用。

如我所说，有些人可能会觉得最后这个回应足够合理，让人放心，从而打消了顾虑。诚然，在大多数情况下确实如此，在我自己的例子当中也是如此。但是我知道，许多人一想到我们在道德地位上可能存在着真实的差异就会（至少可以说）感到不舒服，哪怕是微小的差异。可以理解，这些人想知道，是否有更稳健的答案来回应正常差异问题。

一个能够赋予我们所有人（即所有正常的成年人）**相同**的道德地位的回应，需要以某种方式克服上述那个预设，也就是奠定道德身份的特征发生变化，应该会引起道德地位发生相应的变化。相反，正确的说法应该是，心理能力之间存在某些微小的差异（我们在普通人身上看到的那种差异）实际上对道德地位根本不构成任何影响。与其说地位随着相关能力的增加而不断稳步提升，不如说地位的提升并没有那么顺畅，在我们看到的正常人的差异范围内，地位保持着平稳或不变的水平。

当然，如果只有**一种**道德地位——如果一体论是正确的话——我们就会自动得出这个结果。因为如果只有一种地位，不仅我们在普通人当中发现的相关能力的正常差异不会影响道德地位，而且这些能力的变化根本**不会**产生任何影响。毕竟，根据一体论的理解，只要某个人拥有任何形式的道德身份，他的地位就和其他人的地位完全一样，不管其他人在多大程度上拥有相关的能力。实际上，在一体论的地位当中，**所有**具有道德身份的存在者——而不仅仅是普通的成年人——他们的地位都将保持平稳或不变。

但是我们已经看到了拒绝一体论的充分理由。所以在这里，一个合理的观点必须要比它更加复杂。我认为另一种选择是，道德地位确实可以变化，而且的确会随着能力的提升（随着我们的能力在动物界中的提升）而提高——**直到**我们达到正常成年人类的能力范围，不过达到了这一点之后地位就不再提升了。（可以设想，一旦我们**超过**了人类能力的正常范围，地位可能会再次得以提升，所以高级存在者可能仍然拥有比我们自己更高的地位。）当然，这种观点的问题在于，很难看出正常人所表现出的特定的能力范围有什么特别之处，以至于在这里并且是只有在这里，能力的微小变化对地位不会造成影响，而对于其他地位水平上却会有影响。

我猜想，更合理的观点是，这种特征——某些能力的变化对地位没有影响——是反复出现的，而不仅仅是在涉及正常人的能力时才这样。也许在既定的能力变化范围当中，地位**通常**是保持平稳或恒定不变的。但是，我们不能想象所有水平的能力都会产生相同的地位（这毕竟是一体论的立场），我们可以假设存在许多这样的变化范围，其中每个这样的范围都会产生不同的（恒定的）地位。

假设我们尝试将这些不同的立场绘制成图，X 轴表示相关心理能力的递增水平，Y 轴表示相应的道德地位的水平。图 8 展示了我们刚才所讨论的四种观点。

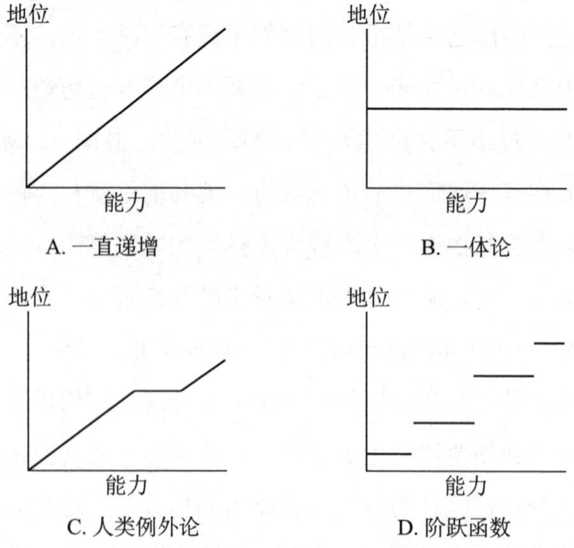

图 8　地位作为能力的函数

图 8A 展示了我们认为是大家默认的一种立场，根据这一立场，道德地位随着相关能力的提升而不断提升。8B 展示了一体论的观点，所有水平的相关能力，都会导致相同的单一道德地位。8C 展示了刚才讨论过的人类例外论，也就是能力的提升通常会导致更高的地位，但当涉及普通成年人的能力范围时，情况就不再如此。最后，8D 展示了刚才想象的那种观点，也就是相关能力被划分为若干不同的范围，每个范围都有对应的地位，越是高位的范围，地位越高。在每个范围内，地位不再随着能力的增加而提升，而是保持不变，所以图中的相关部分是平的，而不是向上向右提升。

图 8D 所展示的是一个阶跃函数，正因为整个图是由一系列这样的阶位组成的，而不是只有一个这样的水平部分（如 8C），所以它似乎不像是特意设定的。当然，仅仅使用阶跃函数并不能**保证**规避正常差异问题，因为这种方法可以让某些人处于一个阶位，而另一些人（他们的能力处于下一个较低的范围）处于一个较低的阶位。但至少在原则上，一个合适的阶跃函数可以把所有的人都放在同一个阶位上，从而避免得出一些人的地位比其他人高这一令人不安的主张。

因此，采纳这样的观点就有可能解决正常差异问题。显然，这也会影响到我们应该如何看待**动物**的地位。我们将不再像以前那样，认为只要两种动物的能力不同，它们的道德地位也就不同，我们将把动物界划分为适当数量的大类，每一类都对应着一个道德地位。毫无疑问，狗仍然比鱼拥有更高的地位，但（例如）鱼类之间在能力上的微小差异不会导致地位上的微小差异。

目前，我们可以把我们应该在动物界找到多少个这样的阶位，以及相关的分组会是什么样的问题搁置一旁。就当前的目标而言，关键的一点是，如果人们真的坚持要有一个“稳健”的回应（也就是说，如果人们不满足于这样的回答，即人与人之间的地位差异虽然真实存在，但因为太小了所以不会产生实际的差异），那么诉诸一个合适的阶跃函数似乎是回应正常变异问题最有希望的方法。

也许还有一点值得注意，即使只是顺便提一下，我刚才描述的那种立场也不必看作是与我本节开头所勾勒的抽象论证的第二个前提不相容。无论如何，我并不是说地位**一定**会随着能力的提升而提升。相反，它描述的是在缺乏某些能够产生**不同**效果的特殊机制的前提下，我们应该期待会发生什么情况。也就是说，我只是认为，地位会随着能力的提升而提升，除非有一些特殊的机制或力量阻止这种情况发生。那些接受阶跃函数的人可能会同意这种想法。他们只需要坚持认为存在着一种机制，该机制“压制”了在正常成年人当中（或者就刚才的例子来说，在鱼类当中）心理能力有一个范围的事实，从而阻断了我们原本期待的其中一些个体的地位会提升。

原则上讲，我认为支持阶跃函数的人甚至不需要假设任何这样的机制。他们可以坚持认为，地位确实会随着能力的变化而变化，这是一个关于道德的简单而残酷的事实。但这是一个阶跃函数，而不是一个不断增加的函数。也许我们根本无法说清楚为什么事实就是这样。

尽管如此，虽然无法排除这个赤裸裸的事实的可能性，但如果能提供一个更深层次的解释，当然会更加令人满意（且令人信服）。因此，我们需要问的问题是，是否真的有可能为阶跃函数提供一种凭其自身便是合理的**解释**，这种解释给出了为什么即使面对不断增加的能力，地位往往也应该保持不变的机制。我认为，在我们得到这个问题的答案之前，正常差异问题尚未真正解决。

2. 实践的现实主义

这样的解释会是什么样的呢？有没有哪些我们可以诉诸的哲学观点，可被认为合理地生成了阶跃函数？接下来，我想指出一种可能的提议。也许还有其他值得考虑的方案，但我感觉这个方案最有希望。

我最终想表明，这个独特的提议适用于有关规范性伦理学基础当中一系列不同的观点。① 不过先来举一个我们熟悉的例子就很容易理解了。我们可以把基本想法剥离出来，然后再对这个基本想法加以概括。

根据**规则后果论**，当且仅当某一行为符合一套最优的道德规则或原则时，该行为才是被允许的。根据这个理论，如果每个人都遵守的某组规则，其结果比遵守任何其他规则的结果都要好，那么这组规则就被认为是最优的。也就是说，大致而言，我们首先对规则进行检验，看看其结果如何，然后我们断言有效的规则就是产生最优结果的规则。

当然，把规则后果论看作是一个基础理论**家族**可能更加准确，因为在我们用善的理论（一种关于是什么使得结果是善的理论）来补充规则后果论的基本思想之前，我们无法评估（不同的候选规则的）各种结果。关于什么是最好的善的理论，规则后果论者之间对此会有不同的看法。但就我们的目标而言，更重要的是这一点。当

① 关于一些最重要的基础理论的介绍，包括我即将讨论的后果主义规则，请参阅我的《规范伦理学》的第二部分。

我们说评估“每个人”都遵守规则的结果时，规则后果论者对于这个说法的确切含义也会有不同的看法。

规则后果论名下有一种方法，叫作**理想的**规则后果论，顾名思义，这种观点的意思非常明确。我们要问的是，如果所有道德主体都完美无误地遵守相关规则，那么结果会怎样？因而我们可以用一种非常理想化的方式来考虑对规则后果论加以检验。(如果每个人都按照如此这般的规则来行动结果会怎样?）没有哪套规则是过于复杂的，没有人无法掌握被检验的规则的内容，没有人会误解规则的含义或者无法准确地运用规则。(同样，也没有人因为缺乏足够的动机根据相关规则的要求去行动。）我们只是问如果符合规则的行为总是得到执行，结果会是怎样，而不考虑这是否是一个现实的前景。

但还有第二种方法，也就是**现实主义的**规则后果论方法，根据这种方法，我们不从这些理想化的角度来考虑对规则加以检验，而是会考虑到道德主体在认知和动机上的各种局限性。如果一套规则由于太复杂而很难被准确地记住，或者所需要的道德计算太过复杂而难以计算，那么我们就会认识到有出错的可能性，我们在思考结果时就会考虑到这些因素。(同样，我们也要考虑到，有些规则可能要求过高，从而行为者就没有动力去执行指定的行为，或者至少没有准备好去做所有要求他们去做的事。）因此，根据这种替代方法，当我们问及如果“每个人”都按照建议的规则去行动会有什么结果时，我们真正所想的是在更现实的意义上而言，如果人们接受或采纳这些规则并**试着**据此行动（在大多数情况下)，但此后只在或大或小的程度上完成了行动，那么结果实际上会是怎样的。

我不想在这里讨论哪一种规则后果论更加合理。我只想找出采用现实主义的方法会得出怎样的推论。正如我刚才所说，如果我们确实采用了现实主义的规则后果论，那么在比较和寻找最优规则组时，必须记住我们在认知（和动机）上是有局限的。

这一点有助于解释为什么现实主义的规则后果论者经常得出这样的结论：最优规则组肯定不会是为我们带来最佳后果的那组规则，仅此而已。如果我们能够假定（就像理想的规则后果论**会**假定的那样），每个人都能完美地识别出具有最佳后果的行为（并且总是有动力去做），那么这种注重后果的规则很可能会有最好的“检测结果”。但是考虑到我们检测规则的方法更为现实，我们不得不承认，这样的规则（就其结果而言）很可能不如一些以更容易识别的方式来挑选出行为的替代方法。

正因如此，现实主义的规则后果论通常认为，在这些更现实的检测条件下进行评估时，最优的规则组实际上会更像常识性的道德规则，其中某些熟悉的行为类型（例如撒谎、违背承诺或伤害他人）是被禁止的，而其他行为类型（比如遵守承诺，或在紧急情况下救援他人）是要求履行的。

考虑一下我们熟悉的禁止伤害他人的义务论禁令。为什么这样的规则会从现实主义的规则后果论当中产生出来呢？答案里重要的部分是，伤害他人通常会带来更糟糕的总体结果。因此，作为一个粗略而实用的概括，如果你避免对他人造成伤害，产生的结果通常会更好。然而，也许在某些情况下，伤害他人实际上会产生**更好的**结果。那该怎么办？不出所料，规则后果论会试图识别出最重要的那些例外情形，然后将这些例外情形纳入基本规则当中，以便最终得到一个结果会更好的规则。这就是为什么，比方说，规则后果论通常会接受在**自卫**中会有例外情形的规则（因为保护自己不受无端攻击通常会产生更好的整体结果），以及为什么许多规则后果论者也会把**阈值**纳入规则当中，从而如果有足够**多**的收益将会失去，你就可以伤害无辜之人。

尽管如此，即使把这些例外情形整合进来，在一些情况下，遵守禁止伤害的禁令还是会导致更糟糕的结果，而在另一些情况下，施加伤害（尽管受害者只是无辜的旁观者，并且没有达到阈值）会带来更好的后果。那么尽管事实如此，规则后果论者如何能够证明禁止这种伤害行为是正当的呢？从规则后果论的角度来看，允许在结果更好的情况下实施伤害的规则难道不是更**优**规则吗？

答案是要采用一种**现实主义的**方法来评估规则。我们需要记住这样一个事实：如果道德规则允许在结果是好的情况下作出伤害的行为，那么人们就会经常**错误地认定**自己是否真的处于与之相关的例外情形之中。虽然偶尔会有一些人能够正确地识别出他们可以通过伤害他人带来更多的收益，但令人担忧的是，更多的人会错误地识别出他们处于这种情形，而事实上他们并不处于这种情形当中。所以我们主张，考虑到我们真实的认知局限，禁止伤害的规则其实会比允许伤害的规则产生更好的结果。因此就有了禁止伤害的基本禁令。（与此同时，我们有理由认为，如果利害攸关的利益数量足够**大**，那么错误识别情形的风险就会更小，也更值得承担这样的风险。这就是为什么许多规则后果论者得出结论认为，这里的最优规则仍然会把适当类型的权利阈值包含在内。）

当然，关于这些问题还有很多要说的，但就我们的目标而言，关键的一点是：尽管规则后果论会从后果的角度来评价候选规则，但从这种方法中产生的规则的**内容**本身，并不需要从后果的角度来**表述**（或者至少不需要**仅**从后果的角度来表述）。相反，最佳规则可能会诉诸（除了后果之外的）相当不同的概念，并作出与关于后果的事实不完全对应的区分。由于我们认知上的局限，以不同于更直接反映有关后果潜在事实的方式来划分道德地貌的规则，可能最终仍然是最优的。

有一点与此密切相关：考虑到同样由于认知上的局限性，最优规则组的**复杂性**也会受到限制。如果有太多的规则，或者如果这些规则涉及太多的类别，受太多因素的制约，那么由这些规则产生的结果，很可能比我们根据更简单的规则组所产生的结果更加糟糕。的确，这样的考虑与**理想的**规则后果论者无关——因为理想的规则后果论者是用完美遵守规则的背景预设来检验候选规则的。但与此相反，对于**现实主义的**规则后果论者来说，必须始终关注这样一种可能性：一组更复杂的规则很难让现实中的行动者准确地去践行。将这些规则简化之后可能效果会更好。但如果是这样，那么我们也再次为这样一种可能性打开了大门：尽管最优规则说到底还是基于对结果的关注，但它与结果本身**并不完美**对应。

因此，有鉴于规则后果论的现实主义方法，最优规则的内容可能不会完美地对应着关于后果的基本事实。显然，这并不是说它们完全不对应关于后果的事实。毕竟，如果最优规则不能至少在很大程度上对应着关于后果的基本事实，那么它们就很难成为规则后果论下的**最优**规则。但正如我所强调的那样，这种对应不一定完美；完美对应的可能性其实非常小。相反，最优规则很可能会以各种不同的方式发生偏离，在一些地方做点简化处理，在另一些地方作出新的区分，在其他地方用各种方式让规则变得融贯，从而提供了一组适用于现实用途的道德规则。

那么，假设我们要问，对于等级论和道德地位，后果论可能会产生什么样的现实主义规则。由于我刚才阐述的那些原因，最优的那组规则不太可能是让道德地位连续变化的规则，在那样的规则下，心理能力上细微的差异总会导致道德地位产生细微的区分。相反，任何这样的规则系统都会过于复杂，我们无法可靠地将其应用于实践，也容易误判某个特定的个体属于哪个道德地位当中。从现实主义的规则后果论的角度来看，一个更加简明的系统效果可能会更好。

诚然，**根本性的**事实很可能是，心理能力会以微不足道且几乎无法区分的方式发生变化。但正是因为我们的认知有局限，任何要求我们如此精确地识别个体能力的规则，都不太可能是最优的。因此，当我们从动物界的底层上升到人类时，我们的确不应当指望，最优的道德规则会给出在数量上不受限或无限多的可能的道德地位等级。我们应当期待对道德地位作出更为粗略的分层，一种数量上较少的合理的分层，根据这样的等级划分，为某个特定的个体分配道德地位在大多数时候都相对容易，而且心理能力上的微小差异，通常对于道德地位完全没有影响。

简而言之，尽管相关能力的基本事实允许道德地位有着无限多的变化范围，但最优**规则**并不像我们最初想象的那样直接反映这一事实。相反，规则后果论的现实主义方法应该让我们预料到，尽管最优规则确实会涉及等级论进路，道德地位会有不同的等级，但这些等级的数量是有限的，而且它们与背后的能力本身也并不是完美对应的。

综上所述，现实主义的规则后果论可以产生一组规则，这组规则可以用图 8D 所示的阶跃函数来刻画。与其说地位会随着相关能力的提升而不断提升，不如说许多能力上的差异根本不会对地位产生任何影响，因为任何特定的个体都只能处于少数几个可能的等级当中。当然，个体之间的能力差异（比如狗和鱼之间的能力差异，或者狗和人之间的能力差异）仍然会导致道德地位的差异。但从现实主义的规则后果论中产生的等级观，与关于能力的基本事实无法完美对应。

如果类似这样的说法是正确的，那么它就有望为正常差异问题提供一个强有力的解决方案。如果阶位的数量足够小——考虑到对我们认知局限的现实主义评估，我们有理由期待这一情形——那么事实很可能是，当我们去考察不同的正常成年人时，我们会发现心理能力的差异实在是太小了，以至于不足以产生地位上的差异。所有的普通人都将处于同一阶位当中，具有相同的道德地位。

诚然，我不想声称现实主义的规则后果论**保证**会生成一个阶跃函数，即使它能生成阶跃函数，也不能声称它保证将所有正常的成年人置于同一阶位上。但在我看来，这确实是一种非常合理的可能性，大概率是可以实现的。所以，正常差异问题终究是可以解决的。现实主义的规则后果论至少似乎向我们展示了一种解决方案。

那么，假设我所说的这些都是对的，而且现实主义版本的规则后果论能够生成那种构成正常差异问题解决方案的分层阶跃函数。这是否意味着那些倾向于用其他方式来解释规范伦理学基础（例如契约论或理想观察者理论）的人就不走运了呢？那些被正常差异的潜在影响所困扰的人，会不会要么接受规则后果论，要么就只能认为这个问题缺乏稳健的解决方案？

绝非如此。因为我认为即使是那些偏爱除了规则后果论之外的其他基础理论的人，可能也会接受这个解决方案。这是因为，在我看来，规则后果论能够生成一个合适的阶跃函数，完全不是因为该理论中的后果论部分。相反，这归功于该理论中的**现实主义**成分，也就是对候选规则的检测是在现实主义的预设而非理想化的预设下进行的。其他的基础理论也可以用类似的现实主义版本来呈现。

也就是说，其他基础理论也能用类似的方式对规则进行检测或评价，以此反映我们在认知上和动机上有各种各样的局限性。具体细节当然会有不同；这取决于特定的基础理论的具体情况。但是，无论是哪种基础理论，同样的基本想法都能适用：我们总是可以采用一种对我们的**实际**情形保持敏感的理论，这种理论在评估潜在的道德规则时，会对我们认知上和动机上的局限性作出现实主义的预设。

我不想长篇累牍地给出充分证明这个想法所需的讨论，但请允许我简略提及几个重要的基础理论，以便让人明白为什么这个想法是合理的。

契约论者认为，有效的道德规则是那些由合适的理性商谈者达成一致的规则。原则上，这些商谈者在决定是否支持或拒绝某项拟议的规则时，无疑会考虑各种各样的因素。当然，哪些因素在他们的讨论中会占据最重要的位置，将取决于特定版本的契约论的细节。但他们很有可能会考虑的一件事是，对于现实中的道德主体而言，理解和运用相关规则并且据此行动，究竟会有多么容易或者多么困难。更确切地说，**现实**主义版本的契约论会允许商谈者这样去考虑问题。（相反，在理想版的契约论中，这种考虑可能会被排除在外，因为在商谈者的慎思过程中是不允许这样去考虑问题的。）因此，在这里，一组过于复杂的规则也很可能会被否决；商谈者可能会选择一组较为简单的规则，因为这样不容易出错。所以，在伦理学的等级问题上，现实主义版的契约论可能会生成一组拒绝对地位进行细化区分的规则，转而采用一组只承认几个不同等级的体系。简言之，现实主义版的契约论可能会生成一个阶跃函数，而不是每当心理能力提升时，地位也会随之提升。

支持理想观察者理论的人有不同的看法。他们不会去问理性的商谈者会同意什么，而是去问一个合适的理想观察者会赞成什么规则。如果我们想象一个完全理性、完全仁慈、不偏不倚、完全知情等等之类特质的一个人，那么此人会选择什么样的道德规则呢？根据这种解释，有效的规则就是这样一个理想的观察者（或理想的立法者）所支持的规则。但在这里，我们也很容易想象出这一理论的另一个版本，当理想观察者在比较不同规则的相对优势时，他们会考虑到**我们**——实际上会有局限性——成功地**运用**相关规则的可能性有多大。的确，理想观察者很可能完全理性并且全知全能，但**我们**并非如此，因此在理想观察者理论的现实主义版本中，理想观察者在考虑到哪种规则最适合像我们这样的道德主体时，这一事实就显得尤为重要，因为我们是认知上（和动机上）很有局限性的生物。

或者考虑一下涉及可以进行普遍化检验的基础理论，这里相关问题可能更像是：如果每个人都这样做会怎么样？当然，在这里，问题的确切形式在不同版本的检验中也有很大不同，但基本想法就是去看看所提议的规则是否会让每个人都期待接受并且据此行动。（因此，比方说我们会问，赞同这样一个普遍有效的特定的原则是否是理性的，所谓普遍有效便是在所有情况下对每个人来说都有效。）初看起来，类似这样的观点似乎不符合现实主义的方法，因为我们在进行普遍化检验时，其中一部分工作通常就在尝试想象一个人人都会成功按照既定的规则来行动的世界。但事实上，我认为也可以有现实主义版本的普遍化检验。因为在决定是否会有这样一个世界（每个人都按照规则行动的世界）时，可能需要考虑这些规则对于普通的道德主体而言，是否会因为太难从而不容易正确运用或据此行动。也就是说，在确定我们是否可以理性地赞成一组特定的规则对每个人都有效时，我们可能要考虑到正常的道德主体是否能够充分理解这些规则，或者反过来说，他们是否会认为这组规则太过复杂，或者这组规则的推论让他们感到困惑或产生误解。如果是这样的话，那么在普遍化检测理论的现实主义版本中，评估一个特定的规则是否适合成为有效的规则时，部分地涉及我们实际上有各种认知上（以及动机上）的局限性。①

当然，还有其他一些基础理论，但即使对于我刚才讨论过的那些理论，我也只是给出了一些简单的理由让人相信，这些理论的某些版本可以采纳现实主义的方法来评估道德规则。这些不同的理论会有或者可能会有现实主义的版本，关于这个想法的合理性，我希望我已经说得够多了，而且大多数（甚至可能所有）其他基础理论也是如此。

所有这些观点有一个共同之处——至少在我简略提及的各个理论版本中——都以一种现实主义的方法来评价道德规则。当然，它们对于让道德规则变成有效的那些具体因素（是商谈者的同意、理想观察者的命令、规则的可普遍化，还是说——在我们最初的例子中——有最好的结果）有不同的看法。但他们一致认为，在评估规则时，对于像我们这样的道德主体能够理解什么以及知道什么（以及我们能够拥有动机去做什么），一定要现实地去看待。因此，就实

① 有些人可能认为康德自己版本的普遍化检验没有关注这些考虑因素。但我认为这是一种误解。毕竟，在确定某些准则是否可以用绝对命令的普遍法则表述时，康德明确考虑到了人们对行为者对所提议的准则采取行动的反应这一经验事实。我认为康德或康德主义者没有理由排除这样一种想法，即一个人是否可以理性地将特定的准则作为普遍法则，同样部分取决于这个经验事实：人们在决定他们应当根据最大化法则来行动时会有多困难。

践领域而言，他们都承诺了某种我称之为**实践的现实主义**的原则。[①]而我的建议是，如果人们接受了实践的现实主义，那么无论他接受的是哪一种基础理论，他最终会倾向于接受一种只包括少数几个不同等级的道德地位的规范性理论，因为对于道德主体来说，考虑到我们实际上有着各种各样的局限性，在道德地位问题上采用更复杂的方法则是糟糕的选择。

所以，基本要点似乎就是这样。事实上，正常差异问题有一个潜在的解决方案，而且无论你接受的规范伦理学的基础是哪种，这个方案都是可用的。如果你接受实践的现实主义——在评价道德准则时要考虑到我们在认知上和动机上实际具有的局限性——那么显露出的等级观念将会涉及一个阶跃函数，而不是每当能力有变化时，地位就会随之发生变化。可以说，尽管我们确实发现人与人之间存在着心理能力的差异，但我们所有人的道德地位可能都是相同的。

3. 显露出的观点

我已提出，融入了实践的现实主义的理论，可能最终会采用一种粗略的等级划分进路。根据这种进路，道德地位可能不是连续可变的，而是只有几个固定数量的等级（所以即使是心理能力方面有差别的个体，也可能拥有相同的地位）。关于这些我们还能再说些什么吗？对于即将显露出的这种等级化的理论，我们还能作出哪些的

① 应该指出的是，在这个意义上，实践的现实主义与某些元伦理学或元规范性的争论没有特别的关联，这些争论也是在“现实主义”的名义下讨论的。后者的争论是关于是否真的存在（以相关方式）独立于我们态度的道德或实践事实。然而在我看来，我所说的实践的现实主义只是这样一种主张，那就是在评估道德规则时，我们应该关注道德主体的实际情形是怎样的。

预测呢?

我确实想提供一些猜想，但需要强调的是，我能提供的其实也只是猜想。正因为实践的现实主义关注了哪些规则是我们适合（或者不适合）据此而行动的经验事实，所以，任何特定的基础理论能显露出什么样的最优规则，很大程度上只是一个经验问题。因此在完成相关的经验性工作之前，我在这里提出的任何猜想都只是猜想而已。

同样，记住这一点是很重要的：会显露出哪些确切的规则同样取决于人们接受哪种特定的基础理论（无论是规则后果论、契约论、普遍化理论或是其他理论）。由于我无意在这里发展这些理论当中的任何一种，我最多只能指出我认为是这些解释共有的一些宽泛的特征。

尽管如此，我们似乎还是可以作出一些预测。其中最重要的当然是我已经说过的那个主张，接受实践的现实主义的理论，只会产生几个不同等级的地位。我不打算给出一个具体的数字，但这样的等级大概似乎不会超过 6 个左右。（也许，如果我们真遇到了更高级的存在者，可能需要再增加几个。）这里我的想法是，如果等级的数量超过了这个数，那么地位的等级就太多了，那些更多的等级是我们无法想象的。

这不是说我们不能轻易地想象有十个、二十个甚至更多的地位等级。毕竟，我们很容易想到，一些生物的道德地位值是 1，另一些是 0.9，还有一些是 0.8，以此类推，直到 0.1。（或者是，1、0.99、0.98、0.97 等等。）相反，令人担忧的是，划分出来的等级越多，也就越难以确定谁在哪个等级，而这种困难极大地增加了出错的可能。

所以，也许我们只能划分出少数几个类别：一个类别用于人，另几个按照大致相似的能力，将动物界划分为少数几个大类。也许那些涵盖动物的类别包括：将极具智能的动物（即心理能力相当发达的动物）列为一个等级，具有中等智能水平的动物列为一个等级，最后是具有最小智能的动物列为一个等级。或者，划分范围也可以比这种方式更窄一些，从而要比这种划分方式多那么一到两个等级。

由于我对各种动物的实际能力知之甚少，要我真正去尝试划分相关的等级还是有些为难。但如果只是为了阐明我所设想的**那种**方法，我可以建议说，最智能的动物，也就是那些最接近于完善人格的动物（例如海豚、鲸、乌贼或类人猿），可以划分为一个等级，另一个等级是高智能的动物（例如狗、猪、鹦鹉），还有一个等级是“中等”智能的动物（兔子、牛、松鼠），再有一个等级是“低等”动物（其他鸟类、鱼类、爬行动物），最后一个等级是最低等的动物，他们的心理能力最不发达（例如昆虫和蜘蛛）。同样，这里的重点并不是说以上**就是**关于类别的划分，而只是说明实际的划分将是相当广泛且有包容性的，有相对明确的指标规定哪种动物属于哪个等级。

我们这里的想法是，不仅要有数量相对较少的分组，还要有相对简便的方法将特定的动物归入相关的组别。毕竟，指望我们每次与某一动物互动时，都可以对其特定的心理能力展开详细的考察是很难实现的。所以通常情况下，对于某个特定的动物来说，我们几乎不可避免地会根据该动物所属的物种（或者也可能根据更大、更为一般的生物类别）来确定这个动物的等级。

像这样的方法，类似于规则后果论者赞成禁止伤害的规则。尽管伤害无辜者并不**总是**导致最坏的后果，但二者之间还是会有广泛的相关性，所以通常情况下，避免作出这样的行为而不是试图直接去计算作出这样的行为可能带来的后果，会是更好的选择。正因如此，尽管“不许伤害无辜者”这个规则稍显粗略，但它仍然属于最优的道德规则。同样，即使根据物种（或科、目，甚至纲）来确定地位，并不总能正确地识别特定动物的整体心理能力水平，但还是会有广泛的相关性，因此通常情况下，我们最好根据广泛的生物类别来确定地位，而不是试图直接确定某个特定动物的能力。（诚然，由于人们对动物的认知和情感能力存在着几乎是普遍的无知和低估，如果我们不得不直接估算动物的能力，我们中的大多数人都会习惯性地把动物的能力定得太低。）

这是否意味着显露出的观点，将会抛弃我之前赞同的个体主义的地位观呢？也许在某种程度上是这样，但并非完全如此。因为尽管我们并不善于衡量动物个体的心理能力，但是要说我们在任何情况下都完全无法做到这一点那就太荒唐了。回想一下（在第 5 章第 2 节中）那个想象出来的例子：一只金毛犬被注射了超级维生素，现在奇迹般地变成了一个人格拥有者（但仍然是一只狗）。我们完全可以认识到，这只特殊的狗的心理能力远远超过普通的狗——这只狗不同于普通的狗，它拥有人格。（比方说想象一下，这只狗要跟我们讨论它明年夏天的计划，或者我们要去翻译它写的诗！）在这种特殊情况下，虽说这只狗仍然是犬科动物，但赋予它与我们自身相同的地位则是恰当的。同样（如果不那么极端的话），比方说如果一条蛇表现出与猫这样的动物相同的心理能力，那么一旦我们认识到这一事实，就应该相应地赋予这条蛇以更高的地位。

这样的情况有点类似于规则后果论的见解，尽管全面禁止伤害无辜者是合适的，但不受伤害的权利应该有一个阈值。因为，尽管我们通常并不善于识别某些情况下伤害无辜者会带来**稍多**的收益，但是当涉及的收益足够**多**时，我们判断得知当前正处于例外情形，对无辜者施加伤害就变得更为合理了。因此，允许在这种例外情形下施加伤害的规则实际上是最优的。同样，虽然确定地位的最佳规则（考虑到实践的现实主义）可能会告诉我们，在**通常**情况下，我们应该根据生物所属的类别来分配地位，但它也会承认**例外**情形，在这种独特的情形下，我们应该赋予某个个体比其同物种成员更高或者更低的地位。

有一个尤为重要的例子表明了我们偏离常规方法不按照生物类别来确定地位也是合理的，那就是边缘事例，也就是严重受损的人类不能算作是人格拥有者。正如我们可能会识别出有些动物的心理能力大大超出同类物种的正常水平，以及正如确定地位的最优规则应该允许在这种情况下采用更加个性化的方法一样，我们显然也会识别出那些心理能力大大**低于**正常成年人一般水平的人类个体，因而赋予他们比我们其他人更低的地位。可悲的是，我们也知道这种情况——与我们想象金毛猎犬是人格拥有者的例子不同——是非常真实的。

那么我们应该把边缘案件放在什么位置呢？严重受损的人类将被赋予什么样的地位呢？说他们在阶跃函数中的地位较低，并不能让我们确定他们应该安置在哪个阶位。在这里值得最后再一次回想一下模态人格在提升个体地位方面可能发挥的作用。既然我们似乎确实能够识别出很明显的模态人格的情形，那就没有理由设想实践的现实主义会引导我们完全无视这种特征。此外，尽管它在我们迄今为止的讨论中还没有发挥重要作用，但值得记住的是，如果我们采用实践的现实主义，那么不仅要注意到我们有认知上的局限性，也要注意到我们有**动机**上的局限性。因此，如果事实是——很可能就是如此——我们缺乏遵从这样一组规则的动机，这组规则会引导我们把严重受损的人视为不如他们的心理同类，那么我们应该预见到，严重受损的人将拥有比我们原本预期的更高的地位（仅基于他们的实际能力）。

那么，假设由实践的现实主义所产生的最优分类方案中，有一组动物心理能力足够高，却刚好不具有人格，或者它们虽然有人格，但比正常成年人所拥有的人格更有限。可以设想这种情形也属于边缘事例（尽管它们的能力不如分配到这一等级的其他动物发达）。于是还有一种可能性就是，实践的现实主义可以指导我们区分较为严重和不那么严重的边缘事例的**实例**。（也许那些不具有人格但仍然表现出合理程度的能动性的个体，而不是那些受损严重以至于几乎没有能动性的个体，将被赋予更高的地位。）确实，考虑到我们可能无法有效地识别出那些受损严重的人**尚且**还有人格，因此事实很可能是，最优规则会告诉我们，即使是严重受损的人也会与普通人处于同一地位水平。也许只有在那些认知能力受到最极端最严重的损伤的情况下，才会被赋予较低的道德地位。

我不打算在这些不同的可能性中作出选择；这里涉及的很多东西都是我没有任何把握的经验问题。（我尤其不确定我们对待严重受损的人可能会有怎样的动机上的局限性。）但重点仍然是，现实主义可以在确定严重受损者的道德地位方面发挥重要作用，这很可能导致他们拥有比我们认为应该赋予的更高的地位。

大致而言，如果我们接受现实主义，我认为最有可能显露出的观点是这样的：地位只有少数几个等级，在一般情况下，个体的地位将根据物种或其他更广泛的生物分类来确定，但在特殊情况下——当个体的能力明显高于或低于同类生物的正常能力时——可以对地位作出适当的调整（提升或降低）。这里显然还有许多细节有待解决，但我认为，这种**有限等级论**（我们可以这样称呼它）是实践的现实主义最有可能蕴含的结论。

根据我所提出的这些理由，我认为在这样一个系统中，不太可能有那么多不同的地位等级，可能不会超过四五个或六个左右。当然，原则上讲，如果我们作为道德主体的认知能力比我目前倾向于认为的要高，那么地位等级的数量可能会比这里所说的更多。不过，即使等级的数量是我所想象的两倍或三倍（我很怀疑它会比这个数量还要多），这些等级当中也不可能有超过一个的等级适用于正常的成年人类。因此无论细节问题如何解决，似乎都有理由期待诉诸实践的现实主义将会解决正常差异问题。实际上，一种恰当形式的有限等级论，只会“腾出”一个等级，用以涵盖普通人类能力的全部范围。

不过，也许有人会说，我在描述从实践的现实主义中产生的等级数量时，实际上过于**自由**了。我认为可能会有六个左右的等级，当然，可以设想真实的数量可能比这个数字还要小。毕竟，多少个等级才是最优的（至少部分地）是一个经验问题，因此，任何赞同实践的现实主义的人都必须接受这样一种可能性：鉴于我们实际上会有认知上的局限性，所产生的**任何**有着等级划分的道德地位系统都是错误的。也就是说，基于实践的现实主义，一组最优的规则只会涉及一个单一的地位，所有具有任何道德身份的生物，都被赋予了同样的地位。这当然就是一体论的立场。因此至少在原则上，我们可以看到，诉诸实践的现实主义可能会出现支持一体论的论证。

还有一种不那么极端的观点，但还是要比我的观点有更多的限制。根据这种观点，最优的一组规则只承认**两种**不同的道德地位，一种是人的道德地位，另一种是动物的道德地位。在这种观点下，所有的动物都有着同样的道德地位，尽管拥有人格的个体道德地位会更高。可以设想，某种版本的有限义务论可以按照这样的思路来为自己辩护。尽管它也可能会辩护说，动物可被赋予义务论身份，但比人的义务论身份要弱一些。

要我说，这类更极端的观点似乎确实是可能的，而且至少在原则上，要诉诸实践的现实主义就应该准备接受这样的可能性。但这并不是说，这类更极端的观点似乎非常有可能出现。相反，我认为这些观点过于悲观地看待我们的认知能力了。至少，如果诉诸实践的现实主义来为这些观点辩护（就像我刚刚考虑的那样），那就是低估了我们的认知能力。

的确，任何人接受了实践的现实主义，都必须充分认识到我们在认知上的局限性。我当然一直在强调，如果我们这样做，就会引向一种主张道德地位最多只有少数几种的更有限的等级论。但实践的现实主义不仅要求我们对自己的局限性保持现实的态度，还要求我们对自己的**能力**也保持现实的态度。因此，如果有人提出，我们完全没有能力成功地作出任何区分（甚至没有能力区分人格拥有者和动物），或者最多只有**一种**区分（也就是人格拥有者和动物之间的区分），那么在我看来任何如此评估我们的认知能力都是不恰当的。如果道德地位的等级过多，就会违背实践的现实主义。但是，如果等级的数量太少，也会违背这个理念。

当然，我们必须承认，如果要为哪怕是有限形式的等级论给出充分的辩护，我们最终必须证明我们所偏爱的基础理论从一开始是如何以及为何支持关于地位的等级论进路。虽然我一直主张，实践的现实主义——如果人们接受它的话——限制了等级论的观点，从而保证等级不会太多也不会太少，但我绝不会尝试着去论证（某种类型的）**等级论**的观点事实上将会从最合理的基础理论中显露出来。或者稍微准确点说，我并没有试着直接这样去论证。因为我在前面几章**已经**论证过，只有等级论的规范性理论，才能在一些不同的道德问题上得出直观上可接受的答案。因此，我假定任何**可接受的**基础理论事实上不仅会赋予动物道德身份，还会产生某些种类的等级。尽管如此，我还没有尝试去探讨任何特定的基础理论如何以及为何会显露出这样的等级论。那项工作需要留到另一个场合去完成。[①] 我在这里唯一想确定的一点是，**鉴于**一个适当的基础理论事实上会在规范层面产生出等级结构，如果我们也接受实践的现实主义，那么得到的结果就会是我所描述的那种有限等级论。

4. 假象

不过，还有一点需要讨论。假设我是对的，实践的现实主义将会引导我们认可有限数量等级的那些道德规则，因此心理能力的微小差异一般不会对个体的地位产生任何影响。我们真的应该得出结论认为，这确实是关于地位的**真相**——对地位采用阶跃函数的形式——还是应该认为这只是一种实用的虚构（使用这种虚构无疑是合理的，因为我们在实践中不可能试着去使用一种精确符合潜在真

① 尽管如此，至少有一种关于规范伦理学基础的进路，可以从中找到这里已经介绍过的许多所需的观点。我想到的是那些解释，集中强调了道德必须恰当地反映它试图涵盖的存在者的**种类**。(参见 *Normative Ethics*, pp. 280–94。) 一方面，等级论会被认为是为了恰当地反映动物和人之间存在的显著差异（特别是他们心理能力的差异）而自然出现的；另一方面，实践的现实主义——以及由此产生的对等级论的限制——会被认为是在试图恰当地反映普通的道德主体的实际能力和局限性的过程中自然出现的。

相的规则系统)?比方说，如果两只鹰的心理能力不同，那么它们是否真的具有**相同**的道德地位，还是说这只是一种关于真相的粗略估计，就一切实用目的而言，这种估计已经足够好了，所以我们平常用这些术语来思考这些问题便是情有可原的?

我们很容易想到，这里唯一合理的答案是，阶跃函数法只不过是一种实用的虚构。毕竟有人可能会问，即使是能力上相对较大的差别通常也不会对地位产生任何影响（当这些差异**属于**某个阶位所表示的范围时)，而微小的差别有时却会对地位产生相当**大**的影响（当这些差异跨越了一个阶位与下一个阶位之间的**边界**时)，这是怎么可能的呢?能力上的差别要么会影响地位，要么不会。但是，尽管有限等级论试图兼顾这两种情形——该论证继续指出——关于地位背后的道德真相却不可能以这样的方式发挥作用。如果这是我们在日常中最接近真相的做法（考虑到我们认知上的局限性)，那么情况充其量便是我们可以合理地把阶跃函数当作真相来**使用**。

虽然这种说法很有吸引力，但我认为它有误导性。因为确实在某些情况下，能力上较大的差异往往不会对地位产生任何影响，但是适当类型的细微差异却会对地位产生重大影响。这里有一个来自道德领域之外的熟悉的例子。假设某段高速公路的限速是 65 英里每小时。那么，你的时速是 50 英里还是 64 英里，在法律上没有任何区别。虽然时速相差 14 英里是完全真实的，也绝非微不足道，但这对你是否违法根本没有任何影响。然而，如果是时速 64 英里和时速 66 英里之间的差别，仅仅每小时两英里的差别就会产生重大的区分：如果你的时速是 64 英里，你就是在合法驾驶；如果你的时速是 66 英里，那就是违法了。

在这个例子中，需要注意的关键一点是，如果认为速度上的微小差异，要么在所有场合都会对驾驶的合法性产生影响，要么在所有场合都不会，则是一个明显的错误。恰恰相反，非常明显的是，这种情况下可能会有也确实会有清晰的边界，而且这些边界可能会因为很小的差别而发生变化，即使在别的场合有更大的差别也完全无关紧要。

与之类似，如果认为这种关于限速的本质的看法只是一种实用的虚构，那显然是错误的——就好比说交通法的真实情况一定会更加复杂，也许车速每增加一点，违法程度就增加一点，而我们所说的明确的边界只不过是一种假象，只是为了用起来方便而已。恰恰相反，虽然有关速度与安全的基本事实（最终是根据这些事实来支持我们采纳各种限速规定）可能很复杂，但是时速 65 英里驾驶是合法的，而时速 66 英里则是非法的，这个说法绝非虚构。这就是原原本本的法律规定。

关于道德也会有类似的情况。再来考虑一下规则后果论及其禁止施加伤害的例子。想象在某种情况下，施加伤害实际上会带来更好的结果，尽管如此，因施加伤害产生的收益却低于相关的阈值。规则后果论认为，在这种情况下施加伤害是被禁止的，这不仅仅是实用的虚构。相反，规则后果论声称，人们在道德上**必须**遵守最优规则。这是关于道德的朴实无华的真理。因此，即使关于施加伤害引发的后果的基本事实可能很复杂，即使禁止施加伤害的规则可能没有完全捕捉到这些关于后果的事实，但如果禁止施加伤害的规则真的是一种最优规则（考虑到实践的现实主义，它很可能就是最优规则），那么在没有达到相关阈值的情况下，即使有人违背了规则会产生更好的结果，但是伤害无辜者的行为确确实实就是被禁止的，仅此而已。这不是一种假象。它是对道德要求的**构成**内容的一种解释。

假设一种现实主义的规则后果论的解释支持了这样一种规则体系，这一体系认为只存在有限数量的道德地位，心理能力的微小差异通常不会对个体的地位产生影响。根据规则后果论者对道德的解释，这是道德地位不折不扣的事实，而不仅仅是对真相的估计。根据这一观点，当实践的现实主义驱使我们通往一种有限形式的等级论时，这并不只是一个关于地位的便捷的**虚构**。相反，这种有限等级论所划分的界线，本身就构成了我们在此讨论的关于地位的事实。在这里，实践因素有助于**产生**道德真相，而不仅仅是引导我们接近真相。

当然，那些想对规范伦理学的基础提出其他解释的人也持有类似的观点。例如，根据规则契约论，对与错是由商谈者所赞同的规则**构成**的。这些规则并非纯粹的虚构，或者说充其量只是对“真正”要求我们做什么的基本事实的一种或好或差的估计。同样，商谈者所协定的关于地位的指定，也构成了关于地位的**事实**，而不仅仅是对这些事实的估计。如果现实主义的规则契约论会产生有限等级论，那么这个解释当中那些有关等级论的主张就是不折不扣的事实，而不是假象。

与这一点相关的其他基础理论，我就不去赘述了。但我认为，每一个基础理论都同样可以（经适当的修改后）拒绝承认，由这些理论的现实主义版本所产生的关于地位的观点只是一种虚构。相反，发展出来的每种理论都可以承认，有限等级论是不折不扣的事实。

另一方面，这并不是说人们**必须**要以这种方式来理解有限等级论的意义。有可能**也**会发展出某些版本的基础理论，将实践的现实主义视为无非是接近于更复杂的道德事实的便捷方法而已。这种替代方案类似于**直接**后果论或**行为**后果论的观点，他们认为常识性的道德规则是有用的指导，除此之外并不能构成关于对与错的事实。根据这种更为“紧缩”的立场，实践的现实主义也会提醒我们，在制定规则时，需要考虑到我们认知上（和动机上）的局限性。而在正常情况下，尽可能遵守这些经过优化设计的规则便是最审慎的行为指南。尽管如此，即使是最优规则也只是接近道德真相，如果我们平常是以这些规则并且仅以这些规则来思考行为的对错，那么虽说这样的态度会是一个非常有用的虚构，但这些规则也确实只是具有实用性，而不是完美准确地表达了潜在的道德事实。与之类似，鉴于我们实际上所具有的局限性，我们只能通过某种适当版本的有限等级论来指导自己的行为，但这也只是对基本道德事实的估计。而关于地位的**真相**很可能是，每当能力出现变化时，地位确实也会发生变化。

当然，严格说来，即使根据第二种解释，把有限等级论仅仅看作是一种**便捷的方法**也不太准确——就好像我们随时都可以合理地放弃使用这些术语来考虑问题，转而选择一种更加复杂的方式来确定每个个体真实的道德地位。因为倘若有限等级论（对于我们这些在认知上具有局限性的道德主体而言）真的是确定地位的**最优**方法，那么决定不再使用这些术语来思考，我们很可能就会经常出错。因此，即使有限等级论是一种虚构——仅仅是关于地位的潜在真相的粗略估计——当我们在现实中思索这些问题时（而不是以抽象的方式构造道德理论），它也很可能是一种我们信以为真的虚构。

这两种立场哪一种是正确的？有限等级论是真相的构成部分，还是说它仅仅是对真相的估计？这不是我在这里想要解决的问题（尽管我恰巧共鸣第二种紧缩论的解释）。因为我已经暗示过，在这两种说法之间作出选择，构成了规范伦理学当中一场更大的、更持久的争论的一部分，这场争论涉及我们在日常道德思考中以恰当的方式使用规则的确切意义。不过，尽管双方对于这个过程所产生的规则的确切意义存在分歧，但双方都同意那些着眼于我们的实际能力和局限性而制定的规则具有重要的地位；就我们的目标而言，这可能已经足以达成共识了。无论如何，关键的一点是：在我们与动物的日常互动中，我们应该遵从一种分等级的方法，而这种方法是有限的。①

5. 动物重要吗

大体上讲，我们得出的观点与常识观点极为相似。因为我想大多数人都会承认动物在道德上是重要的，而且人们肯定也会坚持认为，动物的重要性不如人。同样，我认为这一点也与常识观点类似，那就是虽然动物也重要，但动物的重要性方式与人不同：有些动物在道德上比其他动物更重要。此外，我认为大多数人要么接受、要么接近于接受一种很像**有限**等级论的观点。这种观点认为，在动物界中，最多只有少数几种与道德相关的区分，高等动物（例如狗、猴子和鲸）比其他动物（比如鸡、兔子和老鼠）更重要，而这些动物比另外一些动物（比如鱼，也许还有昆虫）更重要。

但这种相似性又让我们回到了我一开始所表达的担忧，我担心我的立场会被误解，别人会以为是在为当前对待动物的态度和做法

① 那么动物心理学的专家们呢？**他们**是否可以合理地使用一种更精细的对地位的解释方式，而不是我们其他人应该使用的更有限的解释方式？这是一种非常有趣的可能性，但是对于这个问题的恰当思考，需要对不同的道德主体使用不同道德规则会涉及的优势和风险采取立场。这个问题太复杂了，我们无法尝试在这里给出答案。

进行辩护。毕竟人比动物更重要，没错吧？

我希望大家看清楚，任何类似这样的解释都严重误解了我的真实想法。动物的重要性不如人，但是动物的重要性，远远超过我们通常认为的那样。

也许有一天，人们在回顾人类虐待动物的漫长历史时，会认识到这是人类为之感到羞耻和恶心的历程。然而这一天尚未到来。可以想象，鉴于虐待动物以及漠视动物利益的做法至今仍然普遍存在——诚然，考虑到虐待动物的行为藏匿于人类生活的方方面面却几乎不为人知——因此，道德哲学在动物问题上最**紧迫的**任务，很可能是确立动物在道德上的确是重要的，而且（考虑到我们现实中对待动物的可怕方式），它们的重要性远远超过我们似乎愿意承认的程度。

尽管这一点至关重要，但这并不是我在这里要完成的任务。因为在我看来，除非充分认识到关于动物的另一个基本事实——尽管动物在道德上是重要的，但动物的重要性**不如**人——否则任何这样的计划都将无法取得成功。我们需要捍卫的关于动物的道德理论确实是一种等级理论；除非这一事实在哲学文献中得到更广泛的认可，否则我会怀疑，我们为动物争取得到体面和公正的待遇的诸多努力，注定都将失败。

也许这种估计过于悲观。但愿如此。但即便如此，至少在我看来，很明显如果不去恰当地考虑道德地位的重要意义，我们关于伦理学的理解——不仅仅是动物伦理学，而是所有的伦理学——将会是混乱而残缺的。

不过，我相信大家也很清楚，我在这本书里所做的一切，对于构建这样一种理论只是做了一些浅尝辄止的工作。有许多道德原则我根本没有讨论过，即使是那些我试图仔细考察的少数几个领域，我所做的大部分工作，也只是就一个恰当的解释可能会是什么样子的提出了一些粗略的初步建议。细节决定成败，而这些细节也尚待完善。

参考书目

Anderson, Elizabeth. "Animal Rights and the Values of Nonhuman Life." In *Animal Rights*, edited by Cass Sunstein and Martha Nussbaum, 277–98. Oxford, 2004.

Arneson, Richard. "What, if Anything, Renders All Humans Morally Equal?" In *Singer and His Critics*, edited by Dale Jamieson, 103–28. Blackwell, 1999.

Balcombe, Jonathan. *What a Fish Knows*. Scientific American/Farrar, Straus & Giroux, 2016.

Barron, Andrew, and Colin Klein. "What Insects Can Tell Us about the Origins of Consciousness." *Proceedings of the National Academy of Sciences* 113 (2016): 4900–8.

Belshaw, Christopher. "Death, Pain, and Animal Life." In *The Ethics of Killing Animals*, edited by Tatjana Visak and Robert Garner, 32–50. Oxford, 2016.

Bramble, Ben. "The Case Against Meat." In *The Moral Complexities of Eating Meat*, edited by Ben Bramble and Bob Fischer, 135–50. Oxford, 2016.

Brennan, Samantha. "Thresholds for Rights." *The Southern Journal of Philosophy* 33 (1995): 143–68.

Crisp, Roger. "Equality, Priority, and Compassion." *Ethics* 113 (2003): 745–63.

Davis, Nancy. "Abortion and Self-Defense." *Philosophy & Public Affairs* 13 (1984): 175–207.

DeGrazia, David. "The Distinction Between Equality in Moral Status and Deserving Equal Consideration." *Between the Species* 7 (1991): 73–7.

——. "Response." *Between the Species* 7 (1991): 79–80.

——. *Taking Animals Seriously*. Cambridge, 1996.

Feldman, Fred. *Pleasure and the Good Life*. Oxford, 2004.

Frankfurt, Harry. "Equality as a Moral Ideal." In *The Importance of What We Care About*, 134–58. Cambridge, 1988. Originally published in *Ethics* 98 (1987): 21–43.

——. "The Moral Irrelevance of Equality." *Public Affairs Quarterly* 14 (2000): 87–103.

Frey, R. G. "Moral Standing, the Value of Lives, and Speciesism." In *The Ethical Life*, 4th ed., edited by Russ Shafer-Landau, 283–99. Oxford, 2018. Originally published in *Between the Species* 4 (1988): 191–201.

——. "Response: Autonomy, Animals, and Conceptions of the Good." *Between the Species* 12 (1996): 8–14.

Gruen, Lori. *Ethics and Animals*. Cambridge, 2011.

Harman, Elizabeth. "Creation Ethics: The Moral Status of Early

Fetuses and the Ethics of Abortion." *Philosophy & Public Affairs* 28 (1999): 310–24.

——. "The Potentiality Problem." *Philosophical Studies* 114 (2003): 173–98.

Kagan, Shelly. "Equality and Desert." In *What Do We Deserve?* edited by Louis P. Pojman and Owen McLeod, 298–314. Oxford, 1999.

——. *The Geometry of Desert*. Oxford, 2012.

——. *Normative Ethics*. Westview, 1998.

——. "Rethinking Intrinsic Value." *The Journal of Ethics* 2 (1998): 277–97.

——. "Singer on Killing Animals." In *The Ethics of Killing Animals*, edited by Tatjana Visak and Robert Garner, 136–53. Oxford, 2016.

——. "What's Wrong with Speciesism?" *Journal of Applied Philosophy* 33 (2016): 1–21. Kazez, Jean. *Animalkind*. Wiley-Blackwell, 2010.

Kitcher, Philip. "Experimental Animals." *Philosophy & Public Affairs* 43 (2015): 287–311.

McMahan, Jeff. "Cognitive Disability, Misfortune, and Justice." *Philosophy & Public Affairs* 25 (1996): 3–35.

——. *The Ethics of Killing*. Oxford, 2002.

——. "The Meat Eaters." In *The Stone Reader*, edited by Peter Catapano and Simon Critchley, 538–45. Norton/Liveright, 2015. Originally published online in The Stone, *New York Times*, September 19, 2010, opinionator.blogs.nytimes.com/2010/09/19/ the-meat-eaters.

Mill, John Stuart. *Utilitarianism*. Originally published 1863.

Nagel, Thomas. "What is it like to be a Bat?" In *Mortal Questions*,

165–80. Cambridge, 1979. Originally published in *The Philosophical Review* 83 (1974): 435–50.

Nozick, Robert. *Anarchy, State, and Utopia*. Basic Books, 1974.

Nussbaum, Martha. "Beyond 'Compassion and Humanity.' " In *Animal Rights*, edited by Cass Sunstein and Martha Nussbaum, 299–320. Oxford, 2004.

Otsuka, Michael. "Killing the Innocent in Self-Defense." *Philosophy & Public Affairs* 23 (1994): 74–94.

Parfit, Derek. "Equality or Priority?" *Ratio* 10 (1997): 202–21.

——. *Reasons and Persons*. Oxford, 1984.

Persson, Ingmar. "A Basis for (Interspecies) Equality." In *The Great Ape Project*, edited by Paola Cavalieri and Peter Singer, 183–93. St. Martin's Griffin, 1993.

Rawls, John. *A Theory of Justice*. Harvard, 1971.

Regan, Tom. *The Case for Animal Rights*, 2nd ed. University of California, 2004.

Sher, George. *Desert*. Princeton, 1987.

Singer, Peter. *Animal Liberation*, updated ed. HarperCollins, 2009.

——. *Practical Ethics*, 3rd ed. Cambridge, 2011.

Temkin, Larry. *Inequality*. Oxford, 1993.

Thomson, Judith Jarvis. *The Realm of Rights*. Harvard, 1990.

Vallentyne, Peter. "Of Mice and Men: Equality and Animals." *The Journal of Ethics* 9 (2005): 403–33.

Warren, Mary Anne. "Difficulties with the Strong Animal Rights Position." *Between the Species* 2 (1986): 163–73.

译后记

本书原名叫作 *How to Count Animals, More or Less*，直译过来有些奇怪。英文"count"有"计数"的意思，也有"重要"的意思，"more or less"有"或多或少"的意思，也有"大约"的意思。实际上，书名玩了一个双关。一方面，本书的目标，是要讲清楚怎样计算动物的权利，这种计算方法会因动物不同的道德地位，使其权利变得"多一点"或"少一点"；另一方面，本书还要讲清楚动物为何重要，但是动物有多重要，作者只是给了个"大约的""估摸着的"初步方案。有鉴于此，《动物有多重要?》是我能想到的最佳译名。

本书作者是谢利·卡根，很多人知道他，是因为刷到过他的耶鲁大学公开课视频《死亡》；很多人喜欢他，是因为他的"反差感"令人过目不忘：身穿牛仔裤，脚蹬帆布鞋，坐在讲台上手舞足蹈，不仅把严肃的哲学问题讲得通俗有趣，而且敢于挑战根深蒂固的老旧观念。

这本书同样源自一个系列讲座，"反差感"也同样强烈。卡根保持了他一贯的风格，从最接地气的直觉出发，用脑洞大开的思想实验，丝丝入扣的精妙论证，不厌其烦地考察各种反驳观点，最终得出惊世骇俗的结论：人比动物重要，一些动物比另一些动物更重要。

也许大家会说，这个观点既无新意，也不惊人，因为它完全符合我们的预期和直觉。但是要知道，当今的动物伦理学界，“物种主义”或“人类中心主义”已是确凿无疑的“偏见”。边沁早就强调，在计算福祉或利益时，必须平等对待所有个体，不能因身份、地位之类的差异而有所偏袒。彼得·辛格将这条效益主义（也叫功利主义）原则发扬光大：如果动物有感知能力，那么动物就有痛苦或快乐；如果动物有痛苦和快乐，那么动物就有利益和福祉；如果动物有利益和福祉，那就不能因为它们是动物，就漠视它们有着与人类同等的重要性，或者更严谨地说，同样的道德地位。实际上，一些极端动物保护主义者所信奉的理论，或许就是某种被曲解的动物平等主义。

在这本书里，卡根把这种流行的平等主义称为“一体论”，他要挑战一体论，取而代之的是“等级论”：人类的道德地位比动物高，一些动物的道德地位比另一些动物更高。同样的痛苦，发生在一个人身上，要比发生在一只狗身上更糟糕；同样一份福利，让一个人享有，比让一只狗享有更有价值。这当然符合直觉，但也是惊世骇俗的。

卡根是如何辩护这种“等级论”的呢？首先，他用几个思想实验表明，道德地位的依据是能动性，而不是效益主义者所说的感知能力。能动性意味着有意愿、有偏好、有信念，以及根据意愿、偏好和信念展开行动的能力——类似于我们通常所说的“智商”。许多动物显然有能动性，但是不同的动物，能动性会有高低之差：大象会在枯水季来临前，率领象群长途跋涉，寻找记忆中的水源地；鱼的记忆虽不至于只有七秒，但也会在产卵前洄游到旧时故地，不过鱼的能动性总体上不及大象；“朝生暮死”的蜉蝣或“不可语冰”的夏蝉，能动性水平相对来说就更低了。

其次，能动性有高低，意味着道德地位有高低。道德地位不可避免地与利益或福祉的分配相关，任何分配原则，如果不考虑某份特定的福利所属的个体有着怎样的道德地位，必将得出荒谬的结论。一个人和一只狗都在挨饿，现在只有一块面包，这块面包有多大的价值，不仅要看面包本身的营养配比，还要看吃下这块面包的，究竟是一个人还是一只狗。人比狗能够渴望、追求和享受更多的或形式上更复杂的利益或福祉，饿死一个人，比起饿死一只狗，将会失去更多的福利。

再次，道德地位的高低，意味着我们对于人类和各种动物有不同的义务。这是一种“等级义务论”，它承认义务论内部有地位上的差异。动物的权利比人弱，有些动物的权利比其他动物弱，所以不同的物种个体不受侵犯的权利有其特定的阈值。这种权利阈值函数应该如何刻画，卡根处理得极其精微。这不仅体现出分析哲学家对于“魔鬼藏在细节里”的执念，而且他也意识到，如果等级义务论新方案在考量动物权利时，其统计学意义上的“可操作性”不如效益主义来得切实可行，他的动物伦理学在公共政策的影响力方面，恐怕也会在理论对手面前败下阵来。为了展示等级义务论的理论优势，卡根专辟一章考察各种“防卫”事例的权利边界，其中包括在什么情况下，我们应当帮助动物实施防卫（例如防止狮子被猎人猎杀）、帮助人类抵御来自动物的攻击（防止某个人被狮子猎杀）、帮助动物免受动物的攻击（防止一只羚羊被狮子猎杀）。他把等级义务论贯彻到底，讲得鞭辟入里，同时也暴露出一体论者处理这类问题是多么的捉襟见肘。

最后，卡根采纳一种“实践的现实主义”表明，尽管人和动物以及动物与动物之间，有着广泛的能动性差异，不过我们要把道德地位的等级，限制在易于实践的范围，大概只需要五六个就足够了。比方说，人类在道德地位等级的顶端；第二等级是那些最智能的动物，也就是那些最接近于完善人格的动物（例如海豚、鲸类、类人猿）；第三等级是其他一些高智能动物（例如狗、猪、鹦鹉）；第四等级是中等智能的动物（例如兔子、牛、松鼠）；第五等级是低等智能动物（例如一些鸟类、鱼类、爬行动物）；第六等级的动物，心理能力肯定最不发达（例如昆虫和蠕虫）。肯定有人觉得这种划分很荒谬，卡根也承认，这只是一个试探性的划分，动物的道德地位最终怎样排序，当然要看比较心理学家的经验研究证据。

讲到这里，必须强调的是，这本书最终导向了这样一个结论：“如果不去恰当地考虑道德地位的重要意义，我们关于伦理学的理解——不仅仅是动物伦理学，而是所有的伦理学——将会是混乱而残缺的。”卡根的等级义务论，不意味它会充当各种残害动物暴行的“保护伞”。事实上，卡根自己就是一名素食主义者，关于动物权利的实践态度（而非理论态度），他与辛格这些效益主义者是一致的。卡根明确表示，尽管动物的重要性不如人，但是动物的重要性，远远超过我们通常所认为的那样。他真心诚意地说道：

> 也许有一天，人们在回顾人类虐待动物的漫长历史时，会认识到这是人类为之感到羞耻和恶心的历程。然而这一天尚未到来。可以想象，鉴于虐待动物以及漠视动物利益的做法至今

> 仍然普遍存在——诚然，考虑到虐待动物的行为藏匿于人类生活的方方面面却几乎不为人知——因此，道德哲学在动物问题上最**紧迫的**任务，很可能是确立动物在道德上的确是重要的，而且（考虑到我们现实中对待动物的可怕方式），它们的重要性远远超过我们似乎愿意承认的程度。（见本书第 391 页）

无论你是否喜欢卡根的主张，也无论你是否怀疑该主张与他的实践旨趣会有“反差感”，本书都极富哲学价值。不同于市面上言之凿凿的“大师巨著”，卡根论述极其谨慎，说理极其小心，想到的潜在反驳也极其繁多。这种谨慎态度，难免会让行文出现过多的副词和限定语，有时甚至感觉有点啰唆。我在翻译过程中保留了原文风格，这是有原因的。在一篇题为《为什么要学习哲学?》的雄文里，卡根一针见血地指出：

> 尽管哲学的典型特点是让我们如坠迷宫，思无止境，但之所以要学习哲学，是因为在促进我们独立思考能力方面没有可与之媲美者。通过它，我们可以洞悉别人缺乏证据支持的观点与主张，能以批判的眼光审视任何论证背后的假设与前提，可以在棘手的反对意见中梳理出没有意义或无关宏旨的东西，以及判断哪些论证言之成理而哪些又是持之无故、沙上建塔。（胡士颖译）

我深知不少读者对于动物的重要性有不同的看法，也深知哲学界的一些同行对动物议题的重要性不以为然。然而，重要的是，卡根在本书展示出的“做哲学”的方式，在这个智识错乱的时代，却是无比珍贵的。

本书翻译工作始于2022年，我和我的研究生惠丽云女士，先是共同确定好一些关键概念的译法，之后请她提供一份初稿。我在这份初稿的基础上，重新翻译了全文，之后又校对了三遍。在复旦大学2024年春季学期“哲学阅读和写作”课上，我把二校稿当作阅读材料发给大家，其间收获了一些有益的反馈。有几处涉及伦理学和道德哲学的晦涩论述，我读不懂，葛四友和蔡蓁两位教授给予的指教让我受益匪浅。最后一次校对时，我的学生张高飞阅读了全书，找出了几处错误，在此对他们一并表示感谢。最后，我要感谢上海人民出版社的编辑毛衍沁女士，她的信任和耐心，让我有机会用翻译的方式，细品这部非凡之作；而她出色的专业能力和严谨的纠错态度，也为本书的翻译质量保驾护航。当然，这部译作中的一切疏漏和不足，均由我自己承担。

王球

2025年6月3日

复旦大学光华楼

图书在版编目(CIP)数据

动物有多重要? / (美) 谢利・卡根
(Shelly Kagan) 著 ; 王球, 惠丽云译. -- 上海 : 上海
人民出版社, 2025. -- ISBN 978-7-208-19590-5

Ⅰ. B82-069

中国国家版本馆 CIP 数据核字第 2025D4J629 号

责任编辑 毛衍沁
封面设计 卿 松

动物有多重要?
[美]谢利・卡根 著
王 球 惠丽云 译

出 版 上海人民出版社
(201101 上海市闵行区号景路 159 弄 C 座)
发 行 上海人民出版社发行中心
印 刷 苏州工业园区美柯乐制版印务有限责任公司
开 本 635×965 1/16
印 张 26
插 页 2
字 数 294,000
版 次 2025 年 9 月第 1 版
印 次 2025 年 9 月第 1 次印刷
ISBN 978-7-208-19590-5/B・1850
定 价 118.00 元

MINERVA
·密涅瓦·

大师经典

《社会学的基本概念》	[德] 马克斯·韦伯 著	胡景北 译
《历史的用途与滥用》	[德] 弗里德里希·尼采 著	
	陈 涛 周辉荣 译	刘北成 校
《奢侈与资本主义》	[德] 维尔纳·桑巴特 著	
	王燕平 侯小河 译	刘北成 校
《社会改造原理》	[英] 伯特兰·罗素 著	张师竹 译
《伦理体系：费希特自然法批判》		
	[德] 黑格尔 著	翁少龙 译
《理性与生存——五个讲座》		
	[德] 卡尔·雅斯贝尔斯 著	杨 栋 译
《战争与资本主义》	[德] 维尔纳·桑巴特 著	晏小宝 译
《道德形而上学原理》	[德] 康 德 著	苗力田 译
《论科学与艺术》	[法] 让-雅克·卢梭 著	何兆武 译
《对话录》	[英] 大卫·休谟 著	张连富 译
《空间与政治》	[法] 亨利·列斐伏尔 著	李 春 译
《人类理智研究》	[英] 大卫·休谟 著	张连富 译
《社会学方法的准则》	[法] 埃米尔·涂尔干 著	王 赟 译

人生哲思

《论人的奴役与自由》	[俄] 别尔嘉耶夫 著	张百春 译
《论精神》	[法] 爱尔维修 著	杨伯恺 译
《论文化与价值》	[英] 维特根斯坦 著	楼 巍 译

《论自由意志——奥古斯丁对话录二篇》(修订译本)

[古罗马] 奥古斯丁 著 成官泯 译

《论婚姻与道德》 [英] 伯特兰·罗素 著 汪文娟 译

《赢得幸福》 [英] 伯特兰·罗素 著 张 琳 译

《论宽容》 [英] 洛 克 著 张祖辽 译

《做自己的哲学家:斯多葛人生智慧的 12 堂课》

[美] 沃德·法恩斯沃思 著 朱嘉玉 译

社会观察

《新异化的诞生:社会加速批判理论大纲》

[德] 哈特穆特·罗萨 著 郑作彧 译

《不受掌控》 [德] 哈特穆特·罗萨 著

郑作彧 马 欣 译

《部落时代:个体主义在后现代社会的衰落》

[法] 米歇尔·马费索利 著 许轶冰 译

《鲍德里亚访谈录:1968—2008》

[法] 让·鲍德里亚 著 成家桢 译

《替罪羊》 [法] 勒内·基拉尔 著 冯寿农 译

《吃的哲学》 [荷兰] 安玛丽·摩尔 著 冯小旦 译

《经济人类学——法兰西学院课程(1992—1993)》

[法] 皮埃尔·布迪厄 著 张 璐 译

《局外人——越轨的社会学研究》

[美] 霍华德·贝克尔 著 张默雪 译

《如何思考全球数字资本主义?——当代社会批判理论下的哲学反思》

蓝 江 著

《晚期现代社会的危机——社会理论能做什么?》

[德] 安德雷亚斯·莱克维茨

[德] 哈特穆特·罗萨 著 郑作彧 译

《解剖孤独》 [日] 慈子·小泽-德席尔瓦 著

季若冰 程 瑜 译

《美国》(修订译本) [法] 让·鲍德里亚 著 张 生 译

《面对盖娅——新气候制度八讲》
[法] 布鲁诺·拉图尔 著　　李婉楠 译
《狄奥尼索斯的阴影——狂欢社会学的贡献》
[法] 米歇尔·马费索利 著　　许铁冰 译
《共鸣教育学》　[德] 哈特穆特·罗萨
[德] 沃尔夫冈·恩德雷斯 著　　王世岳 译
《商品美学批判》(修订译本)　[德] 沃尔夫冈·弗里茨·豪格 著
董　璐 译
《当代前沿社会理论十讲》　郑作彧 编著
《实用人类学》　[德] 伊曼努尔·康德 著　　邓晓芒 译
《死亡与右手》(修订译本)　[法] 罗伯特·赫尔兹 著　　吴凤玲 译
《另类牛奶：再造中国豆浆》　[美] 傅家倩 著　　赵婧旸 译

思辨万象

《概率：人生的指南》　[英] 达瑞·P. 罗博顿 著　　雒自新 译
刘叶涛　校
《哲学与现实政治》　[英] 雷蒙德·戈伊斯 著　　杨　昊 译
《作为人间之学的伦理学》　[日] 和辻哲郎 著　　汤恺杰 译
《扎根——人类责任宣言绪论》(修订译本)
[法] 西蒙娜·薇依 著　　徐卫翔 译
《电子游戏与哲学》　[美] 乔恩·科格本
[美] 马克·西尔考克斯 著　　施　璇 译
《荷尔德林之狂——寓居生活编年史（1806—1843）》
[意] 吉奥乔·阿甘本 著　　蓝　江 译
《透彻思考：哲学问题与成就导论》(第二版)
[美] 克拉克·格利穆尔 著
张　坤　张寄冀 译
《超自然认识》　[法] 西蒙娜·薇依 著　　王星皓 译
《技术中的身体》　[美] 唐·伊德 著　　王明玉 译
《数字时代的精神症候》　姜宇辉 著
《动物有多重要?》　[美] 谢利·卡根 著
王　球　惠丽云 译